오성범
감정평가이론

오성범 편저

2차 | **기본이론** 제3판

박문각 감정평가사

개정 제3판 서문

감정평가이론 강의를 시작한 2017년부터 줄곧 경응수 평가사님의 〈감정평가론〉을 교재로 수업을 해왔습니다. 물론 원서를 잘 요약한 좋은 수험교재들도 많았고, 두꺼운 원서를 들고다니는 수강생들의 고충을 모르는 것은 아니었습니다. 다만 한 명의 감정평가사이자 강사일 뿐인 제가 원서를 요약하는 과정에서 혹시라도 저자에게 누를 끼치지 않을까 염려했고, 원서를 읽고 이해하고 요약하는 과정 자체가 공부이자 더 나아가 좋은 공부방법이라는 믿음도 있었습니다.

감정평가이론은 논술 시험입니다. 글쓰기가 낯설고 어려운 분들은 텍스트를 발췌하고 요약하는 것부터 시작해야 합니다. 발췌는 텍스트에서 중요한 부분을 골라내는 물리적 선택이고, 요약은 골라낸 텍스트에서 핵심을 정리하는 화학적 압축입니다. 요약을 전제로 원서를 읽으면 자연스럽게 독해력과 문장력을 발전시키는 것이죠.

감정평가사 수험생들을 지도하면서 매년 목격하는 시행착오도 다름 아닌 '공부 따로, 논술 따로'였습니다. 강의를 열심히 수강하고 수험교재를 암기했지만, 정작 답안을 작성하려고 하면 문장이 쉽게 떠오르지 않는다는 것입니다. 답안을 작성해보고 나서야, 그동안 공부한 방법이 맞는지 회의하는 분들이 많았습니다. 그런 분들에게 도움이 되고 싶었기 때문에 원서를 고집해왔습니다. 공부가 인풋, 논술이 아웃풋이라면, 인풋과 아웃풋을 동시에 연습할 수 있는 방법은 직접 원서를 읽고 요약하는 것이기 때문입니다. 요약본 형태의 수험교재는 강사에 의해 1차 가공이 이루어진 텍스트이기 때문에, 수험생들이 직접 발췌하고 요약하면서 겪어야 할 사고과정을 방해할 수 있다고 생각했습니다.

논술 능력은 감정평가사 시험에 합격하고 감정평가 업무를 수행할 때에도 필수적인 역량입니다. 감정평가사들의 업무는 감정평가서라는 보고서의 형태로 작성되기 때문입니다. 한 편의 보고서를 작성하기 위해 기본적으로 감정평가법규와 감정평가실무가 활용되지만, 관련 법령과 실무 지침이 미치지 못하는 부분에서는 감정평가이론을 활용한 보고서 작성이 필요합니다. 경제 발전과 함께 새롭게 등장하는 지식재산권, 유동화증권 등에 대한 감정평가 역시 감정평가이론에 대한 연구와 적용이 필요합니다. 감정평가 대상에 필요한 자료를 찾고 분석한 결과는, 결국 텍스트로 요약되어 감정평가서에 표현되기 때문입니다.

여러 고민 끝에 조심스러운 마음으로 감정평가이론 요약서를 출간하게 되었습니다. 요약서는 ① 최대한 원서의 내용에 충실하되 ② 출제범위 내에서 공부범위를 압축하고자 노력했으며 ③ 이론 공부와 함께 시험 형식인 논술에 대한 기초를 다질 수 있도록 구성했습니다. 별도로 제공할 예정인 〈진도별로 푸는 감정평가이론 기출문제〉를 활용해, 각 단원이 끝날 때마다 기출문제에 대한 논술문 목차 구성을 함께 연습할 예정입니다. 아직 부족한 부분이 많은 수험교재인 만큼, 수험생 여러분들께서 원서에 대한 탐구와 논술 능력에 대한 계발을 병행해주실 것을 당부드립니다.

2026년 4월, 오성범 평가사

📖 감정평가사란?

감정평가란 토지 등의 경제적 가치를 판정하여 그 결과를 가액으로 표시하는 것을 말한다. 감정평가사(Certified Appraiser)는 부동산·동산을 포함하여 토지, 건물 등의 유무형의 재산에 대한 경제적 가치를 판정하여 그 결과를 가액으로 표시하는 전문직업인으로 국토교통부에서 주관, 산업인력관리공단에서 시행하는 감정평가사시험에 합격한 사람으로 일정기간의 수습과정을 거친 후 공인되는 직업이다.

📖 시험과목 및 시험시간

가. 시험과목(감정평가 및 감정평가사에 관한 법률 시행령 제9조)

시험구분	시험과목
제1차 시험	❶ 「민법」 중 총칙, 물권에 관한 규정 ❷ 경제학원론 ❸ 부동산학원론 ❹ 감정평가관계법규(「국토의 계획 및 이용에 관한 법률」, 「건축법」, 「공간정보의 구축 및 관리 등에 관한 법률」 중 지적에 관한 규정, 「국유재산법」, 「도시 및 주거환경정비법」, 「부동산등기법」, 「감정평가 및 감정평가사에 관한 법률」, 「부동산 가격공시에 관한 법률」 및 「동산·채권 등의 담보에 관한 법률」) ❺ 회계학 ❻ 영어(영어시험성적 제출로 대체)
제2차 시험	❶ 감정평가실무 ❷ 감정평가이론 ❸ 감정평가 및 보상법규(「감정평가 및 감정평가사에 관한 법률」, 「공익사업을 위한 토지 등의 취득 및 보상에 관한 법률」, 「부동산 가격공시에 관한 법률」)

나. 과목별 시험시간

시험구분	교시	시험과목	입실완료	시험시간	시험방법
제1차 시험	1교시	❶ 민법(총칙, 물권) ❷ 경제학원론 ❸ 부동산학원론	09:00	09:30~11:30(120분)	객관식 5지 택일형
	2교시	❹ 감정평가관계법규 ❺ 회계학	11:50	12:00~13:20(80분)	

제2차 시험	1교시	❶ 감정평가실무	09:00	09:30~11:10(100분)	과목별 4문항 (주관식)
	중식시간 11:10 ~ 12:10(60분)				
	2교시	❷ 감정평가이론	12:10	12:30~14:10(100분)	
	휴식시간 14:10 ~ 14:30(20분)				
	3교시	❸ 감정평가 및 보상법규	14:30	14:40~16:20(100분)	

※ 시험과 관련하여 법률 · 회계처리기준 등을 적용하여 정답을 구하여야 하는 문제는 시험시행일 현재 시행 중인 법률·회계처리기준 등을 적용하여 그 정답을 구하여야 함

※ 회계학 과목의 경우 한국채택국제회계기준(K-IFRS)만 적용하여 출제

다. 출제영역 : 큐넷 감정평가사 홈페이지(www.Q-net.or.kr/site/value) 자료실 게재

응시자격 및 결격사유

가. 응시자격 : 없음

※ 단, 최종 합격자 발표일 기준, 감정평가 및 감정평가사에 관한 법률 제12조의 결격사유에 해당하는 사람 또는 같은 법 제16조 제1항에 따른 처분을 받은 날부터 5년이 지나지 아니한 사람은 시험에 응시할 수 없음

나. 결격사유(감정평가 및 감정평가사에 관한 법률 제12조, 2023.8.10. 시행)

다음 각 호의 어느 하나에 해당하는 사람

1. 파산선고를 받은 사람으로서 복권되지 아니한 사람
2. 금고 이상의 실형을 선고받고 그 집행이 종료(집행이 종료된 것으로 보는 경우를 포함한다)되거나 그 집행이 면제된 날부터 3년이 지나지 아니한 사람
3. 금고 이상의 형의 집행유예를 받고 그 유예기간이 만료된 날부터 1년이 지나지 아니한 사람
4. 금고 이상의 형의 선고유예를 받고 그 선고유예기간 중에 있는 사람
5. 제13조에 따라 감정평가사 자격이 취소된 후 3년이 지나지 아니한 사람. 다만 제6호에 해당하는 사람은 제외한다.
6. 제39조 제1항 제11호 및 제12호에 따라 자격이 취소된 후 5년이 지나지 아니한 사람

㉹ 합격자 결정

가. 합격자 결정(감정평가 및 감정평가사에 관한 법률 시행령 제10조)

- 제1차 시험

  영어 과목을 제외한 나머지 시험과목에서 과목당 100점을 만점으로 하여 모든 과목 40점 이상이고, 전 과목 평균 60점 이상인 사람

- 제2차 시험

  - 과목당 100점을 만점으로 하여 모든 과목 40점 이상, 전 과목 평균 60점 이상을 득점한 사람
  - 최소합격인원에 미달하는 경우 최소합격인원의 범위에서 모든 과목 40점 이상을 득점한 사람 중에서 전 과목 평균점수가 높은 순으로 합격자를 결정

  ※ 동점자로 인하여 최소합격인원을 초과하는 경우에는 동점자 모두를 합격자로 결정. 이 경우 동점자의 점수는 소수점 이하 둘째 자리까지만 계산하며, 반올림은 하지 아니함

나. 제2차 시험 최소합격인원 결정(감정평가 및 감정평가사에 관한 법률 시행령 제10조)

㉹ 공인어학성적

가. 제1차 시험 영어 과목은 영어시험성적으로 대체

- 기준점수(감정평가 및 감정평가사에 관한 법률 시행령 별표 2)

시험명	토플		토익	텝스	지텔프	플렉스	토셀	아이엘츠
	PBT	IBT						
일반응시자	530	71	700	340	65 (level-2)	625	640 (Advanced)	4.5 (Overall Band Score)
청각장애인	352	–	350	204	43 (level-2)	375	145 (Advanced)	–

- 제1차 시험의 과목 중 영어 과목은 제1차 시험 응시원서 접수마감일부터 역산(逆算)하여 5년이 되는 해의 1월 1일 이후에 실시된 다른 시험기관의 시험(이하 "영어시험"이라 한다)에서 취득한 성적(제1차 시험의 시험일 전까지 발표되는 성적으로서 제11조에 따른 공고에서 정하는 방법에 따라 확인된 성적으로 한정한다)으로 시험을 대체한다.

  ※ 이하 생략(공고문 참조)

★ 차례 ★

PART 01

부동산의 개념

Chapter 01

부동산의 개념

서설 preface, summary

• 부동산의 개념은 복합적이며 물리적, 권리적, 경제적, 사회적 측면에서 다양하게 정의될 수 있다.
• 「민법」 제99조는 부동산을 "토지 및 정착물"로 규정하고 있다.

목차 index

(2) 부동산 권리의 범위

① 지표상의 권리
② 공중공간에 대한 권리
③ 지중공간에 대한 권리

(3) 부동산 권리의 공시

① 등기의 종류
② 등기의 구성
③ 등기의 효력

3 경제적 개념

(1) 생산물(재화)

(2) 생산요소(자본)

4 사회적 개념

(1) 사유재

(2) 공공재

주요 내용 contents

1 물리적 개념

부동산은 물리적인 측면에서 <u>토지 및 정착물</u>을 말한다(「민법」제99조). 이 중 정착물(improvement)은 토지에 영구적으로 부착된 개량물로, 토지와 함께 부동산의 구성요소가 된다.

(1) 정착물의 종류

<u>정착물</u>은 토지에 영구적으로 부착되어 있어야 하므로, 분리할 수 있거나 이동할 수 있는 물건은 정착물이 될 수 없다. 정착물은 토지와의 결합 정도에 따라 토지에의 정착물(improvement to land), 토지상의 정착물(improvement on land)로 분류한다. <u>토지에의 정착물</u>로는 상·하수도, 담장, 수목, 도로포장 등이 있으며, <u>토지상의 정착물</u>로는 대표적으로 건물이 있다. 건물(building)은 정착물 중 지붕과 기둥(또는 벽)이 있는 것을 말하며, 그 외의 것은 구축물로 분류한다. 구축물(structure)에는 전신주, 굴뚝, 망루, 동상 등이 있으

며, 건물을 제외한 토지상의 정착물 외에도 토지에의 정착물까지 포함된다. 정착물의 분류에 따라 토지에의 정착물은 토지와 함께 일괄하여 감정평가하나, 토지상의 정착물은 개별로 감정평가한다.

(2) 동산과의 차이점

<u>동산</u>(chattel)은 유체물건 중 부동산이 아닌 것을 말한다. 부동산은 동산과 달리 물리적으로 이동할 수 없으며 소유권 등 권리를 표시하는 공시방법(public announcement)에서 차이가 있다. 유체물건에 대한 권리인 물권은 법률로 정해져 있다(「민법」 제185조). 부동산은 물권을 등기를 통해 공시하나, 동산은 점유를 통해 공시하며, 부동산은 소유권의 일부인 제한물권 중 용익물권과 담보물권 일부(저당권·유치권)의 설정이 가능하나 동산은 담보물권 일부(유치권·질권)만 설정이 가능하다. 소유권이 명확하지 않은 무주물의 귀속주체 역시 부동산은 국가, 동산은 선점자가 된다.

(3) 준부동산과의 차이점

<u>준부동산</u>(semi-real estate, 의제부동산 또는 유사부동산)은 물리적으로 동산이지만 권리적 측면에서 부동산과 유사한 것을 말한다. 준부동산에는 자동차, 선박, 항공기, 건설기계, 입목 등이 있으며, 부동산과 마찬가지로 개별 법령에 의거해 등기 또는 등록한다. 준부동산의 물리적으로 동산이므로 용익물권의 설정은 불가능하며, 담보물권 일부(저당권·유치권)의 설정만 가능하다.

> **참고 준부동산의 종류**
>
> - 자동차: 「자동차관리법」, 원동기에 의하여 육상에서 이동할 목적으로 제작한 용구 등
> - 선박: 「선박법」, 수상 또는 수중에서 항행용으로 사용하거나 사용할 수 있는 배 종류
> - 항공기: 「항공안전법」, 비행기, 비행선, 활공기, 회전익항공기 등 항공에 사용할 수 있는 기기
> - 건설기계: 「건설기계관리법」, 건설공사에 사용할 수 있는 기계
> - 입목: 「입목에 관한 법률」, 토지에 부착된 수목의 집단으로서 소유권보존의 등기를 받은 것
> - 공장재단: 「공장 및 광업재단 저당법」, 공장에 속한 기업용 재산으로 구성되는 일단의 기업재산

◆ 부동산·준부동산·동산의 비교

		부동산	준부동산	동산
물리적 속성		토지 및 정착물	토지 및 정착물 외 (자동차 등 일부)	토지 및 정착물 외
권리적 속성	공시 방법	등기	등록	점유
	제한 물권	• 용익: 지상·지역·전세권 • 담보: 저당·유치권	• 용익: 불성립 • 담보: 저당·유치권	• 용익: 불성립 • 담보: 유치·질권

2 권리적 개념

부동산은 권리적인 측면에서 <u>여러 가지 권리의 집합</u>(bundle)에 해당한다. 부동산 거래활동에서 현실적으로 의미를 갖는 것은 권리적 측면으로, 유체물건에 대한 권리인 물권(real right)은 법률로 권리의 종류, 범위, 공시수단이 규정되어 있다.

(1) 부동산 권리의 종류

부동산 권리는 특정 토지 및 정착물에 대한 사용, 수익, 처분, 향유 등 개별 권리의 집합으로 구성된다. 법률에서 인정하고 있는 부동산 권리에는 소유권, 제한물권, 점유권, 향유권이 있다. ① <u>소유권</u>이란 특정 토지 및 정착물을 사용, 수익, 처분할 수 있는 권리를 말한다. ② <u>제한물권</u>이란 소유권의 일부가 제한된 권리를 말하며, 처분권이 제한된 용익물권과 사용·수익권이 제한된 담보물권으로 분류할 수 있다. 부동산에는 용익물권(전세권·지상권·지역권)과 담보물권 일부(저당권·유치권)가 인정된다. ③ <u>점유권</u>(possessory right)이란 특정 토지 및 정착물을 점유하고 있는 사실상의 상태를 정당한 것으로 인정하는 것을 말한다. ④ <u>향유권</u>이란 특정 토지 및 정착물을 이용한 조망권·일조권 등을 말한다.

> 📖 **참고   제한물권의 종류 | 민법**
>
> - 점유권: 물건을 사실상 지배하는 권리 (제192조)
> - 소유권: 물건을 법률의 범위 내에서 사용, 수익, 처분할 수 있는 권리 (제211조)
> - 지상권: 타인의 토지에 건물 기타 공작물이나 수목을 소유하기 위하여 토지를 사용하는 권리 (제279조)
> - 지역권: 일정한 목적을 위하여 타인의 토지를 자기토지의 편익에 이용하는 권리 (제291조)
> - 전세권: 타인의 부동산을 점유하여 사용·수익할 수 있는 권리 (제303조)
> - 유치권: 타인의 물건 또는 유가증권을 점유하여 채권 변제기 동안 유치할 권리 (제320조)
> - 질권: 채무자 등이 제공한 동산을 점유하고 채권의 변제를 받을 권리 (제329조)
> - 저당권: 채무자 등이 부동산의 점유를 이전하지 않고 채권의 변제를 받을 권리 (제356조)

(2) 부동산 권리의 범위

부동산 권리는 평면의 토지(지표)를 기준으로 상부(공중)와 하부(지중)까지 포함되나, 정당한 이익이 인정되는 범위로 제한된다(「민법」 제212조). ① <u>공중공간에 대한 권리</u>(air right)는 법령에 의해 건물 등이 점유할 수 있는 높이(사적공중권)로 제한되며 항공기, 전파 등이 이동하기 위한 상위공간에 대한 권리(공적공중권)는 허용되지 않는다. ② <u>지중공간에 대한 권리</u> 역시 법령에 의해 허용된 깊이(한계심도)와 모래, 자갈, 지하수 등에 제한되며 지하광물의 채취는 별도의 권리를 필요로 한다.

(3) 부동산 권리의 공시

부동산 권리의 득실변경은 등기를 해야 효력이 발생한다(「민법」 제186조). ① <u>등기의 종류</u>는 토지등기부, 건물등기부 및 집합건물등기부로 구분하며(「부동산등기법」 제14조), ② <u>등기의 구성</u>은 표제부, 갑구, 을구로 이루어진다. ③ <u>등기의 효력</u>은 당사자의 신청에 따라 형식적인 성립요건만 갖추면 발생한다. 등기관에게 심사권이 없고 실질적 심사절차가 없어 등기의 공신력을 인정하지 않으며, 사실과 다른 등기사항에 의해 거래사고가 발생하더라도 행정적 구제방안이 없다.

◆ **물건별 등기사항전무증명서 표제부의 구성**

구분	토지	건물	집합건물
표제부	• 소재지번 • 지목·면적	• 소재지번 • 구조·층수·용도·면적	• 1동의 건물의 표시 • 대지권의 목적인 토지의 표시 • 전유부분의 건물의 표시 • 대지권의 표시

3 경제적 개념

부동산은 경제적 측면에서 <u>생산물</u>이자 동시에 <u>생산요소</u>에 해당한다. <u>생산물</u>(product)은 물건의 형태를 갖는 재화(goods)와 인간의 비물질적 활동인 용역(service)으로 분류하며, <u>생산요소</u><u>(factors of production)</u>는 재화나 용역을 생산하는 데 필요한 요소로, 토지·노동·자본을 말한다.

(1) 생산물(재화)

부동산은 토지 및 정착물이라는 유체물의 형태를 갖춘 재화(goods)로서, 사용가치와 교환가치를 모두 갖춘 경제재에 해당한다. 주거의 목적으로 사용되는 주택, 영업의 목적으로 사용되는 상가·사무실, 생산의 목적으로 사용되는 공장·농지 등이 이에 해당한다.

(2) 생산요소(자본)

토지·노동·자본은 3대 생산요소를 구성한다. 토지는 농산물·임산물·광물과 같은 재화의 생산요소이자 건물과 같은 물리적 공간 재화를 제공하고 수익을 발생시키는 자본(capital)이면서, 현금흐름이라는 경제적 가치를 갖는 자산(asset)에 해당한다.

4 사회적 개념

부동산은 사회적 측면에서 <u>사유재이자 동시에 공공재</u>에 해당한다.

(1) 사유재

부동산은 경제적 측면에서 하나의 자산으로서 '국민 재산의 중요한 일부를 구성한다'. 모든 국민의 재산권은 헌법으로 보장되므로 법률로 정한 한계 내에서 재산권의 자유로운 행사가 인정된다(「대한민국헌법」 제23조).

(2) 공공재

부동산을 구성하는 토지는 국토의 일부로서 국민의 생활공간이자 '삶의 터전이며 국가의 기본 요소이다'. 따라서 국가는 국민 모두의 생산 및 생활의 기반이 되는 국토의 효율적이고 균형 있는 이용·개발과 보전을 위하여 법률이 정하는 바에 의하여 그에 관한 필요한 제한과 의무를 과할 수 있고(토지공개념)(「대한민국헌법」 제122조), 부동산 재산권에 대한 행사는 공공복리에 적합해야 하며, 정당한 보상이 지급된다면 공공필요에 의한 재산권의 수용·사용 또는 제한이 있을 수 있다(「대한민국헌법」 제23조).

부동산의 분류

서설 preface, summary

- 물리적으로 동일한 부동산이라 하더라도 용도, 이용형태, 권리관계에 따라 가격형성요인이 상이하다.

목차 index

1 용도별 분류(종별)

(1) 지역적 범위에 따른 분류

① 택지지역
② 농지·임지지역
③ 이행·후보지역

(2) 개별적 용도에 따른 분류

① 택지
② 농지·임지
③ 이행지·후보지

2 유형별 분류(유형) | 이론17.1(종별·유형의 분류목적)

(1) 이용형태에 따른 분류

① 토지
② 건물
③ 복합부동산
④ 구분소유부동산

(2) 권리양태에 따른 분류

① 나지·건부지
② 갱지·저지

3 법상 분류

(1) 토지의 법상 분류
  ① 필지 · 획지
  ② 용도지역 · 지목

(2) 건물의 법상 분류
  ① 근린시설
  ② 전문시설

(3) 토지 · 건물의 법상 분류
  ① 주거용 부동산
  ② 비주거용 부동산

주요 내용 contents

1 용도별 분류(종별)

종별이란 토지를 <u>용도적 관점에서 분류</u>한 것으로서, 지역의 용도를 분류하는 지역종별과 대상 부동산의 용도를 분류하는 토지종별이 있다.

토지의 가치는 주거용, 상업용, 공업용 등 구체적인 용도에 따라 달라지는데, 이는 지역의 특성에 따라 특정 용도에 대한 수요가 증가하거나 감소하기 때문이다. 일반적으로 주택지역에서는 주거용, 상업지역에서는 상업용 토지에 대한 수요가 높으나, 주택지역에서 상업지역으로 이행하고 있는 지역이라면 주거용 대비 상업용 토지에 대한 수요가 증가하며 더 높은 가격을 형성할 수 있다. 이렇듯 토지의 종별에 따라 대략적인 가격수준이 결정되므로 지역종별 · 토지종별 분류에 유의하여야 한다.

(1) 지역적 범위에 따른 분류

지역종별은 택지지역(주택지역, 상업지역, 공업지역), 농지지역(전지역, 답지역), 임지지역(용재림지역, 신탄림지역)으로 분류한다.

(2) 개별적 용도에 따른 분류

토지종별은 택지(주택지, 상업지, 공업지), 농지(전지, 답지), 임지(용재림, 신탄림), 이행지, 후보지로 분류한다. <u>용재림</u>(timber forest)이란 참나무, 자작나무, 소나무와 같은 재목 생산을 목적으로 하는 임지이며, <u>신탄림</u>은 상수리나무, 떡갈나무와 같은 땔감 생산을 목적으로 하는 임지를 말한다. <u>이행지</u>란 지역종별 내에서 토지종별의 변화가 진행되고 있는 토지를 말하며, <u>후보지</u>란 지역종별의 변화가 진행되고 있는 토지를 말한다. 토지종별은 대상 부동산의 개별적 용도에 따라 독립적으로 결정되는 것이 아니라, 인근지역의 용도에 따라 지역종별의 범위 내에서 결정된다.

토지특성 조사요령 : 토지종별(토지이용상황)

- 토지의 실제이용상황 및 주위의 주된 토지이용상황을 기준하되, 일시적인 이용상황은 고려하지 아니함.
- 인근지역의 주된 이용상황이 주거지인 전, 답, 임야 등의 경우에는 '주거나지'로 기재하고, 주된 이용상황이 농경지 또는 임야인 경우에는 전, 답, 임야 등으로 구분하여 기재함.
- <u>주거나지</u>란 주변의 토지이용상황이 주택지대로서 그 토지에 건축물이 없거나 일시적으로 타용도로 이용되고 있으나, 가까운 장래에 주택용지로 이용·개발될 가능성이 높은 토지를 말한다.
- <u>주거기타</u>란 주변의 토지이용상황이 주택지대로서 관공서, 교육시설, 종교시설 등으로 이용되고 있는 토지를 말한다.

2 유형별 분류(유형)

유형이란 부동산을 <u>이용형태 및 권리양태의 관점에서 분류</u>한 것을 말한다.

종별이 용도적 관점의 지역적 분류라면, 유형은 대상 부동산의 구체적인 이용형태 및 권리양태를 나타낸다. 종별에 따라 대략적인 가격수준이 형성되면, 대상 부동산의 이용형태와 권리양태에 따라 개별적 가격으로 좁혀지며, 이후 감정평가방법을 적용하여 구체적인 가격이 도출된다. 인근지역에 소재한 동일한 주거용 부동산이라 하더라도, 주거용 나지, 주거용 복합부동산(단독주택·다가구주택), 주거용 구분소유부동산(연립주택·다세대주택)의 가치는 다를 수 있으며, 해당 유형에 따라 적용되는 감정평가방법도 달라진다는 점에 유의하여야 한다.

(1) 이용형태에 따른 분류

부동산은 이용형태에 따라 ① 토지, ② 건물, ③ 복합부동산, ④ 구분소유부동산으로 분류할 수 있다.

<u>복합부동산</u>이란 토지와 건물이 결합되어 구성된 부동산을 말한다. <u>구분소유부동산</u>이란 토지와 건물이 결합되어 있으나 건물 내부의 특정한 위치와 면적에 대한 구분소유가 이루어진 것을 말한다.

유형별 감정평가방법 : 「감정평가에 관한 규칙」

제7조(개별물건기준 원칙 등)

① 감정평가는 대상물건마다 개별로 하여야 한다.

제14조(토지의 감정평가)

① 감정평가법인등은 법 제3조 제1항 본문에 따라 토지를 감정평가할 때에는 공시지가기준법을 적용해야 한다.

제15조(건물의 감정평가)

① 감정평가법인등은 건물을 감정평가할 때에 원가법을 적용해야 한다.

제16조(토지와 건물의 일괄감정평가)

감정평가법인등은 「집합건물의 소유 및 관리에 관한 법률」에 따른 구분소유권의 대상이 되는 건물부분과 그 대지사용권을 일괄하여 감정평가하는 경우 등 제7조 제2항에 따라 토지와 건물을 일괄하여 감정평가할 때에는 거래사례비교법을 적용해야 한다. 이 경우 감정평가액은 합리적인 기준에 따라 토지가액과 건물가액으로 구분하여 표시할 수 있다.

(2) 권리양태에 따른 분류

토지는 권리양태에 따라 ① 나지, ② 건부지, ③ 갱지, ④ 저지로 분류할 수 있다. 나지는 토지 위에 정착물이 없는 토지를 말하며, 건부지는 토지 위에 건물이 있는 토지를 말한다. 갱지는 나지 중에서 공법상 제한 외에 어떤 제한도 없는 토지를 말하며, 저지는 지상권, 저당권 등 사법상 제한이 있는 토지를 말한다.

3 법상 분류

(1) 토지의 법상 분류

토지의 단위는 필지로서, 필지는 「공간정보의 구축 및 관리 등에 관한 법률」 및 「부동산등기법」에 따른 토지의 등록단위를 말한다. 반면 획지는 등록단위와 무관하게 단일한 용도로 이용되고 있는 일단의 토지를 말한다.

토지는 「국토의 계획 및 이용에 관한 법률」상 용도지역 또는 「공간정보의 구축 및 관리 등에 관한 법률」상 지목으로 분류할 수 있다. 용도지역이란 토지를 경제적·효율적으로 이용하고 공공복리의 증진을 도모하기 위하여 도시·군관리계획으로 결정하는 지역으로 도시지역(주거지역·상업지역·공업지역·녹지지역), 관리지역, 농림지역, 자연환경보전지역으로 분류한다. <u>지목</u>은 토지의 주된 용도에 따라 토지의 종류를 구분하여 지적공부에 등록한 것으로 전, 답, 과수원 등 28개 지목이 활용되고 있다.

이 외에도 「농지법」, 「산지관리법」, 「도로법」 등 개별 법령에서 각각의 목적에 따라 토지를 분류하고 있다.

◆ **용도지역에 따른 토지의 분류**

대분류	소분류	정의
도시지역	주거지역	거주의 안녕과 건전한 생활환경의 보호를 위하여 필요한 지역
	상업지역	상업이나 그 밖의 업무의 편익을 증진하기 위하여 필요한 지역
	공업지역	공업의 편익을 증진하기 위하여 필요한 지역
	녹지지역	자연환경·농지·산림 보호, 도시의 무질서한 확산을 방지하기 위하여 녹지 보전이 필요한 지역
관리지역	보전관리지역	자연환경·산림 보호를 위하여 보전이 필요하나, 자연환경보전지역으로 지정하여 관리하기가 곤란한 지역
	생산관리지역	농업·임업·어업 생산 등을 위하여 관리가 필요하나, 농림지역으로 지정하여 관리하기가 곤란한 지역
	계획관리지역	도시지역으로의 편입이 예상되는 지역이나, 자연환경을 고려하여 계획적·체계적인 관리가 필요한 지역
농림지역		
자연환경보전지역		

📖 **참고 국토의 용도 구분 | 국토의 계획 및 이용에 관한 법률**

- 도시지역: 인구와 산업이 밀집되어 있거나 밀집이 예상되어 그 지역에 대하여 체계적인 개발·정비·관리·보전 등이 필요한 지역
- 관리지역: 도시지역의 인구와 산업을 수용하기 위하여 도시지역에 준하여 체계적으로 관리하거나 농림업의 진흥, 자연환경 또는 산림의 보전을 위하여 농림지역 또는 자연환경보전지역에 준하여 관리할 필요가 있는 지역
- 농림지역: 도시지역에 속하지 아니하는 「농지법」에 따른 농업진흥지역 또는 「산지관리법」에 따른 보전산지 등으로서 농림업을 진흥시키고 산림을 보전하기 위하여 필요한 지역
- 자연환경보전지역: 자연환경·수자원·해안·생태계·상수원 및 문화재의 보전과 수산자원의 보호·육성 등을 위하여 필요한 지역

(2) 건물의 법상 분류

건물은 「건축법 시행령」에 따라 단독주택, 공동주택, 근린생활시설, 문화 및 집회시설 등 <u>29개 용도</u>로 분류한다.

◆ 건축법에 따른 건물의 분류

대분류	소분류	종류
근린시설	단독주택	단독주택, 다중주택, 다가구주택, 공관
	공동주택	아파트, 연립주택, 다세대주택, 기숙사
	제1종 근린생활시설	휴게음식점, 소매점, 사무소, 의원 등
	제2종 근린생활시설	일반음식점, 학원, 다중생활시설, 공연장, 노래연습장 등
전문시설	문화 및 집회시설	공연장, 집회장, 관람장, 전시장, 동·식물원
	판매시설	도매시장, 소매시장, 상점
	업무시설	공공업무시설, 일반업무시설(사무소, 오피스텔)
	숙박시설	일반숙박시설, 생활숙박시설, 관광숙박시설, 다중생활시설
	공장	
	창고시설	창고, 하역장, 물류터미널, 집배송시설

> **참고 용도별 건축물의 종류 | 건축법 시행령 별표1**
>
> - 다가구주택: 층수가 3개 층 이하이면서, 바닥면적의 합계 660㎡, 세대수 19세대 이하인 주택
> - 아파트: 층수가 5개 층 이상인 공동주택
> - 연립주택: 층수가 4개 층 이하이면서, 바닥면적 660㎡ 초과인 공동주택
> - 다세대주택: 층수가 4개 층 이하이면서, 바닥면적 660㎡ 이하인 공동주택
> - 제1종 근린생활시설: 일용품을 판매하는 소매점으로서 바닥면적 1,000㎡ 미만이거나, 음식을 조리하거나 제조하여 판매하는 시설로서 바닥면적 300㎡ 미만인 것 등
> - 제2종 근린생활시설: 공연장·종교집회장으로서 바닥면적 500㎡ 미만이거나, 자동차영업소로서 바닥면적 1,000㎡ 미만인 것 등

(3) 토지·건물의 법상 분류

토지·건물은 「부동산 가격공시에 관한 법률」에 따라 <u>주거용 부동산과 비주거용 부동산</u>으로 분류한다.

◆ **부동산공시법에 따른 토지·건물의 분류**

대분류	소분류	종류
주거용	주거용 일반부동산	단독주택(단독주택, 다중주택, 다가구주택, 공관 등)
	주거용 집합부동산	공동주택(아파트, 연립주택, 다세대주택, 기숙사 등)
비주거용	비주거용 일반부동산	구분소유되지 않는 비주거용 부동산
	비주거용 집합부동산	구분소유되는 비주거용 부동산

부동산의 특성

- 부동산은 고유의 물리적 특성으로 인해 일반 재화와 다른 특성을 나타낸다.
- 부동산은 고정성으로 인해 일반 재화와 달리 지역시장에서 지역적 가격수준을 형성한다.
- 부동산은 개별성으로 인해 일반 재화와 달리 일물일가의 법칙이 성립하지 않는다.

목차 index

주요 내용 contents

1 물리적 특성

부동산은 물리적 측면에서 토지와 정착물을 말하며, 부동산의 특성 역시 물리적 특성을 갖게 된다. 물리성은 고정적이고 경직적인 성질로, 부동산은 일반 재화와 다른 고정성, 부증성, 영속성, 개별성의 특징을 갖는다. 한편 토지는 자연의 창조물로 영구히 존재하나 정착물은 인류의 창작물로 시간에 따라 마모되거나 소멸하므로, 부동산의 물리적 특성은 토지를 중심으로 결정된다.

(1) 고정성(fixity)

고정성이란 토지의 위치를 인위적으로 이동시킬 수 없다는 지리적 위치의 절대성을 말한다. 부동산은 고정성으로 인해 ① 시장활동의 범위가 전국이 아닌 특정 지역으로 국지화되어, ② 시장정보의 확보를 위해 별도의 정보활동(intelligence)이나 임장활동(attendance)이 필요하다. ③ 위치에 따라 가격이 달라지는 위치가격이 형성되며, ④ 가격이 외부 환경과의 관계나 변화에 영향을 받는다.

(2) 부증성(unproductivity)

부증성이란 토지는 추가적인 생산요소를 투입하더라도 물리적인 양을 증가시킬 수 없다는 것을 말한다. 부동산은 부증성으로 인해 ① 수요 대비 공급이 부족한 상대적 희소성을 갖게 되는데, 이로 인해 ② 희소한 자원을 취득하기 위한 수요자 간 경쟁으로 가격이 상승하고, ③ 희소한 자원을 효율적으로 활용하기 위한 용도 간 경쟁과 고밀도 이용이 촉진된다.

(3) 영속성(indestructibility)

영속성이란 토지는 사용이나 시간에 의해 마모되거나 소멸되지 않는다는 것을 말한다. 부동산은 영속성으로 인해 ① 시장활동에 있어 '장기적인 관점'이 요구되는데 ② 투자에 따른 수익과 원금의 회수가 장기에 걸쳐 이루어지기 때문이다. 또한 토지는 영구히 존재하기 때문에 ③ 한시적으로 소유권에서 사용·수익권을 분리하는 임대활동이 가능하다.

(4) 개별성(heterogeneity)

개별성이란 토지는 물리적으로 동일하지 않다는 것을 말한다. 부동산은 개별성으로 인해 ① 인근지역에 소재하더라도 위치, 형상, 면적이 상이해 일률적인 표준화가 불가능하고 ② '같은 상품에는 하나의 가격만 성립한다'는 완전경쟁시장의 일물일가법칙(law of indifference)이 성립할 수 없다. ③ 개별성을 가진 토지에 대한 시장정보를 확보하기 위해서는 별도의 정보활동이나 임장활동이 필요하다.

2 인문적 특성

부동산의 물리적 특성은 고정적이고 경직적인 성질로, 부동산 시장에서 수요, 공급 및 거래 활동이 원활하게 이루어지고 가격이 안정적으로 형성되는 데 있어 제약이 된다. 그러나 부동산은 물리적 측면 외에도 경제적, 사회적 측면을 가지고 있으며, 경제활동과 공공복리의 대상으로 이용되며 물리적 특성이 일부 완화된다.

(1) 용도·이용의 다양성(diversity)

용도·이용의 다양성이란 토지는 여러 가지 용도 간 경쟁이나 전환을 통해 다양한 용도로 이용될 수 있다는 것을 말한다. 토지의 다양성은 용도별 수요 유입과 용도 간 경쟁이 이루어지기 위한 전제조건으로 토지의 가치를 극대화하므로, 결과적으로 최고의 수익성을 가진 용도인 **최유효이용**(highest and best use)으로 활용된다. 다양성은 고정적이고 경직적인 토지의 부증성과 개별성을 완화하는 특성이다.

(2) 병합·분할의 가능성(divisibility)

병합·분할의 가능성이란 토지는 이용활동에 따라 여러 필지로 분할하거나 하나의 필지로 병합될 수 있다는 것을 말한다. 권리의 측면에서 소유권을 공중권·지상권·지하권으로 분할하거나, 구분소유권·구분지상권으로 분할할 수 있으며, 사용·수익·처분권으로 분할하는 것도 포함된다. 병합·분할의 가능성은 고정적이고 경직적인 토지의 부증성과 개별성을 완화하는 특성이다.

(3) 사회·경제·행정적 위치의 가변성

사회·경제·행정적 위치의 가변성이란 토지는 사회적, 경제적, 행정적 위치에 따라 가치가 변할 수 있다는 것을 말한다. 사회적으로 인근지역의 인구가 증가·감소하거나, 경제적으로 산업이 유입·쇠퇴하거나 고용이 증가·감소하는 경우, 행정적으로 용도지역이나 금융·세금정책이 변화하는 경우 토지의 가치는 크게 달라질 수 있다. 가변성은 고정적이고 경직적인 토지의 고정성과 개별성을 완화하는 특성이다.

> **참고 건물의 물리적 특성**
>
> - 이동성(↔ 고정성) : 건물은 토지에 정착되기 전까지 이동이 가능한 동산으로, 조립식·이동식 건물, 모듈러 건물 등의 건축이 가능하다.
> - 생산성(↔ 부증성) : 건물은 토지와 달리 자본과 노동을 투입하여 추가적인 생산 및 공급이 가능하다.
> - 마모성(↔ 영속성) : 건물은 토지와 달리 시간의 경과에 따라 마모되거나 소멸할 수 있다.
> - 동질성(↔ 개별성) : 건물은 토지와 달리 규격화·표준화된 건축이 가능하다.

3 경제적 특성

부동산은 경제적 측면에서 생산물·생산요소시장에서 거래되는 하나의 상품이다. 비록 물리적 특성에 따라 원활한 시장활동에 제약이 따르지만, 사회·경제적 환경이 변화하고 그에 따라 용도 간 경쟁과 병합·분할이 이루어지며 경제적 특성은 지속적으로 변화하고 있다.

(1) 수요의 국지성·개별성

부동산은 고정성과 개별성에 따라 수요 역시 지역·용도별로 파편화된다. 따라서 수요의 관리가 어렵고, 지역·용도 간 수요 불균형이 발생할 수 있다.

(2) 공급의 비탄력성

토지는 부증성에 따라 물리적인 양을 증가시킬 수 없고, 건물은 건축기간에 따라 공급의 시차가 존재한다. 따라서 부동산은 공급 비탄력성으로 인해 단기에는 수요에 의한 가격 민감도가 높고, 장기에는 일시적인 공급에 따른 가격 변동이 발생할 수 있다.

(3) 가격의 불균형성·시장의 비효율성

완전경쟁시장(perfect competitive market)이란 다수의 거래자들이 동질의 상품을 거래하며, 거래자들이 상품의 가격·품질 등에 대한 완전한 정보를 가지고 시장진출입이 자유로운 시장을 말한다. 완전경쟁시장에서는 균형가격(equilibrium price)이 성립해 시장의 효율성을 달성할 수 있다.

그러나 부동산은 ① 부증성에 따른 고가성으로 시장 참여에 제약이 있으며, ② 고정성과 개별성에 따라 상품이 이질적이고, ③ 수요의 국지성·개별성과 공급의 비탄력성으로 인해 자유로운 거래가 제한된다. 따라서 안정적인 균형가격의 성립이 어려우며 효율적 시장(efficient market)의 성립이 제한된다.

(4) 시장실패와 정부개입

시장실패(market failure)란 경제문제를 해결하기 위한 수단인 시장경제가 합리적 자원 배분에 실패하는 것을 말한다. 시장실패의 원인으로는 대표적으로 불완전경쟁, 정보 비대칭(information asymmetry), 외부경제 등이 있다. 부동산 시장 역시 불완전경쟁 시장이자 정보비대칭 시장으로 시장실패가 발생할 수 있다.

시장실패의 해결은 대표적으로 시장규제, 세금·보조금 정책 등의 정부개입이 있다. 그러나 정부개입 역시 정책오류, 부정부패 등에 의해 정부실패가 발생할 수 있다. 시장경제와 정부개입의 목적은 경제의 효율성과 사회적 복지를 이루는 것으로 상호 보완적인 관계를 가지고 있다.

◆ **부동산시장에 대한 정부개입 수단**

구분		종류
직접개입	수요 측면	• 토지매입, 주택매입
	공급 측면	• 공공택지, 공공주택 개발 및 공급
	가격 측면	• 분양가상한제, 임대료 규제
	거래 측면	• 토지거래허가제, 주택전매제한, 농지소유제한, 외국인소유제한
간접개입	조세 측면	• 취득세, 재산세, 양도소득세 등
	금융 측면	• LTV, DTI, DSR 등

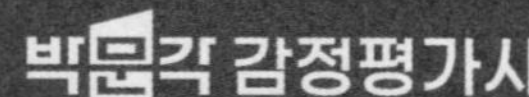

부동산 시장론

부동산 시장의 개념

서설 preface, summary

- 〈부동산 시장〉이란 부동산의 교환 및 가격 결정이 이루어지고 부동산 자산의 이용형태 및 배분이 결정되는 공간을 말한다.
- 부동산은 고정성, 부증성과 같은 물리적 특성에 따라 시장 기능에 의한 자율적인 자원 배분이 저해된다.

목차 index

(3) 자본시장

① 자본시장의 의의

② 자본시장과 자산시장의 관계(부동산 증권화)

(4) 화폐시장

① 화폐시장의 의의

② 화폐시장과 자산시장의 관계

5 부동산 시장의 특징 | 이론15.4(정부개입이유)

(1) 수요 중심적 시장

(2) 공급 비탄력 시장

(3) 경쟁 불완전 시장

(4) 가격 불균형 시장

6 부동산 시장의 효율성

(1) 시장 효율성

(2) 부동산 시장의 효율성과 시장실패

(3) 부동산 시장의 효율성 확보방안과 할당 효율성

주요 내용 contents

1 부동산 시장의 개념

부동산 시장이란 부동산 권리의 교환을 통해 가격, 임료, 환원이율 등이 결정되는 추상적인 경제공간을 말한다. 부동산 시장에서는 수요자와 공급자가 만나 가격, 임료 및 수익률 등 제 변수들이 결정되나, 구체적인 물건의 교환이 이루어지는 일반 재화시장과 달리 권리 형태의 교환이 이루어진다는 점에서 추상적인 경제공간이다.

2 부동산 시장의 기능

시장은 재화 또는 용역의 거래가 이루어지는 공간으로서, 시장의 기능은 수요·공급에 따라 결정된 가격으로 상품을 거래하며 동시에 가격에 의해 다시 수요·공급을 조절하는 것이다. 부동산 시장 역시 마찬가지로 부동산이라는 물리적 재화의 권리에 대한 거래가 이루어지는 공간으로서, 부동산 시장의 기능은 가격과 임료 등 제 권리에 대한 가격을 결정하고 권리의 교환을 이루며 동시에 가격에 의해 다시 수요·공급을 조절하는 것이다.

3 부동산 시장의 분류

부동산을 용도·유형별로 분류할 수 있듯이, 부동산 시장 역시 용도·유형 등에 따라 다양하게 분류할 수 있다. 부동산은 지역·용도·유형에 따라 각각의 하위시장(sub market)을 형성하며 부동산 가격 역시 하위시장별로 다르게 형성되므로, 부동산 시장을 분석하기 위해서는 시장세분화(market segmentation)가 전제되어야 한다. 하위시장은 한 가지 분류체계가 아닌 여러 가지 분류체계가 복합적으로 적용된다는 점에 유의해야 한다.

(1) 지역별 시장

부동산은 고정성을 갖고 있으므로, 대상 부동산이 소재한 지역에 따라 지역별 시장(local market)으로 분류할 수 있다. 지역별 시장은 행정구역을 기준으로, 수도권·지방시장, 서울·경기도시장, 강남·강북시장, 마포구·관악구시장 등으로 다양하게 분류할 수 있다. 지역별 시장에서는 물리적·기능적으로 동일한 부동산이라도 그 가치가 상이할 수 있다.

(2) 용도별 시장

부동산은 용도의 다양성을 갖고 있으므로, 용도에 따라 용도별 시장으로 분류할 수 있다. 용도별 시장은 주거용 시장, 상업용 시장, 산업용 시장, 농업용 시장 등으로 분류할 수 있다. 산업의 발전에 따라 용도별 부동산에 대한 수요는 변화하였으며, 도시의 형성과 발전에 따라 주거·상업·산업용 부동산에 대한 수요도 변화하고 있다.

(3) 유형별 시장

부동산은 영속성을 갖고 있으므로, 이용형태 및 권리양태에 따라 유형별 시장으로 분류할 수 있다. 유형별 시장은 토지 및 정착물의 이용형태에 따라 토지 시장, 복합부동산 시장, 집합부동산 시장으로 분류할 수 있으며, 권리양태에 따라 매매시장과 임대시장으로 분류할 수 있다.

(4) 경제별 시장

부동산은 영속성을 갖고 있으므로, 이용목적에 따라 경제별 시장으로 분류할 수 있다. 경제별 시장은 생산물로서 공간을 이용하기 위한 목적의 <u>공간시장</u>과 생산요소로 현금흐름의 가치를 추구하는 <u>자산시장</u>으로 분류할 수 있다. 공간·자산시장은 권리양태와 무관하게 부동산의 이용 목적을 기준으로 한 분류이나, 현실적으로 공간시장과 임대시장, 자산시장과 매매시장이 유사한 분류체계로 활용되고 있다.

(5) 그 외의 분류

그 외에도 부동산 시장은 ① 임대수익의 발생 여부를 기준으로 한 <u>수익성·비수익성 부동산 시장</u>, ② 규모를 기준으로 한 <u>대형·중형·소형 부동산 시장</u>, ③ 시기를 기준으로 한 <u>단기·중기·장기 부동산 시장</u>으로 다양하게 분류할 수 있다.

4 부동산 시장의 구조

부동산은 영속성으로 인해 소유권에서 한시적으로 사용·수익권을 분리하는 임대활동이 가능하며, 이에 따라 경제적으로 생산물이자 동시에 생산요소로 활용된다. '물리적으로 하나의 부동산이지만 권리양태에 따라 <u>공간시장 내 공간재화(생산물)</u>이자 동시에 자산시장 내 투자자본(생산요소)이 될 수 있는데', 투자자본으로서의 부동산은 공간시장에서 결정된 임대료에 의해 수익성이 결정된다는 점에서 공간시장과 연결될 뿐만 아니라 예금, 주식과 같은 다른 투자자본과의 수익성 경쟁이 이루어진다는 점에서 <u>화폐·자본시장</u>과도 연결된다.

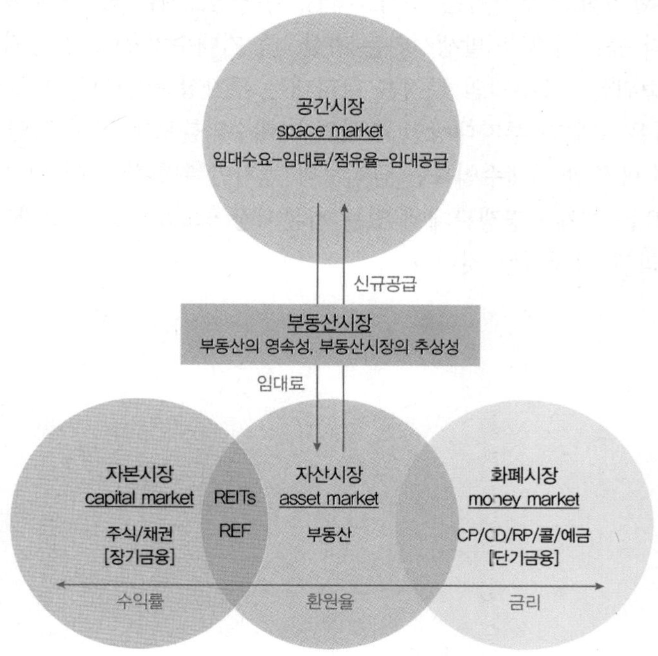

(1) 공간시장

<u>공간시장</u>이란 공간 이용을 목적으로 부동산 권리를 교환하여 임대료가 결정되는 부동산 시장을 말한다. 공간시장에서 거래되는 상품은 부동산 공간에 대한 사용권으로, 수요(임차수요)와 공급(임대공급)에 따라 가격(임대료)과 거래량(점유율)이 결정된다. 부동산의 고정성·부증성에 따라 특정 지역과 용도의 임대공간 공급은 고정되어 있으므로, 임대료는 단기적으로 임차수요에 의해 결정되나 장기적으로는 임대공간의 신규 공급에 의해 영향을 받을 수 있다. 공간시장에서 결정된 임대료는 곧 자산시장에서 부동산 자산의 수익성을 의미하므로 가격에도 영향을 미친다.

(2) 자산시장

① 자산시장의 의의

<u>자산시장</u>이란 현금흐름을 목적으로 부동산 권리를 교환하는 부동산 시장을 말한다. 자산시장에서 거래되는 상품은 수익을 발생시키는 부동산 자산에 대한 소유권으로, 수요(투자수요)와 공급(매매공급)에 따라 가격과 거래량이 결정된다. 자산시장의 가격은 공간시장에서 결정된 임대료와 수요자(투자자)의 기대수익률에 따라 결정된다. 동일한 임대수익이라도 투자자의 기대수익률에 따라 다른 가치를 가질 수 있는데, 기대수익률이 높으면 지불용의 가격(willing to pay)이 낮아지지만 반대로 기대수익률이 낮으면 더 높은 가격을 지불하게 된다.

기대수익률(expected rate of return)이란 투자를 통해 예상되는 수익과 투자원금의 비율로서, 합리적인 투자자는 주식, 채권, 부동산, 예금 등 여러 투자대상 중 투자원금 대비 더 높은 수익을 발생시키는 자산, 즉 기대수익률이 높은 자산을 선호한다. 부동산은 중위험·중수익의 특징을 나타내는 투자상품이므로, 부동산 자산에 대한 기대수익률은 고위험 투자대상인 주식의 기대수익률보다 낮지만 안전하고, 저위험 투자대상인 예금의 기대수익률인 금리보다 높지만 위험한 것이 일반적이다. 즉 자산시장의 수요는 대체·경쟁관계에 있는 자본시장·화폐시장의 수익률과의 상대적 우열관계에 의해 결정되는 것이다.

② 자산시장과 공간시장의 관계(DW 모형)

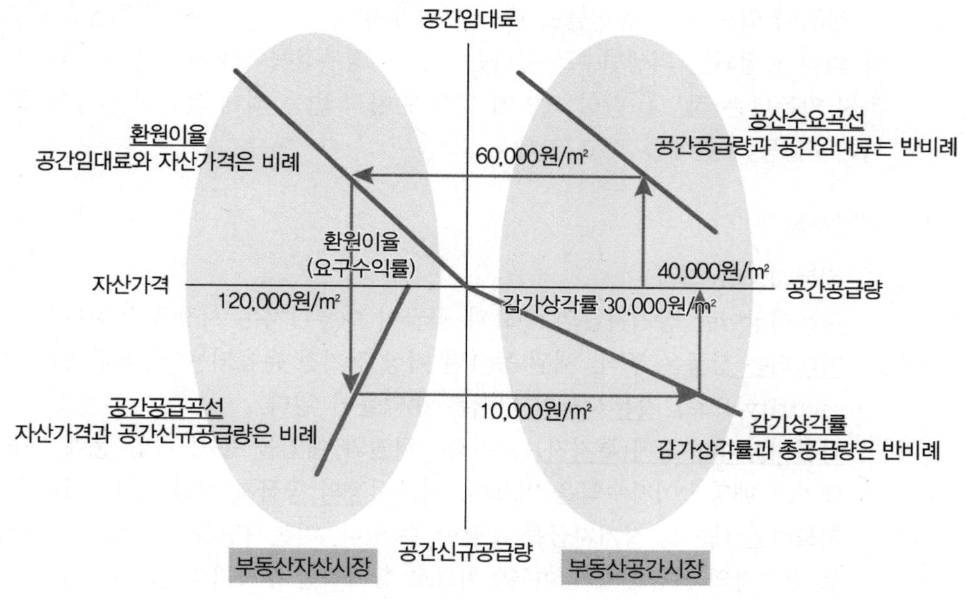

◆ 디파스퀠리 · 위튼의 4사분면 모형(DW 모형)

구분	1사분면	2사분면	3사분면	4사분면
시장	단기 공간시장	단기 자산시장	장기 자산시장	장기 공간시장
조건	공급량	임대료	자산가격	신규 공급량
내용	수요곡선	환원율	공급곡선	감가상각률
결정	임대료	자산가격	신규 공급량	최종 공급량

<u>디파스퀠리 · 위튼의 4사분면 모형(DW 모형)</u>은 공간시장과 자산시장 간의 상호관계를 4사분면 모형을 이용하여 설명하는 모형으로, 장기적인 균형상태에 이르는 전체 부동산시장의 구조를 나타낸다.

4사분면은 단기 공간시장(1사분면), 단기 자산시장(2사분면), 장기 자산시장(3사분면), 장기 공간시장(4사분면)으로 구성되며, ① 1사분면에서는 수요곡선(임차수요)과 공급곡선(임대공급)의 균형으로 임대료가 결정되고, ② 2사분면에서는 1사분면에서 결정된 임대료와 환원율의 균형으로 자산가격이 결정된다. ③ 3사분면에서는 2사분면에서 결정된 자산가격과 재조달원가곡선의 균형으로 신규건설량이 결정되고, ④ 4사분면에서는 3사분면에서 결정된 신규건설량과 감가상각곡선의 균형으로 장기재고량이 결정되어 1사분면의 공간 임대료의 균형이 이루어진다.

디파스퀠리·위튼의 4사분면 모형은 부동산 시장의 구조 및 작동원리를 간략히 설명하는 장점이 있으나 ① 공실률에 대한 고려가 없다는 점, ② 자본환원율을 단순히 투자자에 의해 결정되는 외생변수로 본다는 점, ③ 정부정책이나 세금 등에 대한 영향을 고려하지 않는다는 점, ④ 단일 요인에 의한 순차적 변동 외에 복합적 변동을 설명할 수 없다는 점 등의 한계를 갖고 있다.

(3) 자본시장

① 자본시장의 의의

자본시장이란 장기자금의 수요와 공급이 이루어지는 시장을 말한다. 자본시장에서 거래되는 상품은 주식, 채권 등 1년 이상 장기간 운용되는 자산에 대한 소유권(증권, security)으로, 자본시장의 가격은 수익률이 된다.

자본시장의 수요자(투자자)는 주식·채권의 매입을 통해 기업 등에 자금을 빌려준 대가로 배당·이자수익을 얻으며, 자본시장의 공급자(기업 등)는 배당·이자수익을 지불하는 대가로 장기자금을 조달할 수 있다. 자본시장은 화폐시장과 대비 상대적으로 장기간의 자금대차가 이루어지므로 합리적인 투자자의 기대수익률은 화폐시장의 기대수익률인 금리 대비 높은 것이 일반적이나, 주식의 경우 주식을 발행한 기업의 업종·규모 등 특성에 따라 다르며, 채권의 경우에도 채권을 발행한 기관의 종류·발행조건·신용등급 등에 따라 상이할 수 있다.

② 자본시장과 자산시장의 관계(부동산 증권화)

부동산은 부증성·고가성으로 인한 진입장벽과 고정성·개별성으로 인한 거래비용이 높고 환가성이 떨어지는 등 주식·채권과는 달리 일반 투자자의 시장 참여가 제약되었으나, 부동산주식(REITs)·부동산채권(REF)·주택저당채권(MBS) 등 부동산 권리를 증권화(securitization)한 투자상품이 출시되면서 시장 간 경계가 희미해지며 장기적으로 통합되는 현상을 보이고 있다. 부동산에 기초한 권리가 증권거래소에 상장되면서, 중위험·중수익 투자상품으로서 부동산의 수익성은 유지하되 고가성은 완화되고 거래비용은 낮아지며 환가성은 개선되는 등 자산시장의 수요 증대에 기여하고 있다.

(4) 화폐시장

① 화폐시장의 의의

화폐시장이란 단기자금의 수요와 공급이 이루어지는 시장을 말한다. 화폐시장에서 거래되는 상품은 콜, 양도성예금증서, 환매조건부채권, 기업어음, 정기예금, 정기적금 등 1년 미만 단기자금이며, 화폐시장의 가격은 원금에 지급되는 기간당 이자의 비율인 금리(interest rate)이다.

화폐시장의 공급자(예금주)는 정기예금 등의 상품을 매입하여 금융회사에 자금을 공급하고 이자수익을 얻으며, 화폐시장의 수요자는 대출 등을 통해 이자비용을 지불하고 자금을 조달할 수 있다. 금리는 국민경제의 근간을 이루는 화폐의 가치를 의미하며 물가등 실물 경제활동에도 중대한 영향을 미치므로, 한국은행 금융통화위원회를 통해 정책적으로 최소 금리 수준인 기준금리(base rate)를 결정하고 있다. 금융기관의 시장금리는 기준금리에 발행비용과 사업이윤 등을 가산해 결정되므로, 기준금리는 금융기관 간 초단기 금리인 콜금리부터 예·적금 및 대출금리 등에 순차적으로 영향을 미친다.

② 화폐시장과 자산시장의 관계

화폐시장은 부동산 시장 투자자·매수자들의 매수자금, 시행자·공급자들의 건축비용 등 자금을 공급해주는 역할을 한다. 금리가 상승하면 자금대차에 따른 비용인 이자가 증가해 기업의 투자와 개인의 소비를 억제하며 물가에 하방압력으로 작용한다. 반대로 국가경제가 침체된 경우 금리를 인하해 투자와 소비를 촉진하고 생산과 고용이 증가하도록 촉진할 수 있으나, 총수요 증가에 따라 물가가 적정 수준 이상으로 상승하는 경우 실물 경제활동이 위축되고 화폐가치가 하락하는 등의 부작용이 발생할 수 있다. 따라서 금리는 물가를 비롯해 국민경제의 제반 상황을 종합적으로 고려하여 조정되어야 한다.

◆ **부동산 시장의 구조**

구분	자본시장	자산시장		화폐시장
		자산시장	공간시장	
상품	주식·채권 (생산요소)	부동산 (생산요소)	공간서비스 (생산물)	화폐 (생산요소)
수요자 (효용)	투자자 (배당·매각차익)	투자자 (임대료·매각차익)	임차인 (공간이용)	투자자 (이자수익)
공급자	기업 등	매도인(임대인)		금융기관 등
가격 (수익률)	주식가격 (수익률)	부동산가격 (환원율)	임대료 –	– (이자율)

5 부동산 시장의 특징

부동산의 물리적 특성인 고정성, 부증성, 영속성, 개별성에 따라 부동산 시장 역시 일반 재화시장과 다른 고유의 특징을 나타낸다. 기본적으로 부동산 시장은 부동산의 고정성으로 인한 지역시장(local market)의 특징을 나타낸다. 동산과 같은 일반적인 재화와 달리, 물리적·기능적으로 동일한 부동산이라도 소재 지역에 따라 가치가 상이할 수 있다.

(1) 수요 중심적 시장

부동산은 부증성으로 인해 공급이 제한되기 때문에, 부동산 시장의 가격은 수요의 영향력이 큰 수요자 중심 시장의 특징을 나타낸다. 수요자 중심 시장에서는 외부 수요의 유입으로 인해 부동산 가격이 상승할 수 있다.

(2) 공급 비탄력 시장

부동산은 고정성·부증성으로 인해 지역적 공급이 제한되기 때문에, 부동산 시장은 공급 비탄력 시장의 특징을 나타낸다. 공급 비탄력 시장은 수요 변화에 따른 가격 민감도(price sensitivity)가 높으며, 단기적인 수요의 증가로 인해 부동산 가격이 급등할 수 있다.

(3) 경쟁 불완전 시장

부동산 시장에서는 부동산의 부증성·고가성으로 인해 자유로운 시장 참여가 제약되며, 고정성·개별성으로 인해 시장 정보의 투명성이 저해되는 등 자유로운 시장경쟁과 효율적 자원배분에 제약이 따른다.

(4) 가격 불균형 시장

부동산 시장에서는 부동산의 고정성·부증성으로 인해 탄력적인 수요·공급의 조정이 제약되고, 영속성으로 인해 일반적인 수요·공급의 원칙이 성립하지 않는 등 균형가격이 성립하기 어려워 단기적인 가격 상승과 하락이 나타날 수 있다.

6 부동산 시장의 효율성

자본주의는 경제문제를 해결하기 위한 수단으로 시장경제를 활용하고 있으므로, 시장경제의 목표는 시장원리가 올바르게 작동하여 수요·공급의 상호작용에 의한 합리적 자원 배분이 이루어지는 상태이다.

(1) 시장 효율성

시장의 효율성이란 어떤 정보가 즉각적으로 가격에 반영되는 것을 말한다. 효율적 시장은 정보의 가격 반영도에 따라 약성, 준강성, 강성 세 가지로 분류한다. 약성 효율적 시장은 과거의 정보가 가격에 반영되는 수준이며, 준강성 효율적 시장은 공개된 정보가 즉각적으로 가격에 반영되는 수준으로 주식시장이 이에 해당한다. 강성 효율적 시장은 공개 유무와 상관없이 모든 정보가 즉각적으로 가격에 반영되는 이상적인 수준을 말하며, 강성 효율적 시장에서는 시장 참여자 누구도 정상이윤을 상회하는 초과이윤을 누릴 수 없다. 시장의 효율성과 수익성이 상충관계(trade-off)에 있다고 할 수 있다.

(2) 부동산 시장의 효율성과 시장실패

부동산 시장은 효율성이 낮은 약성 또는 준강성 효율적 시장으로 분류된다. 이는 <u>완전경쟁시장</u>의 조건인 시장의 조직성(고정성), 상품의 동질성(개별성), 시장정보의 공개성(고정성·개별성), 시장참여의 자유성(부증성·고가성), 거래의 유동성(고정성·개별성), 수요·공급의 조절 및 균형(부증성) 등이 부동산의 물리적 특성으로 인해 제약되기 때문이다. <u>시장실패</u>(market failure)란 경제문제를 해결하기 위한 수단으로 활용된 시장경제가 합리적 자원 배분에 실패하는 것을 말한다. 시장실패가 발생하는 대표적인 원인으로 불완전경쟁과 정보비대칭을 들 수 있는데, 부동산 시장 역시 불완전경쟁시장이자 <u>정보비대칭</u>(information asymmetry) 시장이므로 시장실패가 발생할 수 있다.

◈ **효율적 시장과 부동산 시장의 비교**

구분	효율적 시장	부동산 시장
재화	상품의 동질성, 유동성	개별성, 고정성
참여자	시장참가자들의 영향력 낮음	부증성, 고가성
수요공급	수요공급의 증감, 균형	부증성, 고가성
시장	시장정보 공개, 조직된 시장	고정성, 개별성
거래	거래비용 낮음	개별성, 불투명성, 비공개성

(3) 부동산 시장의 효율성 확보방안과 할당 효율성

약성 효율적 시장인 부동산 시장에서는 비공개 정보에 의한 초과이윤의 확보가 가능하나, 주택가격 동향 발표(1986), 부동산 가격 공시제도의 시행(1989), 실거래가 신고제도(2006)의 시행, 공공데이터의 제공(2013) 등 부동산 정보의 공개가 확대되고 부동산 증권화(2001)에 의해 시장참여와 거래의 유동성이 높아진다면 준강성 효율적 시장이 될 수 있다.

<u>할당 효율성</u>(allocation efficiency)이란 자원의 할당이 효율적으로 이루어지는 것을 말하며, 정보를 획득하기 위한 비용만큼만 초과이윤이 존재하는 상태를 의미한다. 부동산 시장은 불완전경쟁시장으로 시장 효율성이 제약되고 초과이윤이 존재하는 시장이나, 할당 효율성을 확보할 수 있다면 불완전경쟁시장에서도 시장 효율성을 확보할 수 있다.

> **참고 부동산 시장의 효율성을 개선하기 위한 제도적 방안**
>
> • 1986년 주택가격동향 발표
>
> > 「주택법」
> >
> > 제88조(주택정책 관련 자료 등의 종합관리) 국토교통부장관 또는 시·도지사는 적절한 주택정책의 수립 및 시행을 위하여 주택의 건설·공급·관리 및 이와 관련된 자금의 조달, 주택가격 동향 등 이 법에 규정된 주택과 관련된 사항에 관한 정보를 종합적으로 관리하고 이를 관련 기관·단체 등에 제공할 수 있다.
>
> • 1989년 부동산 가격공시제도 시행
>
> > 「부동산 가격공시에 관한 법률」
> >
> > 제1조(목적) 이 법은 부동산의 적정가격 공시에 관한 기본적인 사항과 부동산 시장·동향의 조사·관리에 필요한 사항을 규정함으로써 부동산의 적정한 가격형성과 각종 조세·부담금 등의 형평성을 도모하고 국민경제의 발전에 이바지함을 목적으로 한다.
> >
> > 제9조(표준지공시지가의 효력) 표준지공시지가는 토지시장에 지가정보를 제공하고 일반적인 토지거래의 지표가 되며, 국가·지방자치단체 등이 그 업무와 관련하여 지가를 산정하거나 감정평가법인 등이 개별적으로 토지를 감정평가하는 경우에 기준이 된다.
>
> • 2001년 부동산투자회사제도 시행
>
> > 「부동산투자회사법」
> >
> > 제1조(목적) 이 법은 부동산투자회사의 설립과 부동산투자회사의 자산운용 방법 및 투자자 보호 등에 관한 사항을 정함으로써 일반 국민이 부동산에 투자할 수 있는 기회를 확대하고 부동산에 대한 건전한 투자를 활성화하여 국민경제의 발전에 이바지함을 목적으로 한다.
>
> • 2006년 실거래가 신고제도 시행
>
> > 「부동산 거래신고 등에 관한 법률」
> >
> > 제1조(목적) 이 법은 부동산 거래 등의 신고 및 허가에 관한 사항을 정하여 건전하고 투명한 부동산 거래질서를 확립하고 국민경제에 이바지함을 목적으로 한다.
> >
> > 제3조(부동산 거래의 신고) 거래당사자는 다음 각 호의 어느 하나에 해당하는 계약을 체결한 경우 그 실제 거래가격 등 대통령령으로 정하는 사항을 거래계약의 체결일부터 30일 이내에 그 권리의 대상인 부동산 등의 소재지를 관할하는 시장·군수 또는 구청장에게 공동으로 신고하여야 한다.

• **2013년 공공데이터의 개방**

「공공데이터의 제공 및 이용 활성화에 관한 법률」
제1조(목적) 이 법은 공공기관이 보유·관리하는 데이터의 제공 및 그 이용 활성화에 관한 사항을 규정함으로써 국민의 공공데이터에 대한 이용권을 보장하고, 공공데이터의 민간 활용을 통한 삶의 질 향상과 국민경제 발전에 이바지함을 목적으로 한다.

제2조(정의) 이 법에서 사용하는 용어의 뜻은 다음과 같다.

1. "공공기관"이란 국가기관, 지방자치단체 및 「지능정보화 기본법」 제2조 제16호에 따른 공공기관을 말한다.

2. "공공데이터"란 데이터베이스, 전자화된 파일 등 공공기관이 법령 등에서 정하는 목적을 위하여 생성 또는 취득하여 관리하고 있는 광 또는 전자적 방식으로 처리된 자료 또는 정보로서 다음 각 목의 어느 하나에 해당하는 것을 말한다.

   가. 「전자정부법」 제2조 제6호에 따른 행정정보

   나. 「지능정보화 기본법」 제2조 제1호에 따른 정보 중 공공기관이 생산한 정보

   다. 「공공기록물 관리에 관한 법률」 제20조 제1항에 따른 전자기록물 중 대통령령으로 정하는 전자기록물

부동산의 분류 기출문제 제17회 1번

01 부동산의 종별 및 유형의 개념과 분류목적을 설명하시오. 10점

▪▶ 논점분석

- 논제

- 유형

- 개념어

▪▶ 목차구성

02 정부가 부동산 시장에 개입하는 이유에 대하여 설명하시오. 10점

▣ 논점분석

- 논제

- 유형

- 개념어

▣ 목차구성

부동산 시장의 개념 기출문제 제32회 1번

03 부동산 시장을 공간시장(space market)과 자산시장(asset market)으로 구분할 때 두 시장의 관계를 설명하고, 부동산 시장의 다른 조건이 동일할 때 시중은행 주택담보대출 이자율의 상승이 주택시장의 공간시장과 자산시장에 미치는 영향을 설명하시오. 20점

▣ 논점분석

- 논제

- 유형

- 개념어

▣ 목차구성

부동산 시장분석

서설 preface, summary

- 부동산은 일반 재화와 다른 물리적 특성으로 인해, 부동산 시장은 불완전 경쟁시장을 형성하며 균형가격의 성립이 어렵다.
- 부동산은 일반 재화와 달리 물리적으로 고정되어 있어, 부동산 시장 역시 지역시장을 이룬다.
- 부동산은 일반 재화와 달리 고정성·영속성이 있으므로, 부동산 가격 역시 지역시장의 장기적 변화를 반영하여 형성된다.
- 부동산은 부증성·영속성 등 물리적 특성에 의해 공급의 총량이 제한되므로, 부동산 가격은 일반적으로 고가성을 나타낸다.
- 부동산은 사유재이자 공공재로서, 자산의 취득·보유·처분과정에 공적 개입이 이루어 질 수 있다.
- 〈시장분석〉이란 수요와 공급의 상호관계가 대상물건의 가치에 어떠한 영향을 미치는가를 조사·분석하는 것을 말한다.

목차 index

3 시장분석의 종류

(1) 입지분석·부지분석

(2) 투자분석·타당성 분석

(3) 시장성 분석 | 이론14.1(시장·시장성 분석)

(4) 경제기반 분석

(5) 갭분석

4 감정평가의 시장분석 | 이론11.2(지역·개별분석)

(1) **지역분석** | 이론24.2(지역·시장분석)
　① 의의
　② 필요성 및 목적
　③ 대상(인근·유사·동일수급권) | 이론15.1(대상지역), 16.5(요건·경계), 12.4(생애주기)
　④ 방법 및 절차 | 이론 29.2(지역분석사례), 36.2(가격수준)
　⑤ 유의사항

(2) **개별분석**

① 의의	② 필요성 및 목적
③ 방법	④ 지역분석과의 관계

주요 내용 contents

1 시장분석의 개념

　시장분석이란 수요와 공급의 상호관계가 대상물건의 가치에 어떠한 영향을 미치는가를 조사·분석하는 것을 말한다. 부동산 시장분석은 경제학의 시장분석과 달리 특정 부동산 시장에 한정된 분석을 말하며, 수행주체 및 목적에 따라 다양한 시장분석의 형태가 성립할 수 있다. 부동산은 물리적 특성에 의해 지역적 시장을 형성하고 개별 부동산에 대한 정보의 투명성이 제한될 뿐만 아니라 탄력적인 공급에 의한 수급 조절이 어려우므로 균형가격의 성립에 어려움이 있다. 따라서 부동산 거래 및 투자활동에 앞서 시장분석의 필요성이 있다.

　감정평가에서 시장분석'은 감정평가 3방식을 적용하기 위한 사전적 절차로, 대상 부동산의 가치에 영향을 미치는 지역시장에 대한 분석(지역분석), 대상 부동산의 개별적 특성과 지역시장 내 상대적 위치에 대한 분석(개별분석), 대상 부동산의 이용상황에 대한 최유효이용 여부의 판정(최유효이용분석)을 통해 인근지역 내 가격자료 등 3방식 적용의 기초 정보를 제공하기 위한 <u>목적</u>으로 수행된다.

2 시장분석의 단계

시장분석과 관련하여 실무적으로는 지역·개별분석, 입지·부지분석, 투자·타당성 분석 등 다양한 용어들이 사용되고 있다. 여러 형태의 시장분석은 분석의 대상이나 내용이 상호 중복되는 경우가 많으며, 방법이나 절차가 다르다기보다 분석의 범위나 초점을 어디에 두는 가에 따라 달라진다. 각각의 시장분석에서 공통적으로 활용되는 단계는 아래와 같다.

(1) 생산성분석(productivity analysis)

<u>생산성분석</u>이란 부동산의 물리적, 법적, 입지적 특성을 조사·분석하여 대상 부동산의 시장성 있는 잠재적 용도를 확인하는 것을 말한다. ① 물리적 특성에는 토지의 면적·형상 ·지세를 비롯해 건물의 구조·규모 등이 있으며 ② 법적 특성에는 토지의 용도지역· 용도지구·용도구역 등 공법상 제한상태와 사용·수익을 제한하는 사법상 제한상태 등 이 있다. ③ 입지적 특성에는 대상 부동산이 속한 지역시장의 표준적인 이용상태 및 수 요 변화 등이 있다.

(2) 시장획정(market area delineation)

<u>시장획정</u>이란 부동산을 용도, 유형, 지리적 위치에 따라 별도의 세분시장으로 구분하여 연구하는 것을 말한다. 생산성 분석에 따라 도출된 잠재적 용도 및 유형을 기준으로 각 각 하위시장에 대한 세분화가 이루어져야 한다.

(3) 수요분석(demand analysis)

<u>수요분석</u>이란 세분시장별로 대상 부동산의 잠재적 가능수요자를 확인하는 것을 말한다. 시장획정에 따라 획정된 세분시장별로 수요요인을 조사하여야 한다.
① <u>주거용 부동산</u>의 경우 기본적인 인구, 가구 수, 가구규모의 현황과 증감추이를 비롯 해 주택점유형태, 소득수준 등의 인구특성과 지역 자연환경·기반시설의 분포를 조 사하여야 하며
② <u>상업용 부동산</u>의 경우 정주인구, 유동인구의 현황을 비롯해 산업유형, 소득수준, 연령, 성별 등의 고객특성, 주동선·매출현황 등을 조사하여야 한다.
③ <u>업무용 부동산</u>의 경우 산업유형, 종사자수의 현황을 비롯해 1인당 평균 사무공간 등을,
④ <u>공업용 부동산</u>의 경우 지역경제현황, 고용현황, 산업유형의 현황을 비롯해 접근성 등을 조사한다.

(4) 공급분석(supply analysis)

공급분석이란 세분시장별로 공급된 기존 부동산의 재고량과 공급이 예정된 신규공급량을 조사하는 것을 말한다. 공급분석 시 유사·경쟁 부동산의 양과 질을 파악하고, 신축, 용도전환, 분양 중인 부동산에 대한 추가적인 조사가 이루어져야 한다.

(5) 균형분석(equilibrium analysis)

균형분석이란 현재와 미래의 수요공급 상호작용을 분석하여 한계수요의 존재 여부를 조사하는 것을 말한다. 수요와 공급의 균형은 현재 상태를 비롯해 신축, 용도전환, 분양 중인 부동산의 추가 공급에 따른 미래시점의 균형을 예측해야 한다.

(6) 포착률 추계(capture rate analysis)

포착률이란 대상 부동산이 전체가능시장에서 차지할 것으로 예상되는 점유율(market share)을 말한다. 장기의 포착률을 점유율, 단기의 포착률을 흡수율(absorption rate)이라고 한다. 흡수율은 대상 부동산이 일정 기간 내 시장에서 매각되는 비율을 말하며, 흡수기간은 대상 부동산이 모두 매각될 때까지 소요되는 시간을 말한다. 포착률은 세분시장 내의 수요·공급의 균형상태와 함께 대상 부동산의 매력도나 경쟁력을 분석하여 예측한다.

3 시장분석의 종류

부동산 시장분석은 일반적인 시장참여자 외에도 시행사, 투자사, 중개사, 감정평가사에게도 필요하다. 시장분석은 실무적으로 시장성 분석, 지역·개별분석, 입지·부지분석, 투자·타당성 분석 등 다양한 용어들이 사용되고 있어 혼동되기 쉬우나, 실제로 분석대상이나 내용이 상호 중복되는 경우가 많다. 다양한 시장분석은 방법이나 절차가 다르다기보다 분석의 범위나 초점을 어디에 두는가에 따라 달라지므로 분석의 ① 목적, ② 대상, ③ 절차에 따라 분류할 수 있다.

◆ 시장분석의 종류

구분	시장분석	지역분석	입지분석	투자분석
분석목적	시장상황 분석	표준적 이용, 가격수준	입지의사 결정	투자의사 결정
분석대상	전체 시장	특정 지역	전체 지역	전체 투자안
분석절차	① 생산성 분석 ② 시장획정 ③ 수요/공급/균형 분석 ④ 포착률 예측	① 대상지역의 획정 ② 지역요인의 분석 ③ 표준적 이용의 분석 ④ 가격수준의 파악	① 입지기준 선정 ② 입지 내 부지선정 ③ 기술적·기능적 분석 ④ 부지타당성 분석	시장분석 입지분석 재무분석

구분	시장성 분석	개별분석	부지분석	타당성 분석
분석목적	시장성, 분양성 판단	최유효이용, 구체적 가격	구체적 입지	물리적, 법적, 경제적 타당성
분석대상	특정 시장	특정 부동산	특정 부지	특정 투자안
분석절차	① 시장획정 ② 수요/공급/균형 분석 ③ 포착률 예측	① 대상물건의 확정 ② 개별요인의 분석 ③ 최유효이용의 분석 ④ 가격의 구체화	① 기술적 요소 ② 기능적 요소	회수기간법 순현재가치법 내부수익률법 수익성지수법

(1) 입지분석·부지분석

입지(location)란 부동산이 점하고 있는 위치를 말하며, <u>입지분석</u>(location feasibility study)이란 이용목적에 적합한 조건 입지요인(locational factors)을 갖춘 토지를 탐색하는 작업을 말한다. 입지분석은 ① 입지요인의 설정, ② 입지의 평가 및 시장상황 분석, ③ 입지 내 후보부지의 선정, ④ 후보부지의 기술적·기능적 분석, ⑤ 최적합 부지의 선정, ⑥ 재무적 타당성 검증의 <u>절차</u>로 이루어진다.

<u>부지분석</u>(site analysis)이란 특정 부지의 법적·물리적·경제적 조건에 대한 분석을 말한다. 부지분석은 기술적 요소와 기능적 요소에 대한 분석으로 분류할 수 있는데, 기술적 요소는 부지의 일반적인 물리적·법적 조건을 말하며, 기능적 요소는 특정 용도를 전제한 기능적 적합성을 말한다.

입지분석과 부지분석은 서로 유사하지만, 입지분석은 특정 부지를 포함한 일정 지역을 분석하는 반면, 부지분석은 특정 부지 자체를 분석한다는 차이점이 있다.

(2) 투자분석·타당성 분석

<u>투자분석</u>(investment analysis)이란 투자안의 수익과 위험을 분석하여 투자자의 요구수익률 달성 여부를 분석하고 최대수익을 창출할 수 있는 투자안을 선택하는 것을 말한다. 투자분석은 특정 투자안에 대한 타당성 분석을 필요로 한다.

<u>타당성 분석</u>(feasibility analysis)이란 특정 투자안에 대한 물리적·법률적·경제적 타당성을 분석하는 것을 말한다. 이 중 경제적 타당성 분석이란 대상 부동산을 특정 용도로 이용할 때 충분한 투자수익을 확보할 수 있는지를 분석하는 것으로, 구체적인 분석방법으로 ① 회수기간법, ② 내부수익률법, ③ 순현재가치법, ④ 수익성지수법 등이 활용된다. <u>회수기간법</u>(payback period method)은 투자안의 현금유출이 전액 회수되는 기간을 계산하고 이를 투자자의 목표 회수기간과 비교하여 타당성을 판단하는 방법이다. <u>내부수익률법</u>(IRR, Internal Rate of Return)은 투자안의 현금유입과 현금유출의 현재가치가 동일해

지는 내부수익률을 계산하고 이를 투자자의 목표수익률과 비교하여 타당성을 판단하는 방법이다. <u>순현재가치법</u>(NPV, Net Present Value)은 투자안의 현금유입과 현금유출을 일정한 수익률로 할인한 현재가치의 크기를 기준으로 타당성을 판단하는 방법이다. <u>수익성지수법</u>(PI, Profitability Index)은 현금유입의 현재가치와 현금유출의 현재가치의 비율을 기준으로 타당성을 판단하는 방법이다.

◆ **타당성 분석의 구체적인 분석방법**

적용방법	산정결과	타당성 판단기준
회수기간법	투자금 회수기간	회수기간 < 목표 회수기간
순현재가치법	순현금흐름의 크기	순현금흐름 > 0
내부수익률법	수익률	수익률 > 요구수익률
수익성지수법	수익성지수	수익성지수 > 1

(3) 시장성 분석

<u>시장성 분석</u>(marketability analysis)이란 대상 부동산의 매매·임대 가능성을 분석하는 것을 말한다. 시장성 분석은 주로 흡수율 또는 흡수기간을 활용하여 이루어지는데, 흡수율(absorption rate)이란 대상 부동산이 일정 기간 동안 매매·임대되는 비율을 말하며, 흡수기간(absorption period)은 대상 부동산이 완전히 매매·임대될 때까지 소요된 기간을 말한다. 이와 유사한 용어로 포착률(capture rate)이란 대상 부동산이 전체 시장에서 차지할 것으로 예상되는 점유율을 말하며, 단기적인 관점의 포착률을 흡수율이라고 할 수 있다. 시장성 분석은 시장분석에 의해 이루어진 수요와 공급 상황에 기초하여 특정 부동산의 매매·임대 가능성을 분석하는 것으로서, 시장분석 대비 후행작업이자 미시적 분석에 해당한다.

(4) 경제기반 분석

<u>경제기반분석법</u>(economic base analysis)이란 지역의 산업, 고용, 인구 변화를 기준으로 부동산 수요를 분석하는 것을 말한다. 시장분석의 핵심은 수요와 공급에 대한 분석으로, 부동산 수요를 예측하기 위해서는 수요를 유발하는 원인인 산업과 고용에 대한 분석이 필수적이다. <u>경제기반 분석법의 수행 절차</u>는 ① 경제기반산업의 파악, ② 기반고용인구의 산출, ③ 경제기반승수의 산정, ④ 총인구·고용인구비의 산정, ⑤ 미래 기반고용인구의 추정, ⑥ 미래 총고용인구·총인구의 산정, ⑦ 부동산 수요의 예측으로 구성된다. 경제기반 분석법은 산업의 지역적 분포가 행정구역에 국한되지 않거나 산업의 특성상 경기 변동이 심하거나 불규칙한 장치산업의 경우에는 적용상 한계가 있을 수 있음에 유의해야 한다.

① 경제기반산업의 파악

기반산업이란 다른 지역에 재화나 서비스를 수출하는 산업을 말하며, 비기반산업은 기반산업을 지원하는 산업을 말한다. 기반산업은 입지지수(LQ, Location Quotient)가 1보다 큰 산업으로, 지역고용인구비가 전국고용인구비보다 높은 산업을 말한다.

② 기반고용인구의 산출

기반고용인구란 기반산업에 종사하는 총고용인구 중에서 수출부문에 기여하는 고용인구를 말하며, 기반산업의 총고용인구를 기준으로 입지지수가 1을 초과하는 비율로 산출한다.

③ 경제기반승수의 산정

경제기반승수란 기반고용인구가 한 단위 증가할 때 지역의 총고용인구가 증가하는 비율을 의미한다.

④ 총인구·고용인구비의 산정

총인구·고용인구비란 지역 내 총고용인구가 한 단위 증가할 때 지역의 총인구가 증가하는 비율을 의미한다.

⑤ 미래 기반고용인구의 추정

미래의 경제상황을 예측하여 현재의 기반고용인구를 기준으로 미래 기반고용인구를 추정한다.

⑥ 미래 총고용인구·총인구의 산정

미래 기반고용인구에 경제기반승수를 곱하여 미래 총고용인구를 산정하고, 여기에 총인구·고용인구비를 곱하여 미래 총인구를 산정한다.

⑦ 부동산 수요의 예측

미래 총인구를 기준으로 인구당 가구수(주거용 부동산), 인당 사무실 사용면적(업무용 부동산), 가구당 소비지출액(상업용 부동산) 등을 적용하여 부동산 수요를 예측한다.

◆ 경제기반분석법 적용 절차

절차	내용	산식
기반산업 파악	지역 내 고용 및 인구에 영향을 미치는 기반산업 파악	• 지역고용인구비 = (지역 내) 특정산업고용자수 ÷ 총고용자수 • 전국고용인구비 = (전국의) 특정산업고용자수 ÷ 총고용자수 • 입지지수(LQ) = 지역고용인구비 ÷ 전국고용인구비

기반고용인구 산정	기반산업에 종사하는 인구 중 기반고용인구 산정	• 기반고용인구 = (지역 내) 특정산업고용자수 × (1 - 1/입지지수)
총고용인구 산정	기반고용인구 기준으로 총고용인구 산정	• 총고용인구 = 기반고용인구 × 경제기반승수 • 경제기반승수 = (지역 내) 전체고용자수 ÷ 기반고용 인구
총인구 산정	총고용인구 기준으로 총인구 산정	• 총인구 = 총고용인구 × 고용인구비 • 고용인구비 = 총인구 ÷ 총고용인구
부동산 수요 예측	총인구 기준으로 용도별 부동산 수요 예측	• 주거용 : 총인구 ÷ 가구당 인구수 • 상업용 : 총인구 ÷ 인당 소비액 • 업무용 : (총인구 ÷ 고용인구비) × 1인당 평균 사무실 사용면적 • 공업용 : (총인구 ÷ 고용인구비) × 1인당 평균 공장사 용면적

(5) 갭분석

<u>갭분석</u>(gap analysis)이란 특정 부동산에 대한 유효수요면적과 실제공급면적 간의 차이를 분석하는 것을 말한다. 만약 유효수요면적이 실제공급면적을 초과한다면 갭은 양수가 되며 입지타당성 또는 개발타당성이 존재한다고 할 수 있다.

4 감정평가의 시장분석

(1) 지역분석

① 지역분석의 의의

<u>지역분석</u>(market area analysis)이란 대상물건의 가치에 영향을 미치는 지역을 획정하고 지역적 가격형성요인을 분석하여 지역 내 토지의 표준적 이용과 가격수준 및 장래동 향을 분석하는 것을 말한다.

② 지역분석의 필요성 및 목적

부동산은 지리적 위치가 고정되어 있으므로 부동산의 가치 또한 지역의 영향을 받게 된다. 따라서 부동산의 가치를 감정평가하기 위해서는 단순히 대상 부동산에 대한 조사만으로는 한계가 있을 수 있으며, 지역에 대한 분석을 통해 대상지역의 자연적 ・사회적・경제적・행정적 특성과 동향을 파악해야 한다. 또한 지역분석을 통해 대 상지역의 표준적 이용상황을 파악하여 이를 기준으로 대상 부동산의 최유효이용 여 부를 판정할 수 있으며, 구체적인 감정평가방법 적용 시 활용할 사례자료의 수집범 위를 확정할 수 있다.

③ **지역분석의 대상**

지역분석의 대상은 용도적 관점에서 구분되는 지역으로 인근지역과 유사지역이며, 이를 포함한 광역적 지역을 동일수급권이라 한다.

<u>인근지역</u>(neighborhood, 대상인근지역)이란 대상 부동산이 속하는 용도적 지역으로 특정 용도를 기준으로 통합을 이루고 있는 동질적이고 보완적인 일단의 지역을 말한다. 인근지역의 경계는 자연적 특성과 인문적 특성을 감안하여 결정하는데, 일반적으로 자연적 특성에 따라 대체적인 경계를 설정한 후 용도지역, 이용상황, 인구특성 등 인문적 특성을 종합적으로 고려하여 설정한다.

인근지역의 <u>범위</u>는 물리적 거리가 아닌 교통망 등 접근성에 기초한 경제적 거리이며, 부동산의 용도에 따라 범위가 달라질 수 있다. 감정평가 시 가격자료의 수집은 인근지역의 범위 내에서 이루어지므로 범위 설정에 유의하여야 한다.

◈ **인근지역의 범위 설정**

구분	단계	고려요인	내용
1단계	대체적인 경계 획정	자연적 요인	자연환경, 도로계통 등
2단계	가경계 획정	행정적 요인	용도지역, 행정구역 등
3단계	인근지역 경계 획정	사회적 요인	인구특성, 주위환경 등

인근지역은 고정되어 있지 않고 시간에 따라 용도와 범위가 변화할 수 있는데, <u>인근지역의 생애주기</u>(age-cycle)는 성장기·성숙기·쇠퇴기·천이기·악화기 5개 국면으로 구분한다. 이 중에서 천이기(transitional stage)는 특정 지역이 30년 이상의 성숙기를 지나며 건물은 노후화되고 가격·거래량이 정체되는 시기에 나타나는 과도기로, 이 시기에는 거주자들이 교체(filtering)되는 특징을 나타내는데 거주자들의 소득수준에 따라 상향여과 또는 하향여과로 구분할 수 있다. 인근지역과 유사한 개념으로 지구(district)가 있으나 인근지역과 달리 단일의 용도로 구성된 지역이라는 점에서 차이가 있다.

◆ 인근지역 · 유사지역 · 동일수급권

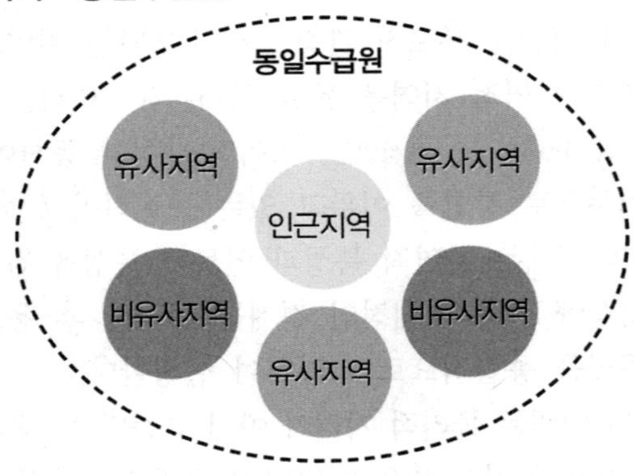

<u>유사지역</u>(similar neighborhood, 유사인근지역)이란 인근지역과 유사한 지역특성을 갖고 있으면서 인근지역과 유사한 용도를 기준으로 통합을 이루는 지역을 말한다. 유사지역은 인근지역과 상호 대체 · 경쟁관계에 있으며, 인근지역 내 가격자료가 충분하지 않은 경우 유사지역까지 조사범위를 확대할 수 있으므로 중요한 의미를 갖는다.

<u>동일수급권</u>(market area, 시장지역)은 대상 부동산과 대체 · 경쟁관계가 성립하고 가치형성에 있어 상호 영향을 미치는 관계에 있는 최원방권역을 말한다. 동일수급권은 부동산의 용도 및 규모에 따라 물리적 범위가 달라지는데, 단독주택의 경우 인근지역 수준에서 분석될 수 있으나 대규모 아파트단지라면 유사지역을 포함한 동일수급권의 범위가 광역적 수준으로 커질 수 있다.

④ **지역분석의 방법 및 절차**

지역분석은 ㉠ 대상지역의 획정, ㉡ 지역요인의 분석, ㉢ 표준적 이용의 분석, ㉣ 가격수준의 파악의 절차로 이루어진다. <u>대상지역의 획정</u>에서는 인근지역 외에 추가로 유사지역이나 동일수급권까지 분석범위를 확장하여야 하는 경우도 있으나, 분석범위에 따라 사례수집 및 가격수준 파악에 어려움이 있을 수 있다. <u>지역요인의 분석</u>에서는 대상지역의 자연적 · 사회적 · 경제적 · 행정적 가격형성요인을 조사하여 분석한다. 지역요인이란 대상지역이 다른 지역과 구별되는 일반적 · 지역적 특성을 말한다. <u>표준적 이용</u>(typical use)<u>의 분석</u>에서는 대상지역 내 개별부동산의 일반적이고 평균적인 이용상황을 조사한다. <u>가격수준의 파악</u>에서는 대상지역의 표준적 이용을 기준으로 거래가격을 조사하여 상급지 · 중급지 · 하급지로 구분하고 가격수준을 판정한다.

⑤ **지역분석 시 유의사항**

부동산이 속한 지역은 고정되어 있는 것이 아니며 지역적 가격형성요인 또한 변동하므로, 지역분석 시 현재의 표준적 이용뿐만 아니라 장래동향을 종합적으로 분석하여야 한다.

(2) 개별분석

① 개별분석의 의의

개별분석(property analysis)이란 대상 부동산의 개별적 가치형성요인을 분석하여 최유
효이용 여부를 판정하고 가격을 개별화·구체화하는 것을 말한다.

② 개별분석의 필요성 및 목적

동일한 용도로 이용되는 부동산이라 하더라도 물리적인 개별성에 의해 부동산의 가
치가 달라질 수 있다. 따라서 부동산의 가치를 감정평가하기 위해서는 대상 부동산의
개별적 특성에 대한 조사가 필요하다. 개별분석은 개별요인의 분석을 통해 최유효이
용 여부를 판정하고 가격을 개별화·구체화하기 위한 목적으로 수행된다. 최유효이
용(highest and best use)이란 주어진 조건에서 수익을 극대화할 수 있는 이용상황을 말
하며, 개별분석에서는 대상 부동산의 물리적·법적·경제적 개별요인을 분석해 최
유효이용 여부를 판정한다.

③ 개별분석의 방법

개별요인이란 대상 부동산의 개별성에 따른 특성으로 인근지역의 가격수준 대비 개별
적 가격차이를 발생시키는 요인을 말한다. 최유효이용의 판정은 대상 부동산의 개별적
이용을 인근지역의 표준적 이용과 비교·분석하여 대상 부동산이 최고의 수익성을
발휘하고 있는지 확인하는 절차이며, 가격의 개별화·구체화는 대상 부동산의 개별
요인에 대한 분석을 통해 인근지역 가격수준 내에서 상대적 위치를 파악하는 절차이다.

> **참고 용도지대별 주요 지역·개별요인**
>
> • 주택지대 : 도심과의 거리, 교통 편의성, 상업 및 공공시설, 조망 및 경관 등
> • 상업지대 : 배후지의 성격 및 규모, 교통 편의성, 업종의 구성 및 특성 등
> • 공업지대 : 도심과의 거리, 원재료 및 노동력 확보, 관련 산업 및 기후, 행정규제 등
> • 농경지대 : 기후, 지세, 배수, 접근성, 행정규제 등
> • 임야지대 : 기후, 표고, 지세, 토층, 행정규제 등

④ 지역분석과의 관계

개별분석은 지역분석을 통해 판정된 표준적 이용과 가격수준을 기준으로 이루어지므
로 지역분석에 후행하는 것이 일반적이나, 실무적으로 동시에 이루어지기도 한다.
또한 주거지대에서 상업지대로 이행하는 경우와 같이 대상 부동산의 개별적 이용상
황(상업용)이 표준적 이용(주거용)과 일치하지 않더라도 최고의 수익성을 가진 최유
효이용으로 판정할 수 있는 경우도 있으며, 개별분석의 결과인 대상 부동산 최유효이
용이 지역분석의 결과인 인근지역 표준적 이용을 변화시킬 수 있는 창조적 침입과
계승이 이루어 질 수 있으므로 지역분석과 개별분석은 상호적 관계에 있다.

◆ 지역분석과 개별분석의 비교

구분	지역분석	개별분석
의의	지역요인을 분석하여 표준적 이용, 가격 수준 및 장래 변동추이를 판정하는 것	대상의 개별요인을 분석하여 최유효이 용을 판정하고, 가격을 구체화하는 것
분석대상	인근지역, 유사지역, 동일수급권	대상 부동산
분석요인	지역요인	개별요인
분석절차	① 대상지역의 획정 ② 지역요인의 분석 ③ 표준적 이용의 분석 ④ 가격수준의 파악	① 대상 부동산의 확정 ② 개별요인의 분석 ③ 최유효이용의 판정 ④ 가격의 구체화
분석결과	표준적 이용, 가격수준, 장래동향	최유효이용, 구체적 가격, 창조적 침입
분석목적	사례자료의 수집범위 확정	3방식 적용의 기준 제시

04 시장분석의 의의 및 필요성을 설명하고, 시장분석 6단계를 단계별로 설명하시오. 20점

▪▶ 논점분석

- 논제

- 유형

- 개념어

▪▶ 목차구성

부동산 시장의 분석 기출문제 제14회 1번

05 부동산 시장분석과 시장성분석을 비교, 설명하시오. `15점`

▪▶ 논점분석

- 논제

- 유형

- 개념어

▪▶ 목차구성

06 부동산 감정평가에서 행하는 지역분석을 설명하고, 시장분석과의 관계를 설명하시오.

10점

▪▶ 논점분석

- 논제

- 유형

- 개념어

▪▶ 목차구성

부동산 시장의 분석 기출문제 제11회 2번

07 감정평가에 있어 지역분석의 의의 및 필요성을 설명하고, 개별분석과의 상관관계를 기술하시오. 20점

▣▶ 논점분석

- 논제

- 유형

- 개념어

▣▶ 목차구성

08 부동산 감정평가를 위하여 구분하는 지역을 구체적으로 열거하고 대체성, 경쟁성, 접근성과 관련하여 설명하시오. 10점

▪▶ 논점분석

- 논제

- 유형

- 개념어

▪▶ 목차구성

부동산 시장의 분석 기출문제 제16회 5번

09 인근지역의 개념, 요건 및 경계와 범위를 설명하시오. 10점

■▶ **논점분석**

- 논제

- 유형

- 개념어

■▶ **목차구성**

10 인근지역의 Age–cycle의 단계별 부동산 감정평가 시 유의점을 서술하시오. 10점

▣ 논점분석

- 논제

- 유형

- 개념어

▣ 목차구성

부동산 시장의 분석 기출문제 제20회 5번

11 저금리 기조가 지속되는 과정에서 주택시장에 나타날 수 있는 시장변화에 대하여 설명하시오. 10점

▪▶ 논점분석

- 논제

- 유형

- 개념어

▪▶ 목차구성

12 다른 조건이 일정할 경우 출생률 저하, 핵가족화가 주거용 부동산 시장에 미치는 영향을 설명하고, 주거용 부동산 감정평가 시 유의사항에 대하여 논하시오. 30점

▣▶ 논점분석

- 논제

- 유형

- 개념어

▣▶ 목차구성

부동산 시장의 분석 기출문제 제26회 4번

13 부동산 보유세율의 상승이 부동산 시장에 미치는 영향을 설명하시오. 10점

▪▶ 논점분석

- 논제

- 유형

- 개념어

▪▶ 목차구성

---

14 최근의 세계경제 위기가 국내 부동산 시장에 미치는 영향을 기술하고, 이러한 영향하에서 부동산 감정평가를 할 경우 비교방식, 원가방식, 수익방식별로 유의점을 논하시오. 20점

▪▶ 논점분석

- 논제

- 유형

- 개념어

▪▶ 목차구성

부동산 시장의 분석 기출문제 제32회 1번

15 양도소득세의 상승이 부동산 시장에 미치는 영향에 대해 설명하시오. 10점

▪▶ 논점분석

- 논제

- 유형

- 개념어

▪▶ 목차구성

16 토지거래허가제의 시행이 부동산시장에 미치는 영향에 대해 쓰시오. 10점

◪▶ 논점분석

- 논제

- 유형

- 개념어

◪▶ 목차구성

부동산 시장 경기변동

서설 preface, summary

- 부동산 시장은 부증성, 영속성 등 부동산의 물리적 특성으로 인해 공급비탄력시장, 장기시장을 형성한다.
- 〈부동산 경기변동〉이란 부동산시장의 가격 및 거래량이 변동하여 시장의 확장국면과 수축국면이 반복되어 나타나는 것을 말한다.

목차 index

1 경기변동의 정의

2 경기변동의 유형

  (1) 계절적 변동

  (2) 순환적 변동 | 이론32.1(경기변동 유의사항), 36.3(시장침체기의 거래사례비교법)

    ① 확장기
    ② 후퇴기
    ③ 수축기
    ④ 회복기

  (3) 장기적 변동

  (4) 무작위적 변동

  (5) 정부정책의 변동

3 경기변동의 요인

  (1) 사회적 요인

  (2) 경제적 요인

  (3) 행정적 요인

4 경기변동의 원인

   (1) 가속도·승수이론

   (2) 화폐적 경기변동이론

   (3) 거품경기변동이론

   (4) 정치적 경기변동이론

5 경기변동의 특징

   (1) 지역적·개별적 경기변동

   (2) 변동주기의 특징

   (3) 변동폭의 특징

   (4) 변동형태의 특징

6 경기변동의 측정 및 예측

   (1) 수요 측도

   (2) 공급 측도

   (3) 가격·거래량 측도

주요 내용 contents

1 경기변동의 정의

경기(market conditions)란 자본주의 경제에서 시장의 상황을 말하며, 경기는 일정한 상태를 지속하는 경우는 드물고 활동적인 움직임을 반복한다. 경기변동이란 경제활동의 상승국면과 하락국면이 주기적으로 반복되는 현상을 말한다. 부동산은 국가경제를 구성하는 중요한 부문으로, 일반적인 경기변동과 마찬가지로 주기적으로 상승과 하락을 반복한다. 부동산 경기는 주로 건축경기를 말하지만, 지가 수준이 높은 우리나라에서는 주거용 부동산 시장의 경기변동, 토지시장의 경기변동이 중요한 비중을 차지한다.

2 경기변동의 유형

(1) 계절적 변동

계절적 변동이란 계절의 특성과 그에 따른 생활의 변화로 인해 부동산 경기가 변동하는 것을 말한다. 대표적으로 겨울에 추위로 인해 건축활동이 부진하거나 여름에 해변에 위치한 관광지의 부동산 거래가 활발해지는 현상이 있으며, 방학기간에 대학교 근처의 임대주택 거래량이 감소하는 현상 역시 계절적 변동에 해당한다. 계절적 변동은 인위적으로 통제할 수는 없으나 일정 정도 예측이 가능하다는 특징을 갖고 있다.

(2) 순환적 변동

순환적 변동이란 일정한 주기 내에서 부동산 경기가 변동하는 것을 말한다. 순환적 변동의 경기순환은 ① 확장기, ② 후퇴기, ③ 수축기, ④ 회복기 4가지 국면으로 구분할 수 있으며, 확장기(회복-확장)와 수축기(후퇴-수축) 2가지 국면으로 구분할 수도 있다. 순환적 변동의 일반적인 주기는 1~12년 사이로 조사된다.

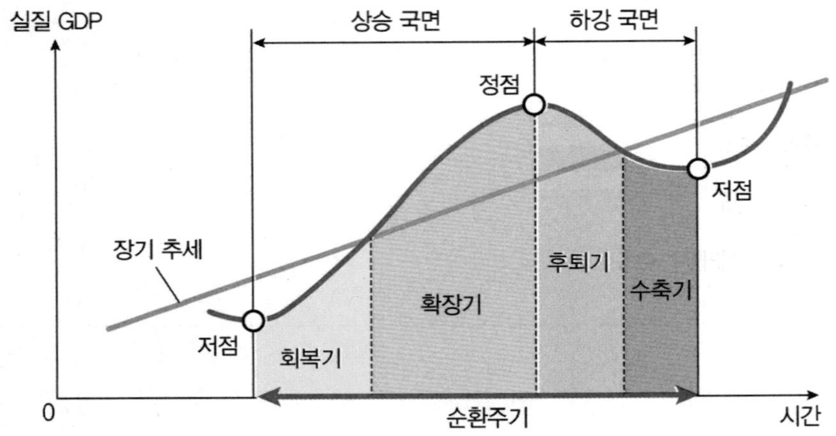

① **확장기**(expansion)

확장기에는 기업의 생산 및 공급활동이 증가하며, 소득과 고용의 증가로 수요도 동반 상승한다. 초과수요로 인해 가격이 상승하고 거래량도 증가하므로, 과거 거래가격은 신규 거래에서 하한선을 형성한다.

② **후퇴기**(recession)

후퇴기는 초과수요가 해소되고 초과공급으로 전환되는 시점이며, 순환국면의 정점(peak)에 해당한다. 부동산 거래량이 감소하기 시작하며, 과거 거래가격은 신규 거래에서 상한선을 형성한다.

③ **수축기**(contraction)

수축기에는 초과공급의 결과로 생산활동 및 공급이 감소하며, 기업활동의 위축으로 소득과 고용이 감소하며 수요도 동반 하락한다. 거래량은 감소하여 필요최소한의 수준으로 낮아진다. 과거 거래가격은 신규 거래의 상한선이 되며, 부동산 거래에 있어 급매·청산 등 특별한 사정이 개입될 수 있다.

④ **회복기**(revival)

회복기에는 초과공급된 물량이 해소되며, 낮은 가격에 의해 수요가 되살아난다. 과거 거래가격은 신규 거래의 하한선을 형성하며, 부동산 거래에 있어 투기 등 특별한 사정이 개입될 수 있다.

(3) 장기적 변동

장기적 변동이란 50년 이상의 장기간에 걸쳐 부동산 경기가 일정한 방향으로 변동하는 것을 말한다. 국가 전체적으로는 인구의 성장, 산업기술의 발전, 천연자원의 개발 등에 따른 변동이 있으며, 지역적으로는 신도시 개발 또는 도심 재개발에 의한 변동이 있을 수 있다.

(4) 무작위적 변동

무작위적 변동이란 지진·홍수·전염병과 같은 자연재해, 전쟁·폭동·파업과 같은 사회갈등, 정부정책의 변화 등에 따라 부동산 경기가 급변하는 것을 말한다.

(5) 정부정책의 변동

경기침체가 발생하면 정부는 경기를 부양하기 위해 공공개발, 금융, 세금, 사회보장 등 다양한 정책적 시도를 하게 되는데, 정책실패로 인해 부동산 시장에 잘못된 신호를 전달하거나 인위적인 경기변동을 발생시킬 수도 있다.

3 경기변동의 요인

(1) 사회적 요인

인구·가구, 주택건설·보급률, 교육·사회복지 상태, 주관적 심리 등

(2) 경제적 요인

기술발전 및 산업구조, 임금수준 및 고용률, 국민총생산 및 통화량, 물가 및 이자율 등

(3) 행정적 요인

주택 및 토지정책, 부동산 금융·세금정책 등

4 경기변동의 원인

(1) 가속도·승수이론

<u>가속도·승수이론</u>은 투자가 저축을 추월함으로써 경기변동이 발생한다고 보는 이론이다. 부동산에 대한 수요가 증가하면 이에 대한 대응으로 공급(투자)이 증가하게 되는데, 이때 수요의 증가 대비 공급의 증가가 더 높아지는 것을 <u>가속도원리</u>(acceleration principle)라고 하며, 기업의 생산 대비 소득의 증가가 더 높아지는 것을 <u>승수효과</u>(multiplier effect)라고 한다. 가속도원리와 승수효과에 의한 상승작용으로 부동산 경기가 변동하게 된다.

(2) 화폐적 경기변동이론

<u>화폐적 경기변동이론</u>은 통화공급과 은행대출에 의해 경기변동이 발생한다고 보는 이론이다. 시장경제에서 공급은 일반 물가 대비 상대적인 가격수준 상승에 대한 예측에 기반해 이루어지는데, 통화량 증가에 따른 일시적인 가격 상승이 부동산 가격변동에 대한 착시효과를 발생시켜 부동산 경기가 변동하게 된다.

(3) 거품경기변동이론

<u>거품경기변동이론</u>은 경제주체의 주관적인 심리상태에 의해 경기변동이 발생한다고 보는 이론이다. 시장경제에서 가격은 자유경쟁에 의해 신축적으로 작동하지만, 시장참여자의 기대심리에 의해 경기변동이 발생할 수 있다. 경기변동이 경제의 실질가치, 내재가치와 무관하게 변동한다는 점에서 투기적 거품(speculative bubbles)이라고도 한다.

(4) 정치적 경기변동이론

<u>정치적 경기변동이론</u>은 선거를 앞둔 정치세력이 득표를 목적으로 인위적으로 통화량을 증가시켜 경기변동이 발생한다고 보는 이론이다. 유권자들은 고용의 확대와 물가의 안정을 선호하는데, 정치세력은 단기에는 경기를 부양하여 실업률을 낮추지만 물가는 상승하며, 집권 이후에는 다시 긴축을 통해 물가를 하락시키며 부동산 경기를 변동하게 된다.

5 경기변동의 특징

(1) 지역적·개별적 경기변동

부동산 경기변동은 부동산의 고정성, 개별성으로 인해 지역적·개별적으로 다르게 나타난다.

(2) 변동주기의 특징

부동산 경기변동은 부동산의 부증성, 공급의 지행성으로 인해 상대적으로 변동주기가 긴 특징을 나타낸다.

(3) 변동폭의 특징

부동산 경기변동은 부동산의 부증성으로 인해 정점이 높고 저점이 낮은 특징을 나타낸다.

(4) 변동형태의 특징

부동산 경기변동은 부동산의 부증성으로 인해 우경사 비대칭 형태를 나타낸다. 즉, 경기 상승은 완만하나 일시적 공급에 의해 경기 하락은 빠르게 진행된다.

6 경기변동의 측정 및 예측

부동산 경기는 수요·공급·가격·거래량 측면의 다양한 측도에 의해 측정될 수 있다. 부동산 경기의 예측은 일반적으로 과거의 추세를 이용하여 예측하나, 과거의 추세가 미래를 반영하기 어렵다는 한계가 있다. 따라서 부동산 경기 예측 시 부동산 시장의 측도에 국한되지 않고, 주요 경제지표 및 화폐·자본시장의 지표를 종합적으로 분석하여 거시적으로 분석하여야 한다.

(1) 수요 측도

인구, 가구, 산업, 고용, 소득, 물가, 금리 등

(2) 공급 측도

택지 분양현황, 신축 인허가현황, 재개발·재건축·리모델링 사업현황, 공사 착공현황 등

(3) 가격·거래량 측도

지가변동률, 주택매매가격지수, 상업용 부동산 자본수익률, 부동산거래량, 미분양 현황 등

부동산 시장의 경기변동 기출문제 제32회 1번

17 3방식에 따른 감정평가를 할 때 부동산 경기변동에 따른 유의사항에 대해 설명하시오.
10점

▣ 논점분석

- 논제

- 유형

- 개념어

▣ 목차구성

부동산 가격론

부동산 가격의 개념

서설 preface, summary

- 부동산 가격은 부동산의 물리적 특성으로 인하여 일반 재화와 다른 특징을 나타낸다.

목차 index

1 부동산 가격의 정의

2 부동산 가격의 기능

    (1) 자원배분의 기준

    (2) 정보제공 및 수요·공급의 조정

3 부동산 가격의 특징 | 이론15.1(가격의 경제적 특성)

    (1) 지역별 가격

    (2) 개별적 가격

    (3) 수요자 가격

    (4) 가격 외 임료의 형성

주요 내용 contents

1 부동산 가격의 정의

부동산 가격이란 부동산 거래의 대가로 거래당사자가 쌍방 합의에 의해 주고받은 금액을 말한다. 가격은 시장에서 자발적인 수요·공급의 상호작용으로 형성된다. 시장기능이 정상적인 경우 가격이 낮으면 수요가 공급보다 많아지고, 가격이 높으면 공급이 수요보다 많아지며 균형가격(equilibrium price)이 형성되며, 이는 시장의 효율성을 나타내는 중요한 지표가 된다.

2 부동산 가격의 기능

(1) 자원배분의 기준

부동산 가격은 부동산 시장의 매도인과 매수인의 거래활동에서 자원배분의 기준이 된다.

(2) 정보제공 및 수요·공급의 조정

부동산 가격은 수요자와 공급자에게 정보를 제공하고, 수요량·공급량 변화 등 시장활동에 영향을 미친다.

3 부동산 가격의 특징

부동산 가격의 특징이란 일반 재화의 가격에서 나타나지 않는 부동산 가격 고유의 현상을 말한다. 부동산은 일반 재화와 다른 물리적 특징과 한계를 갖고 있으므로, 부동산의 특징은 부동산 시장·부동산 가격의 현상 및 특징에 연쇄적인 영향을 미친다.

(1) 지역별 가격

부동산 가격은 부동산의 고정성에 의해 지역적 차원의 가격을 형성하며, 물리적으로 동일 또는 유사한 형태의 부동산이라 할지라도 위치에 따라 가격의 차이가 발생한다.

(2) 개별적 가격

부동산 가격은 부동산의 개별성에 의해 개별적 가격을 형성하며, 용도·이용상황 등 효용이 동일 또는 유사한 부동산이라 할지라도 개별적 가치형성요인의 격차에 의해 가격의 차이가 발생한다.

(3) 수요자 가격

부동산 가격은 부동산의 부증성에 의해 수요자 중심의 가격을 형성한다. 단기 공급량이 고정되어 있으며 신규 공급에도 상당한 시차가 발생하여 수요의 변화에 따라 가격이 변동하는 수요탄력적 가격을 나타낸다.

(4) 가격 외 임료의 형성

부동산 가격은 부동산의 영속성에 의해 교환의 대가인 가격 외에도 용익의 대가인 임료를 형성한다. 부동산 가격은 수요 변화에 따른 단기적인 변동 외에도, 사회적·경제적·행정적 가치형성요인의 변화에 따라 미래 가치가 변동할 수 있으므로 장기적인 관점에서 가격이 형성된다.

부동산 가격의 특성 기출문제 제15회 1번

01 부동산 가격의 경제적 특성에 대하여 설명하시오. 10점

▣▶ 논점분석

- 논제

- 유형

- 개념어

▣▶ 목차구성

부동산 가격형성원리

서설 preface, summary

- 부동산은 고정성·부증성·개별성 등 물리적 특성으로 인해, 일물일가의 법칙이 성립하지 않고 균형가격의 성립이 어렵다.
- 부동산의 가치는 다양한 가격형성요인의 복합적인 상호작용과 가격발생요인의 균형에 의해 결정된다.
- 부동산은 영속적 재화로서 이용상황이 가변적이며, 부동산가격은 가격형성요인의 변화에 따라 부단히 변동한다.

목차 index

1 부동산 가격형성이론의 역사

(1) 농경지지대이론

① 차액지대설　　　② 절대지대설
③ 독점지대설　　　④ 입지교차지대설

(2) 도시토지지가이론

① 마샬의 지가이론　　　② 성형도시이론
③ 마찰비용이론·페널티이론　　　④ 생태학적 이론
⑤ 토페카 연구　　　⑥ 가격조정곡선

(3) 도시성장구조이론

① 동심원이론　　　② 부문이론
③ 다핵심이론　　　④ 사회지역구조이론
⑤ IT기술과 도시공간구조의 변화

2 부동산 가격형성요인(가격결정요인) | 이론29.1(가격결정요인)

(1) 속성에 따른 분류

① **자연적 요인** | 이론21.1(기후변화), 이론32.3(광평수)
② **사회적 요인** | 이론21.1(출생률·핵가족화)
③ **경제적 요인** | 이론20.5(금리), 27.4(금리), 22.2(경제위기)
④ **행정적 요인** | 이론17.3(거래규제), 26.4(보유세율), 32.1(양도소득세), 36.4(토지거래허가제)

(2) 적용범위에 따른 분류

① 일반적 요인
② 지역적 요인
③ 개별적 요인

(3) 용도·유형별 요인 | 이론17.1(종별·유형별 가격형성요인)

① 용도별 요인
② 유형별 요인

3 부동산 가격발생요인 | 이론29.1(가격발생요인)

(1) 가치발생이론의 역사적 배경

① 고전학파의 생산비가치설
② 한계효용학파의 한계효용가치설
③ 신고전학파의 수요공급균형이론
④ 현대의 부동산 가치발생이론

(2) 수요 측면

① 효용성
② 유효수요

(3) 공급 측면

① 상대적 희소성

4 부동산 가격형성원리 | 이론21.3(가격형성원리), 29.1(부동산가격결정과정)

(1) 일반적 가격형성원리 | 이론22.1(수익형 부동산)

(2) 지역·개별적 가격형성원리 | 이론15.1(가격수준·가격구체화)

1 부동산 가격형성이론의 역사

농경지지대이론, 도시토지지가이론(1900년대), 도시성장이론(1920년대), 도시구조이론(1960년대)은 감정평가이론의 기초를 이루는 학문으로, 시대적 배경과 이론적 발전과정에 대한 이해가 요구된다.

(1) 농경지지대이론

지대란 생산물을 얻기 위하여 토양의 힘을 이용한 대가로 지주에게 지불되는 부분을 말한다.

① **차액지대설**(differential rent)

차액지대설은 지대는 토지 비옥도의 차이에 의해 상대적으로 발생한다는 이론으로, David Ricardo(영국, 1772-1823)에 의해 주장되었다. 동일한 노동과 자본을 투입해도 토지에 따라 생산물량의 차이가 발생할 수 있으며, 이 차이가 곧 차액지대로서 지주에게 지불되는 대가라는 것이다. 차액지대설은 원가방식의 감정평가방법인 개발법, 토지잔여법의 이론적 기초가 되고 있다.

② **절대지대설**(absolute rent)

절대지대설은 지대가 토지의 상대적인 차이가 아닌 소유 자체에 의해 절대적으로 발생한다는 이론으로, Karl Marx(독일, 1818-1883)에 의해 주장되었다. 차액지대설에 따르면 생산력이 가장 낮은 토지에는 지대가 발생할 수 없으나, 현실적으로는 모든 토지에 지대가 발생하기 때문이다.

③ **독점지대설**(monopoly rent)

독점지대설은 지대가 토지 공급의 독점에 의해 발생한다는 이론으로, J.S.Mill(영국, 1806-1873)에 의해 주장되었다. 독점지대설에 따르면 지대는 불로소득이므로 세금을 부과하여 공정하게 사용할 것을 주장하였으나, 불로소득에 대한 과세가 시장기능의 작동과 자원의 효율적 할당을 저해한다는 반대의견(Ronald Coase)도 존재한다.

④ **입지교차지대설**(locational rent)

입지교차지대설은 지대가 토지의 입지에 의해 발생한다는 이론으로, Von Thunen(독일, 1783-1850)에 의해 주장되었다. 입지교차지대설에 따르면 토지의 입지가 시장에 가까울수록 농산물의 수송비가 적게 발생하므로 동일한 품질의 농산물을 공급하기 위한 원가도 더 낮게 형성될 수 있으며, 생산가격의 차이가 지대를 발생시킨다는 것이다.

(2) 도시토지지가이론

농경지지대이론이 농지에서 지대의 발생원인을 설명한 반면, 도시토지지가이론은 도시 토지에서 지가의 발생원인을 설명하고자 하였다.

① 마샬의 지가이론

Alfred Marshall(영국, 1842-1924)은 도시 토지의 지가는 단기적으로 수요자의 효용에 의해, 장기적으로 공급자의 생산비에 영향을 받는다고 주장하였다. 또한 지가에서 위치의 중요성을 강조하여 생산물 판매시장까지의 수송비, 판매비의 절약분에 따른 위치에 의해 가치가 형성된다고 주장하였다.

② 성형도시이론(star-shaped city theory)

성형도시이론이란 도시 토지의 지가는 도심과 교통망 두 가지 성장축에 기초해 접근성에 따라 형성된다는 이론으로, Richard M. Hurd(미국, 1865-1941)에 의해 주장되었다.

③ 마찰비용이론(cost of friction theory) · 페널티이론(theory of penalty)

마찰비용이론 · 페널티이론이란 도시 토지의 지가는 교통비의 절약분에 따라 형성된다는 이론으로, Robert M. Haig(미국, 1887-1953), L. Wingo Jr. 등에 의해 주장되었다. 마찰비용이론 · 페널티이론은 입지교차지대설과 마찬가지로 중심지로부터의 거리함수인 수송비에 의해 지대 또는 지가가 형성된다고 주장하였으나, 농경지지대이론과 달리 중심지를 한 곳에 고정하지 않고 도시 내 여러 시설에 분산되어 있음을 가정했다.

④ 생태학적 이론

생태학적 이론이란 도시 토지의 지가가 잠재적 토지이용자들의 호가과정에 의해 결정된다는 이론으로, 생태학자인 Robert E. Park, Ernest W. Burgess 등에 의해 주장되었다.

⑤ 토페카 연구

토페카(Topeka) 연구란 도시 토지의 지가가 토지이용의 집약도에 영향을 받는다는 이론으로, D. S. Knos에 의해 주장되었다. Topeka 연구는 미국 캔자스주의 소도시 Topeka를 대상으로 이루어진 분석적 연구로서, 지가와 토지이용의 집약도 사이의 상관관계를 실증하였다.

⑥ 가격조정곡선

가격조정곡선이란 도시 토지의 지가는 매도자 요구가격과 매수자 제안가격의 상호 조정과정에서 형성된다는 이론으로, T. H. Ross에 의해 주장되었다.

(3) 도시성장구조이론

① 동심원이론(concentric-zone theory)

동심원이론이란 도시는 <u>중심으로부터 원을 그리면서 성장한다</u>는 이론으로, Ernest W. Burgess(미국, 1886-1966)가 "The Growth of the City"(1925)에서 주장하였다. 동심원이론에 따르면 도시는 중심지로부터 상업지역, 전이지역(상업-공업), 공업지역(저소득지역), 고소득지역이 형성되며, 중심지에서 멀수록 접근성, 지대, 인구밀도가 감소하여 범죄, 질병이 감소하는 경향을 보인다.

동심원이론은 하나의 지역 내에서도 다양한 용도의 이용이 혼재되어 있다는 점, 주요 도로망에 의해 원이 아닌 다양한 형태로 성장한다는 점을 간과하였다는 <u>한계</u>가 있다.

② 부문이론(sector theory)

부문이론이란 도시는 <u>교통망에 따라 토지이용을 형성하며 원이 변형된 부채꼴 모양으로 성장한다</u>는 이론으로, Homer Hoyt(미국, 1895-1984)가 "The Structure and Growth of Residential Neighborhoods in American Cities"(1939)에서 주장하였다. 부문이론에 따르면 도시는 중심지로부터 도매·경공업지역과 저소득층 주거지역이 근접하며, 중산층과 고소득층 주거지역은 저소득층 주거지역의 반대편에 입지하며, 주택가격 지불능력이 도시공간의 유형을 결정하는 핵심적인 요인이라고 주장하였다.

부문이론은 동심원이론을 정밀화하였으나, 주거지역의 분류기준이 지나치게 단순하고 고정적이며, 단지 과거의 경향일 뿐 성장 추세를 분석하기에는 <u>한계</u>가 있다.

③ 다핵심이론(multiple-nuclei theory)

다핵심이론이란 도시는 <u>하나의 중심부가 아닌 여러 개의 토지이용군이 핵을 이루면서 성장한다</u>는 이론으로, Chauncy D. Harris(미국, 1914-2003) 등이 "The Nature of Cities"(1945)에서 주장하였다. 다핵심이론에 따르면 핵은 특정 입지조건에 따라 특정 시설이 집적과 분리를 이루면서 만들어지며, 유사한 특성의 토지이용군이 서로 근접하여 집단을 형성한다. 예를 들어 저소득 주거지역은 경공업 지역과 인접하게 되며, 중공업지역과 고소득 주거지역은 정반대에 입지하게 된다.

다핵심이론은 현대도시의 성장에 잘 적용되는 이론이나, 주거지역 변화에 대한 개인적·문화적·정책적 요인의 영향을 간과하였다는 <u>한계</u>가 있다.

④ 사회지역구조이론(social area structure theory)

사회지역구조이론이란 <u>도시 내 주거지역의 인구 분포를 인종·가족·경제 등 사회적 관점에서 설명하는</u> 이론으로, Robert A. Murdie가 "Dimensions of formal social-geographic Space"(1969)에서 주장하였다. 사회지역구조이론에 따르면 주거지역은 ㉠ 인종 또는 민족에 따라 독립적인 다핵 형태로 형성되며 ㉡ 가족 형태에 따라 도심의 소형가구와 교외의 대형가구가 분리되고 ⓒ 소득 수준이나 직업에 따라 저소득 주거지와 고소득 주거지가 방사형으로 분포하게 된다.

⑤ **IT기술과 도시공간구조의 변화**

20세기 도시의 성장은 자동차의 대중화와 고속도로에 의한 것이었으며, 접근성의 확장에 따라 중심지 주변지역이 개발되며 도시는 평면적으로 성장해왔다. 그러나 최근에는 IT기술이 도시공간구조를 근본적으로 변화시키고 있다. ㉠ 상업지역은 인터넷 쇼핑의 발달로 판매공간이 축소되고 유통공간을 중심으로 재편되고 있으며 ㉡ 직주근접에 따라 주거·업무·상업(downtown-uptown)으로 분화되었던 토지의 용도가 다시 결합되며 한 가지 공간이 여러 가지 용도로 이용되고 있다. 또한 ㉢ 최고의 접근성을 가진 중심지에 IT산업이 집적하고 그 외의 산업은 도시외곽으로 분산되면서 도시 내 거점이 분산되는 다핵적 구조를 나타내고 있다.

2 부동산 가격형성요인(가격결정요인)(value influence)

가격형성요인이란 부동산 가치에 영향을 주는 여러 요인을 말하며, 속성에 따라 자연적·사회적·경제적·행정적 요인으로 분류할 수 있다. 가격형성요인에 따라 부동산의 가치를 발생시키는 수요 및 공급도 변화하게 되므로 부동산 가격에 영향을 미치게 된다.

가격결정요인이란 부동산 수요 및 공급을 결정하는 요인을 말하며, 수요량(공급량)을 직접적으로 변화시키는 부동산 가격의 변화를 비롯해 수요(공급)를 변동시키는 구체적인 가격형성요인을 말한다.

(1) 속성에 따른 분류

가격형성요인은 속성에 따라 자연적·사회적·경제적·행정적 요인으로 분류할 수 있다. 그러나 가격형성요인은 독립적·개별적으로 작용하는 것이 아니라, 각 요인 간 연쇄적·유기적인 영향을 미친다. 또한 가격형성요인은 고정되어 있는 것이 아니라 사회적·경제적·행정적 영향을 받아 변화하므로 가격형성요인 분석 시 유의해야 한다.

① **자연적 요인**

지형, 기후, 산, 강, 호수와 같은 <u>자연환경</u>과 도로, 지하철, 철도와 같은 <u>인공환경</u> 등

② **사회적 요인**

인구, 가구, 생활양식, 거래관행, 건축양식 등

③ **경제적 요인**

산업, 고용, 소득, 물가, 금리 등

④ 행정적 요인

용도규제, 거래규제, 재정정책, 금융제도, 세금제도 등

(2) 적용범위에 따른 분류

일본에서는 가격형성요인을 적용범위에 따라 ① 일반적 요인, ② 지역적 요인, ③ 개별적 요인으로 분류한다. 지역적 요인은 지역분석 시 활용되는 가격형성요인이며, 개별적 요인은 개별분석 시 활용되는 가격형성요인을 의미한다.

(3) 용도·유형별 요인

① 용도별 요인

용도별 가격형성요인은 주거, 상업, 업무, 공업, 농업, 임업용에 따라 다르며, 이행지의 경우 전환의 진행 정도, 예정지의 경우 주변 지역의 성격, 택지조성의 난이도 등이 있다.

◆ 용도별 주요 가격형성요인

분류	주거용	상업용	업무용	공업용	농업용	임업용
자연적 요인	교통, 자연, 조망	교통	교통	교통, 면적, 기후	기후, 토질	기후, 경사, 면적
사회적 요인	인구, 가구, 학군	인구	공공시설	인구	인구	
경제적 요인	소득, 물가	산업, 소득	산업, 고용	산업, 환율		
행정적 요인	금융, 세금	금융, 세금		산업규제	개발규제	개발규제

② 유형별 요인

토지(나지·건부지)는 정착물의 유무와 적합성, 건물은 구조·용도·규모·부대설비·경과연수 등이 중요하다. 복합부동산은 건물의 규모·배치·이용상의 조화, 집합부동산은 층·위치·전용률·공용부분과의 접근성·대지권의 크기 등이 중요하다.

3 부동산 가격발생요인(factor of value)

재화의 가치는 경제학의 기초 개념인 수요와 공급의 원리에 의해 발생한다. 부동산 가격발생요인이란 부동산이 하나의 재화로서 가치를 갖기 위한 필수적인 요인을 말하며, 수요 측면에서 효용성과 유효수요, 공급 측면에서 상대적 희소성을 말한다. 부동산 가격은 양자의 상호 결합에 의해 발생한다.

(1) 가치발생이론의 역사적 배경

감정평가의 가치평가이론은 경제학의 가치이론과 밀접한 관계가 있다. 경제학의 가치이론은 가치평가이론과 다르지만 초기 가치평가이론에 영향을 미쳤다.

① 고전학파의 생산비가치설

고전학파 경제학자들은 농업생산력을 부의 원천으로 인식하였으며, 재화의 가치는 그 재화를 생산하는 데 소요된 생산요소의 비용을 반영하고 있다고 보았다. Adam Smith(영국, 1723-1790)는 생산의 3요소인 노동, 자본, 토지에 대한 사용대가가 각각 임금, 이윤, 지대라고 생각하였으며, David Ricardo는 노동비용이 재화의 가치를 결정하며 지대는 재화의 가격에서 노동, 자본과 같은 다른 생산요소의 비용을 공제하고 남은 부분이라고 하였다. 비록 수요와 공급에 의해 재화의 가치가 결정된다 하더라도, 시장에서 성립된 가격이 생산비에도 미치지 못한다면 재화는 계속해서 시장에 공급될 수 없기 때문이다.

> **참고   생산비가치설 | 부동산평가이론**
>
> **고전학파(1700년대)의 가치이론 : 물과 공기는 왜 생산되지 않는가?**
>
> 중상주의 경제학자들의 원리를 확장시킨 '생산비가치설'에 따르면, 재화의 자연가격은 그 재화를 생산하는 데 소요된 생산요소의 비용을 반영하고 있다. 이러한 주장이 일리를 가지기 위해서는 투입된 비용만큼 효용도 증대하여야 한다. 왜냐하면, 희소성과 더불어 효용이 있어야만 재화는 가치를 갖기 때문이다. 만약, 어떤 재화가 효용이 없다면, 생산자는 재화를 생산하지 않을 것이다. 어떤 재화가 시장에 존재한다는 사실 자체가, 효용을 가지고 있다는 것을 의미한다. 효용과 희소성이 전제되었을 때, 재화는 시장의 수요와 공급에 의해 교환가치가 결정된다.
>
> 비록 수요와 공급에 의해 재화의 가치가 결정된다고 하더라도, 시장에서 성립된 교환가치가 그것의 생산비에도 미치지 못한다면, 그 재화는 계속해서 시장에 공급될 수 없을 것이다. 재화의 가격이 생산비보다 높게 형성된다고 하더라도, 장기적으로는 공급이 증대하여 가격은 다시 하락할 것이다.
>
> 한편, David Ricardo는 노동비용이 재화의 가치를 결정짓는 가장 중요한 요소라고 생각했다. 토지의 지대는 생산물의 가격에서, 자본과 노동과 같은 다른 생산요소의 비용을 제하고 남은 부분이라는 것이다. 즉, 토지에 귀속되는 잔여(land residual)이 지대라는 것이다.

② 한계효용학파의 한계효용가치설

한계효용학파는 국가경제가 아닌 개인의 효용에 관심을 가졌다. Joseph Alosi Schumpeter (미국, 1883~1950) 등은 재화의 가치는 생산비가 아닌 한계효용에 의해 결정되는 것이라고 주장했다. 효용은 개인의 욕구를 충족시켜주는 재화의 능력을 말하며, 한계효용은 재화를 한 단위 더 소비했을 때 획득되는 효용의 증분을 말한다. 생산비가 높아도 수요가 없다면 가격은 하락할 수밖에 없기 때문에, 생산비와 가치 사이에 상관관계는 있지만 인과관계는 없다.

> **📖 참고   한계효용가치설 | 부동산평가이론**
>
> 한계효용학파(1800년대)의 가치이론 : 산 정상의 콜라는 왜 더 비싼가?
>
> 한계효용학파는 재화의 가치가 생산비에 의해 결정되는 것이 아니라, 한계효용에 의해 결정되는 것이라고 주장했다. 효용은 개인의 욕구를 충족시켜주는 재화의 능력이나, 한계효용이란 재화를 한 단위 더 소비했을 때 획득되는 효용의 증분을 말한다.
>
> 생산비가 아무리 많이 든 부동산이라 할지라도, 수요가 없다면 가격은 하락할 수밖에 없다. 수요가 단기적으로 부동산의 가격에 영향을 준다는 것은 자명하다. 그러나 장기적인 관점에서 보면 반드시 그런 것은 아니다. 수요의 증가는 가격의 상승을, 가격의 상승은 공급 증가를 유도하기 때문이다.
>
> 한계효용학파는 생산비와 가치 사이에 분명히 상관관계는 있지만 인과관계는 없다고 주장한다. 가격에 따라 수요와 공급이 변화하므로, 시장의 힘에 의해 비용과 가치가 같아지는 경향이 있을 따름이라는 것이다.

③ 신고전학파의 수요공급균형이론

신고전학파는 공급 측면의 생산비가치설과 수요 측면의 한계효용가치설을 결합했다. Alfred Marshall[〈Principle of Economics〉(1890)]은 단기와 장기라는 시간 개념을 도입하여 단기에서는 시장이나 수요의 힘이, 장기에서는 생산비가 가치에 영향을 미친다고 주장했다. 여기서 단기란 기존의 생산시설이 확장되지 않을 정도의 짧은 시간을 의미하며, 장기란 새로운 공급자가 시장에 진입할 정도의 긴 시간을 의미한다.

④ 현대의 부동산 가치발생이론

신고전학파가 기존의 가치이론을 통합하면서 도시토지지가이론으로부터 시작된 현대의 부동산 가치평가이론이 태동하였으며, 이후 Arthur J. Mertzke(미국, 1890-1970)가 최초의 가치평가이론 교과서 〈Real Estate Appraising〉(1920)을 통해 가치이론과 가치평가이론의 관계를 재정립하였다. 20세기 초 미국에서 도시화가 가속되며 부동산 개발과 함께 금융기관의 담보금융이 활성화되자, Irving Fisher(미국, 1867-1947)는 〈The Theory of Interest〉(1930)에서 자본, 소득, 이자율에 관한 이론적 체계를 수립해 수익환원법을 개발하였으며, 부동산 가치평가가 하나의 독자적인 학문분야로 태동하기 시작했다.

(2) 수요 측면 : 효용성과 유효수요

효용성(utility)이란 부동산을 사용하면서 얻게 되는 쾌적성 또는 수익성을 말한다. 부동산의 효용성은 주거용지는 쾌적성, 상업용지는 수익성, 공업용지는 생산성과 같이 부동산의 용도에 따라 달라진다.

유효수요(effective demand)란 재화를 구매할 수 있는 구매력이 동반된 수요를 말한다. 부동산은 부증성을 가진 고가의 자산이므로 일반적인 수요의 의사만으로는 가치에 영향을 미치지 못한다.

(3) 공급 측면 : 상대적 희소성

상대적 희소성(scarcity)이란 부동산의 수요 대비 공급이 부족하다는 것을 말한다.

4 부동산 가격형성원리

부동산의 가격형성원리는 부동산 가격이 형성되는 과정을 법칙화한 것을 말한다. 부동산 가격 역시 일반 재화와 마찬가지로 수요·공급의 균형에 의해 형성되나, 부동산의 물리적 특성에 의해 수요 측면의 유효수요와 공급 측면의 상대적 희소성이 강조되며, 가격 측면에서는 구체적 가격이 지역적 가격수준의 범위 내에서 결정되는 등 일반 재화와 다른 특징을 나타낸다.

◆ **부동산 가격형성원리**

분류	가격형성요인	가격발생요인	수요·공급	가격
지역적 차원	지역요인	효용·유효수요	수요	가격수준
개별적 차원	개별요인	상대적 희소성	공급	구체적 가격

(1) 일반적 가격형성원리

부동산 가격은 가격형성요인의 영향을 받아 가격발생요인에 의해 형성된다. 가격형성요인은 자연적·사회적·경제적·행정적 요인으로 분류할 수 있으며, 가격발생요인은 수요 측면에서 효용과 유효수요, 공급 측면에서 상대적 희소성으로 분류할 수 있다.

주요 수요결정요인으로는 소득, 금리, 물가, 세금 등의 가격형성요인이 있으며, 해당 요인의 변화는 수요곡선 자체를 변화시킨다. 한편 주요 공급결정요인으로는 물가, 인건비, 기술, 세금 등의 요인이 있으며, 해당 요인의 변화는 공급곡선 자체를 변화시킨다. 가격발생요인(수요·공급)의 균형에 의해 가격·거래량이 결정된다.

(2) 지역 · 개별적 가격형성원리

부동산 가격은 지역적 가격수준의 범위 내에서 구체적 가격이 결정된다. 지역적 가격수준은 지역적 가격형성요인에 의한 가격발생요인의 균형에 의해 형성되며, 구체적 가격은 개별적 가격형성요인에 의한 가격발생요인의 균형에 의해 형성된다.

부동산 가격의 형성원리 기출문제 제17회 1번

02 종별 및 유형에 따른 가격형성요인을 분석하고 감정평가 시 유의사항에 대해 설명하시오. 20점

■▶ 논점분석

- 논제

- 유형

- 개념어

■▶ 목차구성

부동산 가격의 형성원리 기출문제 제21회 1번

03 기후변화에 대한 관심이 높아지고 있는바, 기후변화가 부동산 가격형성요인에 미칠 영향에 대하여 약술하시오. 10점

▣ 논점분석

- 논제

- 유형

- 개념어

▣ 목차구성

부동산 가격의 형성원리 기출문제 제17회 3번

04 부동산 가격형성의 일반요인은 자연적, 사회적, 경제적, 행정적 제 요인으로 구분할 수 있다. 부동산 가격형성의 행정적 요인 중 부동산거래규제의 내용에 대하여 설명하고, 거래규제가 감정평가에 미치는 영향에 대하여 설명하시오. **20점**

▪▶ 논점분석

- 논제

- 유형

- 개념어

▪▶ 목차구성

05 다음을 설명하고, 각각의 상호관련성에 대하여 논하시오. 40점

1) 부동산 가치발생요인과 부동산 가격결정요인 10점

2) 부동산 가격결정과정(메커니즘)과 부동산 가치의 3면성 10점

3) 부동산 가치의 3면성과 감정평가 3방식 6방법 20점

PART 03

▣▶ 논점분석

- 논제

- 유형

- 개념어

▣▶ 목차구성

부동산 가격의 형성원리 기출문제 제15회 1번

06 부동산 감정평가의 3방식을 이용하여 시산가격을 도출하기 위해서는 여러 단계가 필요하다. 부동산 가격수준의 단계와 내용, 부동산 가격의 구체화, 개별화 단계에 대하여 설명하시오. 20점

▣▶ 논점분석

- 논제

- 유형

- 개념어

▣▶ 목차구성

07 최근 수익형 부동산에 대한 관심이 확산되고 있는데 수익형 부동산의 특징과 그 가격 형성원리에 대해 설명하시오. 15점

◾▶ 논점분석

- 논제

- 유형

- 개념어

◾▶ 목차구성

부동산 가격의 형성원리 기출문제 제32회 3번

08 광평수 토지란 해당 토지가 속해 있는 시장지역에서 일반적으로 사용하는 표준적 규모보다 훨씬 더 크다고 인식되는 토지로서, 최근에 대단위 아파트 단지개발 및 복합용도 개발 등으로 인해 광평수 토지에 대한 감정평가가 증가하고 있다. 광평수 토지면적이 해당 토지의 가치에 미치는 영향을 감가와 증가로 나누어 설명하시오. 10점

▪▶ 논점분석

- 논제

- 유형

- 개념어

▪▶ 목차구성

부동산 가격 제원칙

서설 preface, summary

- 부동산도 시장 재화로서 대체·경쟁의 원칙 등 일반 경제원칙의 영향을 받으나, 부동산의 고유한 물리적 특성에 따라 일반 경제원칙이 다소 변형된 형태로 적용된다.
- 부동산은 개별성이 있으나 용도의 다양성으로 인하여 여러 용도 간의 경합을 통해 최유효이용에 할당된다.
- 〈최유효이용〉이란 객관적으로 보아 양식과 통상의 이용능력을 가진 사람이 부동산을 합법적이고 합리적이며 최고·최선의 방법으로 이용하는 것을 말한다.

목차 index

1 **가격 제원칙** | 이론16.4, 25.1(가격제원칙 적용사례)

(1) 부동산 고유의 원칙

① 최유효이용의 원칙
② 적합의 원칙
③ 외부성의 원칙

(2) 일반 경제원칙과 유사한 원칙

① 수요·공급의 원칙
② 예측·변동의 원칙
③ 기회비용의 원칙
④ 수익배분의 원칙
⑤ 균형의 원칙

(3) 일반 경제원칙과 동일한 원칙

① 대체·경쟁의 원칙 | 이론12.2(대체원칙의 중요성)
② 수익 체증·체감의 원칙
③ 기여의 원칙

2 최유효이용의 원칙

(1) **개념** ㅣ 이론24.1(최유효이용의 개념)

(2) **필요성 및 장애요인** ㅣ 이론24.1(최유효원칙 적용이유), 22.4(최유효이용 장애요인)
   ① 용도 · 이용의 다양성과 비가역성
   ② 공공성

(3) **판단기준 및 유의사항** ㅣ 이론24.1(최유효이용 성립요건), 이론13.2(용적률 적용사례)
   ① 물리적 타당성
   ② 법률적 타당성
   ③ 경제적 타당성 ㅣ 이론36.1(경제적 타당성 적용사례)
   ④ 최고의 수익성
   ⑤ 판단 시 유의사항 ㅣ 이론22.4, 24.1(최유효이용 판단 시 유의사항)

(4) **판정방법(판정절차)** ㅣ 이론13.4(판단기준 · 방법), 18.4(성립논리), 28.1(최유효 판정 적용사례)
   ① 나지 상정 최유효이용 · 개량물 하의 최유효이용
   ② 표준적 이용 · 대상이용 · 특수상황의 최유효이용 ㅣ 이론32.3(단독이용)
   ③ 건부감가 · 건부증가

주요 내용 contents

1 가격 제원칙

부동산 가격 제원칙이란 부동산의 가치가 시장에서 어떻게 형성되는가에 대하여 일정한 법칙을 도출한 것을 말한다. 부동산의 가치를 판정하는 감정평가사에게는 부동산 가격 제원칙이 감정평가 활동의 지침이 된다.

부동산 역시 경제재화의 하나로서 일반 경제원칙의 적용을 받으나, 부동산의 물리적 특성으로 인해 일반 경제원칙과 동일하지 않거나 일반 경제원칙과는 다른 고유의 원칙도 나타난다.

(1) 부동산 고유의 원칙

① **최유효이용의 원칙**(highest and best use)
   최유효이용의 원칙이란 부동산 가격은 <u>최유효이용을 전제로 형성</u>된다는 원칙이다.
   최유효이용이란 객관적인 양식과 통상의 이용능력을 가진 사람에 의한 합리적이고 합법적이며 최고의 수익성을 발휘하는 이용방법을 말한다.

부동산은 용도의 다양성에 의해 여러 용도로 이용될 수 있기 때문에 용도 간 대체·경쟁이 발생하는데, 합리적인 경제주체라면 최고의 수익성을 발휘하는 최유효이용으로 이용하게 될 것이다. 또한 부동산은 사회적 측면에서 공공성을 가진 재화이자 물리적으로 영속성·비가역성을 가지고 있으므로, 국가 역시 용도규제 등을 통해 부동산의 이용형태를 강제하고 있기 때문이다.

② **적합의 원칙**(conformity)

적합의 원칙이란 부동산 가격은 <u>이용상황이 주위환경에 적합할 때 최고로 형성된다</u>는 원칙이다.

부동산은 지리적 고정성에 의해 인근지역 내 부동산과 대체·경쟁관계를 이루며, 이용상황이 인근지역의 표준적 이용과 일치할 때 최고의 가치를 발휘한다. 다만 외부요인이 일방적인 영향을 미치는 외부성의 원칙과는 달리, 표준적 이용과 일치하지 않더라도 인근지역에 충분한 수요를 확보하고 있거나 가까운 장래에 표준적 이용이 변동하는 경우에는 최고의 가격을 형성할 수 있으므로 유의해야 한다.

③ **외부성의 원칙**(externality)

외부성의 원칙이란 부동산 가격은 <u>외부 요인에 의한 영향을 받는다</u>는 원칙이다.

부동산은 지리적 고정성에 의해 외부 요인의 영향을 받는데, 부동산 가격에 영향을 미치는 외부 요인으로는 도로·철도 등 교통시설, 교육·행정 등 공공시설, 소음·공해 등 혐오시설 등이 있다. 외부 요인이 긍정적인 영향을 미칠 때에는 외부경제(긍정적 외부효과), 부정적인 영향을 미칠 때는 외부불경제(부정적 외부효과)라고 한다.

(2) 일반 경제원칙과 유사한 원칙

① **수요·공급의 원칙**(demand and supply)

수요·공급의 원칙이란 재화의 가격은 <u>수요와 공급의 상호작용에 의해 결정된다</u>는 원칙이다.

다만 부동산은 일반 재화와 달리 물리적 고정성과 부증성이 있으므로, 지역적 가격변동에 따른 공급의 탄력적 대응이 어렵고 수요 변화에 따라 가격의 급등락이 발생할 수 있다는 차이점이 있다.

② **예측·변동의 원칙**(change and anticipation)

예측·변동의 원칙이란 재화의 가격은 고정되어 있는 것이 아니라 시간의 경과에 따라 변화하므로, 가격 역시 <u>가격형성요인의 변화에 대한 예측을 반영하여 결정된다</u>는 원칙이다.

다만 부동산은 일반 재화와 달리 영속성을 가지고 있으므로 일반 재화보다 장기적인 고려와 예측을 필요로 한다는 차이점이 있다. 또한 용도의 다양성, 병합·분할의 가능성도 부동산 가격의 변동을 예측하는 것을 더욱 어렵게 한다.

③ **기회비용의 원칙**(opportunity cost)

기회비용의 원칙이란 재화의 가격은 <u>특정 투자대안의 선택으로 포기하게 되는 기회</u> <u>비용에 의해 형성된다</u>는 원칙이다.

다만 부동산은 일반 재화와 달리 개별성을 갖고 있어 투자대안으로서 대체성이 성립하기 어려우나, 물리적인 차이에도 불구하고 용도와 효용이 동일하거나 유사한 경우 자산시장 내에서 대체관계가 성립할 수 있다는 차이점이 있다. 또한 부동산 증권화 등 금융기법의 발달에 따라 자본시장의 투자상품과도 투자대안으로서 경쟁관계가 성립한다.

④ **수익배분의 원칙**(return distribution)

수익배분의 원칙이란 재화의 가격은 <u>전체 수익이 각 생산요소에 배분되어 형성된다</u>는 원칙이다.

다만 부동산은 일반 재화와 달리 물리적으로 고정되어 있어, 자본·노동 등 이동이 가능한 다른 생산요소에 배분되고 남는 잔여수익(residual)이 배분된다는 차이점이 있다.

⑤ **균형의 원칙**(balance)

균형의 원칙이란 재화의 가격은 <u>내부 구성요소들이 적절한 균형을 이룰 때</u> 최고의 가격이 형성된다는 원칙이다.

다만 부동산은 일반 재화와 달리 다양한 요소들이 복합적으로 구성된 재화로서 요소 간 균형이 더욱 강조된다는 차이점이 있다. 토지는 면적, 형성, 지세, 접면도로의 균형이 요구되며, 복합부동산은 건물의 규모, 용도, 배치 등 토지와 건물의 균형이 확보되어야 한다.

(3) 일반 경제원칙과 동일한 원칙

① **대체·경쟁의 원칙**(substitution)

대체의 원칙이란 재화의 가격은 <u>대체·경쟁관계에 있는 유사한 재화의 영향을 받아</u> <u>형성된다</u>는 원칙이다.

부동산은 개별성을 갖고 있으므로 대체성이 성립하기 어려우나, 물리적인 차이에도 불구하고 용도와 효용이 동일하거나 유사한 경우 대체성이 성립할 수 있다.

② **수익 체증·체감의 원칙**(increasing and decreasing returns)

수익 체증·체감의 법칙이란 재화의 가격은 <u>단위투자당 수익이 일정한 수준을 넘어</u> <u>체감할 때까지</u> 형성된다는 원칙이다.

부동산은 부증성에 의해 공급의 총량이 제한되어 있으므로 집약적 이용이 요구되는데, 부동산 개발의 규모는 단위당 한계수입과 한계비용이 일치하는 수준까지 이루어지기 때문이다.

③ **기여의 원칙**(contribution)

기여의 원칙이란 재화의 가격은 <u>각 구성요소가 가격에 기여하는 공헌도</u>에 의해 형성된다는 원칙이다.

부동산은 병합·분할의 가능성에 따라 토지 분할이나 합병, 건물 리모델링 등을 활용해 가치를 높일 수 있다. 합병이 가능한 토지의 가격은 일반적인 토지의 가격보다 높게 형성되는데, 이는 합병으로 인해 증분될 수 있는 가치가 개별 토지의 공헌도에 따라 배분되었기 때문이다.

◆ **가격 제원칙의 정리**

분류	원칙	주요 원리	구체적 사례
부동산 고유의 원칙	최유효이용의 원칙	최고 수익성	신규 개발 부동산
	적합의 원칙	주위환경과의 적합성	대형평형 주택
	외부성의 원칙	외부적 요인	혐오시설
일반 경제원칙과 유사한 원칙	수요·공급의 원칙	수요와 공급의 상호작용	가격의 급등락
	예측·변동의 원칙	시간에 따른 가격요인의 변화	신도시 개발, 도심 재개발
	기회비용의 원칙	대체재의 수익성	수익형 부동산
	수익배분의 원칙	생산요소별 수익배분	토지임대부 분양주택
	균형의 원칙	내부 구성요소의 균형	잉여토지, 과대개량 건물
일반 경제원칙과 동일한 원칙	대체·경쟁의 원칙	대체·경쟁부동산의 가격	소규모 아파트와 신축 다세대주택
	수익 체증·체감의 원칙	한계수입과 한계비용의 일치	광평수 토지
	기여의 원칙	구성요소의 기여도	합병 토지, 리모델링 건물

> **참고 최유효이용의 원칙을 기준으로 한 가격 제원칙 분류**
>
> • 최유효이용의 토대가 되는 원칙 : 예측·변동의 원칙
> • 최유효이용의 내부적 판단 원칙 : 기여의 원칙, 수익배분의 원칙, 수익체증·체감의 원칙, 균형의 원칙
> • 최유효이용의 외부적 판단 원칙 : 적합의 원칙, 외부성의 원칙, 대체·경쟁의 원칙, 수요·공급의 원칙, 기회비용의 원칙

2 최유효이용의 원칙

(1) 개념

최유효이용의 원칙이란 부동산 가격은 최유효이용을 전제로 형성된다는 원칙이다. 최유효이용이란 객관적인 양식과 통상의 이용능력을 가진 사람에 의한 합리적이고 합법적이며 최고의 수익성을 발휘하는 이용방법을 말한다.

(2) 필요성 및 장애요인

① 용도·이용의 다양성과 비가역성

부동산은 용도의 다양성에 의해 여러 용도로 이용될 수 있기 때문에 용도 간 대체·경쟁이 발생하는데, 합리적인 경제주체라면 최고의 수익성을 발휘하는 최유효이용으로 이용하게 될 것이므로 부동산 가격도 최유효이용을 전제로 형성된다. 또한 부동산은 물리적으로 영속성·비가역성을 가지고 있으므로, 경제주체는 장기적이고 합리적인 판단에 의해 부동산의 용도를 선택하게 된다.

다만 현실에서는 경제주체들이 최유효이용에 대한 판단에 실패할 수 있는 장애요인도 존재하는데, 부동산의 고정성·고가성으로 인해 자유로운 시장참여가 제한되고, 개별성으로 인해 정보의 투명성이 낮으며, 부증성으로 인해 수급 조절이 어렵기 때문이다.

② 공공성

부동산은 사회적 측면에서 공공성을 가진 재화이므로, 국가 역시 용도규제, 개발행위·건축허가, 거래제한, 소유제한 등을 통해 부동산의 이용형태를 강제하고 경제주체들의 시장실패를 예방하고 있다.

다만 정부정책 역시 최유효이용에 대한 판단에 실패할 수 있는 장애요인이 존재하는데, 정부정책도 특정 경제주체의 판단에 의존하므로 정책 실패의 가능성이 있으며, 잘못된 정책적 판단으로 시장의 자율적 균형을 왜곡할 수 있다.

(3) 판단기준 및 유의사항

특정 용도가 최유효이용이 되기 위해서는 아래 4가지 판단기준에 부합하여야 한다.

① 물리적 타당성

물리적 타당성은 해당 용도가 대상 부동산의 면적, 형상, 지세, 토질에 적합해야 한다는 것을 말한다. 토지의 물리적 조건은 토목·건축공사의 공사기간 및 개발비용에 직접적인 영향을 미치므로 경제적 타당성에도 영향을 미친다.

② 법률적 타당성

법률적 타당성은 해당 용도가 대상 부동산의 용도지역·용도지구를 비롯해 건축법, 주택법, 주차장법 등 관계 법령에 적합해야 한다는 것을 말한다. 토지 및 건물의 법률적 조건은 건물의 규모, 용도를 비롯해 설계과정 전반에 영향을 미치므로 경제적 타당성에도 영향을 미친다. 또한 지구단위계획구역, 재개발·재건축구역과 같이 규제의 변경이 예정된 경우에는 변경 가능성도 함께 검토되어야 한다.

③ 경제적 타당성

경제적 타당성은 해당 용도에 의한 대상 부동산의 수익이 투입되는 비용 대비 높아야한다는 것을 말한다. 신축공사인 경우 철거비용·건축비용 대비 신축건물의 수익가치를 비교하되, 증축·리모델링공사인 경우 전환비용 대비 증분수익을 비교하여 판단한다. 부동산의 수익, 즉 임대료는 건물의 용도, 품질 및 시간의 경과에 따라 변동하므로 이에 유의하여야 한다.

④ 최고의 수익성

최고의 수익성이란 물리적, 법률적, 경제적 타당성을 가진 잠재적 용도 중에서 수익성이 가장 높은 것을 말한다.

⑤ 판단 시 유의사항

최유효이용을 판단할 때는 ㉠ 객관적인 양식과 통상의 이용능력을 가진 경제주체를 기준으로 판단해야 하므로 특정 경제주체의 주관적인 이용계획은 유의해야 하며 ㉡ 상당기간 지속 가능한 가까운 장래의 이용상황을 기준으로 판단해야 하므로 불법적인 이용상황, 일시적으로 가능한 이용상황, 예측할 수 없는 장래의 이용상황 등에 유의해야 한다. 또한 ㉢ 최유효이용은 사회적·경제적·행정적 가격형성요인의 변화에 따라 변화할 수 있으므로 동태적 관점에서 분석되어야 하며(중도적·투기적·비적법적 이용·과소토지) ㉣ 인근지역의 표준적 이용과 일치하지 않는 경우(단독이용·복합이용·과대토지)에도 해당 용도에 대한 충분한 수요가 있다면 최유효이용이 될 수 있음에 유의해야 한다.

(4) 판정방법(판정절차)

최유효이용은 기본적으로 토지에만 적용하며, 건물의 가치는 전체 부동산 가치에서 최유효이용 상태의 토지가치를 공제하여 측정한다. 최유효이용을 판정하려는 경우, 기본적으로 ㉠ 대상토지를 개발할 것인지·나지 상태로 둘 것인지, ㉡ 개발한다면 현재 건물을 그대로 둘 것인지·용도나 규모를 변경할 것인지, ㉢ 신규로 개발한다면 어떤 용도의 건물을 신축할 것인지에 대한 해답을 찾아야 한다.

① 나지 상정 최유효이용·개량물 하의 최유효이용

<u>나지 상정 최유효이용</u>(HBU as though vacant)은 현재 개량물이 있더라도 없는 것으로 간주하고 토지의 최유효이용을 분석하는 것을 말한다. 나지(vacant land)는 개량물이 없는 토지로 건부지(site)에 대응하는 개념이다. 나지는 일반적으로 건부지 대비 높은

가격에 거래되는데, 그 이유는 건물에 의해 토지의 용도가 확정되지 않았기 때문에 철거·용도변경·증축과 같은 전환비용의 지출 없이 사용자의 선택에 따라 최고의 수익성을 나타내는 용도로 이용할 수 있기 때문이다. 즉 나지 상정 최유효이용은 토지의 현재 이용상황뿐만 아니라 잠재적인 이용상황까지 포괄적으로 분석하기 위한 것이다.

개량물 하의 최유효이용(HBU as improved)은 현재의 개량물을 기준으로 토지와 개량물이 결합된 최유효이용을 분석하는 것을 말한다. 개량물 하의 최유효이용은 현재의 개량물 용도 그대로일 수도 있고, 용도전환, 증개축, 리모델링, 재개발·재건축과 같은 철거를 통한 현재와 다른 개량물 용도일 수도 있다. 따라서 개량물 하의 최유효이용을 분석하기 위해서는 개량물 변경의 물리적 타당성이 전제되어야 하며, 개량물 변경에 따르는 전환비용이 현재 상태에서의 상대적 가치손실 대비 낮아야 경제적 타당성이 확보된다.

◈ 최유효이용 분석과 판정

구분	최유효이용 분석	최유효이용 판정
판단 기준	물리적 타당성 벌률적 타당성 경제적 타당성 최고의 수익성	나지 상정 최유효이용 분석 개량물 하 최유효이용 분석
목적	최유효이용 용도의 도출	최휴요이용 여부
비고	'최유효이용 판정'은 ①나지 상정 '최유효이용 분석'을 통한 용도 ②개량물 상태의 '최유효이용 분석'을 통한 용도를 상호 비교하여, 현재의 부동산 이용(개량물 하 최유효이용)이 토지의 잠재적 이용(나지 상정 최유효이용)에 부합하는지(최유효이용) 분석하며, 그렇지 못한 경우(비최유효이용) 건부감가를 고려하여야 한다.	

개량물 하의 최유효이용 용도와 나지 상정 최유효이용 용도가 일치하는 경우 대상 부동산은 최유효이용으로 판정할 수 있다. 그러나 전환에 필요한 물리적 또는 경제적 타당성이 확보되지 않는다면, 개량물 하의 최유효이용 용도는 나지 상정 최유효이용 용도 대비 수익성에서 미달하게 되며 대상 부동산은 최유효이용에 미달하게 된다. 이런 경우 대상 부동산은 나지 상정 최유효이용 용도에 미달하는 현재의 용도 또는 개량물 하의 최유효이용 용도를 당분간 유지하게 되는데, 이를 중도적 이용(interim use)이라고 한다.

중도적 이용 상태의 토지는 지상 개량물이 견고하여 상당기간 현재 상태를 유지할 것으로 예상될 때는 비최휴요이용에 해당하나, 개량물의 철거가 용이하거나 가까운 시일 내에 개발규제 완화 등 유리한 시장환경이 도래할 것으로 예상되는 경우에는 예외적으로 최유효이용에 할당될 수 있다.

◆ **중도적 이용의 발생원인 및 사례**

발생원인	내용	사례
부동산의 비가역성	인근지역의 최유효이용이 변화하여 기존 개량물을 새로운 용도로 전환하지 못하는 경우	신흥 상업지대 내 기성 주택 (비최유효이용)
부동산시장의 변동성	인근지역 시장상황이 위축되거나 침체하여 신규 공급의 불확실성이 높은 경우	도심 내 임시 주차장 일반 주택지대 내 구형 주택 (최유효이용)
정부규제의 변동성	가까운 시일 내에 개발사업이 예정되어 있거나 개발규제의 완화가 예정된 경우	도심 외곽의 가건물 정비구역 내 구형 주택 (최유효이용)

② **표준적 이용·대상이용·특수상황의 최유효이용**

대상 부동산의 최유효이용 용도는 인근지역의 표준적 이용과 일치하거나 유사한 것이 일반적이다. 그러나 표준적 이용과 일치하지 않더라도 최유효이용 용도에 해당하는 경우가 있는데, 이러한 경우에는 지역 내 수요분석 등 특별한 고려를 통해 최유효이용을 판정해야 한다.

㉠ **단독이용** (single use)

단독이용이란 인근지역의 표준적 이용과 다른 용도로 이용하는 것으로, 아파트단지 내 상가, 교외지역의 대형 판매시설·체육시설 등을 말한다. 단독이용은 표준적 이용과 상이하더라도 지역 내 수요가 충분한 경우에는 최유효이용이 될 수 있으며, 인근지역에 구애되지 않고 대상 부동산과 유사한 용도로 대체·경쟁관계가 성립한다고 인정되는 동일수급권까지 범위를 확대하여 분석할 수 있다.

㉡ **중도적 이용**(interim use)

중도적 이용이란 장래의 최유효이용을 대비하여 대기과정의 용도로 이용하는 것을 말한다. 중도적 이용은 가까운 장래에 유리한 규제 변경이 예정되어 있거나, 낡은 주택·가설건축물 등 일시적인 개량물이 있는 경우에는 최유효이용이 될 수 있다.

㉢ **비적법적 이용**(legally nonconforming use)

비적법적 이용이란 과거에 적법한 용도였으나 현재에는 적법하지 않은 용도로 이용하는 것으로, 개발제한구역, 지구단위계획구역, 지방자치단체 건축조례 등 규제가 변경되는 경우에 발생한다. 비적법적 이용은 인근지역 내 표준적 이용과 상이하지만 상대적으로 높은 가격을 형성하는 최유효이용에 해당한다.

㉣ **복합적 이용**(multiple use)

복합적 이용이란 하나의 부동산을 여러 가지 용도로 이용하는 것으로, 주상복합시설, 복합쇼핑센터 등을 말한다. 복합적 이용은 인근지역 내 표준적 이용과 상이하지만 용도의 혼합(tenant mix)을 통해 최대의 수익성을 나타낼 수 있다면 최유효이용에 해당한다.

ⓜ **특수목적이용**(special purpose use)

특수목적이용이란 특정 용도로 국한되어 이용하는 것으로, 공공청사, 종교시설 등을 말한다. 특수목적이용은 표준적 이용과 상이하더라도 지역 내 수요가 충분한 경우에는 최유효이용이 될 수 있으나, 교환가치가 아닌 사용가치로 감정평가하는 것이 일반적이다.

ⓗ **투기적 이용**(speculative use)

투기적 이용이란 운영수익이 아닌 자본수익을 목적으로 이용하는 것을 말한다. 투기와 투자의 명확한 구분은 어려우나, 투기의 경우 인근지역의 성숙도가 낮고 대상 부동산의 용도도 명확하지 않아 최유효이용 용도를 결정하는 것이 어렵다.

ⓢ **초과토지 · 잉여토지**(excess, surplus land)

초과토지 · 잉여토지는 토지의 면적이 최유효이용 규모를 초과하는 토지를 말한다. 초과토지는 잔여면적을 독립적으로 이용할 수 있는 토지이며, 잉여토지는 잔여면적을 분리하여 독립적으로 이용할 수 없는 토지를 말한다. 초과토지는 잔여면적을 별도로 구분하여 감정평가하되, 해당 토지가 주차장, 운동장과 같이 주된 토지의 부수적 용도로 이용되고 있는 경우는 예외로 한다. 잉여토지는 최유효이용 규모 대비 낮은 가치로 감정평가하나, 인접 토지와의 합병 가능성에 유의해야 한다.

ⓞ **과소토지**

과소토지는 토지의 면적이 최유효이용 규모에 미달하는 토지를 말한다. 건축법은 소규모 건축물에 의한 도시환경 악화를 방지하기 위해 일정 면적 이하로는 토지분할과 건축허가를 규제하고 있다. 건축이 불가능한 과소토지는 최유효이용 규모 대비 낮은 가치로 감정평가하나, 인접 토지와의 합병 가능성에 유의해야 한다.

ⓩ **일단지토지**(combined land use)

일단지토지란 2필지 이상의 토지를 하나의 용도로 이용하는 토지를 말한다. 일단지토지는 일단의 이용상황이 사회적 · 경제적 · 행정적 측면에서 합리적이고 가치형성적 측면에서 타당하다고 인정되는 "용도상 불가분의 관계"에 있는 경우에 한하여 2필지 이상의 토지를 일괄하여 감정평가한다. 일단지토지의 판단에서는 소유자나 지목의 일치를 필요로 하지 않으나, 가설건축물 등 일시적인 이용상황이나 건축허가 및 착공 이전인 건축예정부지는 일단지토지로 인정될 수 없음에 유의한다.

③ 건부감가・건부증가

<u>건부감가</u>란 건부지 상태의 토지가 나지 상태 토지 대비 상대적으로 가치가 낮아지는 것을 말한다. 나지 상태의 토지는 최유효이용 분석을 통해 언제나 최유효이용 용도로 이용할 수 있으나, 개량물 건축 이후 건부지 상태의 토지는 신축 이후 시간이 경과하고 최유효이용이 변화하는 경우 그에 미달할 수 있다. 현재 개량물이 새로운 최유효이용에 미달하더라도 용도 또는 규모를 일부 변경하여 최유효이용 상태를 계속 유지할 수도 있으나, 물리적으로 불가능하거나 경제적 타당성이 없는 경우 최유효이용에 미달하는 상태를 유지하게 되어 건부감가가 발생할 수 있다. 건부지는 기존 개량물의 비가역성으로 인해 건부감가가 발생할 수 있으므로, 시장참여자들은 활용 가능성이 높은 나지를 건부지 대비 선호하게 된다.

건부감가는 나지 상태의 토지 가치(나지 상정 최유효이용 용도의 토지 가치)에서 건부지 상태의 토지 가치(개량물 하 최유효이용 용도의 토지 가치)를 공제하여 구할 수 있으며, 이는 나지 상정 최유효이용 용도의 부동산 가치와 개량물 하 최유효이용 용도의 부동산 가치의 차이(=25억 − 15억)에서 건물 가치의 차이(=10억 − 6억))를 차감한 금액과 같다. 건부감가는 부동산 가치의 차이가 아닌 토지 가치의 차이라는 점에 유의해야 한다.

◆ 건부감가의 산정방법(사례)

구분	나지 상정 최유효이용 (상업용 5층)	개량물 하 최유효이용 (상업용 3층)
① 부동산 가치	25억	15억
② 건물 가치	10억	6억
③ 토지 가치 (①−②)	15억	9억
= 건부감가 (나지③−개량물③)	–	6억

<u>건부증가</u>(built-up incremental value)는 건부감가의 예외적 현상으로 건부지 상태의 토지가 나지 상태 대비 상대적으로 가격이 높아지는 것을 말한다. 예를 들어 개발제한구역이 지정된 지역에서는 건물 신축이 어려운 나지 대비 이미 건물이 있는 건부지를 선호하게 되어 건부지의 가격이 높게 나타나게 되는 경우가 있다.

부동산 가격 제원칙 기출문제 제12회 2번

09 대체의 원칙이 감정평가과정에서 중요한 지침이 되는 이유를 부동산의 자연적 특성의 하나인 개별성과 관련하여 설명하고 이 원칙이 협의의 가격을 구하는 감정평가 3방식에서 어떻게 활용되는지 기술하시오. 20점

▣▶ 논점분석

- 논제

- 유형

- 개념어

▣▶ 목차구성

10 감정평가사 김氏는 K은행으로부터 대상 부동산에 대한 담보감정평가를 의뢰받았다. 감정평가사 김氏는 현장조사 및 자료분석을 통하여 아래와 같은 자료를 수집하였다. 아래 대상 부동산의 시장분석자료를 근거로 감정평가사 김氏가 K은행 대출담당자에게 담보가격의 결정에 대한 이론적 근거에 대해 부동산 가격 제원칙을 중심으로 기술하시오. 20점

- 서울시 ○○구 ○○동 ×××-×번지 AA빌라 3층 301호 100평형
- 대상 부동산 분양예정가 : 10억원
- 분양성 검토 : 대형평형으로 인해 인근지역 내에서 분양성 악화가 우려됨
- 인근지역의 표준적 이용상황 : 40~50평형
- 인근지역의 담보평가가격수준 : 3.6~4.5억원
- 거래가능가격(표준적 이용상황 기준) : 평형당 1,000만원

▣▶ 논점분석

- 논제

- 유형

- 개념어

▣▶ 목차구성

부동산 가격 제원칙 기출문제 제25회 1번

11 공익사업을 위해 수용될 지구에 포함되어 장기 미사용 중이던 토지가 해당 공익사업의 중단으로 지구지정이 해제되었을 때, 당해 토지 및 주변부 토지에서 초래될 수 있는 경제적 손실을 부동산 평가원리에 근거하여 설명하시오. **15점**

▣▶ 논점분석

- 논제

- 유형

- 개념어

▣▶ 목차구성

12 최유효이용의 개념과 성립요건, 다른 원칙들간의 상호관련성을 설명하고, 부동산 가격 판단 시 최유효이용을 전제로 판단해야 하는 이유를 설명하시오. 25점

▣▶ 논점분석

- 논제

- 유형

- 개념어

▣▶ 목차구성

부동산 가격 제원칙 기출문제 제22회 4번

---

13 최유효이용의 장애요인과 최유효이용 판단 시 유의사항을 설명하시오. 10점

◼▶ 논점분석

- 논제

- 유형

- 개념어

◼▶ 목차구성

14 건부감가의 판단기준과 산출방법에 대해 서술하시오. `10점`

▪▶ 논점분석

- 논제

- 유형

- 개념어

▪▶ 목차구성

부동산 가격 제원칙 기출문제 제18회 4번

15 건부증가와 건부감가의 성립논리를 설명하시오. `10점`

➡ 논점분석

- 논제

- 유형

- 개념어

➡ 목차구성

부동산 가격 제원칙 기출문제 제13회 2번

16 최근 노후 공동주택의 재건축이 사회문제로 대두되고 있는 가운데 재건축의 용적률이 핵심쟁점이 되고 있다. '토지가치의 극대화'라는 최유효이용의 관점에서 재건축의 용적률이 이론적으로 어떻게 결정되는지를 설명하고, 현실적인 용적률 규제와 주택가격의 상승이 이러한 이론적 적정 용적률에 미치는 영향을 설명하시오. 20점

➡ 논점분석

- 논제

- 유형

- 개념어

➡ 목차구성

부동산 가격 제원칙 기출문제 제24회 1번

17 부동산 시장이 침체국면일 때 최유효이용의 판단 시 유의사항을 설명하시오. 15점

■▶ 논점분석

- 논제

- 유형

- 개념어

■▶ 목차구성

부동산 가격 제원칙 기출문제 제32회 3번

18 광평수 토지란 해당 토지가 속해 있는 시장지역에서 일반적으로 사용하는 표준적 규모보다 훨씬 더 크다고 인식되는 토지로서, 최근에 대단위 아파트 단지개발 및 복합용도 개발 등으로 인해 광평수 토지에 대한 감정평가가 증가하고 있다. 광평수 토지의 최유효이용이 단독이용인 경우 감정평가방법에 대해 설명하시오. 10점

▣▶ 논점분석

- 논제

- 유형

- 개념어

▣▶ 목차구성

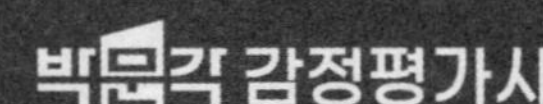
박문각 감정평가사

PART 04

감정평가의 기초

감정평가의 개념

서설 preface, summary

- 부동산은 물리적 특성으로 인하여 균형가격의 성립이 어려우므로, 시장의 불완전성을 보완할 수 있는 균형가치의 지적이 필요하다.
- 〈감정평가〉란 토지 등의 경제적 가치를 판정하여 그 결과를 가액으로 표시하는 활동이다.
- 감정평가는 가격이 아닌 가치를 추정하는 것으로서, 가치의 추정에는 일련의 가정으로서 가치기준이 필요하다.
- 감정평가는 국가의 정책적 필요와 시장의 경제적 필요에 의해 요구되며, 국민의 재산권을 보호하고 시장 참여자의 의사결정을 지원해야 한다.
- 1989년 제정된 (현행)「부동산 가격공시에 관한 법률」은 부동산의 적정가격을 공시하여 부동산 시장의 안정, 조세·부담금의 형평성 및 국민경제 발전을 도모하기 위한 제도이다.

목차 index

1 감정평가의 정의 | 이론 29.3-1(회계상 감정)

2 감정평가의 대상

   ① 부동산   ② 준부동산

   ③ 동산   ④ 무형자산

   ⑤ 유가증권

3 감정평가의 기준

  (1) 가격의 개념

     ① 가격   ② 원가

  (2) 가치의 개념

     ① 사용가치   ② 교환가치

  (3) 가치의 측정 | 이론 31.1-1(기준가치 필요성)

(4) 가치의 본질(가치이론) ㅣ이론 30.2-3(가치이론 · 가치추계이론)

① 생산비가치설　　　　② 한계효용가치설

③ 신고전학파에 의한 통합

4 감정평가의 필요성

(1) 부동산 시장의 불완전성 및 부동산 가격의 불균형성

(2) 실거래가격의 의의와 한계 극복 ㅣ이론23.4(실거래가 한계극복), 31.1-2(시장가격과 감정평가)

5 감정평가의 업무

(1) 감정평가 업무의 개요

① 표준지 감정평가 ㅣ18.3(표준지 · 표준주택), 30.4(조사평가 · 조사산정), 31.2-1(표준지 · 개별지)

② 보상 감정평가 ㅣ이론 26.2(보상 · 경매 · 담보)

③ 택지비 감정평가 ㅣ이론 20.2(택지비)

④ 도시정비 감정평가 ㅣ이론 22.3(도시정비), 23.3(매도청구), 31.3(손실보상 · 현금청산)

⑤ 담보 감정평가 ㅣ이론 14.3(담보)

⑥ 경매 감정평가

⑦ 재무보고 감정평가

(2) 감정평가 업무의 범위

(3) 감정평가 업무의 확대

① 동산 · 채권 등의 담보평가(2010년)

② 지적재조사에 따른 조정금 산정 감정평가(2012년)

③ 권리금의 감정평가(2015년) ㅣ이론 25.4(권리금)

④ 비주거용 부동산 감정평가(2016년) ㅣ이론 20.4(비주거공시)

6 감정평가의 기능 ㅣ이론 20.1(목적별 가격차이), 29.4(공정성 · 독립성), 34.3(공정성 · 독립성)

(1) 정책적 기능　　　　　　(2) 경제적 기능

7 감정평가의 분류 ㅣ이론 15.3(분류목적)

(1) 평가주체의 성격에 따른 분류

(2) 평가주체의 수에 따른 분류 ㅣ이론 18.4(공적 · 복수평가), 31.1-1(복수평가 필요성)

주요 내용 contents

1 감정평가의 정의

감정평가란 <u>토지 등</u>의 <u>경제적 가치</u>를 판정하여 그 결과를 가액으로 표시하는 것을 말하며, 「감정평가 및 감정평가사에 관한 법률」 제2조에 근거한다.

<u>감정(appraisal)</u>은 가치평가의 과정상 사실을 규명하고 진위를 판별하는 작업이며, <u>평가 (valuation)</u>란 가치평가의 결과를 화폐액으로 표시하는 작업이라 하여, 감정과 평가를 구분하는 견해도 있으나, 우리나라 현행법에서는 이를 구분하지 않고 있다.

> **참고 회계에 관한 감정, 지식재산권에 관한 감정**
>
> **공인회계사법 제2조(직무범위)**
> 공인회계사는 타인의 위촉에 의하여 다음 각 호의 직무를 행한다.
> 1. 회계에 관한 감사·감정·증명·계산·정리·입안 또는 법인설립등에 관한 회계
> 2. 세무대리
> 3. 제1호 및 제2호에 부대되는 업무
>
> **변리사법 제2조(업무)**
> 변리사는 지식재산처 또는 법원에 대하여 특허, 실용신안, 디자인 또는 상표에 관한 사항을 대리하고 그 사항에 관한 감정과 그 밖의 사무를 수행하는 것을 업으로 한다.
>
> **대판 2015.11.27, 2014도191**
> 회계에 관한 감정이란 기업이 작성한 재무상태표, 손익계산서 등 회계서류에 대한 전문적 회계지식과 경험에 기초한 분석과 판단을 보고하는 업무를 말한다. 여기에는 기업의 경제활동을 측정하여 기록한 회계서류가 회계처리기준에 따라 정확하고 적정하게 작성되었는지 여부에 대한 판정뿐만 아니라 자산의 장부가액이 신뢰할 수 있는 자료에 근거한 것인지 여부에 대한 의견제시 등도 포함된다.

2 감정평가의 대상

감정평가의 정의상 대상이 되는 "토지 등"이란 토지 및 정착물, 동산, 그 밖에 대통령령으로 정하는 재산과 이들에 관한 소유권 외의 권리를 말하며, ① 부동산, ② 준부동산, ③ 동산, ④ 무형자산, ⑤ 유가증권으로 분류할 수 있다.

① <u>부동산</u>이란 토지 및 정착물을 말하며, ② <u>준부동산</u>이란 부동산은 아니지만 경제적 가치가 크고 권리사항을 등기 또는 등록하는 자산을 말하며, 자동차·선박·항공기·건설기계·입목·공장(광업)재단 등이 있다. ③ <u>동산</u>은 부동산이 아닌 것을 말한다. ④ <u>무형자산</u>은 물리적 실체는 없지만 식별 가능한 비화폐성 자산을 말하며, 저작권·산업재산권(특허권·상표권·실용신안권·디자인권)·영업권(광업권·어업권) 등이 있다. ⑤ <u>유가증권</u>은 재산권이 표시된 증권을 말하며, 주식·채권·어음·수표·상품권 등이 있다.

감정평가 및 감정평가사에 관한 법률

__제2조(정의)__

이 법에서 사용하는 용어의 뜻은 다음과 같다.

1. "토지등"이란 토지 및 그 정착물, 동산, 그 밖에 대통령령으로 정하는 재산과 이들에 관한 소유권 외의 권리를 말한다.
2. "감정평가"란 토지등의 경제적 가치를 판정하여 그 결과를 가액으로 표시하는 것을 말한다.

__시행령 제2조(기타 재산)__

「감정평가 및 감정평가사에 관한 법률」 제2조 제1호에서 "대통령령으로 정하는 재산"이란 다음 각 호의 재산을 말한다.

1. 저작권·산업재산권·어업권·양식업권·광업권 및 그 밖의 물권에 준하는 권리
2. 「공장 및 광업재단 저당법」에 따른 공장재단과 광업재단
3. 「입목에 관한 법률」에 따른 입목
4. 자동차·건설기계·선박·항공기 등 관계 법령에 따라 등기하거나 등록하는 재산
5. 유가증권

3 감정평가의 기준

감정평가의 기준은 "__경제적 가치__"로서 합리적 거래시장을 가정한 정상적인 가치를 의미한다. 가치(value)는 가격(price)이나 원가(cost)와는 차별되는 개념이며, 특정한 상황이나 특정 당사자의 추정 목적에 따라 다양한 의미를 갖고 있다.

(1) 가격의 개념

① __가격__(price)

가격은 특정 거래상황에서 특정 거래당사자가 쌍방 합의에 의해 주고받은 금액을 말하며, 실제 시장거래를 통해서만 성립하는 사실이다. 가격은 시장에서 자발적인 수요·공급의 상호작용으로 형성되며, 시장기능이 정상적인 경우 수요·공급의 균형에 의해 적정한 자원 배분이 이루어지나, 시장의 상황이나 거래당사자·거래조건의 개별적 특성에 따라 왜곡될 수 있다.

② __원가__(cost)

원가는 재화의 생산을 위해 실제 발생했거나 발생할 것으로 예상되는 추정치를 말하며, 반드시 실제 시장거래를 통해서만 성립하는 것은 아니다. 원가는 일반적으로 직접비용, 간접비용 및 적정 이윤으로 구성된다.

(2) 가치의 개념

가치는 일반적으로 인간의 욕망을 충족하는 능력을 의미한다. 인간의 욕망은 생리적 · 경제적 · 사회적 욕망 등 다양하므로 가치의 개념도 다양하나, 경제적인 측면, 특히 부동산에서의 가치는 장래에 얻을 것으로 예상되는 편익의 현재가치를 말한다. 가치는 일반적으로 객관적 측정이 아닌 주관적 추정의 대상으로서, 추정 주체에 따라 <u>주관적 사용가치</u>(use value)와 객관적 교환가치(exchange value)로 구분할 수 있다. 그러나 주관적 사용가치를 측정하는 것은 한계가 있으므로, 경제학과 감정평가학에서는 다수의 시장참가자를 전제한 교환가치를 기준으로 하고 있다.

참고 가격과 가치의 차이점 및 관계

- 가격은 실제 거래과정에서 당사자가 주고받은 금액이나, 가치는 가상의 거래상황에서 성립할 것으로 예측되는 가액이다. 또한 가격은 과거에 성립한 금액이지만, 가치는 미래 현금흐름을 현재에 추정한 가액이다. 가격은 거래당사자가 쌍방 합의에 의해 주고받은 하나의 금액이지만, 가치는 추정주체의 상황이나 목적에 따라 다양하게 성립할 수 있는 가액이다.
- 원가는 특정 재화의 생산을 위해 과거에 성립했거나 현재 성립할 것으로 예상되는 가액이지만, 가치는 교환거래를 전제하여 미래 현금흐름을 현재에 추정한 가액이다.
- 가격은 가치라는 본질이 화폐가치를 통해 일시적으로 드러나는 현상에 해당한다. 가격과 가치는 단기적으로 일치하지 않을 수 있으나, 가격은 장기적으로 가치에 수렴하게 된다. 따라서 경제학에서는 가격과 가치를 별도로 구분하지 않고 있다.

(3) 가치의 측정

가치는 특정한 상황이나 목적에 따라 다양하게 성립하는 다원적(plural) 개념으로, 가치를 측정하기 위해서는 가상의 거래상황에 대한 가정이 필수적으로 수반되는데 이를 <u>가치기준</u>(basis of value)이라고 한다.

시장가치(market value)는 우리나라는 물론 미국을 비롯해 국제기준에서도 널리 활용되고 있는 대표적인 가치기준으로, 통상적인 시장 · 충분한 기간의 방매 · 대상물건에 정통한 당사자 · 신중하고 자발적인 거래 등의 가정 하에 가치를 측정한다. 시장가치 외에도 공정가치, 투자가치, 결합가치 등 다양한 가치기준이 해외에서 활용되고 있으며, 우리나라에서는 '시장가치 외의 가치'를 폭넓게 규정하면서 공정가치, 적정가격 등을 규정하고 있다. 참고적으로 회계상 가치기준으로는 역사적 원가 · 현행원가 · 실현가능가치 · 현재가치 · 공정가치 등이 활용되고 있다.

감정평가에 관한 규칙

<u>제2조(정의)</u>

이 규칙에서 사용하는 용어의 뜻은 다음 각 호와 같다.

1. "시장가치"란 감정평가의 대상이 되는 토지등이 통상적인 시장에서 충분한 기간 동안 거래를 위하여 공개된 후 그 대상물건의 내용에 정통한 당사자 사이에 신중하고 자발적인 거래가 있을 경우 성립될 가능성이 가장 높다고 인정되는 대상물건의 가액을 말한다.

3. "기준가치"란 감정평가의 기준이 되는 가치를 말한다.

<u>제5조(시장가치기준 원칙)</u>

① 대상물건에 대한 감정평가액은 시장가치를 기준으로 결정한다.

② 감정평가법인등은 제1항에도 불구하고 다음 각 호의 어느 하나에 해당하는 경우에는 대상물건의 감정평가액을 시장가치 외의 가치를 기준으로 결정할 수 있다.

    1. 법령에 다른 규정이 있는 경우

    2. 감정평가 의뢰인이 요청하는 경우

    3. 감정평가의 목적이나 대상물건의 특성에 비추어 사회통념상 필요하다고 인정되는 경우

(4) 가치의 본질(가치이론)

15세기에서 18세기의 유럽은 이른바 '대항해시대'로서 유럽인들이 아메리카, 아프리카, 아시아로 가는 항로를 발견하고 식민지 무역을 확장하던 시기였는데, 중앙집권적 국가경제의 발전을 추구하는 중상주의(mercantilism)와 자유방임적 농업경제를 추구하는 중농주의(physiocracy)가 대립하였다.

가치의 본질에 대한 논의는 1776년 Adam Smith가 〈국부론〉을 집필하고, 고전학파(classical school) 경제학자들이 노동, 자본, 경영, 토지라는 4가지 생산요소를 제시하면서 시작되었다. ① 18세기 <u>고전학파</u> 경제학자들은 중농주의 사상을 발전시켜 공급자의 생산비용이 가치를 결정한다는 '생산비가치설'을 정립하였는데, 오늘날 감정평가실무에서 비용접근법(원가방식)의 발전에 영향을 미쳤다. ② 19세기 <u>한계효용학파</u>(marginal utility school) 경제학자들은 생산비가치설을 비판하며 생산비용이 아닌 소비자의 효용이 가치를 결정한다는 '한계효용가치설'을 주장하였으며, 오늘날 소득접근법(수익방식)의 발전에 영향을 미쳤다. ③ 19세기 후반 <u>신고전학파</u>(neo-classical school)는 단기적으로는 공급이 고정되어 있어 수요가 가치를 결정하지만 장기적으로는 공급이 가치를 결정한다는 이론을 통해 생산비가치설과 한계효용가치설을 통합하였으며, 오늘날 시장접근법(비교방식)의 발전에 영향을 미쳤다. 신고전학파의 대표적인 경제학자 Alfred Marshall은 오늘날 감정평가 3방식을 정립한 것으로 평가받고 있다.

4 감정평가의 필요성

(1) 부동산 시장의 불완전성 및 부동산 가격의 불균형성

부동산 시장은 부동산 고유의 물리적 특성으로 인해 재화의 동질성, 시장정보의 투명성, 시장참여의 자유성 등 완전경쟁의 조건을 충족하기 어려운 불완전경쟁시장에 해당한다. 부동산 시장은 부증성·고가성에 의해 자유로운 시장참여가 제한되며, 고정성·개별성에 의한 시장정보에 한계, 부증성에 의한 공급 조절에 한계에 따라 수요·공급의 상호작용에 따른 균형가격의 성립이 제한된다. 감정평가는 토지 등의 경제적 가치를 판정하는 것으로, 통상의 경쟁시장에서 성립할 수 있는 균형가격을 제시함으로써 시장참여자의 수요·공급 의사결정을 지원하고 시장경제의 조정작용을 보조하기 위해 필요하다.

(2) 실거래가격의 의의와 한계 극복

2006년 도입된 실거래가 신고제도는 부동산 시장의 실제 거래가격 정보를 축적하고 제공하여 시장투명성을 획기적으로 개선하였다. 실거래가격 정보는 부동산 가격공시 등 감정평가업무에 필요한 가격자료의 역할을 하고 있으며, 학계·정부에서 부동산 시장을 연구하고 부동산정책을 생산할 수 있는 중요한 정보를 제공하고 있다.

> **참고** 「부동산 거래신고 등에 관한 법률」상 실거래가 신고제도
>
> 「부동산 거래신고에 관한 법률」은 부동산 투기 및 탈세의 원인이 되는 이중계약서 작성 등 잘못된 부동산거래 관행을 근절하고, 투명한 거래질서 확립을 위하여 2006년 도입되었다.
>
> **제1조(목적)**
> 이 법은 부동산 거래 등의 신고 및 허가에 관한 사항을 정하여 건전하고 투명한 부동산 거래질서를 확립하고 국민경제에 이바지함을 목적으로 한다.
>
> **제3조(부동산 거래의 신고)**
> ① 거래당사자는 다음 각 호의 어느 하나에 해당하는 계약을 체결한 경우 그 실제 거래가격 등 대통령령으로 정하는 사항을 거래계약의 체결일부터 30일 이내에 그 권리의 대상인 부동산 등의 소재지를 관할하는 시장·군수 또는 구청장에게 공동으로 신고하여야 한다.
>
> **시행령 별표1(부동산 거래 신고사항)**
> ① 매수인 및 매도인의 인적사항
> ② 계약일, 중도금 지급일 및 잔금 지급일
> ③ 거래대상 부동산의 소재지·지번 및 지목
> ④ 거래대상 부동산의 종류
> ⑤ 거래대상 부동산의 면적
> ⑥ 실제 거래가격
> ⑦ 계약의 조건이나 기한이 있는 경우에는 그 조건 또는 기한
> ⑧ 개업공인중개사의 인적사항 및 중개사무소 개설등록에 관한 사항
> ⑨ 거래대상 주택의 취득에 필요한 자금조달계획
> ⑩ 거래대상 주택에의 입주계획

> **제3조의2(부동산 거래의 해제 등 신고)**
> ① 거래당사자는 제3조에 따라 신고한 후 해당 거래계약이 해제, 무효 또는 취소된 경우 해제 등이 확정된 날부터 30일 이내에 해당 신고관청에 공동으로 신고하여야 한다.
>
> **제5조(신고 내용의 검증)**
> ① 국토교통부장관은 제3조에 따라 신고 받은 내용, 「부동산 가격공시에 관한 법률」에 따라 공시된 토지 및 주택의 가액, 그 밖의 부동산 가격정보를 활용하여 부동산거래가격 검증체계를 구축·운영하여야 한다.

그러나 실거래가격은 불완전한 부동산 시장에서 제한된 시장정보, 개별적 거래상황에 의해 성립된 거래당사자만의 가격으로, 공개경쟁시장의 균형가격(시장가치)과는 괴리가 있다. 실거래가격은 ① 지역과 용도에 따라 양적·질적으로 균등하게 분포하지 않으며, ② 거래당사자의 사정 및 협상에 따라 가격의 할인·할증, 조건의 부가 등이 이루어지거나, ③ 친·인척, 기업집단 등 이해관계인 간 거래나 자전적 거래(cross trading), ④ 시장심리에 의한 투기적 거래 등이 발생할 수 있으며, ⑤ 특정 거래에 의해 지역적 가격수준이 왜곡될 수 있다는 한계가 있다.

감정평가는 사정보정 등의 절차를 통해 실거래가격의 적정성을 검토하고 시장성 외 비용성, 수익성 등 가치의 이면성을 반영하여, 실거래가격의 한계를 보완하고 완전경쟁시장에서 성립할 수 있는 시장가치를 제시할 수 있다.

📖 참고 실거래가 신고제도의 보완에 대한 주요 논의

- 정우형(2011) : 투기와 탈세 억제에 신고제도가 많은 기여를 했으나, 거래가격을 검증하는 적정성 여부와 처벌 규정 등 제도의 운영적 측면에서 미흡함.

- 김대명(2010) : 적정성 판단을 지속적으로 유지해야 하며 적정성 판단을 위한 기준가격 산정을 위해 정교한 산정방안이 필요함.

- 한만균(2013) : 실거래가 신고제도를 통해 제공되는 정보가 대단히 부정확하며, 현재 제공되는 정보 이외에 매물을 더 정확히 파악할 수 있는 추가적 정보가 필요함.

- 박정일(2020) : 당사자 간 거래된 신고가격을 대표성을 가진 가격으로 보기 어려우며, 유사한 신고 물건 간 가격의 편차를 파악할 수 있는 요소를 추가적으로 제공하여 실거래가격의 적정성을 진단할 수 있는 체제를 마련해야 함.

- 변세일(2021) : 주택거래의 투명성을 강화하기 위해서 정보공개 범위를 확대하고, 국토교통부, 국세청, 법원, 부동산원 등 여러 부처와 기관들의 자료를 연계하여 모니터링할 수 있는 시스템이 필요함.

5 감정평가의 업무

<u>감정평가사의 직무</u>는 타인의 의뢰를 받아 토지 등을 감정평가하는 것(감정평가법 제4조)이다. <u>감정평가 의뢰인</u>은 국가·지방자치단체·공공기관, 금융기관·보험회사·신탁회사, 일반기업, 개인 등(동법 제5조)이며, 의뢰인의 요청에 따른 구체적 직무(<u>감정평가 업무</u>)를 동법 제10조에 규정하고 있다.

감정평가 업무와 유사한 개념으로 '감정평가 목적'은 의뢰인이 감정평가서를 활용하고자 하는 용도의 관점에서 감정평가 업무를 구분한 것으로, 표준지, 보상, 도시정비, 택지비, 담보, 경매, 재무보고, 일반거래 등이 있다.

◆ 감정평가의 업무

대분류	근거	의뢰인	목적
표준지	제10조 제1항	국토교통부장관	조세·부담금 결정, 지가정보 제공, 토지거래 지표, 적정한 가격형성
보상	제10조 제2항	국가 등 공공기관	재산권 보호, 공익사업의 효율적 수행, 공공복리의 증진
도시정비	제10조 제8항	사업시행자	도시환경 개선, 주거생활의 질 향상
택지비	제10조 제8항	시·군·구청장	상한분양가의 택지비 결정, 주택가격 안정, 주거 기본권 확보
담보	제10조 제5항	금융기관 등 채권자	담보물의 처분가액 및 적정 대출금액의 결정
경매	제10조 제4항	경매사건 관할법원	최저매각가격의 결정
재무보고	제10조 제5항	일반기업 등	회계처리기준에 따른 재무보고
일반거래	제10조 제5항	개인·기업 등	세법상 시가의 확정

(1) 감정평가 업무의 개요

감정평가 업무의 개요는 수임 시 의뢰인과 협의하여야 하는 기본적 사항인 의뢰인, 대상물건, 기준시점, 기준가치, 평가방법, 평가목적에 기초하여 확정할 수 있다.

> 예시 **표준지 감정평가의 개요**
>
> 표준지 감정평가란 ① 국토교통부장관의 의뢰에 따라(의뢰인) ② 일단의 토지 중에서 선정한 토지에 대하여(대상물건) ③ 1월 1일의(기준시점) ④ 적정가격을 기준하여(기준가치) ⑤ 거래사례비교법을 주된 방법으로(평가방법) 감정평가하는 것을 말한다. ⑥ 표준지 감정평가는 조세·부담금 결정, 지가정보 제공, 토지거래 지표, 적정한 가격형성에 활용된다(평가목적).

1) 공적 감정평가 업무의 개요 : 표준지, 보상, 택지비

대분류	표준지평가	보상평가	택지비평가
의뢰인	국토교통부장관	국가 등 공공기관	시·군·구청장
대상물건	일단의 토지 중 표준지(토지)	공익사업에 필요한 토지 등	공동주택 공급 예정 부지(토지)
기준시점	1월 1일	협의 성립일(재결 기준일)	감정평가를 의뢰한 날
기준가치	적정가격	적정가격	–
평가방법	조건부평가 : 나지상정 거래사례비교법 등	조건부평가 : 개발이익 배제 공시지가기준법	조건부평가 : 택지조성 완료 공시지가기준법
평가목적	부동산 가격형성 조세·부담금의 형평 지가정보 제공 토지거래 지표 감정평가 기준	재산권 보호 공익사업의 효율적 시행 공공복리의 증진	상한분양가의 택지비 결정 주택가격 안정 주거 기본권 확보

2) 공적 감정평가 업무의 개요 : 도시정비(사업시행계획인가 기준)

대분류	무상양수도	국공유처분	종전자산
의뢰인	사업시행자	사업시행자	사업시행자
대상물건	정비사업으로 용도 폐지되는 공공 소유의 정비기반시설	정비사업을 목적으로 사업시행자에게 매각하는 국·공유지	분양대상자별 종전자산
기준시점	사업시행계획인가고시일 (예정)	사업시행계획인가고시일	사업시행계획인가고시일
기준가치	–	–	–
평가방법	–	조건부평가 : "대"를 기준	조건부평가 : 정비사업으로 인한 공법상 제한 배제
평가목적	양수도 가액의 정산	적정 매각가치 결정	조합원 출자자산의 상대적 가치비율 산정

3) 공적 감정평가 업무의 개요 : 도시정비(사업시행계획인가 이후)

대분류	종후자산	손실보상	현금청산	매도청구
의뢰인	사업시행자	사업시행자	사업시행자 (재개발)	사업시행자 (재건축)
대상물건	분양예정자산	세입자 영업손실	조합설립 미동의자 분양신청을 하지 않은 조합원의 자산	
기준시점	분양신청기간 만료일	협의 성립일	협의 성립일	협의 성립일 법원 제시일
기준가치	–	적정가격	적정가격	–
평가방법	조건부평가	보상평가 준용	보상평가 준용	시가 평가
평가목적	관리처분계획의 수립	재산권 보호 공익사업의 효율적 시행 및 공공복리의 증진		

4) 사적 감정평가 업무의 개요

대분류	담보	경매	재무보고	일반거래
의뢰인	금융기관 등 채권자 채무자	집행법원	일반기업 공공기관	개인 일반기업
대상물건	담보물건	경매물건	자산 및 부채	토지 등
기준시점	가격조사완료일	가격조사완료일	가격조사완료일	가격조사완료일
기준가치	시장가치	시장가치	공정가치	시장가치
평가방법	현황평가	현황평가	현황평가	현황평가
평가목적	담보물의 처분가액 적정 대출금액의 결정	최저매각가격의 결정	회계처리기준에 따른 재무보고	세법상 시가의 확정

① 표준지 감정평가

◆ 표준지 감정평가의 개요 | 부동산 가격공시에 관한 법률

구분	내용	근거법령
의뢰인	국토교통부장관	제3조(표준지공시지가의 조사·평가 및 공시 등)
대상물건	일단의 토지 중 표준지(토지)	① 국토교통부장관은 토지이용상황이나 주변 환경, 그 밖의 자연적·사회적 조건이 일반적으로 유사하다고 인정되는 일단의 토지 중에서 선정한 표준지에 대하여 매년 공시기준일 현재의 단위면적당 적정가격을 조사·평가하고, 제24조에 따른 중앙부동산가격공시위원회의의 심의를 거쳐 이를 공시하여야 한다.

기준시점	1월 1일	시행령 제3조(표준지공시지가의 공시기준일) 법 제3조 제1항에 따른 표준지공시지가의 공시기준일은 1월 1일로 한다.
기준가치	적정가격	제2조(정의) 5. "적정가격"이란 토지, 주택 및 비주거용 부동산에 대하여 통상적인 시장에서 정상적인 거래가 이루어지는 경우 성립될 가능성이 가장 높다고 인정되는 가격을 말한다.
평가방법	거래사례비교법 등 조건부평가: 나지상정	제3조(표준지공시지가의 조사·평가 및 공시 등) ④ 국토교통부장관이 제1항에 따라 표준지공시지가를 조사·평가하는 경우에는 인근 유사토지의 거래가격·임대료 및 해당 토지와 유사한 이용가치를 지닌다고 인정되는 토지의 조성에 필요한 비용추정액 등을 종합적으로 참작하여야 한다. 시행령 제6조(표준지공시지가 조사·평가의 기준) ② 표준지에 건물 또는 그 밖의 정착물이 있거나 지상권 또는 그 밖의 토지의 사용·수익을 제한하는 권리가 설정되어 있을 때에는 그 정착물 또는 권리가 존재하지 아니하는 것으로 보고 표준지공시지가를 평가하여야 한다.
평가목적	부동산 가격형성 조세·부담금의 형평 지가정보 제공 토지거래 지표 감정평가 기준	제1조(목적) 이 법은 부동산의 적정가격 공시에 관한 기본적인 사항과 부동산 시장·동향의 조사·관리에 필요한 사항을 규정함으로써 부동산의 적정한 가격형성과 각종 조세·부담금 등의 형평성을 도모하고 국민경제의 발전에 이바지함을 목적으로 한다. 제9조(표준지공시지가의 효력) 표준지공시지가는 토지시장에 지가정보를 제공하고 일반적인 토지거래의 지표가 되며, 국가·지방자치단체 등이 그 업무와 관련하여 지가를 산정하거나 감정평가법인등이 개별적으로 토지를 감정평가하는 경우에 기준이 된다.

표준지 조사평가 기준

제15조(적정가격 기준 평가)

① 표준지의 평가가격은 일반적으로 해당 토지에 대하여 통상적인 시장에서 정상적인 거래가 이루어지는 경우 성립될 가능성이 가장 높다고 인정되는 가격(이를 "적정가격"이라 한다)으로 결정하되, 시장에서 형성되는 가격자료를 충분히 조사하여 표준지의 객관적인 시장가치를 평가한다.

제16조(실제용도 기준 평가)

표준지의 평가는 공부상의 지목에도 불구하고 공시기준일 현재의 이용상황을 기준으로 평가하되, 일시적인 이용상황은 이를 고려하지 아니한다.

제17조(나지상정 평가)

표준지의 평가에 있어서 그 토지에 건물이나 그 밖의 정착물이 있거나 지상권 등 토지의 사용·수익을 제한하는 사법상의 권리가 설정되어 있는 경우에는 그 정착물 등이 없는 토지의 나지상태를 상정하여 평가한다.

제18조(공법상 제한상태 기준 평가)

표준지의 평가에 있어서 공법상 용도지역·지구·구역 등 일반적인 계획제한사항 뿐만 아니라 도시계획시설 결정 등 공익사업의 시행을 직접목적으로 하는 개별적인 계획제한사항이 있는 경우에는 그 공법상 제한을 받는 상태를 기준으로 평가한다.

제19조(개발이익 반영 평가)

① 표준지의 평가에 있어서 다음 각 호의 개발이익은 이를 반영하여 평가한다. 다만, 그 개발이익이 주위환경 등의 사정으로 보아 공시기준일 현재 현실화·구체화되지 아니하였다고 인정되는 경우에는 그러하지 아니하다.
1. 공익사업의 계획 또는 시행이 공고 또는 고시됨으로 인한 지가의 증가분
2. 공익사업의 시행에 따른 절차로서 행하여진 토지이용계획의 설정·변경·해제 등으로 인한 지가의 증가분
3. 그 밖에 공익사업의 착수에서 준공까지 그 시행으로 인한 지가의 증가분

제21조(평가방식의 적용)

① 표준지의 평가는 거래사례비교법, 원가법 또는 수익환원법의 3방식 중에서 해당 표준지의 특성에 가장 적합한 평가방식 하나를 선택하여 행하되, 다른 평가방식에 따라 산정한 가격과 비교하여 그 적정여부를 검토한 후 평가가격을 결정한다. 다만, 해당 표준지의 특성 등으로 인하여 다른 평가방식을 적용하는 것이 현저히 곤란하거나 불필요한 경우에는 하나의 평가방식으로 결정할 수 있으며, 이 경우 제14조에 따른 조사·평가보고서에 그 사유를 기재하여야 한다.

◆ 표준지 조사평가와 표준주택 조사산정의 비교

구분	표준지 조사평가	표준주택 조사산정
평가(산정) 주체	제3조(표준지공시지가의 조사·평가 및 공시 등) ⑤ 국토교통부장관이 제1항에 따라 표준지공시지가를 조사·평가할 때에는 업무실적, 신인도 등을 고려하여 둘 이상의 감정평가법인등에게 이를 의뢰하여야 한다.	제16조(표준주택가격의 조사·산정 및 공시 등) ④ 국토교통부장관은 제1항에 따라 표준주택가격을 조사·산정하고자 할 때에는 「한국부동산원법」에 따른 한국부동산원에 의뢰한다.
활용	제9조(표준지공시지가의 효력) 표준지공시지가는 토지시장에 지가정보를 제공하고 일반적인 토지거래의 지표가 되며, 국가·지방자치단체 등이 그 업무와 관련하여 지가를 산정하거나 감정평가법인등이 개별적으로 토지를 감정평가하는 경우에 기준이 된다.	제19조(주택가격 공시의 효력) ① 표준주택가격은 국가·지방자치단체 등이 그 업무와 관련하여 개별주택가격을 산정하는 경우에 그 기준이 된다. ② 개별주택가격 및 공동주택가격은 주택시장의 가격정보를 제공하고, 국가·지방자치단체 등이 과세 등의 업무와 관련하여 주택의 가격을 산정하는 경우에 그 기준으로 활용될 수 있다.
적정가격 기준	제15조(적정가격 기준 평가) ① 표준지의 평가가격은 일반적으로 해당 토지에 대하여 통상적인 시장에서 정상적인 거래가 이루어지는 경우 성립될 가능성이 가장 높다고 인정되는 가격으로 결정하되, 시장에서 형성되는 가격자료를 충분히 조사하여 표준지의 객관적인 시장가치를 평가한다.	제4조(적정가격 기준 산정) 표준주택의 산정가격은 해당 표준주택에 대하여 통상적인 시장에서 정상적인 거래가 이루어지는 경우 성립될 가능성이 가장 높다고 인정되는 적정가격으로 결정하되, 시장에서 형성되는 가격자료를 충분히 조사하여 표준주택의 객관적인 시장가치를 산정한다.
실제용도 기준	제16조(실제용도 기준 평가) 표준지의 평가는 공부상의 지목에도 불구하고 공시기준일 현재의 이용상황을 기준으로 평가하되, 일시적인 이용상황은 이를 고려하지 아니한다.	제5조(실제용도 기준 산정) 표준주택가격의 산정은 공부상의 용도에도 불구하고 공시기준일 현재의 실제용도를 기준으로 산정하되, 일시적인 이용상황은 고려하지 아니한다.

사법상 제한	제17조(나지상정 평가) 표준지의 평가에 있어서 그 토지에 건물이나 그 밖의 정착물이 있거나 지상권 등 토지의 사용·수익을 제한하는 사법상의 권리가 설정되어 있는 경우에는 그 정착물 등이 없는 토지의 나지상태를 상정하여 평가한다.	제6조(사법상 제한상태 배제 상정 산정) 표준주택가격의 산정에서 전세권 등 그 표준주택의 사용·수익을 제한하는 사법상의 권리가 설정되어 있는 경우에는 그 사법상의 권리가 설정되어 있지 아니한 상태를 상정하여 산정한다.
공법상 제한	제18조(공법상 제한상태 기준 평가) 표준지의 평가에 있어서 공법상 용도지역·지구·구역 등 일반적인 계획제한사항 뿐만 아니라 도시계획시설 결정 등 공익사업의 시행을 직접목적으로 하는 개별적인 계획제한사항이 있는 경우에는 그 공법상 제한을 받는 상태를 기준으로 평가한다.	제7조(공법상 제한상태 기준 산정) 표준주택가격의 산정은 국토계획법 등에 따른 제한이 있는 경우에는 제한받는 상태를 기준으로 산정한다.
개발이익 반영	제19조(개발이익 반영 평가) ① 표준지의 평가에 있어서 다음 각 호의 개발이익은 이를 반영하여 평가한다. 다만, 그 개발이익이 주위환경 등의 사정으로 보아 공시기준일 현재 현실화·구체화되지 아니하였다고 인정되는 경우에는 그러하지 아니하다.	
평가(산정) 방법	제21조(평가방식의 적용) ② 일반적으로 시장성이 있는 토지는 거래사례비교법으로 평가한다. 다만, 새로이 조성 또는 매립된 토지는 원가법으로 평가할 수 있으며, 상업용지 등 수익성이 있는 토지는 수익환원법으로 평가할 수 있다. ③ 시장성이 없거나 토지의 용도 등이 특수하여 거래사례 등을 구하기가 현저히 곤란한 토지는 원가법에 따라 평가한다. 다만, 그 토지가 수익성이 있는 경우에는 수익환원법으로 평가할 수 있다.	제10조(산정방식의 적용) ① 시장성이 있는 표준주택은 인근 유사단독주택의 거래가격 등을 고려하여 토지와 건물 일체의 가격으로 산정한다. ② 시장성이 없거나 주택의 용도 등이 특수하여 인근 유사단독주택의 거래가격을 고려하는 것이 곤란한 주택은 유사 단독주택의 건설에 필요한 비용 추정액 또는 임대료 등을 고려하여 가격을 산정한다.

② 보상 감정평가

◆ 보상 감정평가의 개요 | 공익사업을 위한 토지 등의 취득 및 보상에 관한 법률

구분	내용	근거법령
의뢰인	국가 등 공공기관	제2조(정의) 이 법에서 사용하는 용어의 뜻은 다음과 같다. 3. "사업시행자"란 공익사업을 수행하는 자를 말한다. 제61조(사업시행자 보상) 공익사업에 필요한 토지등의 취득 또는 사용으로 인하여 토지소유자나 관계인이 입은 손실은 사업시행자가 보상하여야 한다.
대상물건	공익사업에 필요한 토지 등	제3조(적용 대상) 사업시행자가 다음 각 호에 해당하는 토지·물건 및 권리를 취득하거나 사용하는 경우에는 이 법을 적용한다. 1. 토지 및 이에 관한 소유권 외의 권리 2. 토지와 함께 공익사업을 위하여 필요한 입목, 건물, 그 밖에 토지에 정착된 물건 및 이에 관한 소유권 외의 권리 3. 광업권·어업권·양식업권 또는 물의 사용에 관한 권리 4. 토지에 속한 흙·돌·모래 또는 자갈에 관한 권리
기준시점	협의 성립일(재결 기준일)	제67조(보상액의 가격시점 등) ① 보상액의 산정은 협의에 의한 경우에는 협의 성립 당시의 가격을, 재결에 의한 경우에는 수용 또는 사용의 재결 당시의 가격을 기준으로 한다.
기준가치	적정가격	제70조(취득하는 토지의 보상) ① 협의나 재결에 의하여 취득하는 토지에 대하여는 「부동산 가격공시에 관한 법률」에 따른 공시지가를 기준으로 하여 보상하되, 그 공시기준일부터 가격시점까지의 관계 법령에 따른 그 토지의 이용계획, 해당 공익사업으로 인한 지가의 영향을 받지 아니하는 지역의 대통령령으로 정하는 지가변동률, 생산자물가상승률과 그 밖에 그 토지의 위치·형상·환경·이용상황 등을 고려하여 평가한 적정가격으로 보상하여야 한다.
평가방법	조건부평가 : 개발이익 배제 공시지가기준법	제67조(보상액의 가격시점 등) ② 보상액을 산정할 경우에 해당 공익사업으로 인하여 토지 등의 가격이 변동되었을 때에는 이를 고려하지 아니한다.
평가목적	재산권 보호 공익사업의 효율적 시행 공공복리의 증진	제1조(목적) 이 법은 공익사업에 필요한 토지 등을 협의 또는 수용에 의하여 취득하거나 사용함에 따른 손실의 보상에 관한 사항을 규정함으로써 공익사업의 효율적인 수행을 통하여 공공복리의 증진과 재산권의 적정한 보호를 도모하는 것을 목적으로 한다.

<h2 align="center">감정평가 실무기준 : 토지 보상평가의 기준 및 방법</h2>

5.1 객관적 기준 감정평가
토지 보상평가는 기준시점에서의 일반적인 이용방법에 따른 객관적 상황을 기준으로 감정평가하며, 토지소유자가 갖는 주관적 가치나 특별한 용도에 사용할 것을 전제로 한 것은 고려하지 아니한다.

5.2 현실적인 이용상황 기준 감정평가
토지 보상평가는 기준시점에서의 현실적인 이용상황을 기준으로 한다. 다만, 관련법령 및 이 기준에서 달리 규정하는 경우는 그러하지 아니하다.

5.3 개별 감정평가
① 토지 보상평가를 할 때에는 대상토지 및 소유권외의 권리마다 개별로 하는 것을 원칙으로 한다. 다만, 개별로 보상액을 산정할 수 없는 등 특별한 사정이 있는 경우에는 소유권외의 권리를 대상토지에 포함하여 감정평가할 수 있다.

5.4 건축물 등이 없는 상태 상정 감정평가
토지 보상평가는 건축물 등이 없는 상태를 상정하여 감정평가한다. 다만, 건축물 등이 토지와 함께 거래되는 사례나 관행이 있어 그 건축물 등과 토지를 일괄하여 감정평가하는 경우에는 그러하지 아니하다.

5.5 해당 공익사업으로 인한 가격의 변동 배제 감정평가
① 토지 보상평가는 다음 각 호의 사항으로 인한 가치의 증감분을 배제한 가액으로 감정평가한다.
  1. 해당 공익사업의 계획 또는 시행이 공고 또는 고시된 것에 따른 가치의 증감분
  2. 해당 공익사업의 시행에 따른 절차로서 행한 토지이용계획의 설정·변경·해제 등에 따른 가치의 증감분
  3. 그 밖에 해당 공익사업의 착수에서 준공까지 그 시행에 따른 가치의 증감분

5.7 기준시점의 결정
토지 보상평가의 기준시점은 협의에 의한 경우에는 협의성립 당시를, 재결에 의한 경우에는 수용재결 당시를 기준으로 한다.

③ 택지비 감정평가

◆ **택지비 감정평가의 개요 | 주택법, 공동주택 분양가격의 산정 등에 관한 규칙**

구분	내용	근거법령
의뢰인	시·군·구청장	제10조(공공택지 외의 택지의 감정평가 절차) ① 사업주체는 공공택지 외의 택지에서 주택건설 사업계획승인을 신청한 후 입주자모집승인 신청일 이전에 시장·군수 또는 구청장에게 택지가격의 감정평가를 신청하여야 한다. 이 경우 감정평가에 필요한 자료를 제출하여야 한다.
대상물건	공동주택 공급 예정 부지(토지)	② 시장·군수 또는 구청장은 「부동산 가격공시에 관한 법률」 제3조 제5항 및 같은 법 시행령 제7조 제5항에 따라 국토교통부장관이 고시하는 기준을 충족하는 감정평가법인등 2인에게 택지가격의 감정평가를 의뢰하여야 한다.
기준시점	감정평가를 의뢰한 날	제10조(공공택지 외의 택지의 감정평가 절차) ③ 제2항에 따라 감정평가를 의뢰받은 감정평가기관은 공공택지 외의 택지에 대하여 사업주체가 제1항에 따라 택지가격의 감정평가를 신청한 날을 기준으로 평가하여야 한다.
기준가치	−	
평가방법	조건부평가 : 택지조성 완료 공시지가기준법	제11조(공공택지 외의 택지의 감정평가기준 등) ① 제10조에 따른 감정평가는 「부동산 가격공시에 관한 법률」에 따른 공시지가로서 신청일 당시 해당 토지의 공시된 공시지가 중 신청일에 가장 가까운 시점에 공시된 공시지가를 기준으로 하여 평가한다. ② 택지조성이 완료되지 아니한 소지상태인 토지는 택지조성이 완료된 상태를 상정하고, 이용상황은 대지를 기준으로 하여 평가하여야 한다.
평가목적	상한분양가의 택지비 결정 주택가격 안정 주거 기본권 확보	제1조(목적) 이 법은 쾌적하고 살기 좋은 주거환경 조성에 필요한 주택의 건설·공급 및 주택시장의 관리 등에 관한 사항을 정함으로써 국민의 주거안정과 주거수준의 향상에 이바지함을 목적으로 한다. 제57조(주택의 분양가격 제한 등) ① 사업주체가 제54조에 따라 일반인에게 공급하는 공동주택 중 다음 각 호의 어느 하나에 해당하는 지역에서 공급하는 주택의 경우에는 이 조에서 정하는 기준에 따라 산정되는 분양가격 이하로 공급하여야 한다.

④ 도시정비 감정평가

◆ **무상양수도 감정평가의 개요 | 도시 및 주거환경정비법**

구분	근거법령	근거법령
의뢰인	사업시행자	**제50조(사업시행계획인가)** ① 사업시행자는 정비사업을 시행하려는 경우에는 제52조에 따른 사업시행계획서에 정관등과 그 밖에 국토교통부령으로 정하는 서류를 첨부하여 시장·군수 등에게 제출하고 사업시행계획인가를 받아야 한다.
대상물건	정비사업으로 용도 폐지되는 공공 소유의 정비기반시설	**제2조(정의)** 4. "정비기반시설"이란 도로·상하수도·공원·공용주차장·공동구, 그 밖에 주민의 생활에 필요한 열·가스 등의 공급시설로서 대통령령으로 정하는 시설을 말한다.
기준시점	사업시행계획인가 고시일(예정)	**시행규칙 제10조(사업시행계획인가의 신청 및 고시)** 1. 사업시행계획인가 : 다음 각 목의 사항 　가. 정비사업의 종류 및 명칭 　나. 정비구역의 위치 및 면적 　마. 사업시행계획인가일 　아. 주택의 규모 등 주택건설계획 　자. 법 제97조에 따른 정비기반시설 및 토지 등의 귀속에 관한 사항
기준가치	–	
평가방법	–	
평가목적	양수도 가액의 정산	**제97조(정비기반시설 및 토지 등의 귀속)** ② 시장·군수 등 또는 토지주택공사 등이 아닌 사업시행자가 정비사업의 시행으로 새로 설치한 정비기반시설은 그 시설을 관리할 국가 또는 지방자치단체에 무상으로 귀속되고, 정비사업의 시행으로 용도가 폐지되는 국가 또는 지방자치단체 소유의 정비기반시설은 사업시행자가 새로 설치한 정비기반시설의 설치비용에 상당하는 범위에서 그에게 무상으로 양도된다.

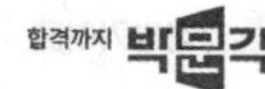

◆ 국공유처분 감정평가의 개요 | 도시 및 주거환경정비법

구분	근거법령	근거법령
의뢰인	사업시행자	제50조(사업시행계획인가) ① 사업시행자는 정비사업을 시행하려는 경우에는 제52조에 따른 사업시행계획서에 정관등과 그 밖에 국토교통부령으로 정하는 서류를 첨부하여 시장·군수 등에게 제출하고 사업시행계획인가를 받아야 한다.
대상물건	정비사업을 목적으로 사업시행자에게 매각하는 국·공유지	제98조(국유·공유재산의 처분 등) ③ 정비구역의 국유·공유재산은 정비사업 외의 목적으로 매각되거나 양도될 수 없다. ④ 정비구역의 국유·공유재산은 사업시행자 또는 점유자 및 사용자에게 다른 사람에 우선하여 수의계약으로 매각 또는 임대될 수 있다.
기준시점	사업시행계획인가 고시일	제98조(국유·공유재산의 처분 등) ⑥ 제4항에 따라 정비사업을 목적으로 우선하여 매각하는 국·공유지는 사업시행계획인가의 고시가 있은 날을 기준으로 평가한다.
기준가치	–	
평가방법	조건부평가 : "대"를 기준	「감정평가 실무기준」 국·공유재산의 처분을 위한 감정평가 국·공유재산의 처분을 위한 감정평가는 사업시행인가고시가 있은 날의 현황을 기준으로 감정평가하되, 다음 각 호의 어느 하나에 해당하는 경우에는 그에 따를 수 있다. 1. 재개발사업등의 사업구역 안에 있는 국·공유지를 사업시행자에게 매각하는 경우로서 도로 등의 지목을 "대"로 변경하여 감정평가를 의뢰한 경우에는 "대"를 기준으로 그 국·공유지의 위치·형상·환경 등 토지의 객관적 가치 형성에 영향을 미치는 개별적인 요인을 고려한 가액으로 감정평가한다.
평가목적	적정 매각가치 결정	제98조(국유·공유재산의 처분 등) ④ 정비구역의 국유·공유재산은 사업시행자 또는 점유자 및 사용자에게 다른 사람에 우선하여 수의계약으로 매각 또는 임대될 수 있다.

◆ 종전자산 감정평가의 개요 | 도시 및 주거환경정비법 등

구분	근거법령	근거법령
의뢰인	사업시행자	**제74조(관리처분계획의 인가 등)** ① 사업시행자는 제72조에 따른 분양신청기간이 종료된 때에는 분양신청의 현황을 기초로 다음 각 호의 사항이 포함된 관리처분계획을 수립하여 시장·군수등의 인가를 받아야 하며, 관리처분계획을 변경·중지 또는 폐지하려는 경우에도 또한 같다.
대상물건	분양대상자별 종전자산	1. 분양설계 2. 분양대상자의 주소 및 성명
기준시점	사업시행계획인가고 시일	5. 분양대상자별 종전의 토지 또는 건축물 명세 및 사업시행계획인가 고시가 있은 날을 기준으로 한 가격 6. 정비사업비의 추산액 및 그에 따른 조합원 분담규모 및 분담시기
기준가치	–	
평가방법	조건부평가 : 정비사업으로 인한 공법상 제한 배제	**「감정평가 실무기준」 종전자산의 감정평가** ① 종전자산의 감정평가는 사업시행인가고시가 있은 날의 현황을 기준으로 감정평가하되, 다음 각 호의 사항을 준수하여야 한다. 1. 종전자산의 감정평가는 조합원별 조합출자 자산의 상대적 가치비율 산정의 기준이 되므로 대상물건의 유형·위치·규모 등에 따라 감정평가액의 균형이 유지되도록 하여야 한다.
평가목적	조합원 출자자산의 상대적 가치비율 산정	2. 해당 정비구역의 지정에 따른 공법상 제한을 받지 아니한 상태를 기준으로 감정평가한다. 3. 해당 정비사업의 시행을 직접 목적으로 하여 용도지역이나 용도지구 등의 토지이용계획이 변경된 경우에는 변경되기 전의 용도지역이나 용도지구 등을 기준으로 감정평가한다.

◆ 종후자산 감정평가의 개요 | 도시 및 주거환경정비법 등

구분	근거법령	근거법령
의뢰인	사업시행자	**제74조(관리처분계획의 인가 등)** ① 사업시행자는 제72조에 따른 분양신청기간이 종료된 때에는 분양신청의 현황을 기초로 다음 각 호의 사항이 포함된 관리처분계획을 수립하여 시장·군수등의 인가를 받아야 하며, 관리처분계획을 변경·중지 또는 폐지하려는 경우에도 또한 같다. 1. 분양설계 2. 분양대상자의 주소 및 성명 3. 분양대상자별 분양예정인 대지 또는 건축물의 추산액 6. 정비사업비의 추산액 및 그에 따른 조합원 분담규모 및 분담시기
대상물건	분양예정자산	
기준시점	분양신청기간 만료일	
기준가치	–	
평가방법	조건부평가	**「감정평가 실무기준」 종후자산의 감정평가** ① 종후자산의 감정평가는 분양신청기간 만료일이나 의뢰인이 제시하는 날을 기준으로 하며, 대상물건의 유형·위치·규모 등에 따라 감정평가액의 균형이 유지되도록 하여야 한다. ② 종후자산은 인근지역이나 동일수급권 안의 유사지역에 있는 유사물건의 분양사례·거래사례·평가선례 및 수요성, 총 사업비 원가 등을 고려하여 감정평가한다.
평가목적	관리처분계획의 수립	

◆ 손실보상 감정평가의 개요 | 도시 및 주거환경정비법 등

구분	근거법령	근거법령
의뢰인	사업시행자	제74조(관리처분계획의 인가 등) ① 사업시행자는 제72조에 따른 분양신청기간이 종료된 때에는 분양신청의 현황을 기초로 다음 각 호의 사항이 포함된 관리처분계획을 수립하여 시장·군수등의 인가를 받아야 하며, 관리처분계획을 변경·중지 또는 폐지하려는 경우에도 또한 같다.
대상물건	세입자 영업손실	1. 분양설계 2. 분양대상자의 주소 및 성명 8. 세입자별 손실보상을 위한 권리명세 및 그 평가액
기준시점	협의 성립일	제65조(토지보상법의 준용) ① 정비구역에서 정비사업의 시행을 위한 토지 또는 건축물의 소유권과 그 밖의 권리에 대한 수용 또는 사용은 이 법에 규정된 사항을 제외하고는 「공익사업을 위한 토지 등의 취득 및 보상에 관한 법률」을 준용한다.
기준가치	적정가격	
평가방법	보상평가 준용	
평가목적	재산권 보호 공익사업의 효율적 시행 및 공공복리의 증진	「감정평가 실무기준」 토지 등의 수용등에 따른 감정평가 도시정비사업구역 안 토지등의 수용 등에 따른 감정평가는 「공익사업을 위한 토지등의 취득 및 보상에 관한 법률」 및 [800 보상평가]에 따라 감정평가한다.

◆ 현금청산·매도청구 감정평가의 개요 | 도시 및 주거환경정비법 등

구분	근거법령	근거법령
의뢰인	사업시행자	제73조(분양신청을 하지 아니한 자 등에 대한 조치) ① 사업시행자는 관리처분계획이 인가·고시된 다음 날부터 90일 이내에 다음 각 호에서 정하는 자와 토지, 건축물 또는 그 밖의 권리의 손실보상에 관한 협의를 하여야 한다. 다만, 사업시행자는 분양신청기간 종료일의 다음 날부터 협의를 시작할 수 있다.
대상물건	조합설립 미동의자 분양신청을 하지 않은 조합원의 자산	1. 분양신청을 하지 아니한 자 2. 분양신청기간 종료 이전에 분양신청을 철회한 자 3. 제72조 제6항 본문에 따라 분양신청을 할 수 없는 자 4. 제74조에 따라 인가된 관리처분계획에 따라 분양대상에서 제외된 자 ② 사업시행자는 제1항에 따른 협의가 성립되지 아니하면 그 기간의 만료일 다음 날부터 60일 이내에 수용재결을 신청하거나 매도청구소송을 제기하여야 한다.

기준시점	협의 성립일 (법원 제시일)	제65조(토지보상법의 준용)
기준가치	적정가격 (시장가치)	① 정비구역에서 정비사업의 시행을 위한 토지 또는 건축물의 소유권과 그 밖의 권리에 대한 수용 또는 사용은 이 법에 규정된 사항을 제외하고는 「공익사업을 위한 토지 등의 취득 및 보상에 관한 법률」을 준용한다.
평가방법	보상평가 준용 (개발이익 반영)	「감정평가 실무기준」 토지 등의 수용등에 따른 감정평가 도시정비사업구역 안 토지등의 수용 등에 따른 감정평가는 「공익사업을 위한 토지등의 취득 및 보상에 관한 법률」 및 [800 보상평가]에 따라 감정평가한다.
평가목적	재산권 보호 공익사업의 효율적 시행 및 공공복리의 증진	「감정평가 실무기준」 매도청구에 따른 감정평가 재건축사업구역 안의 토지등에 대한 「도정법」 제39조의 매도청구에 따른 감정평가는 법원에서 제시하는 날을 기준으로 한다. 다만, 기준시점에 현실화·구체화되지 아니 한 개발이익이나 조합원의 비용부담을 전제로 한 개발이익은 배제하여 감정평가한다.

PART 04

⑤ 담보 감정평가

감정평가 실무기준 710 담보평가

① 담보평가란 담보를 제공받고 대출 등을 하는 은행·보험회사·신탁회사·일반기업체 등이 대출을 하거나 채무자가 대출을 받기 위하여 의뢰하는 담보물건(채무자로부터 담보로 제공받는 물건을 말한다)에 대한 감정평가를 말한다.
② 감정평가법인등이 담보평가를 수행할 때에는 감정평가관계법규에서 따로 정한 것을 제외하고는 [100 총칙]부터 [600 물건별 감정평가]까지의 규정을 적용한다.
③ 감정평가법인등은 담보평가의 의뢰와 수임, 절차와 방법, 감정평가서 기재사항 등에 관한 세부사항을 금융기관등과의 협약을 통하여 따로 정할 수 있다. 다만, 이 경우에도 관계법규 및 이 기준에 어긋나서는 아니 된다.

감정평가 실무매뉴얼 : 담보평가

1) 관계법규와 협약서를 준수하여 업무에 임할 것
　　① 감정평가업자는 감정평가관계법규에서 규정한 제반 의무 및 윤리규정을 준수해야 한다.
　　② 감정평가업자는 의뢰인과 체결한 협약서를 확인하고 그에 따라 업무를 처리한다.

---

2) 공정하게 업무에 임할 것

① 감정평가업자는 공정하고 성실하게 감정평가를 함으로써 의뢰인이 올바르고 정확하게 업무를 처리할 수 있도록 한다.

② 감정평가업자는 의뢰인이 금융기관인 경우 담보평가의 의뢰는 영업점이 하지만 감정평가 업무협약의 체결이나 담보평가 관련 정책·제도의 집행은 본점의 소관부서에서 담당한다는 점을 이해해야 한다.

③ 따라서 영업점인 의뢰인이 윤리규정이나 협약서에 위배되는 업무수임을 요구하는 경우에는 의뢰인에게 담보평가를 의뢰하기 전에 먼저 윤리규정이나 협약서를 확인하거나 본점 소관부서의 승인을 받을 것을 안내할 수 있다.

3) 관계법규에 따라 담보제공이 금지되거나 제한되는 물건에 유의

대상물건이 관계법규에 따라 담보제공이 금지되거나 제한되는 물건인지 여부는 의뢰인이 확인하여 판단하는 것이 원칙이다. 다만, 감정평가업자가 대상물건이 다음에 예시한 관계법규에 따라 담보제공이 금지되거나 제한되는 물건에 해당한다고 인지한 경우에는 의뢰인과 협의한 후 감정평가 진행 여부를 결정할 수 있다.

4) 현황기준 원칙

① 감정평가업자는 「감정평가 실무기준」 [400-2.2]를 준수하되, 다음 각 호의 경우에는 감정평가를 중지하고 의뢰인에게 그 내용을 알린 후 의뢰인과 협의하여 업무를 진행할 것을 권장한다.

　1. 대상물건이 불법적인 이용으로서 합법적인 이용으로 전환하기가 사실상 곤란한 경우

　2. 합법적인 이용으로 전환하기 위한 비용을 고려하기 곤란하거나 대상물건의 감정평가액에 비해 비교적 과다한 경우

② 감정평가업자는 불법적이거나 일시적으로 이용 중인 담보물을 현실의 이용 상황에 따라 감정평가하지 않도록 유의한다.

5) 개별물건 기준 원칙

① 감정평가업자는 「감정평가 실무기준」 [400-2.3]을 준수하되, 일괄감정평가를 할 때에는 다음 각 호의 사항을 참고한다.

　1. '용도상 불가분의 관계'가 있는 경우란 일단의 토지로 이용되고 있는 상황이 사회적·경제적·행정적 측면에서 합리적이고 당해 토지의 가치형성 측면에서도 타당하다고 인정되는 관계에 있는 경우를 말한다.

　2. 개발사업시행예정지는 기준시점 현재 관계법규에 의한 개발행위허가, 사업계획의 승인, 그 밖에 각종 인허가 등의 절차가 진행된 이후 전용부담금납부, 성·절토 및 기반시설 구축과 같은 형질변경 행위 등을 통해 하나의 부지로

이용되는 것이 객관적으로 인정되는 경우에 일괄감정평가를 할 수 있다.

3. 2필지 이상의 토지에 하나의 건축물이 건립되어 있거나 건축 중에 있는 토지, 기준시점 현재 건축물 등이 없으나 건축허가 등을 받고 공사를 착수한 때에는 토지소유자가 다른 경우에도 일괄감정평가를 할 수 있다.

4. 2필지 이상의 일단의 토지가 조경수목재배지, 조경자재제조장, 골재야적장, 간이창고, 간이체육시설용지(테니스장, 골프연습장, 야구연습장 등) 등으로 이용되고 있는 경우로서 주위환경 등의 사정으로 보아 현재의 이용이 일시적인 이용상황으로 인정되는 경우에는 원칙적으로 일괄감정평가를 하지 않는다.

② 하나의 물건 중 일부분에 대해서만 담보평가가 의뢰된 경우에는 의뢰인 또는 의뢰인이 속한 본점 소관부서에 감정평가를 의뢰한 목적을 확인한 후에 그 목적의 합리성과 합법성을 검토하여 적절하다고 판단되는 경우에만 감정평가를 진행할 것을 권장한다.

⑥ 경매 감정평가

감정평가 실무기준 720 경매평가

① 경매평가란 해당 집행법원(경매사건의 관할 법원을 말한다)이 경매의 대상이 되는 물건의 경매에서 최저매각가격(물건의 매각을 허가하는 최저가격을 말한다)을 결정하기 위해 의뢰하는 감정평가를 말한다.

② 감정평가법인등이 경매평가를 수행할 때에는 감정평가관계법규에서 따로 정한 것을 제외하고는 [100 총칙]부터 [600 물건별 감정평가]까지의 규정을 적용한다.

⑦ 재무보고 감정평가

감정평가 실무기준 740 재무보고평가

1. 적용 및 정의

① 「주식회사의 외부감사에 관한 법률」 제13조 제3항의 회계처리기준에 따른 재무보고를 목적으로 하는 공정가치의 추정을 위한 감정평가를 수행할 때에는 감정평가관계법규 및 한국채택국제회계기준(K-IFRS)에서 따로 정한 것을 제외하고는 이 절에서 정하는 바에 따르고, 이 절에서 정하지 않은 사항은 [100 총칙]부터 [600 물건별 감정평가]까지의 규정을 준용한다.

② 이 절은 국가·지방자치단체·공공기관의 자산과 시설에 대한 재평가 및 회계업무 등과 관련된 감정평가를 할 때에 준용한다.

2. 재무보고평가의 대상 및 확인사항

① 재무보고평가의 대상은 회사·국가·지방자치단체·공공기관의 재무제표에 계상되는 유형자산·무형자산·유가증권 등의 자산 및 관련 부채와 재평가를 위한 시설 등의 자산으로서 의뢰인이 감정평가를 요청한 물건으로 한다.

② 재무보고평가를 할 때에는 다음 각 호의 사항을 의뢰인과 협의하여 명확히 확인하여야 한다.

  1. 의뢰인의 재무제표상의 자산분류 기준과 감정평가서에 표시될 감정평가 목록 분류의 기준의 일치 여부

  2. 대상 자산에 대한 담보설정 등 소유권에 대한 제한사항의 내용

3. 기준가치

① 재무보고평가는 공정가치를 기준으로 감정평가한다.

② 제1항의 공정가치는 한국채택국제회계기준에 따라 자산 및 부채의 가치를 추정하기 위한 기본적 가치기준으로서 합리적인 판단력과 거래의사가 있는 독립된 당사자 사이의 거래에서 자산이 교환되거나 부채가 결제될 수 있는 금액을 말한다.

(2) 감정평가 업무의 범위

「감정평가 및 감정평가사에 관한 법률」 제5조(감정평가의 의뢰), 제10조(감정평가법인 등의 업무)는 감정평가 업무의 범위를 법으로 규정하고 있으며, 동법 제49조에서는 감정평가법인등이 아닌 자로서 감정평가업을 한 자에 대하여 3년 이하의 징역 또는 3천만 원 이하의 벌금을 규정하고 있다.

그러나 기술 발전과 산업 구조의 변화에 따라, 법률에서 정한 업무 범위가 다른 직역과 중복되거나 충돌하는 경우도 발생하고 있다. 공인회계사, 공인중개사 등 국가자격자가 감정평가사의 고유 업무와 유사한 업무를 수행하여 문제가 되거나, 민간자격자가 감정평가사와 유사한 명칭을 사용하여 문제가 되는 경우가 있다.

감정평가 업무 범위와 관련된 사회적 갈등의 사례로 ① 재무보고 목적의 부동산 감정평가(공인회계사), ② 지식재산권 감정평가(변리사), ③ 자동가치산정모형(프롭테크 기업), ④ 담보 목적 감정평가(금융기관) 등이 있다.

감정평가 및 감정평가사에 관한 법률

제5조(감정평가의 의뢰)

① 국가, 지방자치단체, 「공공기관의 운영에 관한 법률」에 따른 공공기관 또는 그 밖에 대통령령으로 정하는 공공단체가 토지등의 관리·매입·매각·경매·재평가 등을 위하여 토지등을 감정평가하려는 경우에는 감정평가법인등에 의뢰하여야 한다.

---

② 금융기관·보험회사·신탁회사 또는 그 밖에 대통령령으로 정하는 기관이 대출, 자산의 매입·매각·관리 또는 「주식회사 등의 외부감사에 관한 법률」에 따른 재무제표 작성을 포함한 기업의 재무제표 작성 등과 관련하여 토지등의 감정평가를 하려는 경우에는 감정평가법인등에 의뢰하여야 한다.

제10조(감정평가법인등의 업무)

감정평가법인등은 다음 각 호의 업무를 행한다.

1. 「부동산 가격공시에 관한 법률」에 따라 감정평가법인등이 수행하는 업무
2. 「부동산 가격공시에 관한 법률」 제8조 제2호에 따른 목적을 위한 토지등의 감정평가
3. 「자산재평가법」에 따른 토지등의 감정평가
4. 법원에 계속 중인 소송 또는 경매를 위한 토지등의 감정평가
5. 금융기관·보험회사·신탁회사 등 타인의 의뢰에 따른 토지등의 감정평가
6. 감정평가와 관련된 상담 및 자문
7. 토지등의 이용 및 개발 등에 대한 조언이나 정보 등의 제공
8. 다른 법령에 따라 감정평가법인등이 할 수 있는 토지등의 감정평가
9. 제1호부터 제8호까지의 업무에 부수되는 업무

제49조(벌칙)

다음 각 호의 어느 하나에 해당하는 자는 3년 이하의 징역 또는 3천만원 이하의 벌금에 처한다.

2. 감정평가법인등이 아닌 자로서 감정평가업을 한 자

참고 판례 | 공인회계사가 토지에 대한 감정평가를 할 수 있는지

대법원 2015.11.27, 2014도191
부동산 가격공시 및 감정평가에 관한 법률 위반

【판시사항】
- 공인회계사법 제2조에서 정한 '회계에 관한 감정'의 의미
- 타인의 의뢰를 받아 '부동산 가격공시 및 감정평가에 관한 법률'이 정한 토지에 대한 감정평가를 행하는 것이 공인회계사의 직무범위에 포함되는지 여부(소극)
- 감정평가업자가 아닌 공인회계사가 타인의 의뢰에 의하여 일정한 보수를 받고 '부동산 가격공시 및 감정평가에 관한 법률'이 정한 토지에 대한 감정평가를 업으로 행하는 것이 같은 법 제43조 제2호에 의하여 처벌되는 행위인지 여부(적극)

【관련법령】 공인회계사법 제2조(직무범위)
공인회계사는 타인의 위촉에 의하여 다음 각 호의 직무를 행한다.
1. 회계에 관한 감사·감정·증명·계산·정리·입안 또는 법인설립등에 관한 회계
2. 세무대리

3. 제1호 및 제2호에 부대되는 업무

【판결요지】
공인회계사법의 입법 취지와 목적, 회계정보의 정확성과 적정성을 담보하기 위하여 공인회계사의 직무범위를 정하고 있는 공인회계사법 제2조의 취지와 내용 등에 비추어 볼 때, 위 규정이 정한 '회계에 관한 감정'이란 기업이 작성한 재무상태표, 손익계산서 등 회계서류에 대한 전문적 회계지식과 경험에 기초한 분석과 판단을 보고하는 업무를 의미하고, 여기에는 기업의 경제활동을 측정하여 기록한 회계서류가 회계처리기준에 따라 정확하고 적정하게 작성되었는지에 대한 판정뿐만 아니라 자산의 장부가액이 신뢰할 수 있는 자료에 근거한 것인지에 대한 의견제시 등도 포함된다. 그러나 타인의 의뢰를 받아 부동산 가격공시 및 감정평가에 관한 법률(이하 '부동산공시법'이라 한다)이 정한 토지에 대한 감정평가를 행하는 것은 회계서류에 대한 전문적 지식이나 경험과는 관계가 없어 '회계에 관한 감정' 또는 '그에 부대되는 업무'에 해당한다고 볼 수 없고, 그 밖에 공인회계사가 행하는 다른 직무의 범위에 포함된다고 볼 수도 없다. 따라서 감정평가업자가 아닌 공인회계사가 타인의 의뢰에 의하여 일정한 보수를 받고 부동산공시법이 정한 토지에 대한 감정평가를 업으로 행하는 것은 부동산공시법 제43조 제2호에 의하여 처벌되는 행위에 해당하고, 특별한 사정이 없는 한 형법 제20조가 정한 '법령에 의한 행위'로서 정당행위에 해당한다고 볼 수는 없다.

(3) 감정평가 업무의 확대

감정평가 업무는 경제사회의 변화에 따라 감정평가 대상물건이 확대되거나 또는 평가방법이 변화할 수 있다.

① 동산·채권 등의 담보평가(2010년)

2010년 「동산·채권 등의 담보에 관한 법률」이 제정되어 동산·채권·지식재산권에 대한 담보권의 등기 또는 등록이 가능해졌다. 기존 「민법」에서는 동산·채권의 공시방법이 불완전하고, 지식재산권은 별도의 질권 설정이 필요하여 담보 이용에 한계가 있었다. 이 법은 동산·채권·지식재산권에 대한 등기·등록제도를 통해 거래의 안전을 도모하면서 담보제공 및 자금조달을 활성화하고자 하는 취지로 제정되었다. 이 법의 시행에 따라 담보 목적 감정평가의 대상물건에 부동산 외에 동산, 채권, 지식재산권이 새로이 추가되었다. 따라서 감정평가 시 대상물건의 등기·등록 정보를 확인하고, 「감정평가에 관한 규칙」상 물건별 주된 감정평가방법을 적용하여야 한다.

동산·채권 등의 담보에 관한 법률

<u>제1조(목적)</u>
이 법은 동산·채권·지식재산권을 목적으로 하는 담보권과 그 등기 또는 등록에 관한 사항을 규정하여 자금조달을 원활하게 하고 거래의 안전을 도모하며 국민경제의 건전한 발전에 이바지함을 목적으로 한다.

<u>제2조(정의)</u>

이 법에서 사용하는 용어의 뜻은 다음과 같다.

1. "담보약정"은 양도담보 등 명목을 묻지 아니하고 이 법에 따라 동산·채권·지식재산권을 담보로 제공하기로 하는 약정을 말한다.
2. "동산담보권"은 담보약정에 따라 동산을 목적으로 등기한 담보권을 말한다.
3. "채권담보권"은 담보약정에 따라 금전의 지급을 목적으로 하는 지명채권을 목적으로 등기한 담보권을 말한다.
4. "지식재산권담보권"은 담보약정에 따라 특허권, 실용신안권, 디자인권, 상표권, 저작권, 반도체집적회로의 배치설계권 등 지식재산권을 목적으로 그 지식재산권을 규율하는 개별 법률에 따라 등록한 담보권을 말한다.

② 지적재조사에 따른 조정금 산정 감정평가(2012년)

2012년 「지적재조사법」이 제정되어 기존의 지적공부를 디지털 지적공부로 전환하면서 토지의 현황과 일치하지 않는 지적공부의 등록사항을 바로 잡아 국민의 재산권을 보호함과 동시에 국토의 관리체계를 효율화하고자 하였다.

이 법의 시행에 따라 표본지 및 조정금에 대한 감정평가가 시행되었다. 표본지는 지적재조사 이전에 임의적으로 실시하는 대표 필지를 말하며, 토지소유자에게 조정금 수준에 대한 정보를 전달하고 의견을 청취하기 위해 감정평가하고 있다. 조정금이란 지적재조사에 따른 경계 확정으로 면적이 증감된 경우 토지소유자에게 징수하거나 지급하는 토지증감분의 가액을 말하며, 토지 면적이 증감함에 따라 구분 및 부분 감정평가가 활용되고 있다.

지적재조사에 관한 특별법

<u>제1조(목적)</u>

이 법은 토지의 실제 현황과 일치하지 아니하는 지적공부의 등록사항을 바로 잡고 종이에 구현된 지적을 디지털 지적으로 전환함으로써 국토를 효율적으로 관리함과 아울러 국민의 재산권 보호에 기여함을 목적으로 한다.

<u>제20조(조정금의 산정)</u>

① 지적소관청은 제18조에 따른 경계 확정으로 지적공부상의 면적이 증감된 경우에는 필지별 면적 증감내역을 기준으로 조정금을 산정하여 징수하거나 지급한다. 이 경우 1인의 토지소유자가 다수 필지의 토지를 소유한 경우에는 해당 토지소유자가 소유한 토지의 필지별 조정금 증감내역을 합산하여 징수하거나 지급한다.

> ③ 조정금은 제18조에 따라 경계가 확정된 시점을 기준으로 감정평가법인등 2인 (토지소유자협의회가 추천한 감정평가법인등이 있는 경우에는 해당 감정평가법인등 1인을 포함한다. 다만, 추천이 없는 경우에는 지적소관청이 추천한다) 이 평가한 감정평가액을 산술 평균하여 산정한다.

③ 권리금의 감정평가(2015년)

2015년 「상가건물 임대차보호법」의 개정으로 권리금의 정의 및 회수기회 보호 조항이 추가되었다. 임차인이 투자한 비용이나 영업활동의 결과로 형성된 지명도나 신용 등 경제적 이익이 임대인의 계약해지 및 갱신거절에 의해 침해되지 않도록, 임차인에게는 권리금 회수기회를 보장하고 임대인에게는 정당한 사유 없이 임대차계약의 체결을 방해할 수 없도록 방해금지의무를 부과하였으며, 권리금에 대한 법적 근거를 마련하였다.

이 법의 시행에 따라 감정평가의 대상물건에 권리금이 새로이 추가되었으며, 후속조치로 감정평가에 관한 기준이 마련되었다.

상가건물 임대차보호법

제10조의3(권리금의 정의 등)

① 권리금이란 임대차 목적물인 상가건물에서 영업을 하는 자 또는 영업을 하려는 자가 영업시설·비품, 거래처, 신용, 영업상의 노하우, 상가건물의 위치에 따른 영업상의 이점 등 유형·무형의 재산적 가치의 양도 또는 이용대가로서 임대인, 임차인에게 보증금과 차임 이외에 지급하는 금전 등의 대가를 말한다.

제10조의4(권리금 회수기회 보호 등)

① 임대인은 임대차기간이 끝나기 6개월 전부터 임대차 종료 시까지 다음 각 호의 어느 하나에 해당하는 행위를 함으로써 권리금 계약에 따라 임차인이 주선한 신규임차인이 되려는 자로부터 권리금을 지급받는 것을 방해하여서는 아니 된다.

1. 임차인이 주선한 신규임차인이 되려는 자에게 권리금을 요구하거나 임차인이 주선한 신규임차인이 되려는 자로부터 권리금을 수수하는 행위

2. 임차인이 주선한 신규임차인이 되려는 자로 하여금 임차인에게 권리금을 지급하지 못하게 하는 행위

③ 임대인이 제1항을 위반하여 임차인에게 손해를 발생하게 한 때에는 그 손해를 배상할 책임이 있다. 이 경우 그 손해배상액은 신규임차인이 임차인에게 지급하기로 한 권리금과 임대차 종료 당시의 권리금 중 낮은 금액을 넘지 못한다.

> <u>「상가건물 임대차보호법」 제10조의7(권리금 평가기준의 고시)</u>
> 국토교통부장관은 권리금에 대한 감정평가의 절차와 방법 등에 관한 기준을 고시
> 할 수 있다.
>
> <u>「감정평가 실무기준」 권리금의 정의</u>
> 권리금이란 임대차 목적물인 상가건물에서 영업을 하는 자 또는 영업을 하려는
> 자가 영업시설·비품, 거래처, 신용, 영업상의 노하우, 상가건물의 위치에 따른
> 영업상의 이점 등 유형·무형의 재산적 가치의 양도 또는 이용대가로서 임대인,
> 임차인에게 보증금과 차임 이외에 지급하는 금전 등의 대가를 말한다.
>
> <u>「감정평가 실무기준」 권리금의 감정평가방법</u>
> ① 권리금을 감정평가할 때에는 유형·무형의 재산마다 개별로 감정평가하는 것
>   을 원칙으로 한다. 유형재산을 감정평가할 때에는 원가법을 적용하여야 한다.
>   무형재산을 감정평가할 때에는 수익환원법을 적용하여야 한다.
> ② 제1항에도 불구하고 권리금을 개별로 감정평가하는 것이 곤란하거나 적절하
>   지 아니한 경우에는 일괄하여 감정평가할 수 있다. 유형재산과 무형재산을 일
>   괄하여 감정평가할 때에는 수익환원법을 적용하여야 한다. 이 경우 감정평가
>   액은 합리적인 배분기준에 따라 유형재산가액과 무형재산가액으로 구분하여
>   표시할 수 있다.

④ 비주거용 부동산 감정평가(2016년)

2016년 「부동산 가격공시에 관한 법률」의 개정으로 비주거용 부동산의 정의 및 조사·산정에 관한 조항이 추가되었다. 기존 법령에서는 부동산 가격공시의 유형을 토지와 주거용 부동산에 국한하였으나, 비주거용 부동산이 새로이 추가되었으며, 주거용 부동산과 동일하게 일괄감정평가를 규정하였다.

비록 임의조항으로서 제도가 시행되고 있지 않으나, 제도의 시행에 따라 비주거용 부동산에 대해서도 ① 일체 거래관행을 반영한 일괄감정평가의 적용, ② 수익성 등 비주거용 부동산의 특성을 고려한 수익방식의 적용이 이루어진다면, ③ 주거용 부동산과의 과세형평성이 확보될 것으로 예상된다.

> ### 부동산 가격공시에 관한 법률
>
> <u>제2조(정의)</u>
> 비주거용 부동산이란 주택을 제외한 건축물이나 건축물과 그 토지의 전부 또는 일부를 말하며 다음과 같이 구분한다.

가. 비주거용 집합부동산 : 「집합건물의 소유 및 관리에 관한 법률」에 따라 구분
  소유되는 비주거용 부동산

나. 비주거용 일반부동산 : 가목을 제외한 비주거용 부동산

제20조(비주거용 표준부동산 가격의 조사·산정 및 공시 등)

① 국토교통부장관은 용도지역, 이용상황, 건물구조 등이 일반적으로 유사하다고
  인정되는 일단의 비주거용 일반부동산 중에서 선정한 비주거용 표준부동산에
  대하여 매년 공시기준일 현재의 적정가격을 조사·산정하고, 제24조에 따른
  중앙부동산 가격공시위원회의 심의를 거쳐 이를 공시할 수 있다.

④ 국토교통부장관은 제1항에 따라 비주거용 표준부동산가격을 조사·산정하려
  는 경우 감정평가법인등 또는 대통령령으로 정하는 부동산 가격의 조사·산
  정에 관한 전문성이 있는 자에게 의뢰한다.

⑤ 국토교통부장관이 비주거용 표준부동산가격을 조사·산정하는 경우에는 인근
  유사 비주거용 일반부동산의 거래가격·임대료 및 해당 비주거용 일반부동산
  과 유사한 이용가치를 지닌다고 인정되는 비주거용 일반부동산의 건설에 필요
  한 비용추정액 등을 종합적으로 참작하여야 한다.

제21조(비주거용 개별부동산 가격의 결정·공시 등)

① 시장·군수 또는 구청장은 제25조에 따른 시·군·구부동산 가격공시위원회
  의 심의를 거쳐 매년 비주거용 표준부동산 가격의 공시기준일 현재 관할 구역
  안의 비주거용 개별부동산의 가격을 결정·공시할 수 있다.

제22조(비주거용 집합부동산 가격의 조사·산정 및 공시 등)

① 국토교통부장관은 비주거용 집합부동산에 대하여 매년 공시기준일 현재의 적
  정가격을 조사·산정하여 제24조에 따른 중앙부동산 가격공시위원회의 심의
  를 거쳐 공시할 수 있다.

⑥ 국토교통부장관이 제1항에 따라 비주거용 집합부동산가격을 조사·산정하는
  경우에는 인근 유사 비주거용 집합부동산의 거래가격·임대료 및 해당 비주거
  용 집합부동산과 유사한 이용가치를 지닌다고 인정되는 비주거용 집합부동산
  의 건설에 필요한 비용추정액 등을 종합적으로 참작하여야 한다.

⑦ 국토교통부장관은 제1항에 따라 비주거용 집합부동산가격을 조사·산정할 때
  에는 부동산원 또는 대통령령으로 정하는 부동산 가격의 조사·산정에 관한
  전문성이 있는 자에게 의뢰한다.

제23조(비주거용 부동산가격공시의 효력)

① 제20조에 따른 비주거용 표준부동산가격은 국가·지방자치단체 등이 그 업무

와 관련하여 비주거용 개별부동산가격을 산정하는 경우에 그 기준이 된다.

② 제21조 및 제22조에 따른 비주거용 개별부동산가격 및 비주거용 집합부동산가격은 비주거용 부동산시장에 가격정보를 제공하고, 국가·지방자치단체 등이 과세 등의 업무와 관련하여 비주거용 부동산의 가격을 산정하는 경우에 그 기준으로 활용될 수 있다.

◆ **부동산 공시가격의 종류**

구분	토지		주거용			비주거용		
			복합	집합		복합		집합
명칭	표준지 공시지가	개별 공시지가	표준 주택가격	개별 주택가격	공동 주택가격	비주거용 표준부동산	비주거용 개별부동산	비주거용 집합부동산
결정 주체	국토부장관	시군구청장	국토부장관	시군구청장	국토부장관	국토부장관	시군구청장	국토부장관
수행 주체	감정평가 (조사평가)	시군구청장 (결정공시)	부동산원 (조사산정)	시군구청장 (결정공시)	부동산원 (조사산정)	감정평가 (조사 산정)	시군구청장 (결정공시)	부동산원 (조사산정)
적용 방법	3 방식	비준표	3 방식	비준표	3 방식	3 방식	비준표	3 방식
효력	가격정보 과세업무 개별산정 감정평가	가격정보 과세업무	가격정보 과세업무 개별산정	가격정보 과세업무		가격정보 과세업무 개별산정	가격정보 과세업무	

6 감정평가의 기능

<u>감정평가의 기능</u>이란 감정평가 업무의 사회·경제적 역할과 작용을 말하며, 크게 정책적 기능과 경제적 기능으로 구분할 수 있다. 개별 감정평가 업무는 의뢰인의 감정평가 목적에 따라 정책적 기능 또는 경제적 기능으로 분류할 수 있다.

(1) 정책적 기능

정책적 기능이란 감정평가 업무가 공평과세, 손실보상, 적정가격 형성 등 공적 영역의 행정과 정책에 기여하는 것을 말한다.

① <u>표준지평가</u>란 「부동산 가격공시에 관한 법률」에 따라 토지 등의 적정가격을 공시하기 위한 감정평가를 말한다. 표준지평가는 정기적으로 부동산의 적정가격을 공시하여 부동산 시장에 거래지표를 제공하고 적정한 가격이 형성되도록 함과 동시에 재산세 등 각종 조세·부담금 등의 기준(과세표준)으로 활용되어 과세행정에 기여하고 있다.

② <u>보상평가</u>란 「공익사업을 위한 토지 등의 취득 및 보상에 관한 법률」 등 법령에 따라 공익사업을 목적으로 취득하는 토지에 대한 손실보상을 위한 감정평가를 말한다. 보상평가는 공용수용 시 정당보상을 위한 적정한 보상액을 산정함으로써 국민의 재산권을 보호함과 동시에 공익사업의 효율적인 수행을 통해 공공복리를 증진하는 데 기여하고 있다.

③ <u>도시정비평가</u>란 「도시 및 주거환경정비법」에 따른 정비사업과 관련된 감정평가를 말한다. 도시정비평가는 재개발사업·재건축사업 등 경제적 이해관계가 첨예한 개발사업에서 종전·종후자산의 경제적 가치 등 자원배분 및 의사결정에 필요한 정보를 제공하여 도시환경 개선 등 부동산의 효율적 이용에 기여하고 있다.

④ <u>택지비평가</u>란 「주택법」 및 「공동주택 분양가격 산정 등에 관한 규칙」에 따른 공동주택 분양가 산정과 관련된 감정평가를 말한다. 택지비평가는 상한 분양가의 구성항목인 택지비에 대한 적정가격을 제시하여 주택가격 안정 및 국민의 주거 기본권 확보에 기여하고 있다.

(2) 경제적 기능

경제적 기능이란 의사결정, 이해조정, 자원배분, 거래질서 등 사적 영역의 경제활동에 기여하는 것을 말한다.

① <u>담보평가</u>란 담보를 제공받고 대출 등을 하는 은행·보험회사·신탁회사·일반기업체 등이 대출을 하거나 채무자가 대출을 받기 위하여 의뢰하는 담보물건에 대한 감정평가를 말한다. 담보평가는 담보물건의 경제적 가치를 제시하여 원금 회수 가능성 등 채권자의 금융 의사결정에 기여하고 있다.

② <u>경매평가</u>란 경매사건의 관할 법원이 경매의 대상이 되는 물건의 경매에서 최저매각가격을 결정하기 위해 의뢰하는 감정평가를 말한다. 경매평가는 경매물건의 경제적 가치를 제시하여 경매시장의 거래질서 확립과 부동산 자원의 효율적 배분에 기여하고 있다.

③ <u>재무보고평가</u>란 「주식회사의 외부감사에 관한 법률」의 회계처리기준에 따른 재무보고를 목적으로 하는 공정가치의 추정을 위한 감정평가를 말한다. 재무보고평가는 기업이 보유한 유·무형자산 및 부채의 경제적 가치를 제시하여 회계정보에 기반한 기업활동과 투자활동에 기여하고 있다.

7 감정평가의 분류

감정평가는 감정평가 활동을 수행하는 주체의 지식·자격·경험 등에 따라, 일반 시장참여자들이 부동산 거래에 활용하는 '제1수준 감정평가', 부동산 개발·투자·금융·중개 등 부동산업 종사자들이 수행하는 '제2수준 감정평가', 전문적인 지식과 자격을 갖춘 감정평가사들이 수행하는 '제3수준 감정평가'로 분류할 수 있다.

그 외에도 감정평가는 ① 평가주체의 성격에 따라 공적평가·공인평가, ② 평가의무에 따라 필수평가·임의평가, ③ 평가주체의 수에 따라 단수평가·복수평가, ④ 평가대상 물건에 따라 개별평가·일괄평가·부분평가·구분평가, ⑤ 평가조건에 따라 현황평가·조건부평가, ⑥ 평가시점에 따라 현행평가·소급평가·기한부평가, ⑦ 평가주체의 권한과 책임에 따라 감정평가·평가심사·평가검토 등으로 다양하게 분류할 수 있다.

(1) 평가주체의 성격에 따른 분류

감정평가는 평가주체의 성격에 따라 공적평가·공인평가로 분류할 수 있다.

① <u>공적평가</u>란 국가 등 공공기관이 직접 감정평가를 수행하는 것으로, 대표적인 사례로 미국·캐나다의 조세사정관(Tax Assessor)이 있다. 조세사정관은 정부기관에 소속된 공무원으로서 관할 구역 내의 과세 대상 자산의 과세표준을 결정하는 역할을 한다.

② <u>공인평가</u>란 국가 등으로부터 자격을 부여받은 감정평가사 등이 감정평가를 수행하는 것으로, 대표적인 사례로 한국의 감정평가사, 일본의 부동산감정사가 있다. 한국·일본과 달리 영국·독일·호주의 경우 감정평가사가 민간자격으로 업무를 수행한다.

(2) 평가주체의 수에 따른 분류

감정평가는 평가주체의 수에 따라 단수평가·복수평가로 분류할 수 있다. <u>복수평가</u>란 하나의 대상물건을 둘 이상의 감정평가법인등이 감정평가하는 것으로, 표준지·보상·도시정비와 같은 정책적 기능의 감정평가와 상속·증여세 등 과세 목적의 감정평가에서 규정하고 있다.

① 표준지 감정평가에서는 국토교통부장관이 둘 이상의 감정평가법인등을 선정한다.

② 보상 감정평가에서는 사업시행자, 시·도지사, 토지소유자가 각각 감정평가법인등을 추천 또는 선정한다.

③ 재개발 감정평가에서는 시장·군수 등이 둘 이상의 감정평가법인등을 선정한다.

④ 재건축 감정평가에서는 시장·군수, 재건축조합이 각각 감정평가법인등을 선정한다.

⑤ 상속·증여세 감정평가에서는 납부의무자가 둘 이상의 감정평가법인등을 선정한다.

복수 감정평가 관련 법령

<u>부동산 가격공시에 관한 법률 제3조(표준지공시지가의 조사·평가 및 공시 등)</u>

⑤ 국토교통부장관이 제1항에 따라 표준지공시지가를 조사·평가할 때에는 업무실적, 신인도 등을 고려하여 둘 이상의 「감정평가 및 감정평가사에 관한 법률」에 따른 감정평가법인등에게 이를 의뢰하여야 한다. 다만, 지가 변동이 작은 경우 등 대통령령으로 정하는 기준에 해당하는 표준지에 대해서는 하나의 감정평가법인등에 의뢰할 수 있다.

<u>**공익사업을 위한 토지 등의 취득 및 보상에 관한 법률 제68조(보상액의 산정)**</u>

① 사업시행자는 토지등에 대한 보상액을 산정하려는 경우에는 감정평가법인등 3인(제2항에 따라 시·도지사와 토지소유자가 모두 감정평가법인등을 추천하지 아니하거나 시·도지사 또는 토지소유자 어느 한쪽이 감정평가법인등을 추천하지 아니하는 경우에는 2인)을 선정하여 토지등의 평가를 의뢰하여야 한다. 다만, 사업시행자가 국토교통부령으로 정하는 기준에 따라 직접 보상액을 산정할 수 있을 때에는 그러하지 아니하다.

② 제1항 본문에 따라 사업시행자가 감정평가법인등을 선정할 때 해당 토지를 관할하는 시·도지사와 토지소유자는 대통령령으로 정하는 바에 따라 감정평가법인등을 각 1인씩 추천할 수 있다. 이 경우 사업시행자는 추천된 감정평가법인등을 포함하여 선정하여야 한다.

<u>**도시 및 주거환경정비법 제74조(관리처분계획의 인가 등)**</u>

④ 정비사업에서 제1항 제3호(종후자산)·제5호(종전자산) 및 제8호(손실보상)에 따라 재산 또는 권리를 평가할 때에는 다음 각 호의 방법에 따른다.

   1. 「감정평가 및 감정평가사에 관한 법률」에 따른 감정평가법인등 중 다음 각 목의 구분에 따른 감정평가법인등이 평가한 금액을 산술평균하여 산정한다.

      가. 주거환경개선사업 또는 재개발사업: 시장·군수등이 선정·계약한 2인 이상의 감정평가법인등

      나. 재건축사업: 시장·군수등이 선정·계약한 1인 이상의 감정평가법인등과 조합총회의 의결로 선정·계약한 1인 이상의 감정평가법인등

<u>**상속세 및 증여세법 제60조(평가의 원칙 등)**</u>

⑤ 제2항에 따른 감정가격을 결정할 때에는 대통령령으로 정하는 바에 따라 둘 이상의 감정기관(대통령령으로 정하는 금액 이하의 부동산의 경우에는 하나 이상의 감정기관)에 감정을 의뢰하여야 한다.

복수평가는 평가주체의 주관성을 통제하여 객관성을 확보할 수 있고 상호 대립하는 이해관계를 조율하여 공정성을 확보할 수 있다는 장점이 있으나, 감정평가 수행에 따르는 시간과 비용이 증가하고 절차가 중복되는 등 제도의 효율성의 측면에서는 단점이 있다. 이에 따라 표준지 감정평가에서는 지가 변동이 작은 경우 등에는 단수평가를 할 수 있도록 규정하고 있으며, 보상 감정평가에서도 토지소유자가 감정평가법인등을 추천하지 않을 수 있고, 상속·증여세 감정평가에서도 일정한 금액 이하의 부동산은 단수평가를 할 수 있도록 규정하고 있다.

01 감정평가와 관련한 다음의 물음에 답하시오. 40점

1) 감정평가의 개념에 근거하여 기준가치 확정과 복수 감정평가의 필요성을 논하시오.
20점

2) 시장가치와 시장가격(거래가격)의 개념을 비교하여 설명하고, 다양한 제도를 통해 시장가격(거래가격)을 수집, 분석할 수 있음에도 불구하고 감정평가가 필요한 이유에 관하여 논하시오. 20점

▪▷ 논점분석

- 논제

- 유형

- 개념어

▪▷ 목차구성

감정평가의 개념 기출문제 제29회 3번

02 최근 토지의 공정가치 평가가 회계에 관한 감정에 해당하는지의 여부에 대한 논란이 있었다. 이와 관련하여 다음 물음에 답하시오. 20점

1) 감정평가의 개념과 회계에 관한 감정의 개념 차이를 설명하시오. 5점

2) 공정가치, 시장가치 및 회계상 가치를 비교·설명하시오. 15점

▶ 논점분석

- 논제

- 유형

- 개념어

▶ 목차구성

03 감정평가의 공정성과 감정평가행위의 독립 필요성을 감정평가이론에 근거하여 설명하시오. 10점

▣ 논점분석

- 논제

- 유형

- 개념어

▣ 목차구성

감정평가의 개념 기출문제 제20회 1번

04 감정평가목적에 따라 감정평가액의 차이가 발생할 수 있는 이유를 감정평가의 기능과 관련하여 설명하시오. 15점

▣▶ 논점분석

- 논제

- 유형

- 개념어

▣▶ 목차구성

05 「부동산 가격공시에 관한 법률」에 의한 표준지공시지가와 표준주택가격의 같은 점과 다른 점을 설명하시오. 20점

▣▶ 논점분석

- 논제

- 유형

- 개념어

▣▶ 목차구성

감정평가의 개념 기출문제 제30회 4번

06 부동산 가격공시와 관련된 '조사·평가'와 '조사·산정'에 대해 비교·설명하시오. 10점

➡ 논점분석

- 논제

- 유형

- 개념어

➡ 목차구성

07 토지소유자 甲은 공익사업에 토지가 편입되어 보상액 통지를 받았다. 보상액이 낮다고 느낀 甲은 보상액 산정의 기준이 된 감정평가서 내용에 의문이 있어, 보상감정평가를 수행한 감정평가사 乙에게 다음과 같은 질의를 하였다. 이에 관하여 감정평가사 乙의 입장에서 답변을 논하시오. 30점

  1) 감정평가서에는 공시지가기준법을 주방식으로 적용하여 대상토지를 감정평가하였다고 기재되어 있다. 甲은 대상토지의 개별공시지가가 비교표준지공시지가보다 높음에도 불구하고 개별공시지가를 기준으로 감정평가하지 않은 이유에 관하여 질의하였다. 15점

  2) 甲은 비교표준지 공시지가가 시장가격(거래가격)과 비교하여 낮은 수준임을 자료로 제시하면서, 거래사례비교법을 주방식으로 적용하지 않은 이유에 관하여 질의하였다. 15점

▪▶ 논점분석

  • 논제

  • 유형

  • 개념어

▪▶ 목차구성

감정평가의 개념 기출문제 제20회 4번

08 비주거용 부동산 가격 공시제도의 도입 필요성에 대하여 설명하시오. `10점`

▪▶ 논점분석

- 논제
  - 유형
  - 개념어

▪▶ 목차구성

09 정비사업은 도시환경을 개선하고 주거생활의 질을 높이는 것이 목적인데, 그중 주택재개발사업은 정비기반시설이 열악하고 노후·불량건축물이 밀집한 지역의 주거환경을 개선하기 위한 사업이다. 이에 관한 감정평가사의 역할이 중요한바, 다음의 물음에 답하시오. 20점

(1) 주택재개발사업의 추진 단계별 목적에 따른 감정평가업무를 분류하고 설명하시오. 10점

(2) 종전자산(종전의 토지 또는 건축물)과 종후자산(분양예정인 대지 또는 건축물의 추산액)과의 관계를 설명하시오. 10점

▶ 논점분석

- 논제

- 유형

- 개념어

▶ 목차구성

감정평가의 개념 기출문제 제31회 3번

10 A토지는 OO재개발사업구역에 소재하고 있다. A토지에 대하여 재개발사업의 절차상 종전자산의 감정평가를 하는 경우와 손실보상(현금청산)을 위한 감정평가를 하는 경우에 다음의 물음에 답하시오. 20점

1) 각각의 감정평가에 있어 기준시점, 감정평가액의 성격 및 감정평가액 결정 시 고려할 점에 관하여 설명하시오. 10점

2) 각각의 감정평가에 있어 재개발사업으로 인한 개발이익의 반영 여부에 관하여 설명하시오. 10점

▣ 논점분석

- 논제

- 유형

- 개념어

▣ 목차구성

11 재건축정비사업에 있어서 매도청구소송목적의 감정평가에 대해 설명하시오. 10점

▣▶ 논점분석

- 논제

- 유형

- 개념어

▣▶ 목차구성

감정평가의 개념 기출문제 제14회 3번

12 담보가치의 결정에서 고려해야 할 사항들에 대하여 설명하시오. 10점

▪▶ 논점분석

- 논제

- 유형

- 개념어

▪▶ 목차구성

13 담보평가를 수행함에 있어 감정평가의 기능과 관련하여 감정평가의 공정성과 독립성이 필요한 이유를 설명하고, 감정평가의 공정성과 독립성을 확보할 수 있는 수단 3개를 제시하시오. 10점

PART 04

▣▶ 논점분석

- 논제

- 유형

- 개념어

▣▶ 목차구성

감정평가의 개념 기출문제 제26회 2번

14 감정평가목적에 따라 감정평가금액의 격차가 큰 경우가 있다. 다음 물음에 답하시오. 30점

1) 보상·경매·담보평가의 평가방법을 약술하고, 동일한 물건이 평가목적에 따라 평가금액의 격차가 큰 사례 5가지를 제시하고 그 이유를 설명하시오. 20점

2) 주거용 건물을 신축하기 위해 건축허가를 득하여 도로를 개설하고 입목을 벌채 중인 임야를 평가하고자 한다. 개발 중인 토지의 평가방식에는 공제방식과 가산방식이 있다. 공제방식은 개발 후 대지가격에서 개발에 소요되는 제반비용을 공제하는 방식이고, 가산방식은 소지가격에 개발에 소요되는 비용을 가산하여 평가하는 방식이다. 두 가지 방식에 따른 감정평가금액의 격차가 클 경우 보상평가, 경매평가, 담보평가에서 각각 평가하는 것이 더 적절한지 설명하시오. 10점

▪▶ 논점분석

- 논제

- 유형

- 개념어

▪▶ 목차구성

15 공동주택 분양가상한제를 설명하고, 이 제도와 관련된 감정평가사의 역할에 대하여 논하시오. 20점

▶ 논점분석

- 논제

- 유형

- 개념어

▶ 목차구성

감정평가의 개념 기출문제 제23회 4번

16 국토교통부의 부동산 실거래가 자료축적의 의의와 한계극복을 위한 감정평가사의 역할에 대해서 설명하시오. 10점

▪▶ 논점분석

- 논제

- 유형

- 개념어

▪▶ 목차구성

17 정부에서 추진 중인 상가권리금 보호방안이 제도화될 경우 권리금 감정평가업무에 변화가 나타날 것으로 예상된다. 이에 관한 상가권리금에 대해 설명하시오. 10점

▪▶ 논점분석

- 논제

- 유형

- 개념어

▪▶ 목차구성

감정평가의 개념 기출문제 제19회 2번

18 부동산 가격지수와 관련하여, 다음을 설명하시오.

1) 부동산 가격지수의 필요성과 기능을 설명하시오. 10점

2) 부동산 가격지수를 산정하는데 사용되는 대표적인 계량모형인 특성가격모형 (Hedonic Price Model)과 반복매매모형(Repeat Sale Model)의 원리와 각각의 장·단점을 설명하시오. 10점

■▶ 논점분석

- 논제

- 유형

- 개념어

■▶ 목차구성

19 부동산 감정평가를 체계적으로 분류하는 목적을 설명하시오. 5점

▣ 논점분석

- 논제

- 유형

- 개념어

▣ 목차구성

감정평가의 개념 기출문제 제18회 4번

20 공적평가에서 복수평가의 필요성을 설명하시오. 5점

➡ 논점분석

- 논제

- 유형

- 개념어

➡ 목차구성

감정평가의 원칙 · 절차

서설 preface, summary

- 감정평가는 가격이 아닌 경제적 가치를 판정하는 행위로서, 가치를 판정하기 위한 기준가치가 전제되어야 한다.
- 「감정평가에 관한 규칙」 제5조는 시장가치 기준원칙을 규정하면서 예외적으로 시장가치 외의 가치를 적용할 수 있다고 규정하고 있다.
- 「감정평가에 관한 규칙」 제6조는 현황기준 원칙을 규정하면서 예외적으로 조건부 감정평가를 적용할 수 있다고 규정하고 있다.
- 「부동산등기법」과 「지방세법」 등 등기 및 과세법령은 토지와 건물을 구분하고 있으나, 일반적으로 토지와 건물은 일체의 효용을 갖는다.
- 「감정평가에 관한 규칙」 제7조는 개별물건기준 원칙을 규정하면서 예외적으로 일괄감정평가·구분감정평가·부분감정평가를 적용할 수 있다고 규정하고 있다.
- 「감정평가에 관한 규칙」 제9조는 감정평가의 기준시점을 가격조사 완료일로 규정하면서 예외적으로 기준시점을 사전에 정할 수 있다고 규정하고 있다.
- 재화의 가치는 비용성, 시장성, 수익성에 근거하며, 감정평가 3방식은 가치의 3면성에 근거하여 시산가액을 산정한다.
- 「감정평가에 관한 규칙」 제12조는 대상물건별 감정평가방법으로 주된 방법과 부 방법을 규정하고, 시산가액 간 합리성 검토 및 조정 절차를 규정하고 있다.

목차 index

(3) 기준가치의 성격

    ① 현실가치   ② 당위가치

(4) 가치다원론 | 이론 13.3(국내외 견해)

    ① 개념
    ② 이론적·법률적 근거
    ③ 필요성

(5) 시장가치 외의 가치

    ① 예외의 적용조건 | 이론 28.3(종후자산 기준가치), 34.2(택지비 기준가치)
    ② 유의사항
    ③ 시장가치 외 가치의 종류 | 이론 17.2(투자가치·계속기업가치), 19.4(적정가격), 21.3(특정·한정가격),
                                   27.2(재무보고 기준가치), 30.3(종류)

(6) 시장가치와 회계상 가치의 차이 | 이론 29.3-2(공정가치·회계상 가치)

(7) 시장가치기준 원칙의 문제점

(8) 참고 : 평가전제 및 평가조건

2 그 외 감정평가원칙

(1) 현황평가와 조건부평가 | 이론 26.1-4(조건부 사례), 31.4(조건부 사례)

    ① 예외의 적용조건
    ② 예외 적용 시 유의사항

(2) 개별평가와 일괄·구분·부분평가 | 이론 15.3(사례), 19.1-1(근거), 26.1-1(개별·일괄), 35.2(개별
                                   ·일괄), 36.1(일단지), 26.1-2(부분)

    ① 예외의 적용조건
    ② 예외 적용 시 유의사항
    ③ 일괄평가액의 배분 | 이론 19.1-2(배분방법)

(3) 현행평가와 소급·기한부평가 | 이론 12.4(기준시점 필요성), 21.3(부동산가격과 기준시점)

    ① 예외의 적용조건
    ② 예외 적용 시 유의사항

(4) 대상물건 확인과 생략

    ① 예외의 적용조건

    ② 예외 적용 시 유의사항

(5) 주된 방법과 부방법 ㅣ 이론 22.1(수익형부동산), 25.1(리모델링), 25.2-1(구분점포), 30.1(조성 중인 택지),
    35.4(친환경건축물)

    ① 감정평가 3방식 · 7방법
    ② 예외의 적용조건
    ③ 예외 적용 시 유의사항

(6) 시산가액 조정 ㅣ 이론 25.2-2(시산조정 사례), 28.2(시산조정)

    ① 예외의 적용조건   ② 필요성
    ③ 법적 근거   ④ 조정기준
    ⑤ 조정방법   ⑥ 최종 감정평가액 표시방법

3 감정평가의 절차 ㅣ 이론 32.2(감정평가절차)

(1) 개념

(2) 필요성

(3) 감정평가의 의뢰

(4) 감정평가의 절차

주요 내용 contents

감정평가 업무가 사회적 신뢰를 받기 위해서는 가치 측정에 있어 전제와 기준, 원칙과 절차가 명확해야 하며, 감정평가액의 결정 과정이 일반인들도 쉽게 이해할 수 있을 정도로 논리적이고 체계적이어야 한다.

「감정평가에 관한 규칙」은 제5조(시장가치기준 원칙)부터 제12조(감정평가방법의 적용 및 시산가액 조정)까지 감정평가 시 적용해야 할 주요한 원칙과 예외사항을 규정하고 있다.

1 시장가치기준 원칙

시장가치기준 원칙이란 토지 등의 감정평가액은 시장가치를 기준으로 결정하여야 한다는 것을 말하며, 동조 제2항에서 시장가치 외의 가치를 적용할 수 있는 예외를 함께 규정하고 있다.

(1) 시장가치의 개념요소

<u>시장가치</u>란 통상적인 시장에서 충분한 기간 동안 거래를 위하여 공개된 후 그 대상물건의 내용에 정통한 당사자 사이에 신중하고 자발적인 거래가 있을 경우 성립될 가능성이 가장 높다고 인정되는 대상물건의 가액을 말한다. 시장가치는 특정 당사자 사이에서 발생하는 특수가치 또는 결합가치를 배제한다는 점에서 공정가치와 차이점이 있다.

① 시장의 통상성

<u>통상적 시장</u>이란 공정한 거래가 이루어질 수 있는 경쟁시장을 말하며, 유사한 개념으로 공개경쟁시장, 경쟁시장, 합리적 시장 등이 있다. 현실적으로 부동산 시장은 시장 참가자 간 정보 불균형으로 인해 효율적 시장으로 보기 어려우며 불완전경쟁시장의 성격을 가진다. 따라서 시장가치는 시장 참가자가 자유의사에 따라 시장에 진출입하며 자기이익을 최대화하기 위해 경쟁하는 통상적 시장을 가정하여 측정하며, 경매시장 낙찰가격 등 자유로운 시장 참여와 가격 경쟁이 일부 제한되는 시장에서 성립한 가격은 시장가치의 요건을 만족하지 못한다.

> **참고 매매와 경매의 차이 | 법원감정평가실무**
>
> **1) 매각조건의 법정성**
> 사법상의 매매에 있어서 매매대금의 액수, 지급방법 등 매각조건은 매매당사자 사이의 합의에 의하여 자유로이 정하여지나, 경매의 경우에는 그 매각조건이 법정되어 있으며 법원이 직권으로 매각조건을 변경하는 경우 외에는 이해관계인 전원이 동의하는 경우에만 매각조건을 변경할 수 있다.
>
> **2) 부동산상의 부담**
> 사법상의 매매에 있어서는 부동산상에 각종의 용익물권, 담보물권, 가등기 또는 가압류, 가처분 등기가 경료되어 있는 경우 영향을 받지 않는 것(인수주의)이 원칙이다. 그러나 경매에 있어서는 부동산의 부담 중 담보권과 가압류는 모두 소멸되며, 최선순위 근저당권이나 최선순위 가압류에 대항할 수 없는 용익물권 기타의 부담과 경매개시결정에 대항할 수 없는 부담도 함께 소멸(소멸주의)한다.
>
> **3) 명도의 문제**
> 사법상의 매매에 있어서 매매목적물의 명도책임에 관하여는 당사자 간의 계약 내용에 따라 결정되는 것이나, 통상의 경우에는 매도인이 명도책임을 지는 것이 보통이다. 그러나 경매의 경우에는 채무자나 법원이 명도책임을 부담하지 아니한다. 다만, 전술한 바와 같은 인도 명령 제도를 인정함으로써 간접적으로 매수인이 간이한 방법으로 명도를 받는 길이 마련되어 있을 뿐이다.
>
> **4) 담보책임의 문제**
> 사법상의 매매에 있어서는 매매의 목적물인 재산권의 전부 또는 일부가 매도인에게 속하지 않는 경우, 타인의 권리에 의하여 제한되어 있어 매수인이 완전한 재산권을 취득할 수 없는 경우, 또는 매매의 목적물에 하자가 있는 경우 그 내용에 따라 매수인은 대금감액청구권, 해제권, 손해배

상청구권을 갖게 되며, 이를 매도인의 하자담보책임이라고 한다. 경매도 사법상의 매매와 같은 성질을 가지므로 하자담 보책임이 인정되는데 다만, 물건의 하자에 대하여는 담보책임을 지지 아니하며, 권리에 하자가 있는 경우에 채무자가 하자담보책임을 지게 되어 매수인은 계약의 해제 또는 대금감액을 청구할 수 있다.

5) 소유권 취득시기

소유권 취득의 시기와 관련하여 매매의 경우 매수인이 소유권을 취득하는 시기는 소유권이전등기를 넘겨받는 때이나 경매의 경우에는 매수인이 매각(낙찰)대금을 완납하는 때이다.

② 방매기간의 충분성

방매기간의 충분성이란 시장 참가자가 대상물건을 충분히 인지할 수 있는 기간 동안 시장에 출품되어야 한다는 것을 말한다. 일부 국가에서는 방매(exposure)보다 적극적인 의미로 적정한 마케팅의 수행(proper marketing)을 규정하고 있는데, 이는 다수의 매수 희망자가 관심을 가질 수 있을 정도의 통상적 마케팅 활동을 의미한다. 시장가치는 방매기간의 충분성을 기준으로 측정하므로, 급매 등에 의해 거래된 가격은 시장가치의 요건을 만족하지 못한다.

③ 거래주체의 정통성

거래주체의 정통성이란 거래 당사자가 시장상황 및 대상물건에 정통하고 자기의 이익을 최대화하기 위해 경쟁해야 한다는 것을 말한다. 시장가치는 거래주체의 정통성을 기준으로 측정하므로, 거래주체의 개별적 상황에 의한 고가·저가 거래가격은 시장가치의 요건을 만족하지 못한다.

④ 거래행위의 자발성

거래행위의 자발성이란 거래 당사자가 특별한 거래동기를 갖지 않고 자발적인 의사에 의해 거래해야 한다는 것을 말한다. 시장가치는 거래행위의 자발성을 기준으로 측정하므로, 이해관계인 간 거래가격·공용수용에 의한 보상가격 등은 시장가치의 요건을 만족하지 못한다.

⑤ 성립될 가능성이 가장 높은 가액

성립될 가능성이 가장 높은 가액(most probable price)이란 거래가능가격 중 통계적 확률이 가장 높은 가액을 말한다. 가치는 불확실한 미래를 반영하므로 하나의 정확한 수치로 예측하기보다 통계적 확률로 표시해야 한다는 것이다. 통계적 추정(Statistical Estimation)이란 대상 전체(모집단)를 전수로 조사하기 어려울 때 그중 일부인 표본을 추출하여 분석함으로써 모집단의 특성을 예측하는 것을 말한다. 표본의 특성은 평균값, 중간값, 최빈값, 최고값, 범위값 등 다양한 측도의 적용이 가능하다.

실제 미국은 1978년까지 시장가치 정의에 '최고값(highest price)'이라는 표현을 사용하였으나, 시장자료의 수집범위를 극단적 상한가로 한정하여 시장가치를 왜곡할 수 있다는 비판에 따라 1983년부터 '성립될 가능성이 가장 높은 가격'으로 개정하였다. 시장가치를 최고값으로 해석하는 것은 시장자료의 수집범위를 극단적 상한가로 한정하는 문제점이 있으며, 시장가치는 성립될 가능성이 가장 높은 가격으로서 정규분포곡선상 [평균±표준편차] 내에 존재하는 대푯값이라고 할 수 있다.

◆ 대푯값의 종류

구분	내용	한계
평균값 (Mean)	모든 값을 더한 후 자료의 수로 나눈 값	이상치에 의해 왜곡될 가능성이 있음
중간값 (Median)	값을 크기 순으로 나열했을 때 중간에 위치한 값	이상치의 영향을 받지 않지만, 자료의 분포 상태를 반영하지 못함
최빈값 (Mode)	모든 값 중에서 빈도수가 가장 높은 값	자료에 따라 값이 존재하지 않거나 둘 이상의 대푯값이 존재할 수 있음
최고값 (Max)	모든 값 중에서 가장 큰 값	극단치에 의해 결정되어 자료의 분포 상태를 반영하지 못함
범위값 (Range)	최고값에서 최솟값을 뺀 값	자료의 분포 상태를 반영하지 못함

参 **참고** 최고가격과 성립될 가능성이 높은 가격 | 안정근, <부동산평가이론>

AI의 시장가치에 대한 공식적인 정의는 「The Appraisal of Real Estate」에서 처음 등장한 1962년부터 7판(1978)에 이르기까지 '특정 조건하의 최고가격(highest price)'이라는 표현을 사용하고 있었다. 따라서 시장가치가 유사매매사례의 최고가격이 될 수 있는가의 문제가 제기되었다.

Ratcliff는 시장가치 논쟁의 단초를 제공했는데, 그는 다음과 같이 주장하고 있다. "부동산평가란 불확실성하에서 행해지는 경제분석이다. 따라서 이것은 확률적 측면에서만 표현될 수 있다. 어떤 평가사들도 성립가능성이 가장 많은 매매가격(the most probable selling price)을 단 하나의 정확한 수치로 예측할 수는 없다. 기껏해야 그들은 단지 일정한 범위로 표시할 수 있을 뿐이다." 시장가치는 특정 시장상황에서 가장 지배적인 가격을 의미한다. 따라서 충분한 시장자료가 주어지면 시장가치를 통계적으로 측정할 수 있다는 것이다.

AI는 최고가격에 대한 학자들의 비판에 동의하면서, 해석상의 오해에서 비롯된 것이라고 설명하고 있다. 부동산시장은 경쟁시장이다. 이 의미는 시장에 충분한 수의 매수자와 매도자가 존재해야 한다는 것이다. 경쟁시장에서는 최고의 입찰가격(highest bid price)을 제시하는 사람에게 대상부동산이 낙찰된다. 충분한 정보와 지식을 갖고 있는 전형적인 가능매수자는 가치에 적합한 가격을 제시하지 무조건 높은 가격을 제시하지는 않는다. 즉, 최고가격이라는 개념은 가장 가능성이 높은 가격을 의미하므로, 성립할 가능성이 가장 많은 가격과 의미가 다르지 않다는 것이다. 따라서 AI에서는 오해가 생기지 않도록 「The Appraisal of Real Estate」 8판(1983)부터 현재에 이르기까지 시장가치를

"일정한 조건이 충족된 상황에서 성립할 가능성이 가장 많은 가격(the most probable price)"이라고 정의하고 있다.

부동산가치는 이론적으로 장래 기대되는 편익을 현재가치로 환원한 값이다. Ratcliff의 정의가 시장가치의 중요개념이 된 것은 여기에 연유한다. 즉, 미래란 불확실한 것이고, 평가가치도 결국은 불확실한 미래사건(future event)에 대한 추계치이므로 이것은 통계적 확률개념에 해당한다. 평가사들은 세 가지 접근법을 사용하여 대상부동산에 대해 성립될 가능성이 가장 많은 가격을 구할 수 있다. 따라서 이것은 매매사례접근법뿐만 아니라 비용접근법과 소득접근법에도 적용된다. 실제로 비용접근법과 소득접근법의 여러 가지 변수들도 확률적으로 변하고 있다.

> **📖 참고   외국의 시장가치 정의**
>
> • 국제·영국기준(IVS; International Valuation Standards, Red book)
>   거래의향을 가진 거래당사자가 각기 시장정보에 정통하고 아무런 강요 없이 신중하게 행동하며 <u>적절한 마케팅 과정</u>을 거친 후 정상적인 거래를 통해 자산이나 부채가 교환될 수 있는 기준시점 현재의 추정가액
>
> • 미국기준(USPAP; Uniform Standards of Professional Appraisal Practice)
>   공정한 거래가 이루어질 수 있는 모든 조건이 충족된 경쟁시장에서 특정한 부동산의 권리가 합리적인 기간 시장에 방매되어 <u>자신의 이익을 위해 사려 깊게 행동하는</u> 거래당사자가 충분한 정보와 지식을 갖고, 어떠한 강박조건이 존재하지 않는 상황 하에서 특정일을 기준으로 성립될 가능성이 가장 높은 가격을 현금, 현금등가 기준 또는 기타 정확히 명시된 조건으로 나타낸 가격
>
> • 일본기준(不動産鑑定評価基準)
>   시장성 있는 부동산에 대해 현실의 사회경제 정세 하에서 합리적이라고 인정되는 조건을 만족하는 시장에서 형성될 수 있는 시장가치를 표시한 적정한 가격

(2) 기준가치의 변천과정

우리나라 감정평가제도에서 기준가치의 변천과정을 살펴보면, 1974년 이래로 두 가지 기준가치가 양립하여 왔다.

① 정상가격(시장가치)

1974년에 제정된 재무부령 「감정평가의 기준에 관한 규칙」에서는 기준가치를 '정상시가'로 규정하였는데, 1989년 건설부령 「감정평가에 관한 규칙」으로 개정되며 <u>정상가격</u>'으로 변경하였으며, 2012년에는 전부개정을 통해서 '가격'을 '가치'로 변경하고, 국제적으로 감정평가 외에도 회계·금융에서 널리 활용되고 있는 '시장가치(market value)'로 다시 한번 변경하여 오늘에 이르고 있다.

② 적정가격

1989년에 제정된 「지가 공시 및 토지 등의 평가에 관한 법률」에서는 기준가치를 '적정가격'으로 규정하여, 2005년 「부동산 가격공시 및 감정평가에 관한 법률」, 2016년 「부동산 가격공시에 관한 법률」로 개정되면서도 조문의 일부개정을 제외하고 계속 유지되고 있다.

정상가격의 개념 변천	적정가격의 개념 변천
<u>1974년 「감정평가의 기준에 관한 규칙」</u> "정상시가"라 함은 시장성이 있는 물건을 합리적인 자유시장에서 충분한 기간 방매된 후 물건의 내용에 정통한 매매당사자간에 자유의사로 합의될 수 있는 매매 가능가격을 말한다.	<u>1989년 「지가 공시 및 토지 등의 평가에 관한 법률」</u> "적정가격"이라 함은 당해 토지에 대하여 자유로운 거래가 이루어지는 경우 합리적으로 성립한다고 인정되는 가격을 말한다.
<u>1989년 「감정평가에 관한 규칙」</u> "정상가격"이라 함은 평가대상토지 등이 통상적인 시장에서 충분한 기간 거래된 후 그 대상물건의 내용에 정통한 거래당사자 간에 통상 성립한다고 인정되는 적정가격을 말한다.	<u>2005년 「부동산 가격공시 및 감정평가에 관한 법률」</u> "적정가격"이라 함은 당해 토지 및 주택에 대하여 통상적인 시장에서 정상적인 거래가 이루어지는 경우 성립될 가능성이 가장 높다고 인정되는 가격을 말한다.
<u>2012년 「감정평가에 관한 규칙」</u> "시장가치"란 감정평가의 대상이 되는 토지 등이 통상적인 시장에서 충분한 기간 거래를 위하여 공개된 후 그 대상물건의 내용에 정통한 당사자 사이에 신중하고 자발적인 거래가 있을 경우 성립될 가능성이 가장 높다고 인정되는 대상물건의 가액을 말한다.	<u>2016년 「부동산 가격공시에 관한 법률」</u> "적정가격"이란 토지, 주택 및 비주거용 부동산에 대하여 통상적인 시장에서 정상적인 거래가 이루어지는 경우 성립될 가능성이 가장 높다고 인정되는 가격을 말한다.

(3) 기준가치의 성격

2012년 시장가치기준 원칙이 도입되기 전에는 정상가격과 적정가격이 같은 개념인지에 대한 논란이 있었으며, 동일설과 상이설이 대립하였다. <u>동일설</u>은 정상가격과 적정가격의 개념이 상호 유사하며 이러한 동일한 개념을 법적 관행이나 행정 목적상 달리 규정하고 있는 것이라는 주장이다. <u>상이설</u>은 정상가격은 시장성·현실성을 중시하는 ① 현실가치(sein wert, 있는 그대로의 가치)이나, 적정가격은 규범성·당위성을 중시하는 ② 당위가치(sollen wert, 있어야 할 상태의 가치)로 다르다는 주장이다. 이에 대해 동일설에서는 실거래가격을 현실가치로 해석하고, 정상가격·적정가격 모두 일정한 가정에 의해 측정된 가치이므로 당위가치에 해당한다는 '주장도 존재한다'.

1999년 건설교통부 유권해석은 "「지가 공시 및 토지 등의 평가에 관한 법률」상 적정가격과 「감정평가에 관한 규칙」상 정상가격은 같은 의미로 해석하는 것이 타당하다."고 하였다. [토관 58342-605 (1999.7.8)]

(4) 가치다원론

① 가치다원론의 개념

<u>가치다원론</u>이란 부동산의 가치가 감정평가 목적이나 용도에 따라 다양하게 성립할 수 있다는 것을 말하며, 하나의 부동산에 하나의 가치만 성립할 수 있다는 <u>가치일원론</u>과 대비되는 주장이다.

② 가치다원론의 이론적·법률적 근거

부동산은 물리적·법률적·경제적·사회적으로 다양한 측면을 가진 복합적 개념의 자산으로, 가치형성요인이 복잡·다양할 뿐만 아니라 부동산을 사용·수익하는 주체의 목적과 형태도 다양하게 존재한다. 따라서 부동산 활동의 기준이 되는 경제적 가치 역시 목적과 형태에 따라 다르게 인식될 수 있다.

미국, 일본 등 주요국의 감정평가기준도 하나 이상의 가치기준을 규정하고 있고, 국제감정평가기준(IVS)에서는 가치기준을 비망라성 목록(non-exhaustive list)이라고 하여 각국의 경제적 환경과 법령의 규정에 따라 가치기준을 유연하게 활용할 수 있도록 하였다. 우리나라의 「감정평가에 관한 규칙」도 가치기준을 시장가치와 시장가치 외의 가치로 구분하고 있으며, 이는 하나의 대상물건에도 서로 다른 가치기준이 적용될 수 있다는 것을 의미한다. 시장가치, 공정가치, 투자가치, 결합가치 등 가치기준에 따라 측정의 가정이 변경되고 측정의 결과인 가치결론도 달라지게 된다.

> **참고 외국의 가치기준**
>
> • 국제기준(IVS; International Valuation Standards)
>   - 특별가치 : 자산의 특징에 의해 특수 구매자에게만 발생하는 시장가치 이상의 가치
>   - 결합가치 : 두 가지 이상의 권리가 결합되어 개별 가치의 합계보다 큰 경우의 가치
>   - 투자가치 : 투자 목적으로 보유한 자산이 특정 투자자에게 갖는 가치
>
> • 미국기준(USPAP; Uniform Standards of Professional Appraisal Practice)
>   - 투자가치 : 투자 목적으로 보유한 자산이 특정 투자자에게 갖는 주관적 가치
>   - 합병가치 : 부동산의 합병에 따라 시너지 효과를 발생하는 경우의 가치
>   - 특별가치 : 특수한 디자인, 건축자재 등에 의해 용도가 한정되어 있는 경우의 가치
>
> • 영국기준(Red book)
>   - 특별가치 : 자산의 특수한 속성이 반영되어 특정 구매자에게 발생하는 가치
>   - 시너지가치 : 결합된 가치가 개별 가치의 합계보다 큰 경우의 가치
>   - 투자가치 : 특별한 목적을 가진 특정 투자자에게 적용되는 가치
>
> • 일본기준(不動産鑑定評価基準)
>   - 한정가격 : 시장성을 갖는 부동산이 병합 또는 분할 등 한정된 시장에서의 가격
>   - 특정가격 : 시장성을 갖는 부동산이 법령 등에 따라 정상가격의 조건을 만족시키지 않는 경우의 가격
>   - 특수가격 : 문화재 등 시장성이 없는 부동산의 이용상황을 전제로 한 가격

③ 가치다원론의 필요성

최근 감정평가 업무가 전문화되고 다양해지면서 시장가치 외 가치의 중요성이 부각되고 있다. 감정평가 의뢰인들은 다양한 목적에 따라 최적화된 감정평가 결과를 요구하는데, 시장가치에 의한 결과만을 제시해서는 소기의 목적을 달성하기 어렵다. 감정평가사는 의뢰인의 목적을 정확하게 반영하기 위해 다양한 가치기준을 활용해 감정평가 업무를 유형화하고 정확성을 높이며, 업무영역 확대에도 기여할 수 있다.

◆ **가치다원론과 가치일원론의 비교**

구분	가치다원론	가치일원론
정의	부동산의 가치는 다양한 기준에 의해 감정평가 할 수 있다는 입장	부동산의 가치는 단일한 기준으로 감정평가 해야 한다는 입장
장점	① 감정평가의 기준이 유연하여 다양성을 확보할 수 있음 ② 의뢰인의 다양한 감정평가 목적을 수용할 수 있음	① 감정평가의 기준이 명확하여 일관성을 확보할 수 있음 ② 감정평가 결과에 대한 의뢰인의 이해가 용이함
단점	감정평가 결과에 대한 의뢰인의 이해가 어려움	의뢰인의 다양한 감정평가 목적을 수용할 수 없음

(5) 시장가치 외의 가치

① 예외의 적용조건

법령에 다른 규정이 있는 경우, 감정평가 의뢰인이 요청하는 경우, 감정평가의 목적이나 대상물건의 특성에 비추어 사회통념상 필요하다고 인정되는 경우에는 시장가치 외의 가치를 적용할 수 있다.

② 유의사항

시장가치 외의 가치를 적용하는 경우 해당 가치기준의 성격과 특징, 감정평가의 합리성 및 적법성을 검토하여야 하며, 합리성 및 적법성을 충족하지 못한다고 판단될 경우 감정평가 의뢰를 거부하거나 수임을 철회할 수 있다.

③ 시장가치 외 가치의 종류

「감정평가에 관한 규칙」및「감정평가 실무기준」에는 시장가치 외의 가치의 구체적인 종류와 개념이 규정되어 있지 않다. 따라서 시장가치 외의 가치는 시장가치의 측정기준을 충족하지 못하는 경우로 한정하여 해석할 수 있을 것이다. 예를 들어 공정가치 · 투자가치 등의 시장가치 외의 가치는 시장가치와 같이 시장의 통상성, 방매기간의 충분성 등을 고려하지 않는다.

시장가치 외 가치의 정의

- **적정가격** : 통상적인 시장에서 정상적인 거래가 이루어지는 경우 성립될 가능성이 가장 높다고 인정되는 가격
- **공정가치** : 합리적인 판단력과 거래의사가 있는 독립된 당사자 사이의 거래에서 자산이 교환되거나 부채가 결제될 수 있는 금액
- **투자가치** : 투자 목적으로 보유한 자산이 특정 투자자에게 갖는 주관적 가치(영국 · 국제기준)
- **결합가치** : 두 가지 이상의 권리가 결합되어 개별 가치의 합계보다 큰 경우의 가치 (일본 · 국제기준)
- **특수가격** : 문화재 등 일반적으로 시장성이 없는 부동산의 이용상황 등을 전제한 가치(일본)

참고 질의회신 | 시장가치와 적정가격의 관계

[질의] 부감법상 적정가격과 보상법상 적정가격의 동일여부, 동일한 경우 가격의 기준이 무엇인지
보상법상 적정가격은 동 법률에서 별도로 규정하고 있지 않는 바, 일반적인 보상평가와 일반평가(경매, 담보 등)의 평가기준 등의 차이(당해 공익사업 개발이익 배제, 미실현된 투자가치 미반영 등)를 고려하여 볼 때 단순한 호가가 아닌 보상액으로서 '적정한 가격'을 의미하는 것으로 판단됩니다. 따라서 보상법상 적정가격과 부감법상 적정가격은 동일한 의미로 볼 수 없다고 판단됩니다.

> [질의]「부동산 가격공시에 관한 법률」의 "적정가격"과「공익사업을 위한 토지 등의 취득 및 보상에 관한 법률」상 "적정가격"이 동일한 의미로 볼 수 있는지
> 「부동산 가격공시에 관한 법률」의 "적정가격"과「공익사업을 위한 토지 등의 취득 및 보상에 관한 법률」상 "적정가격"은 같은 의미로 볼 수 없다고 봄.

(6) 시장가치와 회계상 가치의 차이

감정평가에서 가치를 측정하기 위해 기준가치가 필요한 것과 마찬가지로, 기업회계에서도 재무상태표와 손익계산서의 화폐금액을 결정하기 위해 기준가치가 필요하다. 한국채택국제회계기준은 재무제표의 기준가치(측정기준)으로 '역사적 원가'를 제시하고 있다.

◆ **시장가치 · 공정가치 · 역사적 원가의 비교**

구분		시장가치	공정가치	역사적 원가
활용분야		감정평가	감정평가 · 기업회계	기업회계
측정대상		토지 등	자산 및 부채	자산 및 부채
개념 요소	시장의 통상성	고려	미고려	미고려
	당사자의 합리성	고려	고려 (합리적인 판단력)	미고려
	거래의 자발성	고려	고려 (거래의사가 있는 독립된 당사자)	미고려
	거래기간의 충분성	고려	미고려	미고려
	성립 가능성	고려	고려 (교환 · 결제될 수 있는 금액)	미고려 (취득 당시 지급한 현금)

한국채택국제회계기준 : 재무제표 작성 시 측정기준

4.54 측정은 재무상태표와 포괄손익계산서에 인식되고 평가되어야 할 재무제표 요소의 화폐금액을 결정하는 과정이다. 측정은 특정 측정기준의 선택과정을 포함한다.

4.55 재무제표를 작성하기 위해서는 다수의 측정기준이 다양한 방법으로 결합되어 사용된다. 그러한 측정기준의 예는 다음과 같다.
  (1) 역사적 원가. 자산은 취득의 대가로 취득 당시에 지급한 현금 또는 현금성 자산이나 그 밖의 대가의 공정가치로 기록한다. 부채는 부담하는 의무의

대가로 수취한 금액으로 기록한다. 어떤 경우(예 법인세)에는 정상적인 영업과정에서 그 부채를 이행하기 위해 지급할 것으로 기대되는 현금이나 현금성자산의 금액으로 기록할 수도 있다.

(2) 현행원가. 자산은 동일하거나 또는 동등한 자산을 현재시점에서 취득할 경우에 그 대가로 지불하여야 할 현금이나 현금성자산의 금액으로 평가한다. 부채는 현재시점에서 그 의무를 이행하는 데 필요한 현금이나 현금성자산의 할인하지 아니한 금액으로 평가한다.

(3) 실현가능(이행)가치. 자산은 정상적으로 처분하는 경우 수취할 것으로 예상되는 현금이나 현금성자산의 금액으로 평가한다. 부채는 이행가치로 평가하는 데 이는 정상적인 영업과정에서 부채를 상환하기 위해 지급될 것으로 예상되는 현금이나 현금성자산의 할인하지 아니한 금액으로 평가한다.

(4) 현재가치. 자산은 정상적인 영업과정에서 그 자산이 창출할 것으로 기대되는 미래 순현금유입액의 현재할인가치로 평가한다. 부채는 정상적인 영업과정에서 그 부채를 상환할 때 필요할 것으로 예상되는 미래 순현금유출액의 현재할인가치로 평가한다.

4.56 재무제표를 작성할 때 기업이 가장 보편적으로 채택하고 있는 측정기준은 역사적 원가이다. 역사적 원가는 일반적으로 다른 측정 기준과 함께 사용된다.

(7) 시장가치기준 원칙의 문제점

기준가치는 감정평가에서 기본적 사항의 하나로서 핵심적인 부분을 차지하고 있으며, 가치 측정의 기본적 가정으로서 정확하고 신뢰성 있는 감정평가액을 도출하기 위한 토대가 된다. 그러나 기준가치의 중요성에도 불구하고 기준가치에 대한 명확한 개념이 정립되어 있지 않고, 특히 시장가치 외의 가치에 대해서는 그 종류, 성격 및 특징과 같이 실무적으로 필요한 내용이 확립되어 있지 않아 실무적으로 시장가치 외의 가치가 제대로 활용되지 못하는 문제점이 발생하고 있다.

① 기준가치는 '해당' 감정평가의 기준이 되는 가치이나, 본래의 개념보다 확장적으로 해석되어 '모든' 감정평가의 기준이 되는 가치로 해석되고 있다. 그 결과 감정평가실무에서는 시장가치기준 원칙을 반드시 따라야만 하는 대원칙으로 받아들이는 결과가 초래되었고, 시장가치 외의 가치를 기준으로 감정평가할 경우 원칙을 벗어난다는 부담에 따라 기준가치를 시장가치 외의 가치로 표기하지 못하는 문제가 발생하고 있다.

② 시장가치의 명칭과 정의는 상세히 설명하고 있으나, 시장가치 외의 가치는 명칭, 성격, 특징 등에 대한 구체적인 규정이 결여되어 있다. 그 결과 감정평가실무에서는 이를 실제로 어떻게 적용해야 하는지, 기준가치가 감정평가방법 적용 및 감정평가액 결정에서 어떤 역할을 하는지 알 수 없어 시장가치 외의 가치를 활용하지 못하는 문제가 발생하고 있다.

(8) 참고 : 평가전제 및 평가조건

평가전제(premises of value)는 대상물건의 이용상황 및 시장환경에 대한 가정을 말하며, 특별 상정조건(extraordinary assumption)이라고도 한다. ① 이용상황에 대한 가정으로는 부동산 감정평가 시 최유효이용, 기업가치 감정평가 시 계속기업가치(going concern value), 청산가치(liquidation value) 등이 있으며, ② 시장환경에 대한 가정으로는 성장률, 이자율 등이 있다.

평가조건은 대상물건의 이용상황 및 가치형성요인에 대한 사실과 다른 가정을 말하며, 가설적 상정조건(hypothetical assumption)이라고도 한다.

◆ **가치기준 · 평가전제 · 평가조건의 비교**

구분	가치기준 basis of value	평가전제 extraordinary assumption	평가조건 hypothetical condition
가정의 대상	거래행위에 대해	대상물건의 물리적 · 법적 · 경제적 특성, 시장상황 · 추세에 대한	
	사실에 대한 가정	불확실한 사실에 대한 가정	사실과 반대되는 가정
적용사례	시장가치 · 공정가치 · 투자가치 등	계속기업가치 · 청산가치, 성장률 · 이자율 등	나지상정 · 개발이익배제 등

2 그 외 감정평가원칙

(1) 현황평가와 조건부평가

현황평가란 대상물건의 물리적 상태, 주위환경, 이용상황, 공법상 제한, 사법상 권리관계 등을 현재 상태대로 감정평가하는 것을 말한다. 현황평가의 예외로서 조건부평가란 대상물건의 가치형성요인 등을 실제와 다르게 가정하거나 특수한 경우로 한정하여 감정평가하는 것을 말한다.

① 예외의 적용조건

법령에 다른 규정이 있는 경우, 감정평가 의뢰인이 요청하는 경우, 감정평가의 목적이나 대상물건의 특성에 비추어 사회통념상 필요하다고 인정되는 경우에는 조건부평가를 적용할 수 있다.

◆ 조건부 감정평가의 적용 사례

구분	적용 사례	조건의 내용
법령에 다른 규정이 있는 경우	표준지 감정평가	정착물 등이 없는 나지 상태
	보상 감정평가	개발이익을 배제한 상태
	택지비 감정평가	택지조성이 완료된 상태
의뢰인이 요청하는 경우	종후자산 감정평가	분양예정인 준공 후 상태
사회통념상 필요한 경우	국공유지처분 감정평가	기존 용도가 폐지된 상태

② 예외 적용 시 유의사항

조건부평가를 적용하는 경우 해당 조건의 합리성, 적법성, 실현가능성을 검토하여야 하며, 이를 충족하지 못한다고 판단될 경우 감정평가 의뢰를 거부하거나 수임을 철회할 수 있다.

> **참고 감정평가 실무기준 해설 | 조건부 감정평가가 가능한 경우**
>
> **(1) 감정평가관계법규에 감정평가조건의 부가에 관한 규정이 있는 경우**
>
> 「토지보상법」이나 개별법 등의 규정에 따라 감정평가를 하여야 하는 경우가 이에 해당한다. 따라서 해당 법률에 의해 감정평가를 행하는 경우에는 그 법률에서 정하고 있는 방법으로 감정평가를 해야 한다. 예를 들면, 「토지보상법」 제70조에서 개발이익 배제 등을 목적으로 규정하고 있는 경우는 개발이익 배제를 조건으로 하는 감정평가인 것이다.
>
> **(2) 의뢰인이 감정평가조건의 부가를 요청하는 경우**
>
> 의뢰인이 감정평가조건을 제시하고 제시된 조건의 실현을 가정하여 감정평가할 것을 요청한 경우가 이에 해당한다. 예를 들어, 도시계획의 실시여부, 택지조성 및 수면매립의 전제, 불법점유의 해제, 환경의 개량, 건물의 증·개축을 상정하는 것과 같은 불확실한 상황에 대한 의뢰인의 요구를 검토하고, 합당한 감정평가조건이라면 해당 감정평가조건을 고려한 가치로 감정평가해야 한다.
>
> 의뢰인의 감정평가조건 부가 요청은 원칙적으로 가능하지만, 감정평가업자는 의뢰인이 제시한 감정평가조건의 부가가 가능한 내용인지 검토해야 한다. 그 이유는 감정평가조건에 따라 감정평가액이 달라질 수 있으며, 의뢰인 등이 감정평가조건의 제시 없이 감정평가액만을 이용하여 제3자의 이익에 해를 끼칠 수도 있고, 감정평가조건 자체가 비합리적이거나 불법적일 수 있기 때문이다. 따라서 감정평가 조건에 대한 제반사항을 검토하도록 제2항에서 규정하고 있다.
>
> **(3) 사회통념상 당연히 감정평가조건이 부가되어야 하는 경우**
>
> 감정평가의 목적이나 대상물건의 특성에 따라 당연히 감정평가조건이 부가되는 경우를 말한다. 감정평가액 도출을 위하여 불확실한 상황에 대한 판단이 필요한 경우 이에 대한 판단을 감정평가조건으로 부가하는 것이다. 이러한 상황판단은 감정평가목적에 따라 달라지기도 한다.
>
> 예를 들어, 감정평가목적과 관련하여 국·공유지 처분 평가의 경우에는 지목 및 이용상황이 구

거 또는 도로부지인 토지를 인접 토지소유자 등에게 매각할 때 현실적인 이용상황 등이 아닌 용도폐지를 전제로 하여 감정평가하는 경우가 이에 해당된다. 그리고 대상 물건의 특성과 관련하여서는 건축허가를 받아 건축이 진행되어 완공이 임박한 건축물이 소재한 토지의 경우 통상적인 건축주는 사용승인을 득하기 위한 공정을 진행하게 될 것이며, 이는 곧바로 사용승인을 득하여 지목이 대지로 변경될 것을 예정할 수 있으므로 대지를 전제로 한 토지의 감정평가가 가능할 것이다.

(2) 개별평가와 일괄·구분·부분평가

<u>개별평가</u>란 대상물건을 각각 독립된 개별 물건으로 감정평가하는 것을 말한다. 부동산은 실제 토지·건물 일체로 거래되는 것이 일반적이나, 우리나라 「민법」 및 「부동산등기법」은 토지와 건물을 개별 부동산으로 취급하는 등에 따라 개별평가 원칙을 적용하고 있다.

개별평가의 예외로서 <u>일괄평가</u>는 둘 이상의 대상물건을 일괄하여 감정평가하는 것을 말하며, 대표적인 예로 둘 이상의 필지가 하나의 획지를 구성하는 일단의 토지, 토지와 입목 일체로 구성된 임야, 아파트·다세대·오피스텔 등 집합부동산 등이 있다.

<u>구분평가</u>는 하나의 대상물건을 가치를 달리하는 부분으로 구분하여 감정평가하는 것을 말하며, 대표적인 예로 잔여면적을 독립적으로 이용할 수 있는 초과토지, 하나의 토지가 둘 이상의 용도지역에 속한 경우, 하나의 건물 일부를 증축한 경우 등이 있다.

<u>부분평가</u>는 하나의 대상물건의 일부분을 감정평가하는 것을 말하며, 대표적인 예로 하나의 토지 일부가 공익사업지구에 편입된 경우, 복합부동산에서 토지만을 감정평가하는 경우 등이 있다.

◆ 개별·일괄평가의 필요성

구분	개별평가	일괄평가
법적 근거	• 「민법」상 토지·건물 • 「부동산등기법」상 토지·건물등기 • 「지방세법」상 취·등록세 및 재산세 • 「감정평가에 관한 규칙」상 개별평가	• 「부동산등기법」상 집합건물등기 • 「집합건물법」상 집합건물 • 「지방세법」상 단독주택의 과세 • 「감정평가에 관한 규칙」상 일괄평가
이론적 필요성	• 토지·건물의 물리적 특성 상이 • 자본회수 고려 여부 상이	• 토지·건물의 일체 효용성
실무적 필요성	• 건물의 신축·개량 시 최유효이용 분석 • 토지·건물 소유자 간 분쟁 (대지권 미등기) • 화재보험료 산정	• 토지·건물의 일체거래관행 • 토지·건물의 일체수익발생

① **예외의 적용조건**

일괄평가는 둘 이상의 대상물건이 일체로 거래되거나 대상물건 상호 간에 용도상 불가분의 관계가 있는 경우에 적용할 수 있으며, 구분평가는 하나의 대상물건에 가치를 달리하는 부분이 있는 경우에 적용할 수 있다. 부분평가는 대상물건의 일부분에 대하여 감정평가하여야 할 특수한 목적이나 합리적인 이유가 있는 경우에만 적용할 수 있다.

◆ **일괄 · 구분 · 부분평가의 비교**

구분	일괄평가	구분평가	부분평가
적용조건	일체로 거래되거나 용도상 불가분 관계가 있는 경우	가치를 달리하는 부분이 있는 경우	특수한 목적이나 합리적인 이유가 있는 경우
물건의 수	2개 이상	1개	1개
물건의 확정	1개	2개 이상	1개
적용사례	• 일단의 토지 • 입목과 임야 • 집합부동산	• 초과토지 • 둘 이상의 용도지역에 속한 토지 • 증축된 건물	• 일부가 공익사업에 편입된 토지 • 복합부동산의 토지

> 📝 **참고 일단지 | 감정평가 실무기준 해설**
>
> **일단지의 개념**
>
> 일단지란 지적공부상 2필지 이상의 토지가 일단을 이루어 같은 용도로 이용되는 것이 사회적 · 경제적 · 행정적 측면에서 합리적이고 대상토지의 가치형성 측면에서 타당하다고 인정되는 등 용도상 불가분의 관계에 있는 토지를 말한다.
>
> **일단지의 판단기준**
>
> 2필지 이상의 토지에 대하여 용도상 불가분의 관계가 인정되어야 한다. 즉, 사회적, 경제적, 행정적 측면에서 합리적이고 해당 토지의 가치형성적 측면에서도 타당하다고 인정되는 관계에 있어야 한다. 2필지가 용도가 명확하게 구분되거나 가치형성적 측면에서 일단으로 이용하는 것이 타당하다고 인정되지 않는 경우에는 일단지로 볼 수 없다.
>
> **일단지 판단 시 유의사항**
>
> ① 토지소유자의 동일성
>
> 일단지의 판단기준과 토지소유자의 동일성은 원칙적으로 직접적인 관련이 없다. 또한 2 필지 이상의 토지가 용도상 불가분의 관계에 있다고 인정되는 경우에는 각각의 토지소유자가 다른 경우에도「민법」상 공유관계로 보아 일단지에 포함시키고 있다.
>
> ② 지목의 동일성
>
> 일단지의 구체적인 판정기준은 용도상 불가분의 관계에 있는지 여부이지, 지목의 동일성 여부는 아니므로, 지목 분류의 개념과 반드시 일치하는 것은 아니다.

③ 일시적인 이용상황

2필지 이상의 토지가 일단을 이루어 이용되고 있어도 그것이 주위환경 등과 사정으로 보아 일시적인 이용상황인 경우에는 이를 일단지로 보지 않는 것이 타당하다. 이러한 경우의 예로서 가설건축물의 부지, 조경수목재배지, 조경자재제조장, 골재야적장, 간이창고, 간이체육시설용지(테니스장, 골프연습장, 야구연습장 등) 등으로 이용되고 있는 경우를 들 수 있다.

④ 건축물 존재 여부

인접되어 있는 2필지 이상의 토지상에 기준시점 현재 하나의 건축물 등이 있는 경우에는 용도상 불가분의 관계가 이미 성립되어 있는 것으로 볼 수 있어 일단지로 인정할 수 있다. 그러나 건축물을 건축 중인 경우 또는 나지상태로서 착공 이전인 경우에는 주의깊게 판단하여야 한다. 「표준지 조사·평가 기준」 제20조 제4항에서는 건축 중에 있는 토지와 공시기준일 현재 나지상태이나 건축허가 등을 받고 공사를 착수한 때에는 토지소유자가 다른 경우에도 이를 일단지로 본다고 규정하고 있다.

나지상태의 토지는 용도가 확정되지 않은 상태로서 일단지 판단에 어려움이 있으나, 주위환경이나 토지의 상황 등을 종합적으로 고려할 때에 장래에 일단으로 이용되는 것이 확실시된다면 용도상 불가분의 관계를 인정할 수 있을 것이다.

② 예외 적용 시 유의사항

「민법」, 「부동산등기법」 및 「지방세법」은 기본적으로 부동산을 토지와 정착물로 구분하여 인식하고 있으나, 현실 부동산 시장에서는 일체로 거래되거나 용도상 불가분의 관계에 있는 경우가 많다. 다만 <u>건물을 신축한 경우</u> 등 개별평가의 설득력과 실증력이 우수한 경우도 있으므로 일괄평가 적용 시 유의하여야 한다. 또한 1필지의 토지를 2인 이상이 공동으로 소유하고 있는 <u>공유지분 토지</u>의 지분을 감정평가할 때에는 대상토지 전체 가액에 지분 비율을 곱하여 부분평가를 적용하나, 대상지분의 위치가 확인되는 경우에는 위치를 반영하여 구분평가할 수 있다.

참고 개별 감정평가 원칙의 예외 | 감정평가 실무기준 해설

(1) 일괄감정평가

대상물건이 시장에서 거래관행이나 가치형성이 일체로 되는 경우에는 일체의 가액을 산정하는 것이 부분별 가액의 합산가액보다 정확할 것이다. 이에 2003년 8월 14일 감칙을 개정하여 일괄감정평가를 보다 명확히 하고자 하였으며, 동 기준도 둘 이상의 물건이 일체로 거래되거나 대상물건 상호 간 용도상 불가분의 관계에 있는 경우에는 일괄감정평가하도록 하고 있다. 실무상 일괄감정평가의 대표적인 예로는 ① 둘 이상의 획지 또는 필지를 일단지로 평가할 필요가 있는 경우, ② 대지와 지상물이 일체로 거래되는 경우, ③ 용도상 불가분의 관계에 있는 아파트, 다세대 연립주택, 아파트형공장, 주거용 오피스텔 등의 평가를 행하는 경우, ④ 임지와 입목을 일체로 하는 임야, ⑤ 토지·건물의 복합부동산 등이 있다. 이 경우 평가 의뢰인의 필요에 따라 일괄감정평가된 감정평가액을 합리적인 기준에 따라 토지가액 및 건물가액으로 구분하여 표시할 수 있다.

(2) 구분감정평가

구분감정평가는 1개의 물건이라도 가치를 달리하여 서로 다르게 가치가 형성되는 경우에는 이를 구분하여 감정평가하는 것을 말한다. 가치를 서로 달리하는 부분을 구별하는 점에서 부분감정평가와 차이가 있고, 가치를 달리 하더라도 면적 등이 과소하여 그 영향이 미미한 경우에는 주된 가치를 기준으로 감정평가해야 한다. 한 필지의 토지라도 용도지역, 이용상황 등이 서로 달라 가치를 달리하는 경우에는 구분감정평가를 할 수 있다.

(3) 부분감정평가

부분감정평가는 본래 대상물건의 일부만을 감정평가하는 것을 말한다. 부분감정평가를 하지 않는 것이 원칙이지만, 특수한 목적 또는 합리적인 이유가 있어 부분감정평가의 필요성이 인정되는 경우 대상물건의 일부만을 감정평가할 수 있다. 예를 들면, ① 토지의 보상평가 시 1개 필지의 일부만이 편입되어 그 편입부분만을 평가하는 경우, ② 토지 건물 일체로 구성된 복합부동산 그 상태에서 토지만의 가액을 구하는 경우가 이에 해당한다.

감정평가에 관한 규칙

<u>제7조(개별물건기준 원칙 등)</u>

① 감정평가는 대상물건마다 개별로 하여야 한다.

② 둘 이상의 대상물건이 일체로 거래되거나 대상물건 상호 간에 용도상 불가분의 관계가 있는 경우에는 일괄하여 감정평가할 수 있다.

③ 하나의 대상물건이라도 가치를 달리하는 부분은 이를 구분하여 감정평가할 수 있다.

④ 일체로 이용되고 있는 대상물건의 일부분에 대하여 감정평가하여야 할 특수한 목적이나 합리적인 이유가 있는 경우에는 그 부분에 대하여 감정평가할 수 있다.

---

③ 일괄평가액의 배분

토지·건물 일괄평가액을 배분하는 방법으로는 ① 비율법, ② 공제법이 있다. <u>비율법</u>은 인근지역 내에서 합리적인 배분비율을 산출할 수 있는 경우에 적용하며, <u>공제법</u>은 토지 또는 건물만의 가액을 합리적으로 구할 수 있는 경우에 적용한다.

비율법은 배분비율을 구하는 방법에 따라 직접법과 간접법으로 구분한다. <u>직접법</u>(구분합산법)은 대상물건의 공시가격(토지: 개별공시지가, 건물: 시가표준액) 또는 거래가격(토지: 매입비용, 건물: 신축비용)의 비율로 배분하는 방법이며, <u>간접법</u>(비율배분법)은 통계적 비율표 등에 의해 배분하는 방법이다(주용범, 2021).

📖 참고   토지 건물 배분비율표

구분	5년 이하		6년~10년		11년~15년		16년~20년		21년~25년		26년~30년		30년 초과	
	토지	건물	토지	건물	토지	건물	토지	건물	토지	건물	토지	건물	토지	건물
전국	3	7	4	6	4	6	5	5	5	5	5	5	6	4
서울	7	3	7	3	7	3	7	3	7	3	8	2	9	1
도심권	7	3	7	3	7	3	7	3	8	2	9	1	9	1
동북권	6	4	7	3	7	3	7	3	7	3	8	2	9	1
동남권	7	3	8	2	8	2	8	2	8	2	9	1	9	1
서남권	7	3	7	3	7	3	7	3	7	3	8	2	9	1
서북권	7	3	7	3	7	3	7	3	7	3	8	2	9	1
수도권	4	6	4	6	5	5	5	5	6	4	7	3	8	2
경기	4	6	4	6	5	5	5	5	6	4	7	3	8	2
경부권역	5	5	5	5	6	4	6	4	6	4	7	3	8	2
서해안 권역	4	6	5	5	5	5	6	4	6	4	7	3	8	2
경의권역	4	6	4	6	5	5	5	5	6	4	7	3	8	2
경원권역	3	7	3	7	4	6	5	5	5	5	6	4	7	3
동부권영	4	6	4	6	4	6	5	5	5	5	6	4	7	3
인천	4	6	5	5	5	5	5	5	6	4	7	3	8	2
5대 광역시	4	6	4	6	5	5	5	5	5	5	6	4	7	3
기타 도지역	3	7	3	7	3	7	4	6	4	6	5	5	6	4

공제법은 건물 가액을 공제하는 토지잔여법과 토지 가액을 공제하는 건물잔여법으로 구분한다. 토지잔여법은 건물 가액의 산정이 용이한 신축 부동산이나 건물의 비중이 낮은 주차장, 창고 등에 적용하며, 토지만의 거래사례를 수집하기 어려운 도심 지역에 적용할 수 있다는 장점이 있다. 건물잔여법은 토지만의 거래사례를 수집할 수 있고 토지 가격이 낮은 비도심 지역에서 유용하나, 배분된 건물가액과 시가표준액 등 공시가격이 괴리될 수 있다는 단점이 있다.

◆ 일괄평가액의 배분방법 | 공제법

	토지잔여법	건물잔여법
장점	• 건물가격의 비중이 낮은 도심 지역에서 유용 • 건물가격을 객관적으로 산정할 수 있는 신축 부동산에서 유용	• 토지가격의 비중이 낮고, 토지만의 거래사례를 수집하기 쉬운 비도심 지역에서 유용
단점	• 신축 후 일정기간 경과 시 건물가액을 별도로 인정하지 않는 거래관행과 불일치	• 토지만의 거래사례를 수집하기 어려운 도심지역에서 한계 • 건물 공시가격(시가표준액)과의 괴리 가능성

일괄평가액의 배분 관련 법령

__감정평가에 관한 규칙 제16조(토지와 건물의 일괄감정평가)__

감정평가법인등은 「집합건물의 소유 및 관리에 관한 법률」에 따른 구분소유권의 대상이 되는 건물부분과 그 대지사용권을 일괄하여 감정평가하는 경우 등 제7조 제2항에 따라 토지와 건물을 일괄하여 감정평가할 때에는 거래사례비교법을 적용해야 한다. 이 경우 감정평가액은 합리적인 기준에 따라 토지가액과 건물가액으로 구분하여 표시할 수 있다.

__감정평가 실무기준 2.4 건물의 감정평가방법__

③ 거래사례비교법으로 감정평가할 때에는 적절한 건물의 거래사례를 선정하여 사정보정, 시점수정, 개별요인비교를 하여 비준가액을 산정한다. 다만, 적절한 건물만의 거래사례가 없는 경우에는 토지와 건물을 일체로 한 거래사례를 선정하여 토지가액을 빼는 공제방식이나 토지와 건물의 가액구성비율을 적용하는 비율방식 등을 적용하여 건물가액을 배분할 수 있다.

__감정평가 실무기준 3.1.3 구분소유 부동산의 감정평가방법__

① 구분소유 부동산을 감정평가할 때에는 건물(전유부분과 공유부분)과 대지사용권을 일체로 한 거래사례비교법을 적용하여야 한다.

③ 감정평가액은 합리적인 배분기준에 따라 토지가액과 건물가액으로 구분하여 표시할 수 있다.

__감정평가 실무기준 3.2.3 복합부동산의 감정평가방법__

① 복합부동산은 토지와 건물을 개별로 감정평가하는 것을 원칙으로 한다. 다만, 토지와 건물이 일체로 거래되는 경우에는 일괄하여 감정평가할 수 있다.

③ 토지와 건물을 일괄하여 감정평가한 경우의 감정평가액은 합리적인 배분기준에 따라 토지가액과 건물가액으로 구분하여 표시할 수 있다.

---

(3) 현행평가와 소급·기한부평가

__현행평가__란 대상물건의 가격조사를 완료한 날짜를 기준시점으로 감정평가하는 것을 말한다. 현행평가의 예외로서 __소급평가·기한부평가__는 가격조사를 완료한 날짜의 이전·이후를 기준으로 감정평가하는 것을 말한다.

① 예외의 적용조건

소급평가·기한부평가 등 기준시점을 별도로 정하기 위해서는 그 날짜에 가격조사가 가능하여야 한다.

② 예외 적용 시 유의사항

소급평가 적용 시 과거시점의 가격조사 가능 여부에 유의하여야 하며, 기한부평가 적용 시 부동산 시장의 경기변동, 미래 사건의 변동성·불확실성에 유의하여야 한다.

> **참고   질의회신 | 소급평가 및 기한부평가의 적용 가능성**
>
> **[질의] 소급평가 시 기준시점 이후의 가격자료를 직접 활용하여 감정평가할 수 있는 지 여부**
> 사안의 경우 현물출자 당시를 가격시점으로 한 소급평가이므로 가격시점 당시의 가격형성요인자료를 근거로 미래의 현금흐름을 추정하여 감정평가하여야 할 것으로 보며, 가격시점 이후의 실제 발생한 순수익 또는 현금흐름을 직접 반영하여 평가하는 것은 평가논리상 타당하지 않다고 봅니다.
>
> **[질의] 공사진척률 약 60%인 상황에서 입주시점을 기준시점으로 하는 감정평가 가능 여부**
> 주택건설사업계획의 승인을 받아 공사진척률이 약 60%에 이르렀으며 주택건설사업계획과 달리 건축되었다는 등의 특별한 사정이 없는 한 준공을 전제로 하는 감정평가조건의 합리성, 적법성이 문제될 것으로 보이지는 않으며, 해당 사업의 재무적 측면이나 물리적 측면에서 실현가능성이 충분하다면 감정평가조건의 실현가능성도 구비하였다고 볼 수 있을 것입니다.
> 다만, 공공임대주택의 준공을 전제로 하여 입주시점을 기준시점으로 한 감정평가가 가능한지 여부는 입주시점에서의 가격조사 가능성, 공공주택 특별법령에 따른 임대의무기간이 10년인 공공임대주택의 분양전환 및 입주자 공고 관련 규정, 「주택공급에 관한 규칙」에 따른 입주자 공고 관련 규정, 구체적인 사실관계 등을 담당 감정평가업자가 개별적으로 검토하여 결정할 사항입니다.
>
> **[질의] 운영업체가 부담하여 설치한 시설물의 사용계약기간 만료 시의 잔존가액을 구하기 위해 만료시점을 기준시점으로 기한부평가가 가능한 지 여부**
> 사용계약기간 만료시점을 가격시점으로 감정평가하는 것은 차후 당해 물건의 대수선여부, 화재로 인한 소실, 손괴 등 물리적인 변화의 정도, 건축비 변동정도를 가름할 수가 없으므로 감정평가 결과의 정확성 및 신뢰성을 보장하기 어려울 것으로 보입니다. 참고로 국유재산법 시행령 제29조는 재산가액은 감정평가일로부터 3년 이내에만 적용할 수 있다고 규정하고 있어, 미래의 불확실성 등 예측하기 어려운 요인들을 배제하고 평가결과의 정확성을 높이기 위함으로 사료됩니다.
> 통상적인 유지, 관리가 된다는 전제하에 동일 기능을 유지한다고 보고 평가하는 것은 가능할 것이나, 향후 약 20여 년간의 시점수정을 하게 될 경우 미래시점에서의 가치형성요인은 예측할 수 없는 경우가 많아 기준시점이 먼 미래일수록 평가결과의 정확성 및 신뢰성을 보장하기 어려운 것이 사실입니다.

> **감정평가에 관한 규칙**
>
> **제9조(기본적 사항의 확정)**
> ② 기준시점은 대상물건의 가격조사를 완료한 날짜로 한다. 다만, 기준시점을 미리 정하였을 때에는 그 날짜에 가격조사가 가능한 경우에만 기준시점으로 할 수 있다.

(4) 대상물건 확인과 생략

감정평가를 할 때에는 실지조사를 하여 대상물건을 확인해야 하나, 예외적으로 실지조사를 하지 않을 수 있다.

① 예외의 적용조건

실지조사가 불가능하거나 매우 곤란한 경우 또는 실지조사가 불가능하거나 불필요한 경우에는 실지조사를 하지 않을 수 있다. 실지조사가 불가능한 경우로 천재지변, 전쟁, 법령에 따른 제한이 있는 경우 등이 있으며, 실지조사가 곤란한 경우로는 도서지역 등 물리적인 접근이 어려운 경우 등이 있다. 실지조사가 불필요한 경우로는 무형자산·유가증권 등이 해당될 수 있다.

② 예외 적용 시 유의사항

실지조사를 하지 않는 경우에도 감정평가 시 객관적이고 신뢰할 수 있는 자료를 충분히 확보하여야 한다.

감정평가에 관한 규칙

<u>제10조(대상물건의 확인)</u>
① 감정평가법인등이 감정평가를 할 때에는 실지조사를 하여 대상물건을 확인해야 한다.
② 감정평가법인등은 제1항에도 불구하고 다음 각 호의 어느 하나에 해당하는 경우로서 실지조사를 하지 않고도 객관적이고 신뢰할 수 있는 자료를 충분히 확보할 수 있는 경우에는 실지조사를 하지 않을 수 있다.
  1. 천재지변, 전시·사변, 법령에 따른 제한 및 물리적인 접근 곤란 등으로 실지조사가 불가능하거나 매우 곤란한 경우
  2. 유가증권 등 대상물건의 특성상 실지조사가 불가능하거나 불필요한 경우

---

(5) 주된 방법과 부방법

감정평가방법은 대상 물건별로 「감정평가에 관한 규칙」 제14조부터 제26조까지의 규정된 감정평가방법을 적용하여야 하며, <u>주된 감정평가방법</u> 외에 다른 감정평가방식에 속하는 하나 이상의 감정평가방법을 적용하여야 한다. 감정평가방법 적용의 예외로서, 주된 감정평가방법 외에 <u>다른 감정평가방법</u>을 적용할 수 있으며, 다른 감정평가방법을 적용하지 않을 수 있다.

> **참고 3방식 병용의 법률적 근거**
>
> • 「부동산 가격공시에 관한 법률」 제3조(표준지공시지가의 조사·평가 및 공시 등)
>   ④ 국토교통부장관이 제1항에 따라 표준지공시지가를 조사·평가하는 경우에는 인근 유사토지의 거래가격·임대료 및 해당 토지와 유사한 이용가치를 지닌다고 인정되는 토지의 조성에 필요한 비용추정액, 인근지역 및 다른 지역과의 형평성·특수성, 표준지공시지가 변동의 예측 가능성 등 제반사항을 종합적으로 참작하여야 한다.
>
> • 「공익사업을 위한 토지 등의 취득 및 보상에 관한 법률 시행규칙」 제18조(평가방법 적용의 원칙)
>   ① 대상물건의 평가는 이 규칙에서 정하는 방법에 의하되, 그 방법으로 구한 가격 또는 사용료를 다른 방법으로 구한 가격 등과 비교하여 그 합리성을 검토하여야 한다.
>   ② 이 규칙에서 정하는 방법으로 평가하는 경우 평가가 크게 부적정하게 될 요인이 있는 경우에는 적정하다고 판단되는 다른 방법으로 평가할 수 있다. 이 경우 보상평가서에 그 사유를 기재하여야 한다.

① 감정평가 3방식·7방법

감정평가방식이란 대상물건의 가치를 측정하기 위해 전통적으로 사용되고 있는 비용성에 기초한 원가방식, 시장성에 기초한 비교방식, 수익성에 기초한 수익방식을 말한다. 이러한 감정평가방식은 신고전학파의 가치이론 통합 이후 오늘날까지 계속 사용되고 있어 '전통적 접근방식(conventional approach)'이라고 불린다.

수익방식은 '어느 정도의 수익이나 효용을 얻을 수 있나' 하는 수익성, 재화의 가치는 수요자의 주관적 효용에 의하여 결정된다는 한계효용가치설에 근거한다. 수요의 측면에서 효용수익과 가격의 상호 관계를 파악하는 수요자가격의 성격을 지닌다. 수익방식은 수익이 발생하는 모든 물건의 평가에 적용이 가능하고, 부동산경기 상승기에 비준가액의 상승을 검증할 수 있다는 장점이 있으나, 수익이 발생하지 않는 주거용·공공용 부동산에는 적용이 어렵고, 시장상황이 불안정한 경우 임료의 지행성으로 인해 안정된 순수익을 추정하기 어렵다는 단점이 있다.

원가방식은 '어느 정도의 비용이 투입되어야 만들 수 있는가' 하는 비용성, 재화의 가치는 투입된 생산비에 의하여 결정된다는 생산비가치설에 근거한다. 공급의 측면에서 공급비용과 가격의 상호 관계를 파악하는 공급자가격의 성격을 지닌다. 원가방식은 시장성이 없는 공공용 부동산에도 적용이 가능하고, 실증적이고 논리적이라는 장점이 있으나, 재생산이 불가능한 토지 등에는 적용하기 어렵고, 감가수정에 주관이 개입될 가능성이 있다는 단점이 있다.

비교방식은 '어느 정도의 가액으로 시장에서 거래될 수 있는가' 하는 시장성, 재화의 가치는 수요와 공급의 균형에 의하여 결정된다는 수요공급 가치이론에 근거한다. 비교방식의 유효성은 부동산 시장을 효율적 시장으로 가정한 경우에 확보된다. 비교방식은 객관적이고 실증적이므로 설득력이 강하고, 수익이 발생하지 않거나 재생산이 불가능한 물건에도 적용 가능하다는 장점이 있으나, 시장상황이 악화된 경우 거래가 이루어지지 않거나 특수한 사정이 개입된 경우 신뢰성이 낮고, 거래사례의 선정과 비교의 과정에서 주관이 개입될 가능성이 있다는 단점이 있다.

② 예외의 적용조건

주된 방법을 적용하는 것이 곤란하거나 부적절한 경우에는 다른 감정평가방법을 주된 감정평가방법으로 적용할 수 있으며, 대상물건의 특성 등으로 인하여 하나 이상의 감정평가방법을 적용하는 것이 곤란하거나 불필요한 경우에는 하나의 감정평가방법만을 적용할 수 있다.

③ 예외 적용 시 유의사항

수익형 부동산·부동산 개발사업과 같이 수익성에 기초한 부동산이나 집합부동산과 같이 토지·건물의 분리 처분이 불가능한 부동산의 경우 원가방식의 적용이 적절하지 않다.

감정평가에 관한 규칙

제12조(감정평가방법의 적용 및 시산가액 조정)

① 감정평가법인등은 제14조부터 제26조까지의 규정에서 대상물건별로 정한 감정평가방법(이하 "주된 방법"이라 한다)을 적용하여 감정평가해야 한다. 다만, 주된 방법을 적용하는 것이 곤란하거나 부적절한 경우에는 다른 감정평가방법을 적용할 수 있다.

② 감정평가법인등은 대상물건의 감정평가액을 결정하기 위하여 제1항에 따라 어느 하나의 감정평가방법을 적용하여 산정한 가액(이하 "시산가액"이라 한다)을 제11조 각 호의 감정평가방식 중 다른 감정평가방식에 속하는 하나 이상의 감정평가방법(이 경우 공시지가기준법과 그 밖의 비교방식에 속한 감정평가방법은 서로 다른 감정평가방식에 속한 것으로 본다)으로 산출한 시산가액과 비교하여 합리성을 검토해야 한다. 다만, 대상물건의 특성 등으로 인하여 다른 감정평가방법을 적용하는 것이 곤란하거나 불필요한 경우에는 그렇지 않다.

---

(6) 시산가액 조정

시산가액(indicated value)이란 대상물건에 감정평가방법을 적용하여 산정한 가액을 말한다. 각 시산가액은 상호 일치하는 것이 이상적이지만, 이른바 '3면 등가의 법칙'은 완전경쟁시장이 아닌 현실의 불완전경쟁시장에서는 성립하기 어렵다. 따라서 감정평가 시 둘 이상의 감정평가방법을 적용하여 산출한 시산가액을 상호 비교하여 합리성을 검토하고, 합리성이 없다고 판단되는 경우에는 시산가액 간 격차를 합리적으로 조정하여 최종 감정평가액을 도출해야 한다. 예외적으로는 합리성 검토를 생략할 수 있다.

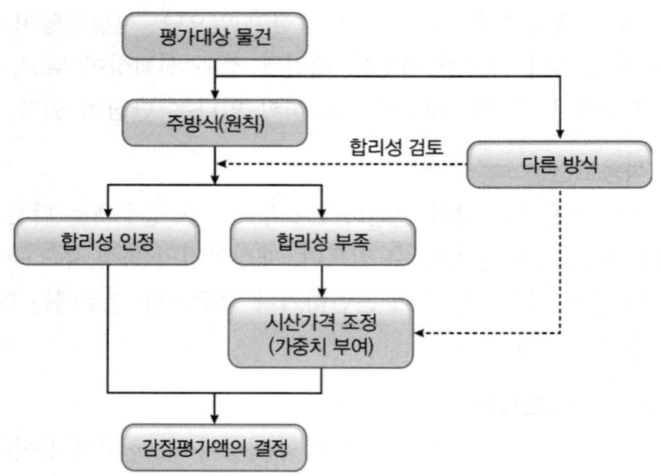

① 예외의 적용조건

대상물건의 특성 등으로 둘 이상의 감정평가방법을 적용하는 것이 곤란하거나 불필요한 경우에는 합리성 검토를 생략할 수 있다.

② 시산가액 조정의 필요성

시산가액 조정의 필요성에 있어 긍정설과 부정설이 대립한다. 긍정설은 '감정평가 3방식이 고유의 특징과 장점을 가지고 있을 뿐 아니라 특정한 상황에서 적용상 한계도 가지고 있으므로 한 가지 방식에 의존할 수 없고', 상관성을 갖고 있어 장기적 관점에서 3면 등가의 법칙이 성립하므로 시산가액 간 불일치를 조정할 필요성이 있다는 주장이다. 부정설은 각 감정평가방법의 접근방식이 상이하고 현실적으로 3면 등가의 법칙이 성립하지 않으므로 인위적으로 조정할 수 없다는 주장이다.

그러나 3면 등가의 법칙이 성립하지 않더라도 3방식 간 상관성이 인정되므로, 시산가액 간 차이가 발생하는 원인을 파악하고 차이를 조정하여 감정평가액 결정에 논리성을 부여할 필요성이 있다.

◆ 시산가액 조정의 전제와 물건별 감정평가방법

물건별 감정평가방법	시산가액 조정의 전제	
주된 감정평가방법의 적용	3방식 적용의 한계	모든 물건에 3방식을 적용할 수 없음
부 방법 병용 및 합리성 검토	3면 등가의 불성립	3방식 시산가액이 일치하지 않음
시산가액 조정	상관·조정의 원리	3방식 시산가액은 단기적으로 일치하지 않으나, 장기적 균형을 이룸

전통적인 세 가지 접근법에 대한 이론적 근거는 일찍이 Marshall의 저서에서부터 발견된다. Marshall은 완전경쟁시장에서는 가격, 비용, 가치가 결국은 같아진다고 생각했다. 이에 따라 세 가지 접근법에 의한 가치추계치는 정적인 균형(stable equilibrium) 하에서는 일치될 수 있다는 이른바 '삼면등가의 법칙'이 Marshall과 그의 추종자들 사이에서 제기되었다.

그러나 현실적으로 이 같은 일은 거의 일어나고 있지 않다. 부동산시장은 정적인 시장이 아니라 동적인 시장이다. Marshall의 이론을 실제에 적용하는 데에는 많은 무리가 있다. 동적인 상황에서는 세 가지 접근법에 의한 결과치가 결코 같아질 수 없다는 것이 많은 학자들에 의해 지적되고 있다.

평가사가 세 가지 접근법을 동일한 부동산에 실제로 적용시켰을 경우, 그 결과치는 서로 다르게 나타난다. 각각의 방법에 의해 추계된 결과치를 시산가치(indicated value)라고 하는데, 평가사는 시산가치를 조정하여 최종적인 가치결론(value conclusion)을 도출해 낸다. 조정(reconciliation)을 다른 말로 상관(correlation)이라 부르기도 한다. 평가사는 각 방법에서 쓰인 자료의 유용성이나 신뢰성 등을 고려하여 비중을 정하고, 시산가치를 가중평균하여 최종적인 시장가치를 추계한다.

세 가지 접근법의 시산가치가 결코 같지 않다는 것은 한편으로 세 가지 방법을 대상부동산의 평가에 모두 적용시킬 필요가 없다는 것을 의미하며, 다른 한편으로는 세 가지 방법에 의한 시산가치를 적절한 방법으로 조정해야 한다는 것을 의미한다. 많은 학자들은 평가대상에 따라 세 가지 방법이 모두 적용될 수도 있고, 그중에 한두 가지만 적용될 수도 있다고 주장한다. 그러나 미국의 부동산평가협회의 실무기준에서는, 가능한 한 세 가지 접근법을 모두 적용할 것을 요구하고 있다. 이것은 이 기준이 삽입될 당시의 시대적 상황과 밀접한 관련이 있다.

1930년대의 대공황 시는 부동산가격이 폭락한 때였다. 당시에는 평가사들이 주로 시장접근법으로 대상부동산의 가치를 추계하고 있었다. 그런데 시장이 이처럼 극도로 위축된 상황에서 시장접근법을 사용한다는 것은 대상부동산의 가치를 지나치게 하향평가한다는 문제가 제기되었던 것이다. 대상부동산의 평가가치가 낮은 것은 자신 소유의 부동산의 가치가 이렇게 낮기 때문이 아니라 평가가치에 대한 정의와 평가방법 자체가 잘못되었기 때문이라고 생각했다.

이에 따라 Arthur J. Mertzke(1890~1970)는 1933년에 세 가지 접근법이 모든 부동산의 평가에 다 적용되어야 한다고 제안하게 된다. Mertzke의 이 같은 제안은 부동산평가 협회에서 채택되었고, 그로부터 현재에 이르기까지 평가협회는 어떠한 부동산의 평가에도 이 세 가지 방법을 모두 적용하도록 권고하고 있다. 그리고 만약 어느 특정한 방법을 생략했을 경우에는 반드시 그 이유를 개진하도록 하고 있다. Mertzke의 의견이 부동산평가협회의 공식적인 견해로 채택된 것은, 이 같은 시대적 상황뿐만 아니라 그가 당시에 NAR(National Association of REALTORS)의 전신이었던 NAREB(National Association of Real Estate Boards)의 교육연구이사로 있었던 것에도 힘입은 바 크다고 한다.

③ 시산가액 조정의 법적 근거

「감정평가에 관한 규칙」 제12조는 대상물건의 감정평가액을 결정하기 위하여 어느 하나의 감정평가방법을 적용하여 산정한 시산가액을 다른 감정평가방식에 속하는 하나 이상의 감정평가방법으로 산출한 시산가액과 비교하여 합리성을 검토하고, 검토 결과 제1항에 따라 산출한 시산가액의 합리성이 없다고 판단되는 경우에는 시산가액을 조정하여 감정평가액을 결정할 수 있다고 규정하고 있다.

「부동산 가격공시에 관한 법률」 제3조는 표준지공시지가를 조사·평가하는 경우에는 인근 유사토지의 거래가격·임대료 및 해당 토지와 유사한 이용가치를 지닌다고 인정되는 토지의 조성에 필요한 비용추정액, 인근지역 및 다른 지역과의 형평성·특수성, 표준지공시지가 변동의 예측 가능성 등 제반사항을 종합적으로 참작하여야 한다고 규정하고 있다.

「공익사업을 위한 토지 등의 취득 및 보상에 관한 법률 시행규칙」 제18조는 대상물건의 평가 시 규칙에서 정하는 방법에 의하되, 다른 방법으로 구한 가격 등과 비교하여 그 합리성을 검토하여야 한다고 규정하고 있다.

④ 시산가액 조정기준

시산가액의 조정은 단순히 시산가액의 산술적 평균을 의미하는 것은 아니며, 감정평가방법의 적절성, 감정평가방법 적용의 정확성, 증거의 양과 질, 시장상황, 평가목적 등을 기준으로 검토하고 적절한 가중치를 적용하여 조정한다.

⑤ 시산가액 조정방법

감정평가법인등은 제2항에 따른 검토 결과 제1항에 따라 산출한 시산가액의 합리성이 없다고 판단되는 경우에는 주된 방법 및 다른 감정평가방법으로 산출한 시산가액을 조정하여 감정평가액을 결정할 수 있다.

시산가액의 조정방법으로는 가중치 적용방법, 주·부방법 겸용방법이 있다. 가중치 적용방법은 상기 조정기준에 따라 각 시산가액에 가중치를 부여하여 하나의 점 추정치로 조정하는 방법이며, 주·부방법 겸용방법은 조정기준에 따라 가장 합리성이 높은 시산가액을 중심으로 하되 다른 시산가액을 활용하여 구간 추정치 등으로 병기하는 방법이다.

⑥ 최종 감정평가액의 표시방법

시산가액 조정을 통해 도출된 최종 감정평가액은 하나의 수치인 점 추정치(point estimate), 가격 범위인 구간 추정치(interval estimate), 기준가격의 상하관계인 관계 추정치(relation estimate) 등으로 표시할 수 있다. 점 추정치는 감정평가 결과를 명확하게 전달할 수 있다는 장점이 있으나 미래의 변동성을 반영하지 못하는 한계가 있다. 반면 미래의 변동성을 반영해 적절한 범위로 표시한 구간 추정치는 감정평가 결과의 정확성과 신뢰성을 높일 수 있다는 장점이 있다.

감정평가에 관한 규칙

<u>제12조(감정평가방법의 적용 및 시산가액 조정)</u>

① 감정평가법인등은 제14조부터 제26조까지의 규정에서 대상물건별로 정한 감정평가방법(이하 "주된 방법"이라 한다)을 적용하여 감정평가해야 한다. 다만, 주된 방법을 적용하는 것이 곤란하거나 부적절한 경우에는 다른 감정평가방법을 적용할 수 있다.

② 감정평가법인등은 대상물건의 감정평가액을 결정하기 위하여 제1항에 따라 어느 하나의 감정평가방법을 적용하여 산정한 가액(이하 "시산가액"이라 한다)을 제11조 각 호의 감정평가방식 중 다른 감정평가방식에 속하는 하나 이상의 감정평가방법(이 경우 공시지가기준법과 그 밖의 비교방식에 속한 감정평가방법은 서로 다른 감정평가방식에 속한 것으로 본다)으로 산출한 시산가액과 비교하여 합리성을 검토해야 한다. 다만, 대상물건의 특성 등으로 인하여 다른 감정평가방법을 적용하는 것이 곤란하거나 불필요한 경우에는 그렇지 않다.

③ 감정평가법인등은 제2항에 따른 검토 결과 제1항에 따라 산출한 시산가액의 합리성이 없다고 판단되는 경우에는 주된 방법 및 다른 감정평가방법으로 산출한 시산가액을 조정하여 감정평가액을 결정할 수 있다.

3 감정평가의 절차

(1) 감정평가절차의 개념

감정평가절차는 감정평가작업의 능률성과 신뢰성을 높이기 위한 단계적 처리방법을 말하며, 「감정평가에 관한 규칙」 제8조에 근거한다.

(2) 감정평가절차의 필요성

감정평가절차는 의무적이거나 경직적인 것이 아니며, 감정평가결과를 합리적이고 능률적으로 도출하기 위한 규범적인 제시에 해당한다. 따라서 필요할 때에는 순서를 조정할 수 있다.

(3) 감정평가의 의뢰

감정평가업무는 의뢰인으로부터 업무 수행에 관한 구체적 사항과 보수에 관한 사항 등이 기재된 감정평가 의뢰서 등 서면을 통해 수임계약을 체결함으로써 성립한다. 감정평가 의뢰서에는 법원의 평가명령서·감정촉탁서, 금융기관의 업무협약서, 사업시행자·관공서의 감정평가 의뢰문서 등도 포함되며, 감정평가 의뢰서에 기본적 사항의 일부나 전부가 누락된 경우에는 의뢰인에게 이를 보정할 것을 요구하여야 한다.

감정평가를 의뢰받은 때에는 지체 없이 감정평가를 실시하여야 하며, 정당한 이유 없이 타인이 의뢰하는 감정평가업무를 거부하거나 기피할 수 없다. 다만, 불공정·불법적인 감정평가를 할 우려가 있는 경우에는 감정평가업무의 수임을 제한하고 있다.

> **참고 감정평가업무 수임 제한사유 ｜ 감정평가 실무기준**
>
> ㉠ 대상물건이 담당 감정평가사 또는 친족의 소유이거나 그 밖에 불공정한 감정평가를 할 우려가 있는 경우
> ㉡ 이해관계 등의 이유로 자기가 감정평가하는 것이 타당하지 아니하다고 인정되는 경우
> ㉢ 감정평가의 적정성을 검증하기 위한 목적의 감정평가로서 당초 감정평가를 수행한 감정평가사가 다시 의뢰받은 경우
> ㉣ 감정평가 의뢰의 내용이 감정평가관계법규나 이 기준에 위배되는 경우
> ㉤ 위법·부당한 목적으로 감정평가를 의뢰하는 것이 명백한 경우
> ㉥ 대상물건에 대한 조사가 불가능하거나 극히 곤란한 경우
> ㉦ 의뢰받은 감정평가 수행에 필요한 인력과 전문성을 보유하지 못한 경우

수임을 거부해야 하는 사유가 있는 경우에는 의뢰인에게 지체 없이 알려야 하며, 감정평가 지연에 따른 의뢰인의 손해를 예방하여야 한다.

(4) 감정평가의 절차

① 기본적 사항의 확정 (「감정평가에 관한 규칙」 제9조)

<u>기본적 사항의 확정</u>이란 감정평가의 기초가 되는 제반 사항을 의뢰인과 협의하여 결정하는 것을 말한다. 기본적 사항은 의뢰인의 의사에 기초하되, 합법적이고 합리적인 요청으로 제한되어야 한다.

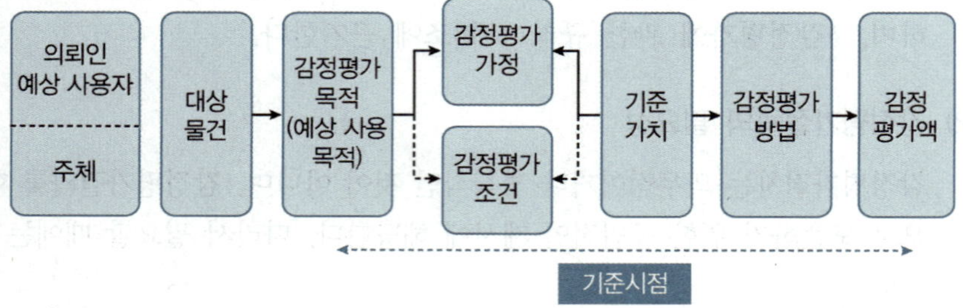

㉠ **의뢰인**

감정평가사는 타인의 의뢰를 받아 토지 등을 감정평가하는 것을 그 직무로 한다. 감정평가 의뢰인은 감정평가 수임계약의 일방당사자를 말하며, 의뢰인과 대상물건의 소유자가 다른 경우 타인의 권리 침해 여부 등에 유의하여야 한다. 또한 소유자 이외의 자가 의뢰를 하는 경우에는 소유자의 동의 또는 확인을 구하는 것이 분쟁을 예방하는 데 도움이 된다.

ⓒ 대상물건

감정평가의 대상물건은 부동산, 준부동산, 동산, 무형자산, 유가증권과 이들에 관한 소유권 외의 권리를 말하며, 공부를 비롯한 등기·등록사항에 기초하여 대상물건을 확정해야 한다.

감정평가는 대상물건마다 개별로 하여야 하나, 둘 이상의 대상물건이 일체로 거래되거나 대상물건 상호 간에 용도상 불가분의 관계가 있는 경우에는 일괄감정평가, 하나의 대상물건이라도 가치를 달리하는 부분은 구분감정평가, 일체로 이용되고 있는 대상물건의 일부분에 대하여 감정평가하여야 할 특수한 목적이나 합리적인 이유가 있는 경우에는 부분감정평가를 할 수 있다.

ⓒ 감정평가 목적

감정평가 목적(Intended Use)이란 감정평가 결과의 용도를 말한다. 감정평가 목적은 어떤 목적으로 감정평가를 의뢰하였는가에 따라 보상, 도시정비, 담보, 경매, 재무보고, 일반거래 등으로 구분한다. 감정평가 목적은 의뢰인 및 예상 사용자가 의도하는 <u>사전적 용도</u>와 감정평가사가 이를 인식하고 정의한 <u>사후적 용도</u>로 구분할 수 있다.

동일한 대상물건도 감정평가 목적에 따라 적용 법령, 기준가치, 감정평가방법 등이 달라질 수 있으므로, 감정평가 목적 확정 시 유의하여야 한다.

ⓔ 기준시점

기준시점이란 감정평가액을 결정하는 기준이 되는 날짜를 말한다. 기준시점은 대상물건에 대한 공부조사, 실지조사 및 시장조사 등 가격조사를 완료한 날짜로 한다. 다만, 기준시점을 미리 정하였을 때에는 그 날짜에 가격조사가 가능한 경우에만 기준시점으로 할 수 있다. 소송 목적 감정평가에서 과거시점에 대한 소급평가의 경우 대상물건의 확인과 가격자료의 수집이 가능한 경우가 많으나, 미래시점의 경우 이를 예측할 수 없는 경우가 대부분이기 때문에 감정평가 결과의 정확성 및 신뢰성을 보장할 수 없다는 문제점이 있다. 이런 경우에는 미래시점의 특정 조건의 성취를 전제로 시장가치가 아닌 투자가치 등으로 감정평가할 수 있다.

가치형성요인은 시간의 흐름과 환경의 변화에 따라 변화하므로 감정평가액은 기준시점에 따라 달라질 수 있으므로, 기준시점 확정 시 유의하여야 한다.

ⓜ 감정평가 조건

감정평가는 기준시점에서의 대상물건의 이용상황 및 공법상 제한을 받는 상태를 기준으로 한다. 다만, 법령에 다른 규정이 있는 경우, 의뢰인이 요청하는 경우, 감정평가의 목적이나 대상물건의 특성에 비추어 사회통념상 필요하다고 인정되는 경우에는 기준시점의 가치형성요인 등을 실제와 다르게 가정하거나 특수한 경우로 한정하는 조건을 붙여 감정평가할 수 있다. 감정평가 조건(Hypothetical Condition)이란 감정평가 조건을 붙일 때에는 감정평가 조건의 합리성, 적법성 및 실현가능성을 검토해야 하며, 감정평가 조건의 합리성, 적법성이 결여되거나 사실상 실현 불가능하다고 판단할 때에는 의뢰를 거부하거나 수임을 철회할 수 있다.

감정평가 조건은 의뢰인의 수요에 부응하고 불확실한 상황에 대한 정보를 제공하는 등 의사결정에 도움을 줄 수 있다. 그러나 조건의 내용, 범위, 타당성에 따라 감정평가액의 차이가 발생할 수 있으며, 경제사회를 비롯해 감정평가사의 책임에도 영향을 미치므로 감정평가 조건을 확정 시 유의하여야 한다.

ⓑ **기준가치**

기준가치(Basis of Value)란 감정평가의 기준이 되는 가치를 말하며, 감정평가액은 시장가치를 기준으로 결정한다. 다만, 법령에 다른 규정이 있는 경우, 의뢰인이 요청하는 경우, 감정평가의 목적이나 대상물건의 특성에 비추어 사회통념상 필요하다고 인정되는 경우에는 시장가치 외의 가치를 기준으로 결정할 수 있다. 시장가치 외의 가치를 기준으로 감정평가할 때에는 해당 시장가치 외의 가치의 성격과 특징, 시장가치 외의 가치를 기준으로 하는 감정평가의 합리성 및 적법성을 검토해야 하며, 시장가치 외의 가치를 기준으로 하는 감정평가의 합리성 및 적법성이 결여되었다고 판단할 때에는 의뢰를 거부하거나 수임을 철회할 수 있다.

ⓢ **관련 전문가에 대한 자문 또는 용역에 관한 사항**(「감정평가에 관한 규칙」 제9조 제3항)

감정평가 시 필요한 경우 관련 전문가에 대한 자문 등을 거쳐 감정평가할 수 있다. 일조권, 조망권, 특허권, 조경수목 등 특수한 물건 또는 목적으로 감정평가를 하는 경우 해당 분야 전문가의 자문 등을 거쳐 감정평가를 하는 것으로, 수임계약의 단계에서 해당 내용을 의뢰인과 협의하여야 한다.

ⓞ **수수료 및 실비에 관한 사항**

감정평가법인등은 의뢰인으로부터 업무수행에 따른 수수료와 그에 필요한 실비를 받을 수 있다. 수수료의 요율 및 실비의 범위는 국토교통부장관이 감정평가관리·징계위원회의 심의를 거쳐 결정하며, 감정평가법인등과 의뢰인은 해당 기준을 준수하여야 한다.

② **처리계획 수립**

처리계획 수립이란 대상물건 확인에서 감정평가액의 결정 및 표시에 이르기까지 일련의 작업과정에 대한 계획을 수립하는 것을 말한다. 감정평가업무의 효율적인 수행을 위해서는 감정평가업자의 경험과 지식 및 기술 등을 바탕으로 하여 대상물건의 성격 및 종류 등에 따라 위치 확인, 자료수집 범위 및 방법, 일정 등의 구체적인 처리계획을 수립한 후 업무에 착수하여야 한다. 처리계획의 수립은 능률적인 감정평가업무를 위한 목적 이외에도 의뢰인에게 감정평가 수임계약에 따른 업무 진행 상황을 보고하는 데에도 유용하다.

③ 대상물건 확인

대상물건 확인이란 대상물건의 공부 등을 통해 토지 등의 위치·면적 등 물리적 조건, 권리상태, 공법상 제한 정도 등에 대한 사전조사와 대상물건의 현황 등을 직접 확인하는 실지조사를 말한다. 대상물건의 확인내용은 물적사항과 권리관계로 나눌 수 있는데, 물적사항은 대상물건의 공부와의 부합 여부를 점검하는 것으로 구체적으로 물건의 존재 및 동일성 여부를 확인하며, 권리관계는 대상물건에 대한 소유권 및 소유권 이외의 권리의 존부와 내용을 조사하는 것으로 공부에 기재되지 않는 점유권, 지역권, 임차권 등의 권리까지 조사할 수 있다.

감정평가를 할 때에는 실지조사를 하여 대상물건을 확인해야 한다. 다만, 천재지변, 전시·사변, 법령에 따른 제한(군사통제구역) 및 물리적인 접근 곤란(도서지역) 등으로 실지조사가 불가능하거나 매우 곤란한 경우, 유가증권 등 대상물건의 특성상 실지조사가 불가능하거나 불필요한 경우 등으로 실지조사를 하지 않고도 객관적이고 신뢰할 수 있는 자료를 충분히 확보할 수 있는 경우에는 실지조사를 하지 않을 수 있다(「감정평가에 관한 규칙」 제10조).

④ 자료수집 및 정리

자료수집 및 정리란 대상물건의 물적사항, 이용상황, 권리관계 및 감정평가액 결정을 위해 필요한 확인자료·요인자료·사례자료 등을 수집하고 정리하는 것을 말한다. 확인자료는 대상물건 및 권리관계의 확인에 필요한 대장 및 등기사항전부증명서 등이며, 요인자료는 대상물건의 가치에 영향을 주는 자연·사회·경제·행정적 요인에 대한 자료, 사례자료에는 매매, 임대, 수익, 건축 등 감정평가 3방식 적용에 필요한 자료가 있다. 자료의 수집은 열람, 실사, 징구(requisition), 탐문(questioning) 등의 방법을 활용한다.

⑤ 자료검토 및 가치형성요인의 분석

자료검토 및 가치형성요인의 분석이란 수집된 자료의 신뢰성과 충실성을 검증하고 대상물건의 일반요인, 지역요인, 개별요인 등 가치형성요인을 분석하는 것을 말한다. 가치형성요인의 분석은 가치형성원리, 경제제원칙 및 경제동향을 충분히 분석하여야 하며, 부동산 시장의 경기국면에 적합한 자료의 선정에 유의하여야 한다.

⑥ 감정평가방법 선정 및 적용

감정평가방법 선정 및 적용이란 대상물건의 특성과 감정평가 목적에 따라 적절한 하나 이상의 감정평가방법을 선정하고, 가치형성요인 분석 결과 등을 토대로 시산가액을 산정하는 것을 말한다.

감정평가방법은 「감정평가에 관한 규칙」 제14조부터 제26조까지 규정된 대상물건별 주된 감정평가방법을 적용하되, 주된 방법을 적용하는 것이 곤란하거나 부적절한 경

우에는 다른 감정평가방법을 적용할 수 있다. 또한 주된 감정평가방법 외에 다른 감
정평가방식에 속하는 하나 이상의 감정평가방법을 적용하되, 대상물건의 특성 등으
로 인해 다른 감정평가방법의 적용이 곤란하거나 불필요한 경우에는 생략할 수 있다
(「감정평가에 관한 규칙」 제12조 제1항 및 제2항).

⑦ **감정평가액 결정 및 표시**
감정평가액 결정 및 표시란 산정된 시산가액을 합리적으로 조정하여 대상물건이 갖
는 구체적인 가치를 최종적으로 결정하고 감정평가서에 그 가액을 표시하는 것을 말
한다.
감정평가액 결정 시 주된 감정평가방법에 의한 시산가액과 부 방법에 의한 시간가액
을 비교하여 합리성을 검토하여야 하며, 시산가액의 합리성이 없다고 판단되는 경우
에는 시산가액을 조정하여 감정평가액을 결정할 수 있다(「감정평가에 관한 규칙」 제12조
제3항).
시산가액의 조정은 단순히 감정평가 3방식에 의한 시산가액의 산술적 평균을 의미하
는 것이 아니므로, 감정평가방법의 적절성, 감정평가방법 적용의 정확성, 증거의 양
과 질, 시장상황, 평가목적 등을 종합적으로 고려하여 적절한 가중치로 조정한다. 또
한 감정평가액은 하나의 수치가 경제적 가치를 가장 정확하게 반영한다고 볼 수 없기
때문에 감정평가 목적 및 의뢰인의 요청에 근거하여 구간 추정치로 표시할 수 있다.

21 시장가치 개념의 변천과정을 설명하고, 최근 시장가치 정의의 통계학적 의미를 최종평가가치의 표현방법과 관련하여 설명하시오. 40점

▪▶ 논점분석

- 논제

- 유형

- 개념어

▪▶ 목차구성

감정평가의 원칙·절차 기출문제 제30회 2번

22 시장가치에 대하여 다음의 물음에 답하시오. 30점

1) '성립될 가능성이 가장 많은 가격(the most probable price)'이라는 시장가치의 정의가 있다. 이에 대해 설명하시오. 10점

2) 부동산거래에 있어 '최고가격(highest price)'과 '성립될 가능성이 가장 많은 가격'을 비교·설명하시오. 10점

3) 가치이론과 가치추계이론의 관계에 대해 각 학파의 주장내용과 이에 관련된 감정평가방법별 특징을 설명하시오. 10점

▣▶ 논점분석

- 논제

- 유형

- 개념어

▣▶ 목차구성

23 「부동산 가격공시에 관한 법률」의 표준지공시지가를 기준으로 평가한 적정가격과 시장가치, 실거래가격과의 관계를 설명하시오. 10점

▪▶ 논점분석

- 논제

- 유형

- 개념어

▪▶ 목차구성

감정평가의 원칙 · 절차 기출문제 제28회 3번

24 정비사업의 관리처분계획을 수립하기 위한 종후자산 감정평가에 대한 다음 물음에 답하시오. 20점

1) 종후자산 감정평가의 기준가치에 관하여 설명하시오. 10점

2) 종후자산 감정평가의 성격을 감정평가방식과 관련하여 설명하시오. 10점

▣▶ 논점분석

- 논제

- 유형

- 개념어

▣▶ 목차구성

25 재무보고목적의 감정평가 시 기준가치는 무엇인지 그 개념에 관해 설명하고, 시장가치 기준원칙과의 관계에 관해 설명하시오. 10점

▣▶ 논점분석

- 논제

- 유형

- 개념어

▣▶ 목차구성

감정평가의 원칙·절차 기출문제 제34회 2번

26 기준가치의 중요성에 대하여 설명하고, 택지비 목적의 감정평가서에 기재할 기준가치에 대하여 논하시오. 15점

▪▶ 논점분석

- 논제

- 유형

- 개념어

▪▶ 목차구성

27 감정평가에 있어 시장가치, 투자가치, 계속기업가치 및 담보가치에 대하여 각각의 개념을 설명하고, 각 가치개념 간의 차이점을 비교한 후, 이를 가격다원론의 관점에서 논하시오. 30점

▣▶ 논점분석

- 논제

- 유형

- 개념어

▣▶ 목차구성

감정평가의 원칙·절차 기출문제 제13회 3번

28 감정평가목적 등에 따라 부동산 가격이 달라질 수 있는지에 대하여 국내 및 외국의 부동산 가격 다원화에 대한 견해 등을 중심으로 논하시오. 20점

▪▶ 논점분석

- 논제

- 유형

- 개념어

▪▶ 목차구성

29 「감정평가에 관한 규칙」에서 감정평가 시 시장가치기준을 원칙으로 하되, 예외적인 경우 '시장가치 외의 가치'를 인정하고 있다. 그러나 현행 「감정평가에 관한 규칙」에서는 '시장가치 외의 가치'에 대한 유형 등의 구체적인 설명이 없어 이를 보완할 필요성이 있다. 감정평가 시 적용할 수 있는 구체적인 '시장가치 외의 가치'에 대해 설명하시오.
20점

▣▶ 논점분석

- 논제

- 유형

- 개념어

▣▶ 목차구성

감정평가의 원칙·절차 기출문제 제21회 3번

30 특정가격과 한정가격의 개념을 설명하시오. 5점

▣▶ 논점분석

- 논제

- 유형

- 개념어

▣▶ 목차구성

31 일괄평가방법과 관련하여, 다음을 논하시오. 40점

(1) 토지 · 건물 일괄평가에 관한 이론적 근거와 평가방법을 논하시오. 10점

(2) 일괄평가된 가격을 필요에 의해 토지 · 건물가격으로 각각 구분할 경우 합리적 배분기준을 논하시오. 10점

(3) 표준주택가격의 평가와 관련하여,

1) 현행 법령상 표준주택가격의 조사평가기준을 설명하시오. 10점

2) 표준주택가격의 일괄평가 시 평가 3방식 적용의 타당성을 논하시오. 10점

▣▶ 논점분석

- 논제

- 유형

- 개념어

▣▶ 목차구성

감정평가의 원칙 · 절차 기출문제 제15회 3번

32 **일괄감정평가, 구분감정평가, 부분감정평가 각각에 대하여 사례를 들어 설명하시오.**
15점

▣▶ 논점분석

- 논제

- 유형

- 개념어

▣▶ 목차구성

33 「감정평가에 관한 규칙」에는 현황기준 원칙과 그 예외를 규정하고 있다. 예외 규정의 내용을 설명하고, 사례를 3개 제시하시오. 10점

▣▶ 논점분석

- 논제

- 유형

- 개념어

▣▶ 목차구성

감정평가의 원칙·절차 기출문제 제12회 4번

34 감정평가 시 가격시점의 필요성을 설명하시오. 10점

▫▶ 논점분석

- 논제

- 유형

- 개념어

▫▶ 목차구성

35 부동산 가격과 가격시점 간의 관계에 대해 설명하시오. 10점

논점분석

- 논제

- 유형

- 개념어

목차구성

감정평가의 원칙 · 절차 기출문제 제22회 1번

36 수익형 부동산의 평가방법에 대해 설명하시오. 10점

▣▶ 논점분석

- 논제

- 유형

- 개념어

▣▶ 목차구성

37 리모델링된 부동산에 대해 감정평가 3방식을 적용하여 감정평가할 때 유의할 사항을 설명하시오. 10점

▪▶ 논점분석

- 논제

- 유형

- 개념어

▪▶ 목차구성

감정평가의 원칙·절차 기출문제 제30회 1번

38 공기업 A는 소지를 신규취득하고 직접 조성비용을 투입하여 택지를 조성한 후, 선분양 방식에 의해 주택공급을 진행하려고 하였다. 그러나 「주택 공급에 관한 규칙」의 변경에 따라 후분양방식으로 주택을 공급하려고 한다. 40점

1) 선분양방식으로 진행하려는 시점에서 A사가 조성한 택지의 감정평가방법을 설명하시오. 10점

2) 상기 개발사업을 후분양방식으로 진행하면서 택지에 대한 감정평가를 실시한다고 할 경우, 최유효이용의 관점에서 감정평가방법을 제안하시오. 10점

3) '예상되는 분양대금에서 개발비용을 공제하여 대상획지의 가치를 평가하는 방법'에서 분양대금의 현재가치 산정과 개발비용의 현재가치 산정 시 고려할 점을 설명하시오. 20점

■▶ 논점분석

- 논제

- 유형

- 개념어

■▶ 목차구성

39 근린형 쇼핑센터 내 구분점포(「집합건물의 소유 및 관리에 관한 법률」에 의한 상가건물의 구분소유 부분)의 시장가치를 감정평가하려 한다. 인근에 경쟁적인 초대형 쇼핑센터가 입지하여, 대상점포가 소재한 근린형 쇼핑센터의 고객흡인력이 급격히 감소하고 상권이 위축되어 구분점포 거래가 희소하게 된 시장동향을 고려하여 다음 물음에 답하시오. 35점

1) 대상 구분점포의 감정평가에 거래사례비교법을 적용할 경우 감정평가방법의 개요, 적용상 한계 및 수집된 거래사례의 거래조건보정에 대하여 설명하고, 그 밖에 적용 가능한 다른 감정평가방법의 개요 및 적용 시 유의할 사항에 대하여 설명하시오. 25점

2) 적용된 각 감정평가방법에 의한 시산가액 간에 괴리가 발생되었을 경우 시산가액 조정의 의미, 기준 및 재검토할 사항에 대하여 설명하시오. 10점

▶ 논점분석

- 논제

- 유형

- 개념어

▶ 목차구성

감정평가의 원칙 · 절차 기출문제 제35회 4번

40 최근 투자의사결정과 관련된 판단기준 중 지속가능한 성장을 판단하는 종합적 개념으로 ESG가 있으며, 부동산가치의 평가에도 영향을 미치고 있다. ESG는 환경요인, 사회요인 및 지배구조의 약칭이다. ESG의 각각에 해당하는 구성요소를 설명하고, 친환경 인증을 받은 건축물의 감정평가 시 고려해야 할 내용을 설명하시오. 10점

▪▶ 논점분석

- 논제

- 유형

- 개념어

▪▶ 목차구성

41 시산가액 조정에 관한 다음 물음에 답하시오. 30점

1) 시산가액 조정의 법적 근거에 관하여 설명하시오. 5점

2) 시산가액 조정의 전제와 「감정평가에 관한 규칙」상 물건별 감정평가방법의 규정방식과의 관련성을 논하시오. 15점

3) 시산가액 조정 과정에서 도출된 감정평가액을 표시하는 이론적 방법에 관하여 설명하시오. 10점

▪▶ 논점분석

- 논제

- 유형

- 개념어

▪▶ 목차구성

감정평가의 원칙 · 절차 기출문제 제32회 2번

42 감정평가법인등은 감정평가관계법규 및 감정평가 실무기준에서 정하는 감정평가의 절차 및 윤리규정을 준수하여 업무를 행하여야 한다. 감정평가 실무기준상 감정평가의 절차를 설명하시오. 10점

■▶ 논점분석

- 논제

- 유형

- 개념어

■▶ 목차구성

감정평가제도

서설 preface, summary

- 감정평가는 경제적 기능과 정책적 기능을 통해 국가경제와 국민 재산권에 영향을 미치므로 공정성과 신뢰성이 요구된다.
- 기술과 경제 발전에 따라 감정평가 서비스에 대한 요청이 다양해지고 있으며 감정평가 업무 영역에도 컨설팅 등 업무범위의 확대가 필요하다.
- 감정평가활동은 사적 부동산 시장뿐만 아니라 공적 부동산 활동 등 다양한 영역에서 수행되므로 다양한 층위의 행위규범이 요구된다.

목차 index

1 감정평가제도

(1) 개요

① 연혁　　　　　　　② 근거법령
③ 자격·등록　　　　　④ 권리·의무
⑤ 변화

(2) 감정평가 심사 | 이론 32.4(평가심사와 평가검토), 34.3(평가심사의 역할)

① 의의
② 목적·주체
③ 내용·절차

(3) 감정평가 검토 | 이론 25.3(평가검토), 32.4(평가검토와 평가심사)

① 의의　　　　　　　② 목적
③ 대상·주체　　　　　④ 내용·절차
⑤ 한계　　　　　　　⑥ 타당성조사

(4) 컨설팅

① 의의

② 감정평가와의 차이점

(5) 탁상자문 ┃ 이론35.3(탁상자문과 감정평가)

① 의의

② 감정평가와의 차이점

2 감정평가윤리 ┃ 이론16.1(토지소유자 추천제)

(1) 전문자격사(전문직)의 의의

(2) 법적·자율적 윤리

① 감정평가법　　　　　② 감정평가규칙

③ 감정평가 실무기준　　④ 윤리규정

(3) 기본·업무윤리 ┃ 이론32.2(기본·업무윤리)

① 기본윤리

② 업무윤리

주요 내용 contents

1 감정평가제도

(1) 개요

① 감정평가제도의 연혁

최초의 감정평가 활동은 1911년 조선총독부가 제정한 「토지수용령」에 따라 공익사업의 시행을 위한 토지의 수용이 이루어지면서 시작되었다. 1963년에는 기획재정부가 「국유재산의 현물출자에 관한 법률」을 제정하여 현물출자를 위한 국유재산의 평가를 규정하였다.

최초의 감정평가 자격제도는 1972년 법률로 제정된 「국토이용관리법」에 따른 '토지평가사'에 의해 시작되었다. 토지평가사는 건설부장관에 의한 자격·시험을 통해 취득하는 면허로서 토지 수용에 따른 재산 및 권리의 평가와 일정 지역의 토지에 대한 기준지가를 조사·평가하였다. 1973년에는 본격적으로 「감정평가에 관한 법률」에서 '공인감정사' 제도를 도입했다. 공인감정사는 재무부장관에 의한 자격·시험을 통해 취득하는 자격으로서 타인의 의뢰에 의하여 동산·부동산 등의 재산을 감정평가하도록 하였다.

② 감정평가제도의 근거법령

토지평가사, 공인감정사 제도는 <u>1989년 「지가 공시 및 토지 등의 평가에 관한 법률」</u>이 제정되며 '감정평가사'로 통합되었다. 2005년에는 「지가 공시 및 토지 등의 평가에 관한 법률」이 「부동산 가격공시 및 감정평가에 관한 법률」로 전부개정되며 토지 외에 주택에 대한 공시제도가 추가적으로 시행되었으며, 2016년에는 「감정평가 및 감정평가사에 관한 법률」과 「부동산 가격공시에 관한 법률」로 분법되었다.

<u>「감정평가 및 감정평가사에 관한 법률」</u>은 감정평가의 정의·의뢰·직무·업무·자격·등록·권리·의무 등을 규정하고 있으며, 감정평가를 할 때 필요한 세부적인 원칙과 기준은 국토교통부령인 「감정평가에 관한 규칙」에 위임하고 있다.

<u>「감정평가에 관한 규칙」</u>은 1974년 제정된 「감정평가의 기준에 관한 규칙」을 승계하여 1989년에 제정되었으며, 2012년에 전면 개정을 통해 시장가치 기준원칙을 확립하였다. 2013년에는 국토교통부 고시로 「감정평가 실무기준」이 제정되어 물건별·목적별 감정평가방법을 상세하게 규정하고 있다.

<u>「부동산 가격공시에 관한 법률」</u>은 부동산의 적정가격을 공시하기 위한 기준·주체·내용·절차 등을 규정하고 있으며, 토지·주택·비주거용으로 구성되어 있다. 감정평가사는 토지 공시가격 중에서 표준지공시지가의 조사·평가 및 개별공시지가의 검증 등의 업무가 규정되어 있다.

③ 감정평가사 자격과 등록

<u>감정평가사 자격</u>은 「감정평가 및 감정평가사에 관한 법률」 제11조(자격) 및 제14조(감정평가사시험)에 따라 국토교통부장관이 실시하는 제1차 시험과 제2차 시험에 합격한 사람에게 주어진다. 동법 제12조(결격사유)에서는 파산, 금고 이상의 실형, 자격취소 등 감정평가사가 될 수 없는 결격사유를 규정하고 있으며, 제13조(자격의 취소)에서는 부정한 방법에 의한 취득, 징계처분 등 자격의 취소와 자격증의 반납을 규정하고 있다.

<u>감정평가사 등록</u>은 감정평가사 자격을 가진 사람이 실제 업무를 수행하기 위한 절차요건으로 동법 제17조(등록 및 갱신등록)에 규정되어 있다. 감정평가사 등록을 위해서는 실무수습 또는 교육연수를 받아야 하며, 주기적으로 등록을 갱신하여야 한다. 감정평가사 등록은 취소신청, 징계처분, 사망 시 취소되며(제19조), 실무수습 또는 교육연수를 받지 않거나 업무정지처분을 받은 경우 등록신청이 거부된다(제18조).

④ **감정평가사의 권리와 의무**

감정평가사의 권리는 감정평가 업무를 독점적으로 수행하는 것으로 명칭(제22조), 업무(제49조)에 있어 그 권리가 보호된다.

권리에 상응하는 감정평가사의 의무로는 성실의무(제25조), 비밀엄수(제26조), 명의대여 등의 금지(제27조)가 규정되어 있으며, 의무 이행에 대한 조치로 민사상 손해배상책임(제28조), 형사상 벌금·징역(제49조·제50조), 행정상 징계·과태료(제39조·제52조) 등이 규정되어 있다.

⑤ **감정평가제도의 변화**

1980년대 미국에서는 저축은행의 과도한 부동산 담보대출로 인해 상업용 부동산 경기가 과열되면서 여러 부동산 회사와 금융기관들이 파산에 직면하였다. 이때 부실 감정평가도 저축은행의 파산의 원인으로 지적되면서 민간 자격제도였던 감정평가사에 대한 인가·허가제가 도입되고 연방정부 차원의 감정평가기준이 제정되었다.

1990년대 감정평가 업무는 금융기관 및 투자자들의 위험을 측정하고 관리하기 위한 다양한 분석방법들이 도입되었으며, 금융기관 자체적으로 위험을 관리하기 위해 검토평가사에 의한 감정평가 검토가 도입되었다.

2000년대에는 유럽연합이 기업회계원칙으로 국제회계기준을 채택하면서 국내 기업들도 국제회계기준이 요구하는 유형자산의 공정가치 평가를 필요로 하게 되었으며, 재무보고 목적의 공정가치 감정평가가 도입되었다.

(2) 감정평가 심사

① **평가심사의 의의**

감정평가서의 심사란 감정평가서를 의뢰인에게 발급하기 전에 감정평가를 한 소속 감정평가사가 작성한 감정평가서의 적정성을 같은 법인 소속의 다른 감정평가사가 심사하는 것을 말하며,「감정평가 및 감정평가사에 관한 법률」제7조 제1항에 근거한다.

② **평가심사의 목적 및 수행주체**

감정평가 심사의 목적은 감정평가서의 정확성과 적정성을 사전에 검토하여 품질을 유지·관리하기 위한 것으로, 원감정평가사와 같은 법인 소속의 다른 감정평가사가 수행한다.

③ **평가심사의 내용 및 절차**

감정평가서의 심사는 감정평가서가 감정평가 원칙과 기준을 준수하여 작성되었는지 신의와 성실로써 공정하게 심사하고 감정평가서에 서명·날인해야 한다. 심사 과정에서 수정·보완이 필요하다고 판단하는 경우에는 원감정평가사에게 의견을 제시해 수정·보완 여부를 확인한 후 서명·날인한다. 실무적으로는 감정평가액이 일정 금액 이상인 경우 감정평가법인 자체 심사위원회와 한국감정평가사협회의 심사위원회를 거치도록 하고 있다.

(3) 감정평가 검토

① 평가검토의 의의

감정평가서의 검토란 발급된 감정평가서의 적정성을 다른 법인 등에 소속된 감정평가사가 검토하는 것을 말하며, 「감정평가 및 감정평가사에 관한 법률」 제7조 제3항에 근거한다.

② 평가검토의 목적

감정평가 검토는 감정평가서의 정확성과 합리성을 점검하여 감정평가 결과를 활용함에 따른 위험을 관리하고자 하는 목적으로 수행된다. 감정평가 검토가 활성화된 미국은 정부기관이나 금융기관이 감정평가 검토를 필수적으로 요청하고 있다. 감정평가 검토가 활성화되면 감정평가서의 품질과 신뢰성이 향상되고 감정평가 업무영역의 확대에도 기여할 수 있다.

③ 평가검토의 대상 및 수행주체

감정평가 검토의 대상은 발급된 감정평가서로서, 대상물건에 대한 감정평가를 수행하는 것이 아니라 감정평가서에 대한 검토를 수행하는 것이다.

검토의 의뢰는 감정평가 의뢰인과 감정평가서를 활용하는 이해관계인(거래당사자 또는 행정기관)이 할 수 있다. 검토의 주체는 다른 법인 등에 소속된 감정평가사로서 5년 이상의 업무경력과 100건 이상의 업무실적을 갖추어야 한다. 미국에서도 검토평가사(review appraiser)의 자격을 위한 별도의 교육·훈련과정을 마련하고 있으며, 일반 감정평가사 대비 더 높은 수준의 업무능력을 요구하고 있다. 검토평가사는 원감정평가사와 마찬가지로 대상물건의 이해관계인으로부터 독립하여 공정하게 업무를 수행하여야 한다.

④ 평가검토의 내용 및 절차

감정평가 검토는 검토 수준에 따라 총괄검토, 현장검토, 탁상검토로 구분할 수 있다. 총괄검토는 원감정평가사와 동일한 수준으로 감정평가절차에 따라 감정평가서를 검토하며, 현장검토는 현장조사를 동반해 감정평가서를 검토한다. 탁상검토는 별도의 현장조사나 자료수집 없이 감정평가서만을 대상으로 검토를 수행한다.

감정평가 검토의 결과는 검토결과서의 형식으로 발급되며, 검토결과서는 감정평가서와 동일하게 검토평가사의 자격·서명·날인이 포함된다.

⑤ 평가검토의 한계

감정평가 검토는 대상물건에 대한 감정평가를 수행하는 것이 아니라 감정평가서에 대한 검토를 수행하는 것으로서 어떤 경우에도 원감정평가서와 다른 별도의 가치결론을 제시해서는 안 되며, 명백한 오산·오기의 경우에도 원감정평가사의 확인과 검토를 통해 수정해야 한다.

⑥ 감정평가 타당성조사

평가검토와 유사한 제도로서 감정평가 타당성조사가 있다. 감정평가 타당성조사란 국토교통부장관이 발급된 감정평가서가 감정평가 절차와 방법 등에 따라 타당하게 이루어졌는지 조사하는 것을 말하며, 「감정평가 및 감정평가사에 관한 법률」 제8조에 근거한다.

타당성조사는 국토교통부장관, 감정평가 의뢰인 또는 감정평가서를 활용하는 관계기관의 요청에 의해 착수하며, 조사 업무의 수탁기관은 한국부동산원이다. 감정평가 의뢰인과 감정평가를 수행한 감정평가법인등은 의견을 제출할 수 있으며, 국토교통부장관은 조사 결과에 따라 징계처분, 제재처분, 형사처벌 등을 할 수 있다.

◆ 감정평가·평가심사·평가검토의 비교

구분	감정평가	평가심사	평가검토
정의	토지 등의 경제적 가치를 판정하여 그 결과를 가액으로 표시하는 것	감정평가서를 의뢰인에게 발급하기 전에 적정성을 심사하는 것	발급된 감정평가서의 적정성을 다른 감정평가법인등이 검토하는 것
근거	감정평가법 제6조	감정평가법 제7조 제1항	감정평가법 제7조 제3항
목적	경제적 가치의 판정	감정평가서 품질관리	위험관리 강화
의뢰	의뢰인	감정평가법인	의뢰인, 이해당사자, 행정기관
주체	감정평가법인등	감정평가법인 (내부)	감정평가법인등 (외부)
결과	감정평가서 발급 (서명과 날인)	심사사실 표시 (서명과 날인)	검토결과서 발급 (서명과 날인)

감정평가 및 감정평가사에 관한 법률

<u>제6조(감정평가서)</u>

① 감정평가법인등은 감정평가를 의뢰받은 때에는 지체 없이 감정평가를 실시한 후 국토교통부령으로 정하는 바에 따라 감정평가 의뢰인에게 감정평가서를 발급하여야 한다.

② 감정평가서에는 감정평가업자의 사무소 또는 법인의 명칭을 적고, 감정평가를 한 감정평가사가 그 자격을 표시한 후 서명과 날인을 하여야 한다. 이 경우 감정평가법인의 경우에는 그 대표사원 또는 대표이사도 서명이나 날인을 하여야 한다.

제7조(감정평가서의 심사 등)

① 감정평가법인은 제6조에 따라 감정평가서를 의뢰인에게 발급하기 전에 감정평가를 한 소속 감정평가사가 작성한 감정평가서의 적정성을 같은 법인 소속의 다른 감정평가사에게 심사하게 하고, 그 적정성을 심사한 감정평가사로 하여금 감정평가서에 그 심사사실을 표시하고 서명과 날인을 하게 하여야 한다.

② 제1항에 따라 감정평가서의 적정성을 심사하는 감정평가사는 감정평가서가 제3조에 따른 원칙과 기준을 준수하여 작성되었는지 여부를 신의와 성실로써 공정하게 심사하여야 한다.

③ 감정평가 의뢰인 및 관계 기관 등 대통령령으로 정하는 자는 발급된 감정평가서의 적정성에 대한 검토를 대통령령으로 정하는 기준을 충족하는 감정평가법인등(해당 감정평가서를 발급한 감정평가법인등은 제외한다)에게 의뢰할 수 있다.

시행령 제7조(감정평가서의 심사대상 및 절차)

① 법 제7조 제1항에 따른 감정평가서의 적정성 심사는 법 제3조 제3항에 따른 원칙과 기준의 준수 여부를 그 내용으로 한다.

② 법 제7조 제1항에 따라 감정평가서를 심사하는 감정평가사는 작성된 감정평가서의 수정·보완이 필요하다고 판단하는 경우에는 해당 감정평가서를 작성한 감정평가사에게 수정·보완 의견을 제시하고, 해당 감정평가서의 수정·보완을 확인한 후 감정평가서에 심사사실을 표시하고 서명과 날인을 하여야 한다.

시행령 제7조의2(감정평가서 적정성 검토의뢰인 등)

① 법 제7조 제3항에서 "감정평가 의뢰인 및 관계 기관 등 대통령령으로 정하는 자"란 다음 각 호의 자를 말한다.
   1. 감정평가 의뢰인
   2. 감정평가 의뢰인이 발급받은 감정평가서를 활용하는 거래나 계약 등의 상대방
   3. 감정평가 결과를 고려하여 관계 법령에 따른 인가·허가·등록 등의 여부를 판단하거나 그 밖의 업무를 수행하려는 행정기관

시행령 제7조의3(감정평가서 적정성 검토절차 등)

① 법 제7조 제3항에 따라 감정평가서의 적정성에 대한 검토를 의뢰하려는 자는 법 제6조 제1항에 따라 발급받은 감정평가서의 사본을 첨부하여 제7조의2 제2항에 따른 감정평가법인등에게 검토를 의뢰해야 한다.

③ 제2항에 따라 검토업무를 수행할 감정평가사는 5년 이상 감정평가 업무를 수행한 사람으로서 감정평가실적이 100건 이상인 사람이어야 한다.

시행령 제7조의4(적정성 검토결과의 통보 등)

① 제7조의3 제1항에 따른 검토 의뢰를 받은 감정평가법인등은 의뢰받은 감정평가서의 적정성 검토가 완료된 경우에는 적정성 검토 의뢰인에게 검토결과서를 발급해야 한다.

② 제1항에 따른 검토결과서에는 감정평가법인등의 사무소 또는 법인의 명칭을 적고, 적정성 검토를 한 감정평가사가 그 자격을 표시한 후 서명과 날인을 해야 한다. 이 경우 감정평가사가 소속된 곳이 감정평가법인인 경우에는 그 대표사원 또는 대표이사도 서명이나 날인을 해야 한다.

제8조(감정평가 타당성조사 등)

① 국토교통부장관은 제6조에 따라 감정평가서가 발급된 후 해당 감정평가가 이 법 또는 다른 법률에서 정하는 절차와 방법 등에 따라 타당하게 이루어졌는지를 직권으로 또는 관계 기관 등의 요청에 따라 조사할 수 있다.

④ 국토교통부장관은 감정평가 제도를 개선하기 위하여 대통령령으로 정하는 바에 따라 제6조 제1항에 따라 발급된 감정평가서에 대한 표본조사를 실시할 수 있다.

시행령 제8조(타당성조사의 절차 등)

① 국토교통부장관은 다음 각 호의 어느 하나에 해당하는 경우 법 제8조 제1항에 따른 타당성조사를 할 수 있다.
　　1. 국토교통부장관이 법 제47조에 따른 지도·감독을 위한 감정평가업자의 사무소 출입·검사 또는 제49조에 따른 표본조사의 결과, 그 밖의 사유에 따라 조사가 필요하다고 인정하는 경우
　　2. 관계 기관 또는 제3항에 따른 이해관계인이 조사를 요청하는 경우

(4) 컨설팅

① 컨설팅의 의의

컨설팅이란 토지 등의 이용 및 개발 등에 대한 조언이나 정보를 제공하는 것을 말하며, 「감정평가 및 감정평가사에 관한 법률」 제10조 제6호, 제7호에 근거한다. 감정평가사는 전통적인 감정평가 업무 외에도 최유효이용분석, 개발타당성 분석, 매입·매각전략 등 다양한 컨설팅 업무를 수행할 수 있다.

② 컨설팅과 감정평가의 차이점

컨설팅은 감정평가와 달리 부동산의 경제적 가치에 국한되지 않고 개발·투자·금융

등 제반 의사결정에 대한 조언이나 정보를 제공한다. 컨설팅은 경제적 가치를 제공하는 경우에도 <u>가치기준</u>이 시장가치에 국한되지 않고 의뢰인의 목적과 조건에 적합한 다양한 기준을 활용한다. 컨설팅의 <u>분석범위</u>는 지역분석·개별분석 등 미시적 분석에 국한되지 않고 보다 거시적 관점의 분석을 포함하며, <u>분석방법</u>도 전통적 3방식 외에 경제기반 분석, 타당성 분석, 민감도분석 등을 폭넓게 활용한다. <u>분석결과</u> 역시 점 추정치 외에 통계적 확률에 의한 구간 추정치를 활용해 표현할 수 있다.

◆ **감정평가와 컨설팅의 비교**

	감정평가	컨설팅
정의	토지등의 경제적 가치를 판정하여 그 결과를 가액으로 표시하는 것	토지등의 이용 및 개발 등에 대한 조언이나 정보를 제공하는 것
근거	감정평가법 제6조	감정평가법 제10조 제6호, 제7호 등
목적	경제적 가치의 판정	경제적 가치의 판정 외 정보·분석·자문
가치기준	시장가치 중심	시장가치 외 투자가치 활용
분석방법	지역분석·개별분석 감정평가 3방식	최유효이용분석·투자분석·타당성분석 등 감정평가 3방식 외 통계적 평가방법 등
분석결과	감정평가액(점 추정치)	조언이나 정보(구간 추정치)

컨설팅 관련 법령

<u>감정평가 및 감정평가사에 관한 법률 제10조(감정평가법인등의 업무)</u>
감정평가법인등은 다음 각 호의 업무를 행한다.
6. 감정평가와 관련된 상담 및 자문
7. 토지등의 이용 및 개발 등에 대한 조언이나 정보 등의 제공

<u>감정평가에 관한 규칙 제27조(조언·정보 등의 제공)</u>
감정평가법인등이 법 제10조 제7호에 따른 토지등의 이용 및 개발 등에 대한 조언이나 정보 등의 제공에 관한 업무를 수행할 때에 이와 관련한 모든 분석은 합리적이어야 하며 객관적인 자료에 근거하여야 한다.

---

(5) 탁상자문

① 탁상자문의 의의

탁상자문이란 감정평가활동 사전단계에서 금융기관의 원활한 대출 업무를 돕기 위해 실지조사 없이 진행되는 개략적인 시가 추정행위를 말한다. 탁상자문은 법률상에 규

정된 행위가 아닌 실무상의 용어로, 탁상감정, 가격자문서비스 등의 용어가 혼재되어 사용되고 있다.

미국감정평가실무기준에서는 탁상감정평가(desktop appraisal)를 "물건에 대한 현장조사가 수반되지 않는 감정평가(appraisal with no inspection of the property)"로 정의하고 있다. 미국의 탁상감정평가는 현장조사를 하지 않는다는 측면에서 한국의 탁상자문과 유사하지만, 감정평가 범위에 속한다는 점에서 차이가 있다.

② **탁상자문과 감정평가의 차이점**

탁상자문은 짧은 시간에 개략적으로 산출된 가액이므로 감정평가로 보아서는 안 되며, 감정평가는 탁상자문과 달리 「감정평가 및 감정평가사에 관한 법률」상 손해배상책임 및 성실의무, 「감정평가에 관한 규칙」상 감정평가절차 등 법적 책임이 있다.

◆ **감정평가와 탁상자문의 비교**

	감정평가	탁상감정
정의	토지등의 경제적 가치를 판정하여 그 결과를 가액으로 표시하는 것	감정평가활동 사전단계에서 금융기관의 원활한 대출 업무를 돕기 위해 실지조사 없이 진행되는 개략적인 시가 추정행위
근거	감정평가법 제6조	근거법령 없음
목적	경제적 가치의 판정	개략적인 시가의 추정
주체	감정평가법인등 (감정평가사)	감정평가법인등 (감정평가사 및 사무직원)
결과	감정평가서 발급 (서명과 날인)	의견서, 회보서 또는 구두통보 (서명 또는 날인 없음)
책임	민사·형사·행정적 책임	근거법령 없음

> 📖 **참고 탁상자문의 논의 배경**
>
> 2008년 공정거래위원회는 금융기관이 근저당권 설정 비용을 소비자에게 전가하는 행위를 시정하기 위해 은행 여신거래 표준약관을 개정하였으며, 2011년부터 금융기관은 감정평가 비용을 부담하게 됨. 금융기관은 비용 절감을 위해 자체 담보평가 부서 신설 등을 추진하였으며, 이를 계기로 탁상자문과 관련하여 감정평가업계와 갈등이 발생함. 2012년 한국감정평가사협회는 금융기관의 자체평가 확대 추진에 대한 대응으로 문서 탁상자문을 금지하고 구두 탁상자문으로 방식을 변경함.
>
> 2019년 공정거래위원회는 문서 탁상자문의 금지가 중소형 감정평가법인등에게 자유로운 경쟁을 제한하고, 소비자의 선택권을 침해한다는 이유로 협회에 시정명령, 과징금 부과 및 형사 고발조치를 취함. 한국감정평가사협회와 공정거래위원회의 행정소송 결과, 2021년 서울고등법원에서 협회가 승소하였으나, 2022년 대법원에서 원심판결을 파기하고 사건을 서울고등법원으로 환송하였음.

2 감정평가윤리

경제사회의 발전으로 인해 재산권에 대한 인식과 감정평가에 대한 국민적 이해가 높아지고, 자유경쟁을 위한 전문 서비스의 과잉공급으로 서비스 마케팅 경쟁도 치열해지고 있으며, 정보통신기술의 발달로 전통적인 방식의 감정평가 서비스가 진부화되고 서비스 품질에 대한 요구도 높아지고 있다.

감정평가윤리란 감정평가사가 감정평가 활동을 수행할 때 준수해야 할 관계법령에 의한 제 규정과 자율적으로 준수해야 할 전문인으로서의 행위규범을 말한다. 감정평가의 주된 대상인 토지 등의 자산은 개인과 국가의 재산에서 차지하는 비중이 높고 가치 판정 결과에 따른 경제적·사회적 영향력이 크다.

또한 전문자격사 제도는 고도의 전문성과 공공성이 요구되는 분야에 대해 국가가 법으로 서비스 공급을 규율하는 것으로서 독점적이고 배타적인 업무권한이 주어지는 만큼 그에 상응하는 사회적 책임감을 갖추어야 하며, 관계법령의 제 규정에 앞서 높은 수준의 자율적 규율을 준수해야만 사회적으로 전문적 활동의 공신력, 전문성과 독점성을 인정받을 수 있다.

(1) 전문자격사(전문직)의 의의

전문가란 어떤 분야를 연구하거나 그 일에 종사하여 그 분야에 상당한 지식과 경험을 가진 사람을 의미하며, 자격이란 직무수행에 필요한 지식·기술·소양 등의 습득정도가 일정한 기준과 절차에 따라 평가 또는 인정된 것을 말한다.

전문자격사(전문직)이란 국가가 공인하는 일정한 자격을 갖추고 그 자격을 근거로 하여 공익적 업무에 종사하는 전문가를 말한다. 전문자격사는 ① 체계화된 학문에 입각한 고도의 전문적 지식을 필요로 하며, ② 스스로 위상을 확립하여 외부로부터 자유와 독립을 확보하는 동시에 직업성을 사회에 인식시키고 내부적으로는 자치권을 핵심적 요소로 하는 단체성을 가지며, ③ 의뢰인으로부터 독립하여 활동하고 의뢰인에게 고용되거나 기타의 형태로 지배당해서는 안 된다.

전문자격사에 대한 규제는 크게 시장진입규제와 영업행위규제로 나눌 수 있다. 공공이익론에 따르면, 정부는 시장실패를 막고 공공의 이익을 극대화하기 위해 전문자격사 제도를 도입하고 규제를 실시한다.

> 📖✏ **참고 자격의 종류 | 자격기본법**
>
> - 국가자격 : 법령에 따라 국가가 신설하여 관리·운영하는 자격
> - 공인자격 : 국가 외의 자가 신설하여 관리·운영하는 자격 중 주무부장관이 공인한 민간자격
> - 등록자격 : 국가 외의 자가 신설하여 관리·운영하는 자격 중 공인자격을 제외한 자격

(2) 법적·자율적 윤리

① 「감정평가 및 감정평가사에 관한 법률」

감정평가법에서는 성실의무(제25조), 비밀엄수(제26조), 명의대여 금지(제27조)를 규정하고 있으며, 윤리규정을 위반했을 경우 민사상 손해배상(제28조 손해배상책임), 행정상 자격·등록·인가취소(제32조 인가취소, 제39조 징계), 형사상 징역·벌금(제49조, 제50조 벌칙) 등의 처벌을 규정하고 있다.

② 「감정평가에 관한 규칙」

감정평가에 관한 규칙에서는 감정평가법인등의 의무(제3조)를 규정하여, 자신의 능력으로 업무수행이 불가능하거나 매우 곤란한 경우 또는 이해관계 등의 이유로 자기가 감정평가하는 것이 타당하지 않다고 인정되는 경우에는 감정평가를 해서는 안 된다고 규정하고 있다.

③ 「감정평가 실무기준」

「감정평가 실무기준」 200에 감정평가업자의 윤리는 기본윤리와 업무윤리를 규정하고 있다. 기본윤리에서는 품위유지, 신의성실, 청렴, 보수기준 준수를, 업무윤리에서는 의뢰인에 대한 설명, 불공정한 감정평가 회피, 비밀준수 등 타인의 권리 보호를 규정하고 있다.

④ 「윤리규정」(한국감정평가사협회)

한국감정평가사협회 윤리규정은 감정평가법 제36조(윤리규정)의 위임에 따라 제정되었다. 윤리규정은 기본윤리, 일반윤리, 직무윤리 외에도 의뢰인에 대한 윤리, 회원 상호 간의 윤리, 협회와의 윤리, 보수기준 준수 윤리, 교육 및 자기계발 윤리를 규정하고 있다.

한국감정평가사협회 윤리규정

제1장 기본윤리
제1조(국가에 대한 책임)
제2조(국민에 대한 책임)
제3조(사회에 대한 책임)

제2장 일반윤리
제4조(법령 등의 준수)
제5조(감정평가의 독립성)
제6조(직무의 기본자세)
제7조(부당한 감정평가의 금지)
제8조(비밀준수 의무)
제9조(자격증 등의 부당사용 금지)

제5장 회원 상호 간의 윤리
제24조(불공정경쟁 금지)
제25조(명예훼손 금지)
제26조(협업)
제27조(협업 의무)
제28조(상호 존중과 협력)
제29조(상호비방 등 금지)
제30조(허위선전 금지)
제31조(금품 및 이익제공 금지)
제32조(사무직원 관리·감독)
제33조(사무직원의 업무제한)

제3장 직무에 관한 윤리
제10조(감정평가규칙 등 준수)
제11조(감정평가의 공정성·객관성)
제12조(편향·왜곡 이론 사용 금지)
제13조(불확정 조건상정의 평가금지)
제14조(이해관계 평가의 금지)
제15조(이중 소속 금지)
제16조(위법행위 협조 금지)
제17조(공익상의 직무)

제4장 의뢰인에 대한 윤리
제18조(의뢰인에 대한 신의성실)
제19조(의뢰인에 대한 설명)
제20조(타인의 권익존중)
제21조(감정평가액 산출근거)
제22조(분쟁의 사전예방)
제23조(업무수임의 제한)

제6장 협회와의 윤리
제34조(회칙준수)
제35조(협회 활동에 대한 협력)
제36조(지도·점검 등 조사거부 금지)
제37조(조사협력 의무)
제38조(감정평가정보의 제출 의무)
제39조(감정평가정보 유출금지)

제7장 보수기준 준수 윤리
제40조(보수기준 준수)
제41조(보수 외 금품수수 금지)

제8장 교육 및 자기계발 윤리
제42조(교육이수 의무)
제43조(자기계발을 위한 노력)
제44조(전문분야 인증 교육)

(3) 기본·업무윤리

① 기본윤리

㉠ **품위유지**(「감정평가 및 감정평가사에 관한 법률」 제25조 제1항)

감정평가사는 개인의 행동이 국가나 사회에 미치는 영향을 고려하여 전문자격사로서의 인격에 합당한 언행과 품위를 유지하여야 한다.

㉡ **부당한 감정평가의 금지**(「감정평가 및 감정평가사에 관한 법률」 제25조 제1항)

감정평가는 공정성 및 객관성이 중요하므로 고의 또는 중대한 과실로 부당한 감정평가를 해서는 안 된다.

㉢ **자기계발**

감정평가사는 전문자격사로서 자기계발을 위한 노력을 지속적으로 하여야 한다.

㉣ **자격증 등의 부당한 사용의 금지**(「감정평가 및 감정평가사에 관한 법률」 제27조)

전문자격사제도는 일정한 자격을 갖춘 사람만 감정평가업을 할 수 있도록 규정하고 있다. 따라서 자격증 등을 양도·대여하거나 부당하게 사용하는 경우 의뢰인의 경제적 피해는 물론 감정평가 시장과 전문자격사 제도에 혼란이 발생할 수 있다.

㉤ **청렴**(「감정평가 및 감정평가사에 관한 법률」 제25조 제4항)

감정평가사는 독립성과 공정성을 유지해야 하므로 부당한 압력에서 자유로워야 하며, 정당한 보수 외 금전적 대가를 받아서는 안 된다.

ⓗ 보수기준 준수(「감정평가 및 감정평가사에 관한 법률」 제23조, 제25조 제4항)
　　감정평가사는 수수료 할인 등 과도한 경쟁을 억제하여야 하며, 수수료 및 실비 기준을 준수하여야 한다.

② 업무윤리
　㉠ 의뢰인에 대한 설명 등
　　감정평가업무 수임 단계에서는 의뢰인이 요구하는 기본적 사항을 충실히 듣고 업무수행능력, 감정평가절차, 수수료 및 실비 등에 대하여 설명하여야 하며, 감정평가업무 수행 단계에서 의뢰인이 제시한 사항과 다른 내용이 발견된 경우 해당 내용을 설명하고 적절한 조치를 취하여야 한다. 감정평가업무 완료 단계에서는 감정평가액의 산출과정과 산출근거, 수수료 등의 산출근거, 감정평가 결과에 이의를 제기할 수 있는 절차와 방법, 그 외에 의뢰인이 질의하는 사항에 대하여 성실히 답변하여야 한다.
　㉡ 불공정한 감정평가 회피(「감정평가 및 감정평가사에 관한 법률」 제25조 제2항, 제6항)
　　감정평가사는 독립성·객관성·공정성을 유지하여야 하므로, 본인 또는 이해관계인의 물건을 의뢰받아 고의적으로 과대·과소평가해서는 안 되며, 특정한 가액으로 감정평가를 유도 또는 요구하는 행위에 따라서는 안 된다.
　㉢ 비밀준수 등 타인의 권리 보호(「감정평가 및 감정평가사에 관한 법률」 제26조)
　　의뢰인의 정보에 대한 권리는 의뢰인에게 있으므로, 감정평가사는 의뢰인의 정보에 대해서 비밀을 엄수하고, 통신수단·파일 등을 통해 의뢰인 및 타인의 정보가 유출되지 않도록 주의해야 한다.

◆ 감정평가의 윤리

	기본윤리	업무윤리
감정평가법	제25조 (성실의무 등) 품위 유지, 신의와 성실, 공정, 고의 또는 중대한 과실로 잘못된 평가, 토지 등의 매매업 영위, 수수료와 실비 외 업무와 관련된 대가, 둘 이상의 감정평가법인등에 소속 제27조(명의대여 등의 금지)	제25조(성실의무 등) 친족 소유 토지등에 대한 감정평가, 감정평가 유도 요구의 금지 제26조(비밀엄수) 제28조의 2(감정평가 유도 요구 금지) 특정한 가액으로 감정평가를 유도 또는 요구하는 행위
감정평가법 시행규칙		제3조(감정평가법인등의 의무) 업무수행 불가능, 이해관계 평가의 금지
감정평가 실무기준	200.3 기본윤리 품위유지, 신의성실, 부당한 감정평가의 금지, 자기계발, 자격증 등의 부당한 사용의 금지, 청렴, 보수기준 준수	200.4 업무윤리 의뢰인에 대한 설명, 불공정한 감정평가 회피, 비밀준수 등 타인의 권리 보호

| 협회
윤리규정 | 제2장 일반윤리
법령 등의 준수, 감정평가의 독립성

제5장 회원 상호 간의 윤리
불공정경쟁금지, 명예훼손금지, 협업

제7장 보수기준 준수 윤리

제8장 교육 및 자기계발 윤리
교육이수 의무, 자기계발 노력, 전문분야인증교육 | 제3장 직무에 관한 윤리
감정평가규칙 등 준수, 감정평가의 공정성·객관성 확보, 편향·왜곡 이론 사용 금지, 불확정 조건상정의 평가금, 위법행위 협조 금지, 공익상의 직무

제4장 의뢰인에 대한 윤리
의뢰인에 대한 신의성실, 감정평가액 산출근거, 분쟁의 사전예방 |

감정평가의 제도 기출문제 제34회 3번

43 감정평가법인이 담보목적의 감정평가서를 심사함에 있어 심사하는 감정평가사의 역할
에 대하여 설명하시오. 10점

■▶ 논점분석

- 논제

- 유형

- 개념어

■▶ 목차구성

44 감정평가심사와 감정평가검토에 대해 비교·설명하시오. 10점

▪▶ 논점분석

- 논제

- 유형

- 개념어

▪▶ 목차구성

감정평가의 제도 기출문제 제35회 3번

45 탁상자문과 관련한 다음 물음에 답하시오. 20점

1) 탁상자문의 개념 및 방식에 대하여 설명하시오. 10점

2) 탁상자문과 정식 감정평가와의 차이를 설명하시오. 10점

■▶ 논점분석

- 논제

- 유형

- 개념어

■▶ 목차구성

46 감정평가사의 직업윤리가 요구되는 이론적·법률적 근거를 설명하고, 「공익사업을 위한 토지 등의 취득 및 보상에 관한 법률(이하 '토지보상법')」 제68조 제2항의 토지소유자 추천제와 관련하여 동업자 간 지켜야 할 직업윤리의 중요성에 대해 논하시오. 30점

1) 직업윤리가 강조되는 이론적 근거

2) 직업윤리가 강조되는 법률적 근거

3) 공인·전문인으로서의 직업윤리

4) 토지소유자 추천제의 의의 및 지켜야 할 직업윤리

▪▷ 논점분석

- 논제

- 유형

- 개념어

▪▷ 목차구성

감정평가의 제도 기출문제 제32회 2번

47 감정평가법인등은 감정평가관계법규 및 감정평가 실무기준에서 정하는 감정평가의 절차 및 윤리규정을 준수하여 업무를 행하여야 한다. 감정평가 실무기준상 감정평가법인 등의 윤리를 기본윤리와 업무윤리로 구분하고, 각각의 세부내용에 대해 설명하시오.
20점

▪▶ 논점분석

- 논제

- 유형

- 개념어

▪▶ 목차구성

감정평가 3방식

원가방식

서설 preface, summary

- 원가방식이란 원가법, 적산법 등 비용성의 원리에 기초한 감정평가방식을 말한다.
- 원가방식이란 공급 측면에서 비용과 가치의 상호관계를 파악하여 대상물건의 가치를 산정하는 방식이다.
- 원가법이란 대상물건의 재조달원가에 감가수정을 하여 대상물건의 가액을 산정하는 감정평가방법을 말한다.

목차 index

1 토지

(1) 조성원가법

① 소지매입비
② 조성공사비
③ 부대비용
④ 사업이윤
⑤ 유효택지면적

(2) 분양개발법 | 이론 30.1-3(분양개발법)

① 분양수익의 현재가치
② 개발비용의 현재가치

2 건물 · 기계기구

(1) 재조달원가 | 이론 35.1(재조달원가)

① 종류
② 구성항목
③ 산정방법

(2) 감가수정 ㅣ 이론 12.4(경제적 감가수정), 17.4(기능적 감가)

① **감가요인** ㅣ 이론 35.1(감가요인)
② **감가수정방법**
③ **감가수정과 감가상각의 차이** ㅣ 이론 35.1(감가수정과 감가상각)

3 복합 · 집합부동산

(1) 층별 · 위치별 효용비

(2) 지가배분율

4 적산법

(1) 기초가액과 부동산 가격

(2) 기대이율과 환원이율

(3) 필요제경비와 운영경비

주요 내용 contents

1 토지

(1) 조성원가법

<u>조성원가법</u>이란 택지 등으로 조성 중인 토지에 대하여, 조성 전 소지[1]의 가액에 조성공사에 소요된 제반 비용을 가산하고 공사의 진행 정도와 예상 기간을 반영하여 감정평가하는 방법을 말한다. 조성원가법은 조성 중인 상태대로의 가격이 형성되어 있지 않아 거래사례비교법 등 비교방식을 적용할 수 없는 경우에 활용할 수 있다.

> 준공시점의 택지가치 = {(소지매입비 × 시점수정) + 조성공사비 + 부대비용 + 사업이윤} ÷ 유효 택지면적

① 소지매입비

소지란 택지 등으로 개발되기 전 자연 상태의 토지를 말한다. 소지매입비는 소지의 취득가격 및 부대비용을 기준으로 택지 준공시점까지의 가치 변동을 시점수정하여 구한다.

---

1) 소지란 택지 등으로 개발되기 전 자연 상태의 토지를 말한다.

② **조성공사비**

조성공사비는 소지를 택지로 개발하기 위한 토지 공사비용을 의미한다. 조성공사비는 건축주(도급인)가 도급 방식의 공사계약을 통해 토목회사(수급인) 등에 지불할 것으로 예상되는 표준적인 공사비를 기준하며, 여기에는 직접공사비·간접공사비·부대비용(일반관리비 등)·수급인이윤이 포함된다.

③ **부대비용**

부대비용은 공사비 외에 개발 과정에 수반되는 비용을 의미한다. 부대비용에는 기반시설 인입비(상하수도·전기가스 등), 부담금(개발부담금·농지보전부담금·대체산림자원조성비 등), 일반관리비, 판매비 등이 포함된다.

④ **사업이윤**

사업이윤은 택지 개발사업에 수반되는 사업위험에 상응하는 건축주(개발업자·도급인)의 수익으로, 개발기간 동안 투하자본에 대한 평균적인 수준의 자본비용을 의미한다.

⑤ **유효택지면적**

유효택지면적이란 조성 전 소지의 면적에서 도로 등 공공용지를 제외하고 실제 사용 또는 매매(분양)할 수 있는 면적을 말한다.

감정평가 실무기준 해설 : 가산방식에 의한 조성택지의 감정평가방법

조성 택지의 감정평가는 우선적으로 택지의 조성완료시점을 기준으로 감정평가액을 산정한다. 즉, 조성시점을 기준으로 소지의 취득가액을 구한 다음에 조성공사비 및 개발업자의 부대비용을 구하고, 필요한 경우에는 각각에 대하여 사정보정 및 시점수정을 행하여 조성완료 시점에 있어서의 표준적인 가액을 구한 후, 이들을 합산한 가액을 유효택지면적으로 나누어 조성완료시점의 조성택지의 가액을 구한다.

조성택지사업은 소지의 취득에서 분양까지 장기간이 소요되기 때문에 자본과 위험을 수반하는 사업이라 할 수 있다. 조성택지의 감정평가 시 주의할 사항은 다음과 같다.

- 소지가액을 결정하기 위해서는 소지 매입에 따른 부대비용을 정확히 파악하고, 소지의 취득가액을 결정할 때 어느 시점을 기준으로 해야 하는가를 정확히 파악해야 한다.
- 조성공사비는 개발업자(도급인)가 건설업자(수급인)에게 지불할 표준적인 건설비를 말한다. 표준적인 공사비는 공사비(재료비, 노무비, 경비)에 부대비용(일반관리비, 수급인의 적정이윤)을 가산한 금액으로 한다. 통상의 조성공사비를 직접 구할 수 없거나 불합리한 경우에는 인근지역 및 동일수급권 내 유사지역의 조성공사비를 비교, 수정하여 결정할 수 있다.

- 공공공익시설부담금은 도로, 상하수도시설 등의 간접시설에 대한 공사비를 의미한다. 공공공익시설부담금에는 조성택지의 효용증가와 관계있는 것과 관계없는 것이 있다. 그중에서 조성원가에 포함되어야 할 것은 조성택지의 효용증가와 관계가 있는 것이다. 그러나 공공공익시설부담금이 과중한 경우가 있으며, 때로는 효용증가와 직접 관계가 없는 것이 포함되어 있는 경우도 많다.
- 판매비는 조성택지의 분양에 따른 광고선전비 기타 판매에 소요된 비용을 말하고
- 일반관리비는 기업의 유지를 위한 관리업무부분에서 발생하는 제비용을 말한다.
- 개발업자의 적정이윤은 개발기간 동안의 투하자본에 대한 자본비용에 기업의 경영위험 및 재무위험을 고려하여 결정한다.
- 유효택지율이란 총사업면적에 대한 분양가능면적의 비율을 의미한다. 분양가능면적이란 총사업면적에서 공원용지, 도로용지 및 하천 등의 공공시설용지를 공제한 주거, 상업, 학교, 인접생활 및 행정업무용지 등을 의미한다.

(2) 분양개발법

분양개발법이란 개발 중인 토지에 대하여, 개발이 완료된 경우 예상되는 분양수익의 현재가치에서 개발비용의 현재가치를 공제하여 감정평가하는 방법을 말한다. 분양개발법은 도심 내 대규모 개발부지, 분양택지 후보지 등의 가치를 감정평가하는 경우에 활용할 수 있다.

분양개발법은 수익에서 비용을 공제하는 잔여법(residual method)을 비롯해, 비교·수익방식(분양수익), 원가방식(개발비용)의 사고가 혼용되어 있는 감정평가방법이다.

> 토지가치 = 분양수익의 현재가치 - 개발비용(조성공사비 + 부대비용 + 적정 이윤)의 현재가치

① 분양수익의 현재가치

분양수익의 현재가치는 개발계획의 확정, 분양가격 산정, 흡수율 분석, 할인율 적용의 절차로 산정한다.

개발계획의 확정은 대상 토지에 대한 법적·물리적·경제적 타당성 분석을 통해, 일체·분할이용 여부 및 세대수(필지수) 등을 결정하는 것이다. 분양가격 산정은 선·후분양 등 예정된 시점에서 대상과 유사하여 대체·경쟁관계에 있는 부동산의 거래사례 또는 수익사례를 기준하여 산정하며, 기준시점과 분양예정시점 사이의 시장상황 변동에 유의하여야 한다. 흡수율 분석은 인근지역 내 수요·공급의 균형 상태 및 분양사례에 기초해 일정한 기간 내 매매되는 비율을 분석한다. 할인율 적용은 흡수율 분석으로 예상되는 분양기간 내 분양수익을 대상으로 무위험률에 적정한 위험할증률을 가산하여 적용한다.

② 개발비용의 현재가치

개발비용은 건축 또는 택지공사비, 부대비용, 사업이윤 등으로 구성된다. 현재가치는 예상되는 공사기간 내 공정별 지출비용을 대상으로 투하자본이자율 또는 할인율을 적용하여 산정한다. 할인율 산정 시 금융위험·사업위험 등의 위험할증률은 개발비용 내 금융비용, 사업이윤에 상응하므로 이중 계상에 유의해야 한다.

📖 참고 사업이윤과 할인율의 관계

사업이윤은 택지공사비, 부대비용 등 비용적 성격의 개발비용과 달리 개발사업의 완성을 전제로 성립하는 수익적 성격의 개발비용이다. 따라서 미래 현금흐름의 현재가치 산정 시, 택지공사비·부대비용 등은 통상적인 수준의 자본비용으로서 '투하자본이자율'을 적용하나, 사업이윤은 실현 가능성을 고려하여 위험률이 반영된 '할인율'을 적용하거나 또는 개발비용 현금흐름에서 제외하여야 한다.

분류	현금흐름에 반영하는 방법	할인율에 반영하는 방법
개발비용	높음 (사업이윤 포함)	낮음 (사업이윤 제외)
현가계수	낮음 (높은 할인율)	높음 (낮은 할인율)
현재가치	상호 동일	

감정평가 실무기준 해설 : 분양개발법에 의한 토지의 감정평가방법

(부동산 개발) 대상토지를 개발했을 경우 예상되는 총 매매(분양)가격의 현재가치에서 개발비용의 현재가치를 공제한 값을 토지가치로 하는 방법으로서, 현금흐름할인분석법의 절차를 이용하여 개발대상 토지의 가액을 산정한다. 법적, 물리적, 경제적으로 분할 가능한 최적의 획지수를 분석한 후 분할된 획지의 시장 가치와 개발에 소요되는 제비용을 계산하여 개발에서 분양이 완료될 때까지의 매 기간의 현금수지를 예측하고, 이를 현재가치로 할인해서 개발대상토지의 가액을 산정한다.

> 대상토지의 가액 = 분양판매총액의 현가 − 조성공사비 등 각종 비용의 현가

감정평가 실무기준 해설 : 공제방식에 의한 조성택지의 감정평가방법

(토지 개발) 택지후보지의 경우 택지화된 후의 나지로 상정한 가액에서 조성공사비, 발주자의 통상적인 부대비용 등을 공제하여 구한 금액을 당해 택지후보지의 성숙도에 따라 적정하게 수정하여 택지후보지의 소지가액을 구한다.

> 대상토지의 가액 = {총분양가격 − (조성공사비 + 공공시설부담금 + 판매관리비 + 개발부담금 + 업자이윤)} × 택지성숙도 보정

> **참고   현가계수(분양개발법)와 성숙도보정치(공제방식)의 관계**
>
> 개발 중인 토지의 감정평가방법은 가산방식(조성원가법)과 공제방식(분양개발법)으로 구분할 수 있다. 그러나 감정평가 실무기준은 공제방식의 감정평가방법을 구분하여, 부동산(토지 및 건물) 개발은 '분양개발법', 토지(택지) 개발은 '공제방식'으로 별도로 해설하고 있다. 또한 개발비용의 현재가치 산정에 있어서도, 분양개발법은 '현가계수(현가)', 공제방식은 '성숙도보정치(택지성숙도 보정)'로 표현하고 있다. 현가계수와 성숙도보정치는 모두 예측한 현금흐름(개발비용)의 실현 가능성을 고려하여 이를 조정하는 것으로서, 어떤 방식을 활용하더라도 동일한 현재가치가 산정된다는 점에 유의해야 한다.
>
> | 분류 | 현가계수 | 성숙도보정치 |
> |---|---|---|
> | 산정방법 | 1 ÷ (1 + 할인율) | 기성고 ÷ 총공사비 |
> | 개발사업 초기 | 낮음 (높은 할인율) | 낮음 (낮은 기성고) |
> | 개발사업 후기 | 높음 (낮은 할인율) | 높음 (높은 기성고) |

2 건물 · 기계기구

<u>원가법</u>이란 대상물건의 재조달원가에 감가수정을 하여 대상물건의 가액을 산정하는 감정평가방법을 말한다.

(1) 재조달원가

<u>재조달원가</u>란 대상물건을 기준시점에 재생산하거나 재취득하는 데 필요한 적정 원가의 총액을 말하며, 부대비용 및 적정 이윤을 포함한다. 또한 재조달원가는 실제 취득에 소요된 과거 비용이 아닌 재생산·재취득에 필요한 예상 비용으로서, 생산자 또는 소유자의 주관적 거래상황을 배제한다.

① 재조달원가의 종류

재조달원가는 성격에 따라 재생산원가와 재취득원가로 구분한다. <u>재생산원가</u>는 생산 개념에 입각해 건물과 같이 직접 생산할 수 있는 경우에 적용하며, <u>재취득원가</u>는 취득 개념에 입각해 도입기계와 같이 구매하여 취득하는 경우에 적용한다.

재생산원가는 다시 복제원가(reproduction cost)와 대체원가(replacement cost)로 구분한다. <u>복제원가</u>는 대상물건과 구조, 형식, 재원 등이 동일한 복제품에 대한 재생산원가이며, <u>대체원가</u>는 대상물건과 효용이 유사한 물건에 대한 재생산원가이다. 복제원가는 물리적 동일성, 대체원가는 기능적 동일성에 기초한다는 차이점이 있다. 대체원가는 시장성·기능성 등 대상물건의 경제적 가치 또는 기능적 감가를 반영하고 있다는 장점이 있으나, 효용성에 대한 판단에 있어 주관이 개입될 수 있다는 단점이 있다.

② **재조달원가의 구성항목**

건물의 재조달원가는 건설비, 부대비용, 개발이윤으로 구성된다. 건설비는 도급 방식에 따른 일반적인 건설공사 도급계약금액을 기준하며, 수급인(건설사)의 직·간접공사비, 부대비용 및 수급인 이윤이 포함된다. 부대비용은 건설공사 도급계약 외 도급인(건축주)이 지출하는 비용으로, 공사 관련 행정비용, 관리비용, 세금비용, 판매비용, 금융비용 등이 포함된다. 개발이윤은 도급인(건축주)에게 귀속되는 적정 이윤을 말한다.

◆ 재조달원가의 구성

구성	항목	내용	비고
건설비	직접공사비	재료비·노무비·경비	수급인 공사비용
	간접공사비	재료비·노무비·경비	
	부대비용	인건비·경비·소모품비 등	수급인 부대비용
	공사이윤	–	수급인 이윤
부대비용	행정비용	설계비·감리비·등기비 등	도급인 부대비용
	관리비용	인건비·경비·소모품비 등	
	세금비용	취득세·재산세·개발부담금 등	
	판매비용	마케팅비·중개보수 등	
	금융비용	이자비용	
개발이윤		–	도급인 이윤

건물 재조달원가와 비교하여, 수입 기계기구의 재조달원가는 기계수입비, 부대비용으로 구성된다. 기계수입비는 CIF(cost insurance and freight, 운임·보험료 포함 인도조건) 방식에 따른 일반적인 수입금액을 기준하며, 예외적으로 FOB(free on board, 본선 인도조건) 방식인 경우에는 운임과 보험료를 별도로 가산하여 산정한다. 부대비용에는 기계수입에 수반되는 L/C(letter of credit)개설비, 하역료, 통관료, 창고료, 운송료, 관세, 설치비 등이 포함된다.

◆ 물건별 재조달원가 산정방법 비교

구분	건물	기계기구 등
성격	재생산원가	재취득원가
구성 항목	건설비	취득비
	부대비용	부대비용
	개발이윤	–

③ 재조달원가의 산정방법

재조달원가의 산정방법은 직접법과 간접법으로 구분한다. <u>직접법</u>은 재조달원가를 대상물건의 건축사례로부터 구하는 방법이며, <u>간접법</u>은 유사 건축사례로부터 구하는 방법이다. 구체적으로는 **총량조사법**(quantity survey method), **구성단위법**(unit-in-place method), **단위비교법**(comparative-unit method), **비용지수법**(cost index method) 등이 있다. 감정평가실무에서는 공사비 관련 소송 감정평가 등 특별한 경우를 제외하고 〈주택신축단가표〉, 〈건물신축단가표〉 등 단위비교법을 기준으로 재조달원가를 산정하고 있다.

◆ 재조달원가 산정방법

분류	산정방법	내용
직접법	총량조사법	건설비, 노무비, 부대비용을 각각 재료비, 노무비, 경비 등으로 집계하여 산정하는 방법
	구성단위법	벽, 바닥, 지붕 등 중요한 구성부분에 단가를 곱하여 산정하는 방법
간접법	단위비교법	표준 건축비단가를 기준으로 산정하는 방법
	비용지수법	유사 부동산의 취득비용에 건축비지수 등을 곱하여 산정하는 방법

(2) 감가수정

<u>감가수정</u>이란 재조달원가를 감액하여야 할 감가요인이 있는 경우 해당 금액을 공제하여 기준시점에 대상물건의 가액을 적정화하는 작업을 말한다.

① 감가요인

감가란 최유효이용 상태 대비 원가의 감소분을 말한다. 감가요인은 원인에 따라 물리적·기능적·경제적 감가요인으로 구분한다. <u>물리적 감가요인</u>은 시간의 경과, 마모 또는 파손, 물리적 하자 등 대상물건의 물리적 상태 변화에 따른 감가요인이며, <u>기능적 감가요인</u>은 설계의 불량, 설비의 부족, 기능적 하자, 구식화 등 대상물건의 기능적 효용 변화에 따른 감가요인이다. <u>경제적 감가요인</u>은 주위환경과의 부적합, 인근지역의 쇠퇴 등 대상물건의 가치에 영향을 미치는 경제적 요소들의 변화에 따른 감가요인이다.

기능적 감가는 물리적 감가와 달리, 기능적 하자 존부에 대한 판단이 선행되어야 하며 치유 가능성에 대한 기술적·경제적 판단도 수반된다. 기능적 하자의 존부는 인근지역 내 표준적 건물의 설계·기능을 기준으로 판단하며, 기능적 하자를 기술적으로 치유할 수 있다 하더라도, 현재의 가치손실과 치유비용을 비교하여 경제적으로 타당한지 판단하여야 한다. 치유 불가능한 기능적 감가의 사례로는 엘리베이터·주차장 등 부대설비의 결핍 또는 과소, 층고 등 건물구조의 과대 또는 과소 등을 들 수 있다.

◆ **감가요인**

분류	시간의 경과에 따른 감가	사용에 따른 감가
물리적 감가요인	마모	파손
기능적 감가요인	구식화	설계 불량, 설비 부족
경제적 감가요인	인근지역의 쇠퇴	주외환경과의 부적합

② 감가수정방법

감가수정방법은 직접법과 간접법으로 구분한다. 직접법은 감가수정을 대상물건의 재조달원가로부터 구하는 방법이며, 간접법은 유사 물건의 시장자료로부터 구하는 방법이다. 구체적으로는 정액법, 정률법, 상환기금법, 분해법, 시장추출법, 임대료손실환원법 등이 있다.

감가수정을 할 때에는 경제적 내용연수를 기준하는 정액법, 정률법, 상환기금법 중에서 가장 적합한 방법을 우선 적용하며, 필요한 경우 관찰감가법, 분해법, 시장추출법, 임대료손실환원법 등을 병용할 수 있다.

◆ **감가수정방법**

분류	방법	내용
직접법	정액법	재조달원가를 경제적 내용연수로 나누어 감가액을 구하는 방법(건물·구축물)
	정률법	재조달원가에 일정한 감가율을 곱하여 감가액을 구하는 방법(기계기구·수익형 부동산)
	상환기금법	재조달원가에 감채기금계수를 곱하여 감가액을 구하는 방법(광산)
	관찰감가법	대상물건의 감가요인을 관찰하여 감가액을 직접 구하는 방법
	분해법	대상물건의 물리적·기능적·경제적 감가액 구하고 합산하여 감가액을 구하는 방법
간접법	시장추출법	유사 물건의 거래가격과 내용연수를 기준으로 감가액을 구하는 방법
	임대료손실환원법	유사 물건 대비 순수익 감소분을 자본환원하여 감가액을 구하는 방법

정액법, 정률법, 상환기금법과 같은 내용연수법 적용 시, 물리적 내용연수와 달리 대상물건의 보수, 리모델링 등 추가적인 비용 투입에 의해 경제적 내용연수가 변화할 수 있다. 이 경우 유효연수법과 내용연수법을 적용하여 경제적 내용연수를 조정한다. 유효연수법은 내용연수는 고정하고 경과연수를 조정하는 방법으로 증·개축 등에 적용하며, 미래수명법은 잔존연수를 고정하고 내용연수를 조정하는 방법으로 리모델링 등에 적용한다.

🗒️ 참고 분해법의 적용절차

분해법은 목적에 따라 2가지 절차에 따라 적용할 수 있다.

분해법 적용절차(1) : 감가요인별로 감가수정액 구해 합산하는 방법

① 물리적 감가액 산정 ② 기능적 감가액 산정 ③ 경제적 감가액 산정 후 ④ 감가수정액 합산

분해법 적용절차(2) : 감가수정 총액을 감가요인별로 배분하는 경우

① 내용연수법 또는 시장추출법에 의해 감가수정 총액 산정 ② 물리적 감가액 산정 ③ 기능적 감가액 산정 ④ 잔여 감가액의 경제적 감가액 배분

구분		가치 손실	치유 비용	기존 시설	감가액 산정방법	
					감가액	공제항목
물리적 감가	치유가능 (마감재)	×	○		치유비용 (복구비용)	
	치유불가 (설비)	○	×		가치손실	− 기치유부분
기능적 감가	과잉 치유가능 (부대설비)	×	○	○	치유비용 (철거비용)	+ 잔존가치
	과잉 치유불가 (구조설비)	○	×		가치손실	
	부족 치유가능 (부대설비)	×	○	×	치유비용 (설치비용)	− 최초설치비
	부족 치유불가 (구조설비)	○	×		가치손실	
경제적 감가	치유불가	○	×		가치손실	

◆ 감가수정방법의 장·단점

분류	방법	장점	단점
직접법	정액법	계산절차의 간편성	감가행태의 비현실성
	정률법	감가행태의 현실성	잔가율 산정의 어려움
	상환기금법	자본회수의 구체성	자본회수 가정의 비현실성
	관찰감가법	대상물건의 개별적 상황을 반영	평가주체의 주관 개입 가능성
	분해법		계산절차의 복잡성
간접법	시장추출법	시장자료에 근거한 실증성	비교사례 확보의 어려움
	임대료손실환원법		비시장 부동산에 적용 곤란

감가수정 관련 법령

<u>감정평가에 관한 규칙 제2조(정의)</u>

12. "감가수정"이란 대상물건에 대한 재조달원가를 감액하여야 할 요인이 있는 경우에 물리적 감가, 기능적 감가 또는 경제적 감가 등을 고려하여 그에 해당하는 금액을 재조달원가에서 공제하여 기준시점에 있어서의 대상물건의 가액을 적정화하는 작업을 말한다.

<u>감정평가 실무기준 3.2.1.3 감가수정</u>

① 감가수정은 대상물건에 대한 재조달원가를 감액하여야 할 요인이 있는 경우에 다음 각 호의 가치 하락요인 등을 고려하여 그에 해당하는 금액을 재조달원가에서 공제하여 기준시점에 대상물건의 가액을 적정화하는 작업을 말한다.
　1. 물리적 감가요인: 대상물건의 물리적 상태 변화에 따른 감가요인
　2. 기능적 감가요인: 대상물건의 기능적 효용 변화에 따른 감가요인
　3. 경제적 감가요인: 인근지역의 경제적 상태, 주위환경, 시장상황 등 대상물건의 가치에 영향을 미치는 경제적 요소들의 변화에 따른 감가요인
② 감가수정을 할 때에는 경제적 내용연수를 기준으로 한 정액법, 정률법 또는 상환기금법 중에서 대상물건에 가장 적합한 방법을 적용하여야 한다.
③ 제2항에 따른 감가수정이 적절하지 아니한 경우에는 물리적 · 기능적 · 경제적 감가요인을 고려하여 관찰감가 등으로 조정하거나 다른 방법에 따라 감가수정할 수 있다.

③ 감가수정과 감가상각의 차이

감가수정은 회계상 감가상각과 재조달원가 등 기준가액이 상이하며, 개념 · 감가요인 · 감가방법에 있어 차이점이 있으므로 유의하여야 한다.

◆ **감가수정과 감가상각의 비교**

분류	감가수정	감가상각
목적	감정평가를 위한 기준시점의 시장가치 추정	기업회계를 위한 자산의 기간비용 배분
대상	토지, 건물 등 유무형자산	건물 등 유무형 상각자산
기준가액	기준시점의 재조달원가	취득시점의 역사적 원가 · 공정가치
감가요인	물리적, 기능적, 경제적 감가요인 고려	물리적, 기능적 감가요인만 고려
감가방법	정액법, 정률법, 상환기금법 외 관찰감가법 등 병용	정액법, 체감잔액법, 생산량비례법 외 관찰감가법 적용 불가
내용연수	물건별 개별적 내용연수 적용	물건별 동일 내용연수 적용

3 복합·집합부동산

복합·집합부동산과 같이 개별 물건이 아닌 둘 이상의 물건이 결합된 경우, 원가법은 토지·건물의 가액을 각각 산정한 후 이를 합산한다. 다만 집합부동산은 전체 부동산에서 건물 전용부분이 특정되어 있으므로, 전용부분의 층과 위치를 고려한 별도의 효용비율을 적용하여 산정한다.

(1) 층별·위치별 효용비

층별·위치별 효용비란 건물 내 층별로 구별되는 효용, 동일 층 내 위치별로 구별되는 효용의 차이를 말하며, 효용비율은 효용비와 면적을 고려한 전체 가격 대비 비율을 말한다. 면적은 원칙적으로 건물 전유면적을 적용하여야 하나, 공용부분의 영향력이 인정되는 경우 별도로 정할 수 있다.

$$\text{적산가액} = (\text{토지} + \text{건물가액}) \times (\text{층·위치별 효용비} \div \Sigma \text{ 전체 효용비})$$

(2) 지가배분율

지가배분율(land value allocation ratio)이란 토지의 위치적 가치를 파악하여 배분한 비율을 말한다. 지가배분율은 층별·위치별 효용비율과 달리 건물의 위치별 효용을 고려하지 않은 토지만의 층별 효용비율이다.

지가배분율은 층별 가치에서 건물 귀속가치를 공제하여 구하는 것이 원칙이나, 층별 효용비율을 활용할 수도 있다.

$$\text{적산가액} = (\text{토지} + \text{건물가액}) \times \{(\text{층·위치별 효용비} - \text{건물귀속 효용비}) \div \Sigma \text{ 토지 효용비}\}$$

4 적산법

적산법이란 대상물건의 기초가액에 기대이율을 곱하여 산정된 기대수익에 대상물건을 계속하여 임대하는 데 필요한 경비를 더하여 대상물건의 임대료 산정하는 감정평가방법을 말한다.

$$\text{적산임료} = \text{기초가액} \times \text{기대이율} + \text{필요제경비}$$

「감정평가에 관한 규칙」은 임대료 감정평가의 주된 방법으로 임대사례비교법을 규정하고 있으나, 실무적으로는 국유재산 사용료 등 임대사례비교법의 적용이 어려운 경우가 많아 적산법의 활용이 중요시되고 있다.

(1) 기초가액과 부동산 가격

기초가액이란 적산법을 적용하여 적산임료를 구할 때 기초가 되는 대상물건의 원본가치를 말한다. 용익의 대가인 임대료와 교환의 대가인 기초가액은 과실과 원본의 관계에 해당한다.

기초가액의 성격은 ① 일반적인 시장가치와 동일하다고 보는 견해, ② 시장가치에서 자본가치가 공제된 가치로 보는 견해, ③ 임대차 조건에 따른 사용가치(용익가치)로 보는 견해 등이 대립하고 있다. 자본가치는 임대인, 사용가치는 임차인에게 상응하는 개념이다.

기대이율의 성격은 기초가액의 성격에 따라 달라진다. 이론적으로는 사용가치로 보는 견해가 타당하나 실무적으로 일반적인 시장가치를 기준으로 산정하고 있으므로, 기대이율의 성격은 통상적인 투자수익률이 아닌 임대차 조건·자본이득 배제에 따른 차이를 반영한 이율로 산정하여야 한다.

기초가액의 산정은 원가법과 거래사례비교법을 적용하며, 수익환원법은 순환논리 등에 모순되어 배제한다.

◆ **기초가액과 시장가치 비교**

분류	기초가액	시장가치
대상	대상물건 중 임대부분	대상물건 전체
이용상황	현재 이용상황 기준	최유효이용 기준
적용기간	임대차 계약기간	잔존내용연수 전체
적용방법	원가방식, 비교방식	원가방식, 비교방식, 수익방식

(2) 기대이율과 환원이율

기대이율이란 임대차에 제공되는 대상물건을 취득하는 데 투입된 자본에 대하여 기대되는 임대수익의 비율을 말한다.

기대이율의 성격은 기회비용의 관점에서 다른 자산의 투자수익률에 대비되는 요구수익률이므로 금융시장의 이자율과 밀접한 관계를 가지고 있으나, 기초가액을 최유효이용에 기초한 시장가치로 구한 경우에는 임대차 계약에 따른 대상물건의 실제 이용상황이 고려되어야 한다. 기대이율은 한정적인 임대차 계약기간에 적용되는 이율이자 상각후 세공제전 기대수익에 대응하는 이율이다.

기대이율의 산정방법은 시장추출법, 요소구성법, 투자결합법, CAPM을 활용한 방법, 기타 대체·경쟁 자산의 수익률 등을 고려한 방법 등으로 구할 수 있다. 기초가액을 용익가치로 구한 경우에는 국공채이율, 대출금리, 부동산수익률, 국유재산법과 지방재정법상 대부료율 등을 고려하여 결정할 수 있다.

> **■ 참고 기대이율의 구체적 산정방법 | 감정평가 실무매뉴얼 임대료편**

기대이율은 시장추출법, 요소구성법, 투자결합법, CAPM을 활용한 방법, 그 밖의 대체·경쟁 자산의 수익률 등을 고려한 방법 등으로 산정한다. 기초가액을 시장가치로 감정평가한 경우, 기대이율은 한국감정평가사협회에서 발표한 '기대이율 적용기준율표' 등을 참고하여 실현가능한 율로 정할 수 있다.

[표] 기대이율 적용기준율표

① 기대이율은 부동산 용도별로 주거용, 상업용, 공업용, 농지, 임지의 형태로 구분하여 산정한다.

② 각 유형별 이용형태 등에 따라 세부유형별로 구분하되, 임대차시장의 특성에 따라 주거용은 수도권 및 광역시와 기타 시도로 나누어 제시하며, 상업용은 업무용과 매장용, 공업용은 산업단지 와 기타 공업용, 농지는 도시근교농지와 기타농지, 임지는 유실수 단지 등 수익성이 있는 임지와 자연임지로 구분하여 제시한다.

③ 표준적 이용은 인근지역 내 일반적이고 평균적인 이용을 의미하고, 인근의 표준적 이용에 비해 그 이용이 임시적인 것은 임시적 이용이라 한다. 임시적 이용은 해당 토지에 모델하우스, 가설건축물 등 일시적 이용 , 상업용지의 주차장이용, 주거용지의 텃밭이용 및 건축물이 없는 상태의 이용 (주거용, 상업용, 공업용에 한정)을 포함하는 개념이다. 임시적 이용 기준 기대이율은 일반적으로 인근의 표준적인 이용상태하의 용도별 기대이율보다 다소 낮은 수익률을 요구하는 것이 통상적이다.

대분류	소분류		실제이용상황	
			표준적이용	임시적이용
I	주거용	아파트 수도권 및 광역시	1.5% ~ 3.5%	0.5% ~ 2.5%
		아파트 기타 시도	2.0% ~ 5.0%	1.0% ~ 3.0%
		연립·다세대 수도권 및 광역시	1.5% ~ 5.0%	0.5% ~ 3.0%
		연립·다세대 기타 시도	2.5% ~ 6.5%	1.0% ~ 4.0%
		다가구 수도권 및 광역시	2.0% ~ 6.0%	1.0% ~ 3.0%
		다가구 기타 시도	3.0% ~ 7.0%	1.0% ~ 4.0%
		단독주택 수도권 및 광역시	1.0% ~ 4.0%	0.5% ~ 2.0%
		단독주택 기타 시도	1.0% ~ 5.0%	0.5% ~ 3.0%
	상업용	업무용	1.5% ~ 5.0%	0.5% ~ 3.0%
		매장용	3.0% ~ 6.0%	1.0% ~ 4.0%
	공업용	산업단지	2.5% ~ 5.5%	1.0% ~ 3.0%
		기타공업용	1.5% ~ 4.5%	0.5% ~ 2.5%
II	농지	도시근교농지	1.00% 이내	
		기타농지	1.0% ~ 3.0%	
	임지	유실수 단지 등 수익성이 있는 임지	1.50% 이내	
		자연임지	1.00% 이내	

[참고] CD금리를 반영한 기대이율표

기대이율과 시중금리와 정의 상관성이 있고 상관계수가 가장 높은 CD금리를 기준으로 일정범위의 형태로 기대이율을 제시하였으며, 기대이율을 산정 시 참고자료로 활용할 수 있다.

대분류	소분류		실제이용상황	
			표준적이용	임시적이용
I	주거용	아파트 / 수도권 및 광역시	CD금리 + −1.5% ∼ 0.5%	CD금리 + −2.5% ∼−0.5%
		아파트 / 기타 시도	CD금리 + −1.0% ∼ 2.0%	CD금리 + −2.0% ∼ 0.0%
		연립·다세대 / 수도권 및 광역시	CD금리 + −1.5% ∼ 2.0%	CD금리 + −2.5% ∼ 0.0%
		연립·다세대 / 기타 시도	CD금리 + −0.5% ∼ 3.5%	CD금리 + −2.0% ∼ 1.0%
		다가구 / 수도권 및 광역시	CD금리 + −1.0% ∼ 3.0%	CD금리 + −2.0% ∼ 0.0%
		다가구 / 기타 시도	CD금리 + −0.0% ∼ 4.0%	CD금리 + −2.0% ∼ 1.0%
		단독주택 / 수도권 및 광역시	CD금리 + −2.0% ∼ 1.0%	CD금리 + −2.5% ∼−1.0%
		단독주택 / 기타 시도	CD금리 + −2.0% ∼ 2.0%	CD금리 + −2.5% ∼ 0.0%
	상업용	업무용	CD금리 + −2.0% ∼ 2.0%	CD금리 + −2.5% ∼ 0.0%
		매장용	CD금리 + −0.0% ∼ 3.0%	CD금리 + −2.0% ∼ 1.0%
	공업용	산업단지	CD금리 + −0.5% ∼ 2.5%	CD금리 + −2.0% ∼ 0.0%
		기타공업용	CD금리 + −1.0% ∼ 2.0%	CD금리 + −2.5% ∼−0.5%
II	농지	도시근교농지	1.00% 이내	
		기타농지	1.0% ∼ 3.0%	
	임지	유실수 단지 등 수익성이 있는 임지	1.50% 이내	
		자연임지	1.00% 이내	

[참고] 그 외 기대이율 산정방법

기대이율 결정 시 시장통계를 활용하여 약식 검증수단으로 활용할 수 있다.

① 주거용 부동산의 기대이율은 매매가격 대비 전세가격비율 및 적정한 이율을 활용하여 산정할 수 있다. 다만 적용이율을 전월세전환율로 적용할 경우 시장에서의 기대이율보다 높은 수치가 나올 수 있으므로, 하기 산식은 전세시장이 주를 이루는 임대시장에서 적용 가능하고 보증부월세의 경우에는 수식 적용의 제한이 발생할 수도 있음에 유의해야 한다.

> 주거용 기대이율 = (매매가격 대비 전세가격비율 × 적용이율) − 감가상각비율

② 상업용 부동산의 기대이율은 상업용 부동산 소득수익률을 활용하여 산정할 수 있다. 다만 소득수익률의 기준이 되는 순영업소득에는 기대이율의 구성항목과 무관한 기타수입이 존재하며, 필요제경비 항목인 공실손실상당액이 차감되어 있고, 감가상각비를 비용으로 차감하지 않은 상태에서 구해진 것이므로 상기 식 이외에 순영업소득에는 기타수입이 차감되고 공실손실상당액에 상응하는 금액이 가산되어야 한다.

$$상업용\ 기대이율 = (소득수익률 - 기타수입 + 공실률) - 감가상각비율$$

참고 기대이율과 환원이율 비교

분류	기대이율	환원이율
목적	적산법에서 기대수익 산정	수익환원법에서 수익가액 산정
개념	투하자본 대비 임대수익의 비율	시장가치 대비 순수익의 비율
이용상황	현재 이용상황 기준	최유효이용 기준
적용기간	임대차 계약기간	잔존내용연수 전체
적용방법	시장추출법 등(시장금리 등)	시장추출법 등
성격	상각후 세공제전	상각전 세공제전

(3) 필요제경비와 운영경비

<u>필요제경비</u>란 임차인이 대상물건을 사용·수익할 수 있도록 적절하게 유지·관리하는 데 필요한 비용을 말하며, 감가상각비, 유지관리비, 조세공과금, 손해보험료, 대손준비금, 공실손실상당액, 정상운영자금이자 등이 포함된다.

필요제경비는 리모델링 등 대상물건의 가치에 영향을 미치는 자본적 지출(capital expenditure)이 아닌 수익적 지출(revenue expenditure)에 해당하며, 임대차 계약의 내용에 따라 세부적인 항목이 달라질 수 있다는 점에 유의하여야 한다. 농지·임지 등 순수 토지의 경우, 일반적으로 조세공과금 외 감가상각비·유지관리비·손해보험료 등의 항목은 해당되지 않는다.

◆ 필요제경비 구성항목

분류	내용
감가상각비	시간의 경과에 따라 발생되는 물리적, 기능적, 경제적 가치 감소분
유지관리비	로비, 복도, 계단, E/V, 주차, 보안, 청소 등 공용부분의 유지·관리에 필요한 비용
조세공과금	재산세, 도시계획세, 공동시설세 등 부동산 보유와 관련된 세금 및 공과금 비용
손해보험료	건물, 설비 등에 대한 보험료 비용
대손준비금	임차인의 임대료 지급 불이행에 따른 임대료 손실충당금
공실손실상당액	임차인의 이동, 변동 등에 따른 임대료 손실충당금
정상운영자금이자	임대활동에 필요한 정상적인 운영자금에 대한 운용이익

> **참고 필요제경비 산정 시 유의사항**
>
> - <u>감가상각비</u>는 필요제경비에 포함되므로 기대이율은 상각후 이율로 산정하여야 한다.
> - <u>유지관리비</u>는 수익적 지출을 기준하므로 자본적 지출은 포함되지 않으며, 공용부분 관련 비용에서 임대차계약상 임차인이 직접 부담하는 부가사용료는 공제하여야 한다.
> - <u>조세공과금</u>은 부동산 보유와 관련된 재산세 등만 포함되며, 취득세 및 소득·법인세는 포함되지 않는다.
> - <u>손해보험료</u>는 소멸성 보험료만 포함되며, 추후 상환 가능한 비소멸성 보험료는 포함되지 않는다.
> - <u>대손준비금</u>은 보증금 등 결손의 담보액이 설정된 경우에는 포함되지 않는다.
> - <u>공실손실상당액</u>은 기준시점의 공실 상황과 무관하게 인근지역 임대시장의 공실 수준에 따라 일정 액을 계상하여야 한다.

◆ 필요제경비와 운영경비 비교

분류	필요제경비	운영경비
목적	적산법에서 기대수익 산정	수익환원법에서 수익가액 산정
개념	임대 대상물건의 유지·관리 비용	대상물건의 수익 창출을 위한 유지·관리 비용
적용기간	임대차 계약기간	잔존내용연수 전체
구성항목	감가상각비, 유지관리비, 조세공과금, 손해보험료, 대손준비금, 공실손실상당액, 정상운영자금이자	유지관리비, 조세공과금, 손해보험료

감정평가 실무기준 : 적산법

3.2.2.1 정의

① 적산법이란 대상물건의 기초가액에 기대이율을 곱하여 산정된 기대수익에 대상물 건을 계속하여 임대하는 데 필요한 경비를 더하여 대상물건의 임대료를 산정하는 감정평가방법을 말한다.

② 적산임료란 적산법에 따라 산정한 임대료를 말한다.

3.2.2.2 기초가액

① 기초가액이란 적산법으로 감정평가하는 데 기초가 되는 대상물건의 가치를 말한다.

② 기초가액은 비교방식이나 원가방식으로 감정평가한다. 이 경우 사용 조건·방법 ·범위 등을 고려할 수 있다.

3.2.2.3 기대이율

① 기대이율이란 기초가액에 대하여 기대되는 임대수익의 비율을 말한다.

② 기대이율은 시장추출법, 요소구성법, 투자결합법, CAPM을 활용한 방법, 그 밖의 대체·경쟁 자산의 수익률 등을 고려한 방법 등으로 산정한다.

③ 기초가액을 시장가치로 감정평가한 경우에는 해당 지역 및 대상물건의 특성을 반영하는 이율로 정하되, 한국감정평가사협회에서 발표한 '기대이율 적용기준율표', 「국유재산법 시행령」·「공유재산 및 물품관리법 시행령」에 따른 국·공유재산의 사용료율(대부료율) 등을 참고하여 실현가능한 율로 정할 수 있다.

3.2.2.4 필요제경비

① 필요제경비란 임차인이 사용·수익할 수 있도록 임대인이 대상물건을 적절하게 유지·관리하는 데에 필요한 비용을 말한다.

② 필요제경비에는 감가상각비, 유지관리비, 조세공과금, 손해보험료, 대손준비금, 공실손실상당액, 정상운영자금이자 등이 포함된다.

비교방식

서설 preface, summary

- 비교방식이란 거래사례비교법, 임대사례비교법 등 시장성의 원리에 기초한 감정평가방식 및 공시지가기준법을 말한다.
- 비교방식이란 시장에서 거래되는 가격과 가치의 상호관계를 파악하여 대상물건의 가치를 산정하는 방식이다.
- 거래사례비교법이란 대상물건과 가치형성요인이 같거나 비슷한 물건의 거래사례와 비교하여 대상물건의 현황에 맞게 사정보정, 시점수정, 가치형성요인 비교 등의 과정을 거쳐 대상물건의 가액을 산정하는 감정평가방법을 말한다.
- 공시지가기준법이란 대상토지와 가치형성요인이 같거나 유사한 표준지의 공시지가를 기준으로 대상토지의 현황에 맞게 시점수정, 지역요인 및 개별요인 비교, 그 밖의 요인의 보정을 거쳐 대상토지의 가액을 산정하는 감정평가방법을 말한다.

목차 index

2 임대사례비교법

(1) 임대료 감정평가의 기준

① 실질임대료 기준
② 임대사례비교법 기준
③ 신규임대료 기준
④ 산정기간 및 기준시점

(2) 임대사례의 선정기준

3 공시지가기준법

(1) 적용대상

(2) 비교표준지의 선정기준

(3) 그 밖의 요인의 보정 ㅣ 이론 16.3(그 밖의 요인 보정의 적정성), 24.3, 27.2(공시지가기준법의 문제점),
　　　　　　　　　　　　　34.2(그 밖의 요인 보정의 적정성)

① 정의
② 필요성
③ 내용
④ 산정방법
⑤ 유의사항
⑥ 문제점 및 해결방안

(4) 감정평가 3방식과의 관계 ㅣ 이론 24.3(공시지가기준법과 3방식)

주요 내용 contents

1 거래사례비교법

<u>거래사례비교법</u>이란 대상물건과 가치형성요인이 같거나 비슷한 물건의 거래사례와 비교하여 대상물건의 현황에 맞게 사정보정, 시점수정, 가치형성요인 비교 등의 과정을 거쳐 대상물건의 가액을 산정하는 감정평가방법을 말한다. 거래사례비교법은 합리적인 경제인이라면 시장에서 수요·공급의 상호작용에 의하여 결정되는 가격을 기준으로 행동할 것이므로, 재화의 가치가 시장에서 대체·경쟁관계에 있는 다른 부동산의 가격과의 상호작용에 의해 결정된다는 대체의 원칙에 근거를 두고 있다.

(1) 거래사례 선정기준

<u>거래사례 선정기준</u>은 ① 거래사정이 정상이라고 인정되는 사례, ② 거래사정이 정상적인 것으로 보정이 가능한 사례, ③ 기준시점으로 시점수정이 가능한 사례, ④ 대상물건과 위치적·물적 유사성이 있어 지역·개별요인 등 가치형성 요인의 비교가 가능한 사례이다. 거래사례는 시산가액의 적정성에 중요한 영향을 미치므로 선정에 유의하여야 한다. 부동산은 일반 재화와 달리 공개된 시장에서 다수의 거래활동에 의해 가격이 형성되지 않으므로, 거래 당사자의 조건과 상황에 따라 거래가격이 개별적으로 형성되는 특징을 보인다. 따라서 거래사례 선정 시 거래일자, 거래경위, 거래조건 등을 충분히 검토하고 객관성이 결여된 특수조건은 적정하게 수정하여 적용하여야 한다. 또한 거래사례의 시간적·장소적·물적 동일성 또는 유사성이 구비되지 않으면 비교 과정에 어려움이 있으며, 비준가액의 적정성도 낮아지므로 유의하여야 한다.

거래사례 선정기준 관련 법령

감정평가 실무기준 3.3.1.2 거래사례의 수집 및 선택

거래사례비교법으로 감정평가할 때에는 거래사례를 수집하여 적정성 여부를 검토한 후 다음 각 호의 요건을 모두 갖춘 하나 또는 둘 이상의 적절한 사례를 선택하여야 한다.

1. 거래사정이 정상이라고 인정되는 사례나 정상적인 것으로 보정이 가능한 사례
2. 기준시점으로 시점수정이 가능한 사례
3. 대상물건과 위치적 유사성이나 물적 유사성이 있어 지역요인·개별요인 등 가치형성요인의 비교가 가능한 사례

감정평가 실무기준 1.5.3.1 토지 거래사례의 선정

① 거래사례는 다음 각 호의 선정기준을 모두 충족하는 거래가격 중에서 대상토지의 감정평가에 가장 적절하다고 인정되는 거래가격을 선정한다. 다만, 한 필지의 토지가 둘 이상의 용도로 이용되고 있거나 적절한 감정평가액의 산정을 위하여 필요하다고 인정되는 경우에는 둘 이상의 거래사례를 선정할 수 있다.
   1. 「부동산 거래신고에 관한 법률」에 따라 신고된 실제 거래가격일 것
   2. 거래사정이 정상적이라고 인정되는 사례나 정상적인 것으로 보정이 가능한 사례일 것
   3. 기준시점으로부터 도시지역은 3년 이내, 그 밖의 지역은 5년 이내에 거래된 사례일 것. 다만, 특별한 사유가 있는 경우에는 그 기간을 초과할 수 있다.
   4. 토지 및 그 지상건물이 일체로 거래된 경우에는 배분법의 적용이 합리적으로 가능한 사례일 것

5. [610-1.5.2.1]에 따른 비교표준지의 선정기준에 적합할 것

> 1. 「국토의 계획 및 이용에 관한 법률」상의 용도지역·지구·구역 등 공법상 제한사항이 같거나 비슷할 것
> 2. 이용상황이 같거나 비슷할 것
> 3. 주변환경 등이 같거나 비슷할 것
> 4. 인근지역에 위치하여 지리적으로 가능한 한 가까이 있을 것

참고 국제평가기준의 비교사례 선정기준

(a) 다수의 거래사례가 단일 거래사례보다 바람직하다.

(b) 유사 거래사례는 거래가액에 상당한 조정이 필요한 자산보다 더 나은 시산가치를 나타낸다.

(c) 가까운 시기의 거래사례는 특히 불안정한 시장에서 오래되거나 시일이 지난 사례보다 바람직하다.

(d) 관련 없는 당사자 간의 정상적인 거래사례여야 한다.

(e) 거래사례는 비교 기준을 평가할 수 있는 충분한 정보를 가지고 있어야 한다.

(f) 거래사례는 확실하고 신뢰할 수 있는 정보여야 한다.

(g) 실제 거래사례가 예정 거래사례보다 바람직하다.

(2) 사정보정의 유형 및 방법

<u>사정보정</u>이란 거래사례에 특수한 사정이나 개별적 동기가 반영되어 있거나 거래 당사자가 시장에 정통하지 않은 등 수집된 거래사례의 가격이 적절하지 못한 경우 그러한 사정이 없었을 경우의 적절한 가격수준으로 정상화하는 것을 말한다.

<u>사정보정의 유형</u>으로는 ① 경매·공매 등 통상적인 시장에서의 거래가 아닌 경우, ② 급매·청산 등 방매기간이 충분하지 않은 경우, ③ 친인척·관계회사 등 거래주체의 독립성을 인정하기 어려운 경우, ④ 보상 등 거래당사자의 자발적인 거래가 아닌 경우, ⑤ 금융지원·특약사항 등 거래조건이 일반적이지 않은 경우 등이 있다. 사정보정의 필요성 및 정도는 여러 거래사례 등을 종합적으로 비교하여 판단하여야 하며, 사정보정이 불가능한 거래사례는 제외하는 것이 원칙이다.

<u>사정보정의 방법</u>은 일정한 기준이 없으나 ① 구체적인 금액을 알 수 있는 경우에는 사정보정액, ② 구체적인 비율을 알 수 있는 경우에는 사정보정치 등을 활용할 수 있다.

사정보정 관련 법령

감정평가 실무기준 3.3.1.3 사정보정

거래사례에 특수한 사정이나 개별적 동기가 반영되어 있거나 거래 당사자가 시장에 정통하지 않은 등 수집된 거래사례의 가격이 적절하지 못한 경우에는 사정보정을 통해 그러한 사정이 없었을 경우의 적절한 가격수준으로 정상화하여야 한다.

(3) 시점수정의 방법

<u>시점수정</u>이란 거래사례의 거래시점과 대상물건의 기준시점이 불일치하여 가격수준의 변동이 있을 경우 거래사례의 가격을 기준시점의 가격수준으로 조정하는 것을 말한다.
<u>시점수정의 방법</u>은 대상물건이 아닌 사례물건의 가격 변동을 기준으로 변동률법 또는 지수법을 적용하되, 사례물건의 가격 변동률을 구할 수 없거나 적절하지 않은 경우에는 지가변동률·건축비지수·주택가격동향지수·임대료지수·생산자물가지수 등을 고려하여 구할 수 있다.

시점수정 관련 법령

<u>감정평가 실무기준 3.3.1.4 시점수정</u>
① 거래사례의 거래시점과 대상물건의 기준시점이 불일치하여 가격수준의 변동이 있을 경우에는 거래사례의 가격을 기준시점의 가격수준으로 시점수정하여야 한다.
② 시점수정은 사례물건의 가격 변동률로 한다. 다만, 사례물건의 가격 변동률을 구할 수 없거나 사례물건의 가격 변동률로 시점수정하는 것이 적절하지 않은 경우에는 지가변동률·건축비지수·임대료지수·생산자물가지수·주택가격동향지수 등을 고려하여 가격 변동률을 구할 수 있다.

---

(4) 가치형성요인의 비교

<u>가치형성요인 비교</u>란 거래사례와 대상물건의 종별·유형별 특성에 따라 지역요인이나 개별요인 등 가치형성요인에 차이가 있는 경우 이를 비교하여 대상물건의 가치를 개별화·구체화하는 것을 말한다.
<u>가치형성요인의 비교 방법</u>으로는 ① 계량분석법, ② 질적분석법, ③ 순위분석법 등이 있다. 계량분석법은 수학적인 계산을 통해 비교요인치를 산정하는 방법이며, 질적분석법은 유사·우세·열세 등 비교를 통해 상대적 위치와 가격범위를 확인하는 방법이다. 순위분석법은 질적분석법과 유사하나 상대비교 대신 평점비교를 통해 구체적인 가격범위를 확인하는 방법이다.
<u>가치형성요인의 비교 요인치</u>는 ① 금액수정법, ② 비율수정법 등으로 나타낼 수 있으며, ③ 연속수정법은 금액수정법과 비율수정법을 혼합하여 비율에 따른 금액을 합산하는 방법이다.
<u>지역요인 비교</u> 시 인근지역에서 거래사례를 수집한 경우 지역요인 비교가 필요하지 않으나, 동일수급권 내 유사지역에서 수집한 경우에는 지역요인을 기준으로 지역적 격차를 비교하여야 한다. <u>개별요인 비교</u> 시에는 거래사례와 대상물건의 지역적인 격차 외에 가로, 접근, 환경, 획지, 행정, 기타 조건 등의 격차를 비교한다.

◆ **가치형성요인의 비교방법**

구분			표현방법	장단점
정량법	비율 수정법	평균비율수정법	보정률	특성 간 상대적 차이를 고려하지 않으며, 비교 항목이 많을수록 하향편의 발생
		가중비율수정법		특성 간 상대적 차이를 고려하지 않음
	금액수정법		보정액	직관적으로 이해 가능하나, 비교 항목별 상대적 비교 불가
	연속수정법		보정액	비교 항목별 특성 반영하나, 계산절차가 복합함
정성법	우열관계법		우·열세	직관적으로 이해 가능하나, 비교 항목별 상대적 비교 불가
	순위분석법		순위	

가치형성요인 비교 관련 법령

감정평가 실무기준 3.3.1.5 가치형성요인의 비교

거래사례와 대상물건 간에 종별·유형별 특성에 따라 지역요인이나 개별요인 등 가치형성요인에 차이가 있는 경우에는 이를 각각 비교하여 대상물건의 가치를 개별화·구체화하여야 한다.

감정평가 실무기준 1.5.2.4 지역요인과 개별요인의 비교

1.5.2.4.1 지역요인의 비교

지역요인 비교는 비교표준지가 있는 지역의 표준적인 획지의 최유효이용과 대상토지가 있는 지역의 표준적인 획지의 최유효이용을 판정·비교하여 산정한 격차율을 적용하되, 비교표준지가 있는 지역과 대상토지가 있는 지역 모두 기준시점을 기준으로 한다.

1.5.2.4.2 개별요인의 비교

개별요인 비교는 비교표준지의 최유효이용과 대상토지의 최유효이용을 판정·비교하여 산정한 격차율을 적용하되, 비교표준지의 개별요인은 공시기준일을 기준으로 하고 대상토지의 개별요인은 기준시점을 기준으로 한다.

(5) 거래사례비교법 적용 시 유의사항

부동산 시장 침체 시 수요 및 거래량이 감소하므로, 거래사례비교법 적용 시 거래사례의 포착이 어려울 뿐만 아니라 수집된 거래사례에 급매 등 사정이 개입될 수 있다. 거래사례가 양적으로 부족하여 적정 가격수준을 파악하기 어렵기 때문에 사정의 개입 여부를 판단하거나 보정 기준을 마련하는 것에도 한계가 따른다.

따라서 부동산 침체 시에는 거래사례의 수집 범위를 동일수급권 내 유사지역으로 확장하거나 거래시점을 확장하여야 한다. 유사지역에서 거래사례를 선정한 경우 거래사례와 대상물건에 대한 지역요인 비교가 필요하며, 시점수정 등 시장의 경기국면에 대한 보정에 유의해야 한다. 또한 부동산 시장 침체 시에는 증거의 양과 질 측면에서 비준가액의 객관성 및 신뢰성이 낮아질 수 있으므로, 원가법 또는 수익환원법 등 다른 감정평가방법을 병용하여 합리성을 검토하여야 한다. 원가법에 의한 적산가액은 침체 시장에서 가치의 하한선이 될 수 있으며, 수익환원법에 의한 수익가액은 수요자의 효용 측면에서 비준가액의 적정성을 검토할 수 있다.

2 임대사례비교법

임대사례비교법이란 대상물건과 가치형성요인이 같거나 비슷한 물건의 임대사례와 비교하여 대상물건의 현황에 맞게 사정보정, 시점수정, 가치형성요인 비교 등의 과정을 거쳐 대상물건의 임대료를 산정하는 감정평가방법을 말한다.

> 비준임료 = 임대사례 × 사정보정 × 시점수정 × 가치형성요인 비교

(1) 임대료 감정평가의 기준

임대료란 임대차 계약에 기초한 대상물건의 사용대가로 지급되는 금액을 말하며, 임대차란 토지나 건물 등 임대차 대상물건을 일정한 기간 동안 점유하거나 사용 및 수익할 수 있는 권리를 일정한 대가에 의해 임대인으로부터 임차인에게 이전하는 것을 말한다. 임대료 감정평가 시 감정평가에 관한 일반 원칙인 시장가치기준 원칙, 현황기준 원칙, 개별물건기준 원칙을 따르되, 추가적으로 ① 실질임대료 기준, ② 임대사례비교법 기준, ③ 신규임대료 기준 등의 원칙을 따른다.

◆ 임대료 감정평가의 기준

기준	내용
실질임대료 기준	실질임대료 원칙(예외적으로 지급임대료 산정 가능)
임대사례비교법 기준	임대사례비교법 원칙(예외적으로 적산법 적용 가능)
신규임대료 기준	신규임대료 원칙(예외적으로 조건부 감정평가 가능)
임대료 산정기간	1월 또는 1년 단위 원칙(예외적으로 특정 기간 산정 가능)

① 실질임대료 기준

임대료는 지불방식과 구성항목에 따라 실질임대료, 지급임대료, 순임대료로 구분할 수 있다. 실질임대료는 임대인이 수취하는 모든 경제적 대가를 말하며, 수익적 성격의 순임대료와 비용적 성격의 필요제경비로 구성된다. 지급임대료(지불임대료)는 임차인이 매기 지불하는 경제적 대가를 말하며, 임대료와 관리비로 구성된다. 순임대료는 임대인 관점의 순수익으로 임대료 외에 보증금운용이익이 포함된다.

◆ 임대료의 종류

분류	구성항목	성격
실질임대료	순임료, 필요제경비	임대인 관점의 요구수익
지급임대료	임대료, 관리비	임차인 관점의 지불비용
순임대료	보증금운용이익, 임대료	임대인 관점의 순수익

임차인 관점의 지급임대료는 구체적인 임대차 계약에 따라 보증금, 임대료, 관리비의 비중이 달라질 수 있다. 따라서 임대료 감정평가 시 임대차 계약에 따른 명목상의 지급임대료가 아닌 실질적인 경제적 대가인 실질임대료를 기준하되, 의뢰인이 임대차 계약에 필요한 지급임대료를 산정하도록 요청한 경우에는 지급임대료를 구할 수 있다.

지급임대료는 실질임대료의 구성항목이며, 동일한 실질임대료도 임대차 계약의 보증금·관리비 규모에 따라 지급임대료는 달라질 수 있다. 특히 관리비의 경우 임대차 계약에 따라 유지관리비 등 필요제경비를 상회하는 경우 그 초과분은 임대인 관점에서 순임대료의 성격을 갖게 된다.

실질임대료 = 순임대료 + 필요제경비
지급임대료 = (순임대료 − 보증금운용이익) + 필요제경비
= (임대료 + 관리비) × 12개월

◆ 임대차 계약방식과 실질임대료

분류	임대차 계약방식		실질임대료		사례
	임대료	관리비	순임대료	필요제경비	
조임대차 (Gross Lease)	임대료	없음	임대료(일부)	임대료에 포함	고시원
순임대차 (Net Lease)	임대료	관리비 (유지관리비)	임대료(일부)	관리비 및 임대료(일부)	아파트 등
	임대료	관리비	임대료 및 관리비(일부)	관리비	대형 오피스

> **📑 참고 실질임대료·지불임대료의 전환**
>
> <u>지불임대료 → 실질임대료 전환 시 보증금 운용이율</u>
> 보증금 운용이율은 보증금을 실질임대료로 전환할 때 적용하는 이율로서, 보증부 월세나 전세인
> 경우 임대료 감정평가액에 미치는 영향이 크다.
> - 보증금 비중이 낮은 보증부 월세 또는 순수 월세인 경우, 월임대료의 미납 또는 연체를 감안한
>   예금적 성격이므로 정기예적금의 이자율을 적용할 수 있다.
> - 보증금 비중이 높은 경우, 자금조달 비용에 상응하는 대출이자율, 대체투자자산의 투자수익률
>   및 전월세전환율 등을 적용할 수 있다.
> - 전월세전환율은 일부 보증금을 일부 월세로 전환할 때 사용되는 이율이므로, 이를 보증금 전
>   체에 적용할 경우 실질임대료가 과대 산정될 수 있다는 점에 유의하여야 한다.
>
> <u>실질임대료 → 지불임대료 전환 시 보증금-월세비율</u>
> - 보증금 등이 포함된 지불임대료로 감정평가하는 경우, 보증금과 월세의 비율, 전월세전환율을
>   고려해야 한다.
> - 의뢰인이 보증금-월세비율을 제시하지 않은 경우, 인근지역의 표준적인 보증금-월세비율을
>   적용할 수 있다.

② 임대사례비교법 기준

임대료 감정평가 시 「감정평가에 관한 규칙」 제22조에 따라 원칙적으로 임대사례비
교법을 적용하되, 동 규칙 제12조에 따라 적산법 또는 수익분석법을 적용할 수 있다.

③ 신규임대료 기준

임대료 감정평가 시 원칙적으로 신규임대료를 기준하고, 기준시점은 산정기간 내 수익
발생 개시시점으로 한다. 신규임대료기준 원칙은 임대차 기간이 비교적 짧고, 임대차
기간 만료 후 재계약 시 신규임대료에 상응하는 임대료 수준을 요구하기 때문이다.

④ 산정기간 및 기준시점

임대료의 산정기간은 원칙적으로 1월 또는 1년을 기준하나, 의뢰인이 특정 기간을
요청하는 경우 그에 따라 감정평가할 수 있다.

(2) 임대사례의 선정기준

임대사례의 선정기준은 ① 임대차 계약내용이 같거나 비슷한 사례, ② 임대차 사정이
정상이라고 인정되는 사례, ③ 임대차 사정이 정상적인 것으로 보정이 가능한 사례, ④
기준시점으로 시점수정이 가능한 사례, ⑤ 대상물건과 위치적·물적 유사성이 있어 지
역·개별요인 등 가치형성요인의 비교가 가능한 사례, ⑥ 기준시점 현재 신규 계약된
사례이다.
임대사례비교법은 임대차 계약의 내용 및 조건이 다양하므로, 임대면적 및 위치(전용면적
·분양면적·계약면적), 임대료 산정방식(정액임대차·비율임대차), 보증금 및 월임대료의 비중(전

세·보증부월세·순수월세), 관리비 납부형태(순임대차·조임대차), 연간 임대료 상승률, 임대료 지불시기 등 사례 수집과 선정에 유의하여야 한다.

◆ 비교사례 선정기준 | 거래사례비교법·임대사례비교법

기준	거래사례비교법	임대사례비교법
공간적 기준	대상물건과 위치적 유사성이나 물적 유사성이 있어 지역요인·개별요인 등 가치형성요인의 비교가 가능한 사례	대상물건과 위치적 유사성이나 물적 유사성이 있어 지역요인·개별요인 등 가치형성요인의 비교가 가능한 사례
시간적 기준	기준시점으로 시점수정이 가능한 사례	기준시점으로 시점수정이 가능한 사례
내용적 기준	• 대상물건과 위치적 유사성이나 물적 유사성이 있어 지역요인·개별요인 등 가치형성요인의 비교가 가능한 사례	• 대상물건과 위치적 유사성이나 물적 유사성이 있어 지역요인·개별요인 등 가치형성요인의 비교가 가능한 사례 • 임대차 등의 계약내용이 같거나 비슷한 사례 • 임대차 사정이 정상이라고 인정되는 사례나 정상적인 것으로 보정이 가능한 사례

임대사례비교법 관련 법령

감정평가에 관한 규칙 제22조(임대료의 감정평가)
감정평가법인등은 임대료를 감정평가할 때에 임대사례비교법을 적용해야 한다.

감정평가 실무기준 3.3.2 임대사례비교법

3.3.2.1 정의
① 임대사례비교법이란 대상물건과 가치형성요인이 같거나 비슷한 물건의 임대사례와 비교하여 대상물건의 현황에 맞게 사정보정, 시점수정, 가치형성요인 비교 등의 과정을 거쳐 대상물건의 임대료를 산정하는 감정평가방법을 말한다.
② 비준임료란 임대사례비교법에 따라 산정된 임대료를 말한다.

3.3.2.2 임대사례의 수집 및 선택
임대사례비교법으로 감정평가할 때에는 임대사례를 수집하여 적정성 여부를 검토한 후 다음 각 호의 요건을 모두 갖춘 하나 또는 둘 이상의 적절한 임대사례를 선택하여야 한다.
1. 임대차 등의 계약내용이 같거나 비슷한 사례

2. 임대차 사정이 정상이라고 인정되는 사례나 정상적인 것으로 보정이 가능한 사례

3. 기준시점으로 시점수정이 가능한 사례

4. 대상물건과 위치적 유사성이나 물적 유사성이 있어 지역요인·개별요인 등 가치형성요인의 비교가 가능한 사례

3.3.2.3 사정보정

임대사례에 특수한 사정이나 개별적 동기가 반영되어 있거나 임대차 당사자가 시장에 정통하지 않은 등 수집된 임대사례의 임대료가 적절하지 못한 경우에는 사정보정을 통해 그러한 사정이 없었을 경우의 적절한 임대료 수준으로 정상화하여야 한다.

3.3.2.4 시점수정

① 임대사례의 임대시점과 대상물건의 기준시점이 불일치하여 임대료 수준의 변동이 있을 경우에는 임대사례의 임대료를 기준시점의 임대료 수준으로 시점수정하여야 한다.

② 시점수정은 사례물건의 임대료 변동률로 한다. 다만, 사례물건의 임대료 변동률을 구할 수 없거나 사례물건의 임대료 변동률로 시점수정하는 것이 적절하지 않은 경우에는 사례물건의 가격 변동률·임대료지수·생산자물가지수 등을 고려하여 임대료 변동률을 구할 수 있다.

3.3.2.5 가치형성요인의 비교

임대사례와 대상물건 간에 종별·유형별 특성에 따라 지역요인이나 개별요인 등 임대료의 형성에 영향을 미치는 여러 요인에 차이가 있는 경우에는 이를 각각 비교하여 대상물건의 임대료를 개별화·구체화하여야 한다.

3 공시지가기준법

공시지가기준법이란 대상 토지와 가치형성요인이 같거나 비슷하여 유사한 이용가치를 지닌다고 인정되는 표준지의 공시지가를 기준으로 대상토지의 현황에 맞게 시점수정, 지역·개별요인 비교, 그 밖의 요인의 보정을 거쳐 대상토지의 가액을 산정하는 감정평가방법을 말한다. 공시지가기준법은 거래사례비교법의 적용 방법과 절차상 유사하여 비교방식에 포함되었으며, 이 방법에 의한 시산가액도 비준가액이라 할 수 있다.

(1) 적용대상

공시지가기준법은 토지 감정평가 시 주된 방법으로 적용하며, 우리나라와 일본에서만 활용하고 있는 법적 감정평가방법이다. 그러나 표준지공시지가 등 공시가격이 시장가치를 반영하지 못하는 문제점이 지속적으로 제기되면서, 2016년 단서 규정을 통해 주된 방법에 거래사례비교법(적정한 실거래가)을 추가하였다.

공시지가기준법의 적용 범위 관련 법령

감정평가 및 감정평가사에 관한 법률 제3조(기준)

① 감정평가법인등이 토지를 감정평가하는 경우에는 그 토지와 이용가치가 비슷하다고 인정되는 「부동산 가격공시에 관한 법률」에 따른 표준지공시지가를 기준으로 하여야 한다. 다만, 적정한 실거래가가 있는 경우에는 이를 기준으로 할 수 있다.

감정평가에 관한 규칙 제2조(정의)

12의2. "적정한 실거래가"란 「부동산 거래신고 등에 관한 법률」에 따라 신고된 실제 거래가격으로서 거래 시점이 도시지역은 3년 이내, 그 밖의 지역은 5년 이내인 거래가격 중에서 감정평가법인등이 인근지역의 지가수준 등을 고려하여 감정평가의 기준으로 적용하기에 적정하다고 판단하는 거래가격을 말한다.

(2) 비교표준지의 선정기준

비교표준지는 인근지역에 있는 표준지 중에서 대상토지와 용도지역·이용상황·주변환경 등이 같거나 비슷한 표준지를 선정하여야 한다. 다만, 인근지역에 적절한 표준지가 없는 경우에는 인근지역과 유사한 지역적 특성을 갖는 동일수급권 안의 유사지역에 있는 표준지를 선정할 수 있다.

비교표준지 선정기준 관련 법령

감정평가에 관한 규칙 제14조(토지의 감정평가)

1. 비교표준지 선정 : 인근지역에 있는 표준지 중에서 대상토지와 용도지역, 이용상황, 주변환경 등이 같거나 비슷한 표준지를 선정할 것(다만 예외적으로 인근지역과 유사한 지역적 특성을 갖는 동일수급권 안의 유사지역에 있는 표준지를 선정할 수 있다.

감정평가 실무기준 1.5.2.1 비교표준지의 선정

① 비교표준지는 다음 각 호의 선정기준을 충족하는 표준지 중에서 대상토지의 감정평가에 가장 적절하다고 인정되는 표준지를 선정한다. 다만, 한 필지의 토지가 둘 이상의 용도로 이용되고 있거나 적절한 감정평가액의 산정을 위하여 필요하다고 인정되는 경우에는 둘 이상의 비교표준지를 선정할 수 있다.
   1. 「국토의 계획 및 이용에 관한 법률」상의 용도지역·지구·구역 등 공법상 제한사항이 같거나 비슷할 것
   2. 이용상황이 같거나 비슷할 것
   3. 주변환경 등이 같거나 비슷할 것

4. 인근지역에 위치하여 지리적으로 가능한 한 가까이 있을 것
② 제1항 각 호의 선정기준을 충족하는 표준지가 없는 경우에는 인근지역과 유사한 지역적 특성을 갖는 동일수급권 안의 유사지역에 위치하고 제1항 제1호부터 제3호까지를 충족하는 표준지 중 가장 적절하다고 인정되는 표준지를 비교표준지로 선정할 수 있다.
③ 도로·구거 등 특수용도의 토지에 관한 감정평가로서 선정기준에 적합한 표준지가 인근지역에 없는 경우에는 인근지역의 표준적인 이용상황의 표준지를 비교표준지로 선정할 수 있다.

감정평가 실무기준 1.5.2.2 적용공시지가의 선택

공시지가기준법으로 토지를 감정평가할 때 적용할 공시지가는 기준시점에 공시되어 있는 표준지공시지가 중에서 기준시점에 가장 가까운 시점의 것을 선택한다. 다만, 감정평가시점이 공시지가 공고일 이후이고 기준시점이 공시기준일과 공시지가 공고일 사이인 경우에는 기준시점 해당 연도의 공시지가를 기준으로 한다.

◆ **비교사례 선정기준 | 거래사례비교법 · 공시지가기준법**

기준	거래사례비교법	공시지가기준법
공간적 기준	인근지역에 위치하여 지리적으로 가능한 한 가까이 있을 것	인근지역에 위치하여 지리적으로 가능한 한 가까이 있을 것
시간적 기준	기준시점으로부터 도시지역은 3년 이내, 그 밖의 지역은 5년 이내에 거래된 사례일 것	기준시점에 공시되어 있는 표준지공시지가 중에서 기준시점에 가장 가까운 시점의 것을 선택
내용적 기준	• 용도지역·지구·구역 등 공법상 제한 사항이 같거나 비슷할 것 • 이용상황이 같거나 비슷할 것 • 주변환경 등이 같거나 비슷할 것 • 실제 거래신고된 거래가격일 것 • 거래사정이 정상적이라고 인정되는 사례나 정상적인 것으로 보정이 가능한 사례일 것 • 토지 및 그 지상건물이 일체로 거래된 경우에는 배분법의 적용이 합리적으로 가능한 사례일 것	• 용도지역·지구·구역 등 공법상 제한 사항이 같거나 비슷할 것 • 이용상황이 같거나 비슷할 것 • 주변환경 등이 같거나 비슷할 것

(3) 그 밖의 요인의 보정

① 정의

그 밖의 요인이란 시점수정, 지역요인 및 개별요인의 비교 외에 대상토지의 가치에 영향을 미치는 요인을 말한다.

② 필요성

그 밖의 요인 보정은 공시지가기준법에 의한 시산가액이 시장가치에 도달하지 못하는 경우, 이러한 격차를 보완하기 위해 실무적인 필요성이 인정되며 「감정평가에 관한 규칙」 제14조 제2항에 근거한다.

> **참고 판례 | 그 밖의 요인 보정의 타당성**
>
> **대법원 2001.3.27. 선고 99두7968 판결**
> 토지수용법이나 지가공시 및 토지등의 평가에 관한 법률 등의 관계 규정이 인근 유사토지의 정상거래가격 또는 보상선례 등을 특정하여 보상액 산정의 참작요인으로 들고 있지는 아니하므로 이를 반드시 조사하여 참작하여야 하는 것은 아니지만, 인근 유사토지가 거래된 사례나 보상이 된 사례가 있고 그 가격이 정상적인 것으로서 적정한 보상액평가에 영향을 미칠 수 있는 것임이 입증된 경우에는 인근유사토지의 정상거래가격을 참작할 수 있고, 보상선례가 인근유사토지에 관한 것으로서 당해 수용대상토지의 적정가격을 평가하는 데 있어 중요한 자료가 되는 경우에는 이를 참작하는 것이 상당하다.
>
> **대법원 2003.7.25. 선고 2002두5054 판결**
> 토지수용법 등 토지수용 보상액 산정에 관한 관계 법령의 규정을 종합하여 보면, 수용대상토지에 대한 보상액을 산정하는 경우에 인근 유사토지의 거래사례나 보상선례를 반드시 조사하여 참작하여야 하는 것은 아니며, 다만 인근 유사토지의 거래사례나 보상선례가 있고 그 가격이 정상적인 것으로서 적정한 보상액 평가에 영향을 미칠 수 있는 것임이 인정된 경우에 한하여 이를 참작할 수 있을 뿐이다.
>
> **대법원 2004.5.14. 선고 2003다38207 판결**
> 수용 대상 토지의 정당한 보상액을 산정함에 있어서 인근 유사 토지의 거래사례나 보상선례를 반드시 참작하여야 하는 것은 아니며, 다만 인근 유사 토지의 정상거래사례가 있고 그 거래가격이 정상적인 것으로서 적정한 보상액 평가에 영향을 미칠 수 있는 것임이 입증된 경우에는 이를 참작할 수 있다고 할 것이고, 한편 인근 유사 토지의 정상거래가격이라고 하기 위해서는 대상 토지의 인근에 있는 지목·등급·지적·형태·이용상황·법령상의 제한 등 자연적·사회적 조건이 수용 대상 토지와 동일하거나 유사한 토지에 관하여 통상의 거래에서 성립된 가격으로서 개발이익이 포함되지 아니하고 투기적인 거래에서 형성된 것이 아닌 가격이어야 하고, 그와 같은 인근 유사 토지의 정상거래사례 또는 보상선례가 있고 그 가격이 정상적인 것으로서 적정한 보상액 평가에 영향을 미친다고 하는 점은 이를 주장하는 자에게 입증책임이 있다.

③ 내용

그 밖의 요인 보정의 내용에 대한 명시적인 규정은 없으나, 개정 전「감정평가에 관한 규칙」제17조는 관계법령에 의한 토지의 사용·처분 등의 제한 또는 그 해제, 도시·군관리계획의 결정, 변경 또는 도시·군계획사업의 시행, 공공사업의 시행이나 공공시설의 정비, 토지의 형질변경이나 지목의 변경, 토지개량비 등 유익비의 지출, 은행 등 금융기관의 이자율의 변동, 기타 지가에 영향을 미치는 요인 등을 규정하였다.

④ 산정방법

그 밖의 요인은 대상토지의 인근지역 또는 동일수급권 내 유사지역에서 가치형성요인이 유사한 정상적인 거래사례 또는 평가사례 등을 활용해 산정한다. 산정기준은 표준지 또는 비교사례가 될 수 있으며, <u>표준지 기준인 경우</u> 비교사례 기준 표준지 가격을 표준지 가격으로 나누어 산정하며, <u>비교사례 기준인 경우</u> 비교사례 가격을 표준지 기준 비교사례 가격으로 나누어 산정한다.

◆ 비교사례 선정기준 | 거래사례비교법·그 밖의 요인 보정

기준	거래사례비교법	그 밖의 요인 보정
공간적 기준	인근지역에 위치하여 지리적으로 가능한 한 가까이 있을 것	인근지역 또는 동일수급권내 유사지역의 가치형성요인이 유사한 정상적인 거래사례 또는 평가사례 등을 고려할 것
시간적 기준	기준시점으로부터 도시지역은 3년 이내, 그 밖의 지역은 5년 이내에 거래된 사례일 것	기준시점으로부터 도시지역은 3년 이내, 그 밖의 지역은 5년 이내에 거래된 사례일 것
내용적 기준	• 용도지역·지구·구역 등 공법상 제한사항이 같거나 비슷할 것 • 이용상황이 같거나 비슷할 것 • 주변환경 등이 같거나 비슷할 것 • 실제 거래신고된 거래가격일 것 • 거래사정이 정상적이라고 인정되는 사례나 정상적인 것으로 보정이 가능한 사례일 것 • 토지 및 그 지상건물이 일체로 거래된 경우에는 배분법의 적용이 합리적으로 가능한 사례일 것	• 용도지역·지구·구역 등 공법상 제한사항이 같거나 비슷할 것 • 이용상황이 같거나 비슷할 것 • 주변환경 등이 같거나 비슷할 것 • 실제 거래신고된 거래가격일 것 • 거래사정이 정상적이라고 인정되는 사례나 정상적인 것으로 보정이 가능한 사례일 것 • 토지 및 그 지상건물이 일체로 거래된 경우에는 배분법의 적용이 합리적으로 가능한 사례일 것 • 감정평가 목적, 감정평가조건 또는 기준가치 등이 해당 감정평가와 유사한 사례일 것

◆ 그 밖의 요인 보정치 산정방법

기준		산식	비고
표준지	비교사례	× 사정보정 × 시점수정 × 요인비교(표준지/비교사례)	○
	표준지	× 시점수정	
비교사례	비교사례	× 사정보정 × 시점수정	○
	표준지	× 시점수정 × 요인비교(비교사례/표준지)	
본건	비교사례	× 사정보정 × 시점수정 × 요인비교(본건/비교사례)	×
	표준지	× 시점수정 × 요인비교(본건/표준지)	

> **참고 판례 | 그 밖의 요인 보정치 산정방법**
>
> 창원지방법원 2005구합3064(2007.10.25.)
> 이 사건 감정평가서는 인근 지역 보상선례를 기준으로 한 당해 토지 가격을 표준지공시지가를 기준
> 으로 한 당해 토지 가격으로 나누는 방법의 산식을 사용하여 보상대상 토지에 대한 평가대상 항목
> 중 "기타요인 보정치"를 결정한 다음, 다시 그 기타요인 보정치를 표준지공시지가를 기준으로 한
> 당해 토지가격에 곱하여 평가가격을 산출한 사실이 인정되는바, 이는 결과적으로 보상선례가를 기
> 준으로 당해 토지를 감정평가한 것으로서 표준지의 공시지가를 기준으로 당해 토지를 감정평가하도
> 록 정한 관련 법령에 위반되어 위법하고, 이를 기초로 한 이 사건 재결 또한 위법하다.

⑤ 유의사항

그 밖의 요인 보정을 위한 사례 선정 시 용도지역, 이용상황, 주위환경이 동일 또는
유사하고 위치적 유사성이 인정되는 사례를 선정하여야 하며, 그 밖의 요인 보정에
대한 적정성을 검토하여야 한다.

그 밖의 요인 보정 관련 법령

감정평가에 관한 규칙 제14조(토지의 감정평가)

5. 그 밖의 요인 보정 : 대상토지의 인근지역 또는 동일수급권 내 유사지역의 가치형
   성요인이 유사한 정상적인 거래사례 또는 평가사례 등을 고려할 것

감정평가 실무기준 1.5.2.5 그 밖의 요인 보정

③ 제2항의 거래사례 등은 다음 각 호의 선정기준을 모두 충족하는 사례 중에서 대상
   토지의 감정평가에 가장 적절하다고 인정되는 사례를 선정한다. 다만, 제1호, 제2
   호 및 제5호는 거래사례를 선정하는 경우에 적용하고, 제3호는 평가사례를 선정
   하는 경우에 적용한다.
   1. 「부동산 거래신고 등에 관한 법률」에 따라 신고된 실제 거래가격일 것

> 2. 거래사정이 정상적이라고 인정되는 사례나 정상적인 것으로 보정이 가능한 사례일 것
> 3. 감정평가 목적, 감정평가조건 또는 기준가치 등이 해당 감정평가와 유사한 사례일 것
> 4. 기준시점으로부터 도시지역은 3년 이내, 그 밖의 지역은 5년 이내에 거래 또는 감정평가된 사례일 것. 다만, 특별한 사유가 있는 경우에는 그 기간을 초과할 수 있다.
> 5. 토지 및 그 지상건물이 일체로 거래된 경우에는 배분법의 적용이 합리적으로 가능한 사례일 것
> 6. [610-1.5.2.1]에 따른 비교표준지의 선정기준에 적합할 것
>
> **「감정평가 실무기준」 810.5.6.6 그 밖의 요인 보정**
> ③ 그 밖의 요인을 보정하는 경우에는 대상토지의 인근지역 또는 동일수급권 안의 유사지역의 정상적인 거래사례나 보상사례를 참작할 수 있다. 다만, 이 경우에도 그 밖의 요인 보정에 대한 적정성을 검토하여야 한다.

⑥ 문제점 및 해결방안

그 밖의 요인 보정은 「감정평가에 관한 규칙」 제14조 제2항 및 판례에 근거하여 이루어지고 있으나, 구체적인 보정 내용에 대해서는 명확한 규정이 없다는 문제점이 있다. 또한 공시지가기준법 적용 시 비교표준지를 선정하고 대상토지와 가치형성요인을 비교하는 것 외에 추가적으로 거래사례 또는 평가사례를 선정하여 이를 비교표준지 또는 대상토지와 비교하는 등 절차적으로 중복될 뿐만 아니라, 그 밖의 요인 보정치가 표준지공시지가보다 대상토지의 가치에 미치는 영향이 커지므로 공시제도의 실효성에도 문제가 될 수 있다.

따라서 현실적으로 공시지가와 시장가치간의 차이가 인정된다면, 더 이상 그 밖의 요인으로 보정하는 것이 아니라 '시장가치 보정' 또는 '현실화율 보정'과 같은 용어를 활용하여 구체적인 내용적 근거를 마련할 필요성이 있다.

(4) 감정평가 3방식과의 관계

토지 감정평가 시 공시지가기준법을 주된 감정평가방법으로 적용하나, 부 방법으로 적정한 실거래가에 의한 거래사례비교법, 조성비용에 의한 원가법, 임대료에 의한 수익환원법을 적용할 수 있으며 다른 감정평가방법으로 산출한 시산가액과 비교하여 합리성을 검토하여야 한다. 공시지가기준법에 의한 시산가액이 다른 감정평가방법에 의한 시산가액에 비추어 볼 때 합리성이 없다고 판단되는 경우에는 각 시산가액을 조정하여 감정평가액을 결정할 수 있으므로, 공시지가기준법과 3방식은 상호 보완적인 관계에 있다.

◆ 공시지가기준법과 거래사례비교법의 비교

적용절차	공시지가기준법	거래사례비교법	비교
비교사례 선정	표준지공시지가	거래사례	거래사례 선정의 주관성 거래사례의 수집 가능성
사정보정	–	사정보정	거래사례의 사정개입 가능성
시점수정	시점수정	시점수정	–
지역요인 비교	지역요인 비교	지역요인 비교	유사지역 거래사례의 비교 가능성
개별요인 비교	개별요인 비교	개별요인 비교	–

수익방식

서설 preface, summary

- 수익방식은 수요 측면에서 수익과 가치의 상호관계를 파악하여 대상물건의 가치를 산정하는 방식이다.
- 수익방식이란 수익환원법, 수익분석법 등 수익성의 원리에 기초한 감정평가방식을 말한다.
- 수익환원법이란 대상물건이 장래 산출할 것으로 기대되는 순수익이나 미래의 현금흐름을 환원하거나 할인하여 대상물건의 가액을 산정하는 감정평가방법을 말한다.
- 직접환원법이란 단일기간의 순수익을 적절한 환원율로 환원하여 대상물건의 가액을 산정하는 방법을 말한다.
- 할인현금흐름분석법이란 대상물건의 보유기간에 발생하는 복수기간의 순수익과 보유기간 말의 복귀가액에 적절한 할인율을 적용하여 현재가치로 할인한 후 더하여 대상물건의 가액을 산정하는 방법을 말한다.

목차 index

③ **산정방법** ㅣ 이론 33.2(투자결합법)

④ **조정방법** ㅣ 이론 33.2(환원율 조정)

2 수익분석법

(1) 순수익(수익순임료)

(2) 필요제경비

주요 내용 contents

1 수익환원법

<u>수익환원법</u>이란 대상물건이 장래 산출할 것으로 기대되는 순수익이나 미래의 현금흐름을 환원하거나 할인하여 대상물건의 가액을 산정하는 감정평가방법을 말한다. 수익환원법은 대상물건의 장래 수익성에 기초하므로, 수익성의 사고방식, 수익배분·예측의 원칙과 관련이 있다. <u>수익환원법의 3요소</u>는 순수익, 환원방법, 환원율이다.

(1) 수익

<u>순수익</u>(net income)이란 대상물건을 통해서 획득할 수 있는 총수익에서 그 수익을 발생시키는 데 소요되는 경비를 공제한 금액을 말한다. 순수익은 일반적으로 연간 단위로 산정하며, 내용연수에 걸쳐 규칙적·계속적으로 발생하여야 한다.

① 구성요소에 따른 구분
순수익은 구성요소에 따라 가능총수익, 유효총수익, 순수익, 세전현금흐름, 세후현금흐름으로 구분할 수 있다.

◆ 수익의 구성요소

분류	내용
가능총수익(potential)	대상물건 임대 시 가능한 최대 수익(보증금운용익, 임대료, 관리비, 기타수입 등)
– 공실손실 및 대손충당금	임차인의 이동, 변동, 임대료 지급 불이행에 따른 임대료 손실 충당금
유효총수익(effective)	대상물건 임대 시 발생한 실제 수익
– 운영경비	대상물건 유지·관리를 위한 경비(유지관리비, 제세공과금, 손해보험료 등)
순수익(net)	대상물건 임대 시 발생한 실제 수익에서 비용을 공제한 순수익

– 저당지불액	타인자본에 대한 원리금상환액
세전현금흐름(before tax)	지분투자자의 귀속수익
– 세금	임대수익에 부과되는 소득세 또는 법인세
세후현금흐름(after tax)	지분투자자의 실질 귀속수익

② **발생원인에 따른 구분**

복합부동산의 수익은 물리적으로 토지·건물, 금융적으로 자기·타인자본의 일체 효용에 의해 발생하므로, 잔여법을 통해 전체 수익을 각 구성요소에 배분할 수 있다. 순수익이 일체 효용에 의해 발생하는 수익이라면, 저당지불액은 전체 수익에서 저당투자자의 타인자본에 귀속되는 수익이며, 세전현금흐름은 전체 수익에서 저당투자자의 수익을 공제한 지분투자자 자기자본의 수익에 해당한다.

토지잔여법은 전체 수익에서 건물 귀속 수익을 공제하여 토지 수익을 산정하는 방법이며, 건물잔여법은 전체 수익에서 토지 귀속 수익을 공제하여 건물 수익을 산정하는 방법이다. 잔여법은 지상권 설정 등에 따라 토지와 건물의 소유자가 상이한 경우에 활용할 수 있다.

③ **발생기간에 따른 구분**

수익은 발생기간에 따라 '보유기간' 중 발생하는 운영수익(income gain)과 보유기간 말 매도를 통해 발생하는 자본수익(capital gain)으로 구분할 수 있다. 보유기간은 개인·기업·기관투자자의 전형적인 투자행태를 기준으로 결정하며, 통상 5년에서 10년 이내이다.

자본수익은 '재매도가치에서 매도경비 등을 차감한 복귀가액', 여기에서 미상환저당잔금을 차감한 세전지분복귀액, 여기에서 양도소득세 등 세금을 차감한 세후지분복귀액으로 구분한다.

재매도가치의 산정방법은 내부추계법과 외부추계법으로 구분한다. 내부추계법은 보유기간 경과 후 초년도의 순수익을 추정한 후 최종환원율로 환원하여 산정하며, 외부추계법은 매수가액에 기초하여 성장률 등을 적용하여 산정하거나 사전에 약정된 매도가액(buy back)을 적용할 수 있다.

④ **수익의 산정방법**

수익의 산정방법은 조사자료의 출처에 따라 직접법과 간접법으로 구분할 수 있다. 직접법은 대상 부동산으로부터 직접 임대수익을 파악하고 과거 실적과 장래 동향을 고려하여 순수익을 구하는 방법이며, 간접법은 인근지역 또는 유사지역 내에서 대상 부동산과 동일 또는 유사한 사례의 순수익을 기준으로 비교하여 순수익을 구하는 방법이다.

감정평가 실무기준

3.4.1.3 순수익 등의 산정

① 순수익이란 대상물건에 귀속하는 적절한 수익으로서 유효총수익에서 운영경비를 공제하여 산정한다.

② 제1항의 유효총수익은 다음 각 호의 사항을 합산한 가능총수익에 공실손실상당액 및 대손충당금을 공제하여 산정한다.

   1. 보증금(전세금) 운용수익

   2. 연간 임대료

   3. 연간 관리비 수입

   4. 주차수입, 광고수입, 그 밖에 대상물건의 운용에 따른 주된 수입

③ 제1항의 운영경비는 다음 각 호의 사항을 더하여 산정한다.

   1. 용역인건비·직영인건비

   2. 수도광열비

   3. 수선유지비

   4. 세금·공과금

   5. 보험료

   6. 대체충당금

   7. 광고선전비 등 그 밖의 경비

④ 할인현금흐름분석법의 적용에 따른 복귀가액은 보유기간 경과 후 초년도의 순수익을 추정하여 최종환원율로 환원한 후 매도비용을 공제하여 산정한다.

📖 참고 | 수익 산정 시 유의사항

- <u>보증금운용이익</u>은 보증금에 보증금운용이율을 적용하여 산정한다. 보증금운용이율은 보증금의 성격에 따라 ① 임차인에 대한 채무로서 정기예금이자율 등을 적용해야 한다는 견해, ② 담보대출에 상응하는 레버리지효과를 고려해 저당수익률을 적용해야 한다는 견해, ③ 재투자를 고려해 시장수익률을 적용해야 한다는 견해 등이 있다. 따라서 수익환원법 적용 시 보증금운용이율은 대상물건의 특성을 비롯해 시장금리, 수익률 등 시장상황을 종합적으로 고려하여 결정해야 한다.

- <u>관리비</u>는 수도·전기요금 등 전용부분에 소요되는 비용뿐만 아니라 로비·복도·E/V·주차 등 공용부분에 부과되는 비용이 포함되어 있다. 관리비는 실제 발생비용보다 높게 부과되는 것이 일반적이므로 임대수익의 일부로 인식하며, 관리비수입 중 실제 지출된 비용은 운영경비에 반영한다.

- <u>공실손실상당액 및 대손충당금</u>은 실제 공실이 발생하지 않거나 임대료 미지급이 없는 경우에도 인근지역의 공실 수준 및 임차인의 신용도·보증금 등을 고려하여 일정액을 계상하여야 한다.

- <u>운영경비</u>는 임대차 계약의 기간(연간·월간·일간) 또는 내용(조임대차·순임대차)에 따라 구체적인 항목이 달라질 수 있다. 감가상각비는 건물의 노후도에 따라 임대수익에도 영향을 미치며

실제 발생하는 비용이 아니기 때문에 수익에서 공제되는 운영경비에 반영하지 않고, 환원율 등 별도의 자본회수방식을 통해 인식한다. 부동산에서 발생하는 재산세 외 투자자 개인의 소득세 등도 운영경비에는 반영하지 않는다.

- <u>세전현금흐름</u>은 담보대출 등 타인자본을 활용하는 투자관행을 잘 반영하고 있다. 다만 세전현금흐름은 지분가치의 구성요소이므로, 부동산 가치는 지분가치와 저당가치의 합계로 산정해야 한다.
- <u>세후현금흐름</u>은 세금 효과를 반영한 이상적인 현금흐름이다. 다만 현행 소득세법상, 투자자의 사업소득 외 소득에 따라 적용세율이 달라질 수 있다는 점에 유의하여야 한다.

◆ 보증금의 처리방법

구분	운용소득 추구가설	레버리지 추구가설	정보비대칭가설
주요 가정	운용소득 (이자수익·투자수익)	재무 레버리지 (저당대부)	대손충당금
적용 이율	시장이자율 (안전이율·위험이율)	대출이자율 (차입이자율)	시장이자율 + 위험할증률
장점	자산·화폐·자본시장의 대체·경쟁관계반영	대출이자율 기준하여 산정 용이	임대차 계약의 신용위험 반영
단점	보증금운용이익의 과소·과대 계상	보증금 비중이 낮은 임대차에 적용 난이	위험할증률의 계량화·표준화 난이

(2) 환원방법

수익환원법을 적용하기 위해서는 먼저 직접환원법과 할인현금흐름분석법 중 하나의 환원방법을 결정해야 한다. 다만 부동산의 증권화와 관련한 감정평가 등 매기의 순수익을 예상해야 하는 경우에는 할인현금흐름분석법을 원칙으로 하고 직접환원법으로 합리성을 검토한다.

① **환원법**(부동산모형, property model)

<u>직접환원법</u>(direct capitalization method)은 단일기간의 순수익을 적절한 환원율로 환원하여 대상물건의 가액을 산정하는 방법을 말한다. 직접환원법은 대상 순수익을 구분하여 토지·건물환원법, 저당·지분환원법 등 잔여환원법으로 응용될 수 있다.

직접환원법은 일정한 순수익이 안정적·영속적으로 발생하거나 투하자본에 대한 회수가 불필요한 자산에 간편하게 적용할 수 있다는 <u>장점</u>이 있으나, 투하자본 회수에 대한 인식이 현실적이지 못하고, 변화하는 투자환경을 유연하게 반영하기 어렵다는 <u>단점</u>이 있다. 직접환원법에 적용되는 환원율 산정방법은 투자환경의 변화에 맞춰 수익의 증감, 가치의 증감, 지분형성효과 등을 고려할 수 있도록 발전해왔다.

② **할인법**(소득모형, income model)

<u>할인현금흐름분석법</u>(discounted cash flow analysis)은 대상물건의 보유기간에 발생하는 복수기간의 순수익과 보유기간 말의 복귀가액에 적절한 할인율을 적용하여 현재가치로 할인한 후 더하여 대상물건의 가액을 산정하는 방법을 말한다. 할인현금흐름분석법은 직접환원법이 가정하고 있는 여러 가지 사항들이 현실에 부합하지 않는다는 점을 지적하면서 발전해왔으며, 컴퓨터 기술의 발전으로 불규칙한 현금흐름도 개별적으로 할인하여 가치를 계산할 수 있게 되면서, 직접환원법에 포함된 다양한 가정들과 공식들을 포괄하게 되었다.

할인현금흐름분석법은 부동산을 취득하여 일정기간 운영 후 매각하는 일반적인 투자 행태에 부합하며, 보유기간 내 수익·위험의 변동과 세금 효과를 개별적으로 반영할 수 있다는 <u>장점</u>이 있다. 그러나 미래 예상되는 수익을 직접 추정하는 과정에서 정확성이 낮아질 수 있으며, 세금효과 산정 시 적용되는 유효세율은 투자자의 소득수준에 따라 달라질 수 있어 부동산 분석에 적합하지 않다는 <u>단점</u>도 있다.

◆ **환원법과 할인법의 비교**

		환원법 (부동산모형)	할인법 (소득모형)
주요 가정	보유기간	영구 보유	일시 보유 후 매각
	원금회수	매기 수익으로 회수	보유기간 말 매각으로 회수
대상 수익	추정기간	단일기간	복수기간
	수익 종류	순수익	순수익, (세전·후)지분수익
	수익 증감	이율에 반영	수익에 반영
적용방법		직접환원법	할인현금흐름분석법
적용 이율	이율	환원율	할인율
	구성	수익률, 회수율	수익률
	종류	종합환원율	종합할인율, (세전·후)지분·저당할인율
위험 고려	수익 변동	이율에 반영 (환원율 조정)	이율에 반영 (할인율 조정)
	가치 변동	이율에 반영 (환원율 조정)	수익에 반영 (재매도가치)
	물가 변동	이율에 반영 (환원율 조정)	수익·이율에 반영 (수익·할인율 조정)

감정평가 실무기준

<u>3.4.1.2 환원방법</u>
① 직접환원법은 단일기간의 순수익을 적절한 환원율로 환원하여 대상물건의 가액을 산정하는 방법을 말한다.
② 할인현금흐름분석법은 대상물건의 보유기간에 발생하는 복수기간의 순수익(이하 "현금흐름"이라 한다)과 보유기간 말의 복귀가액에 적절한 할인율을 적용하여 현재가치로 할인한 후 더하여 대상물건의 가액을 산정하는 방법을 말한다.
③ 수익환원법으로 감정평가할 때에는 직접환원법이나 할인현금흐름분석법 중에서 감정평가 목적이나 대상물건에 적절한 방법을 선택하여 적용한다. 다만, 부동산의 증권화와 관련한 감정평가 등 매기의 순수익을 예상해야 하는 경우에는 할인현금흐름분석법을 원칙으로 하고 직접환원법으로 합리성을 검토한다.

(3) 환원율·할인율

수익방식에서 사용하는 이율은 크게 환원율과 할인율로 구분할 수 있다. <u>환원율</u>(capitalization rate)은 순수익을 기준시점의 경제적 가치로 환산하기 위하여 적용하는 이율이고, <u>할인율</u>(discount rate)은 미래의 현금흐름을 현재가치로 환산하기 위하여 적용하는 수익률을 말한다. 환원율·할인율은 화폐시장의 예금 금리, 자본시장의 주식 수익률 등 대체투자자산의 이율과 대체·경쟁관계가 성립하며, 수익을 자본화(capiltalization)하는 승수(multiplier)의 역할을 한다.

① 활용방법

<u>환원율</u>은 직접환원법에서 수익가액을 산정하거나 할인현금흐름분석법에서 내부추계법으로 복귀가액을 산정할 때 활용된다. 환원율은 상각후 환원율(자본수익률)에 자본회수율을 가산한 상각전 이율로서, 장래 수익에 영향을 미치는 변동성을 포함하고 있다. <u>할인율</u>은 할인현금흐름분석법에서 특정 시점의 수익을 현재가치로 변환할 때 활용된다. 할인율은 자본회수율을 포함하지 않은 상각후 이율로서, 투자자 요구수익률과 같은 이율로서 장래 수익에 영향을 미치는 변동성을 포함하고 있으나, 해당 시점 외 기간의 변동성은 고려하지 않는다.

② 구성요소

환원율은 자본수익률과 자본회수율로 구성된다. <u>자본수익률</u>(return on capital)은 투자 위험에 대한 수익에 해당하며, 환원율에서 자본회수율에 공제되었다는 점에서 상각후 환원율에 해당한다. <u>자본회수율</u>(return of capital)은 투하자본의 회수에 해당하며, 직선법, 상환기금법, 연금법으로 구분한다. <u>직선법</u>(straight line method)은 건물·구축물과 같이 내용연수가 유한하고 순수익과 자산가치가 매년 일정액씩 감소하는 경우에 적용한다. <u>상환기금법</u>(singking fund method, Hoskold method)은 광산·산림과 같이 내용연수가 유한하고 동일 물건에 대한 재투자가 불가능하여 자본회수분을 안전하게 재투자하여야 하는 경우에 적용한다. <u>연금법</u>(annuity method, Inwood method)은 어업권과 같이 순수익의 흐름이 안정적이고 자본회수분을 동종 사업에 재투자할 수 있는 경우에 적용한다.

◆ **자본회수율의 종류**

	직선법	상환기금법	연금법
적용대상	건물·구축물	광산·산림	어업권
내용연수	단기	장기	장기
순수익	감소	유지	유지
재투자	불가능	불가능 (안전자산 재투자)	가능 (당해자산 재투자)
자본회수율	1 ÷ 내용연수	SFF(내용연수, 안전율)	SFF(내용연수, 수익률)
환원율	수익률 + (1 ÷ 내용연수)	수익률 + SFF(내용연수, 안전율)	수익률 + SFF(내용연수, 수익률) = MC(내용연수, 수익률)

③ 산정방법

<u>환원율</u>은 시장추출법으로 산정하는 것을 원칙으로 하며, 그 외에 요소구성법, 투자결합법(물리적·금융적 투자결합법), 유효총수익승수법, 시장에서 발표된 환원율, 엘우드법, 부채감당법 등을 검토하여 조정할 수 있다. 복귀가액 산정을 위한 <u>최종환원율</u>(going-out cap. Rate, 기출환원율)은 환원율에 장기위험프리미엄·성장률·소비자물가상승률 등을 고려하여 결정한다.

◆ **환원율의 산정방법**

	산식
시장추출법	= 순수익(NOI) ÷ 거래금액(V)
요소구성법	= 무위험률 + 위험프리미엄
투자결합법	물리적(토지+건물), 금융적(지분+저당) 결합법
물리적 결합법	= 토지비율 × 토지환원율 + 건물비율 × 건물환원율
금융적 결합법① (Ross)	= 지분비율 × 지분환원율 + 저당비율 × 저당수익률(Rd)
금융적 결합법② (Kazdin)	= 지분비율 × 지분환원율 + 저당비율 × 저당환원율(MC)

금융적 결합법③ (Ellwood)	= 지분비율 × 지분수익률 + 저당비율 × 저당환원율(MC) − (저당비율 × 상환비율 × 감채기금계수) ± (가치증감률 × 감채기금계수)
유효총수익승수법	= (1−영업경비율) ÷ 유효총수익승수(V/EGI)
시장조사법	투자자 요구수익률
부채감당법	= 부채감당률(NOI/DS) × 부채비율(D/V) × 저당환원율(DS/D)

환원율 산정방법

- <u>시장추출법</u>은 대상 부동산과 유사한 거래사례로부터 환원율을 구하는 방법이다 (= 사례부동산의 순수익 ÷ 거래가격). 유사 거래사례의 포착이 어렵거나 수익·비용이 공개되지 않은 경우에는 적용에 어려움이 있다.

- <u>요소구성법</u>(build-up method, 조성법)은 무위험율에 개별적 위험의 할증률을 가산하여 환원율을 구하는 방법이다(= 무위험율 + 위험할증률). 무위험율은 일반적으로 은행의 정기예금이자율, 단기 국채수익률 등을 사용할 수 있으며, 위험할증률은 대상물건의 지역·개별적 상태에 따라 위험성, 비유동성, 관리의 난이성, 자금의 안정성 등을 참작한다. 요소구성법은 위험할증률의 산정 과정에 주관이 개입될 수 있다는 단점이 있다.

- <u>투자결합법</u>은 투자자본의 구성비율로 가중평균하여 환원율을 구하는 방법으로, 토지·건물 구성비율과 토지·건물환원율을 기준하는 <u>물리적 투자결합법</u>(= 토지구성비율 × 토지환원율 + 건물구성비율 × 건물환원율)과 지분·저당 구성비율과 지분배당율·저당상수를 기준하는 금융적 투자결합법(= 지분구성비율 × 지분배당율 + 저당구성비율×저당상수)으로 구분한다.
<u>엘우드법</u>(ellwood method)은 기존 금융적 투자결합법에 몇 가지 가정을 추가하여 개량한 것으로, 보유기간 동안의 ① 수익 변동, ② 가치 변동, ③ 원금 상환에 따른 지분형성분을 고려하여 환원율을 구한다. 엘우드법은 금융적 투자결합법의 고정적 환원율에 가치변동, 지분형성 등에 따른 유동성을 부여했다는 장점이 있다(= 지분구성비율 × 지분수익률 + 저당구성비율×저당상수 − 저당구성비율 × 상환비율 × 감채기금계수 ± 가치변동률 × 감채기금계수).
물리적 투자결합법은 토지·건물 일괄 거래관행을 반영하지 못하며, 금융적 투자결합법은 일정기간 보유 후 매각하는 투자관행을 반영하지 못한다는 단점이 있다. 엘우드법은 수식이 복잡하며 보유기간 중 지분형성 및 가치변동이 균등하게 발생한다고 가정하여 현실성이 떨어진다는 단점이 있다.

- <u>유효총수익승수법</u>(effective gross rent multiplier method)은 유사한 거래사례의 유효 총수익승수를 이용하여 환원율을 구하는 방법이다(= (1 − 운영경비율) ÷ 유효 총수익승수). 유효총수익승수는 시장의 거래사례를 유효총수익으로 나눈 값으로, 유효총수익승수에 비용이 고려되지 않아 비용 구조가 다른 부동산에는 적용이 곤란하다는 단점이 있다.
- <u>시장에서 발표된 환원율</u>은 환원율을 직접 산정하지 않고 시장에서 발표된 환원율을 활용하는 방법이다. 다만 시장에서 발표된 환원율은 일반적인 수준을 나타내므로 대상 부동산의 개별적인 상황을 고려하여 추가적인 조정이 필요하며, 자료마다 산정 기간 및 방법에 차이가 있으므로 적용에 어려움이 있다.
- <u>부채감당법</u>(debt coverage formula)은 대상 부동산의 원리금 상환능력을 기준으로 환원율을 산정하는 방법이다(= 부채감당률 × 부채비율 × 저당환원율). 부채감당법은 저당투자자(금융기관) 관점의 환원율로서 종합수익률과 지분수익률 등을 충실히 반영하지 못한다는 단점이 있다.

<u>할인율</u>은 투자자조사법, 투자결합법, 시장에서 발표된 환원율 등을 고려하여 산정한다.

할인율 산정방법
- <u>투자자조사법</u>은 투자자를 대상으로 한 설문조사 등을 통해 할인율을 조사하는 방법을 말한다. 설문조사 표본집단의 선정에 따라 편의가 발생할 수 있으므로, 표본집단 선정에 유의하여야 한다.
- <u>투자결합법</u>은 투자자본의 구성비율로 가중평균하여 할인율을 구하는 방법으로, 토지·건물 구성비율과 토지·건물할인율을 기준하는 물리적 투자결합법과 지분·저당 구성비율과 지분·저당할인율을 기준하는 금융적 투자결합법으로 구분한다.
- <u>시장에서 발표된 할인율</u>은 할인율을 직접 산정하지 않고 시장에서 발표된 할인율을 활용하는 방법이다. 다만 시장에서 발표된 일반적인 수준을 나타내므로 대상 부동산의 개별적인 상황을 고려하여 추가적인 조정이 필요하며, 자료마다 산정 기간 및 방법에 차이가 있으므로 적용에 어려움이 있다.

환원율 및 할인율은 대상물건과 대체·경쟁관계에 있는 다른 투자상품의 수익률과 밀접한 관계가 있다. 따라서 거시경제 및 금융시장의 금리·물가·GDP 변동률, 국채·회사채 수익률, 주식·리츠 수익률 등을 참고하여 결정해야 한다. 또한 환원율 및 할인율은 대상물건의 위치, 용도, 유형에 따라 달라지므로 지역·개별요인을 고려하여 결정해야 한다.

감정평가 실무기준

3.4.1.4 환원율과 할인율의 산정

① 직접환원법에서 사용할 환원율은 시장추출법으로 구하는 것을 원칙으로 한다. 다만, 시장추출법의 적용이 적절하지 않은 때에는 요소구성법, 투자결합법, 유효총수익승수에 의한 결정방법, 시장에서 발표된 환원율 등을 검토하여 조정할 수 있다.

② 할인현금흐름분석법에서 사용할 할인율은 투자자조사법(지분할인율), 투자결합법(종합할인율), 시장에서 발표된 할인율 등을 고려하여 대상물건의 위험이 적절히 반영되도록 결정하되 추정된 현금흐름에 맞는 할인율을 적용한다.

③ 복귀가액 산정을 위한 최종환원율은 환원율에 장기위험프리미엄·성장률·소비자물가상승률 등을 고려하여 결정한다.

④ **조정방법**

환원율은 시장추출법, 할인율은 투자자조사법 등을 통하여 산정하나, 대상 부동산 및 시장의 상황에 따라 조정이 필요할 수 있다. <u>수익에 따른 조정</u>은 수익이 안정적으로 증가 또는 감소할 것으로 예상되는 경우에 이를 환원율에 반영하는 것으로, 증가 시에는 낮은 환원율, 감소 시에는 높은 환원율로 조정하되 수익과의 이중 조정에 유의하여야 한다. <u>위험에 따른 조정</u>은 시장추출법에 의해 산정한 환원율에 대상 부동산 고유의 위험을 가산하는 것으로, 위험이 낮은 경우에는 낮은 환원율, 위험이 높은 경우에는 높은 환원율로 조정한다. <u>물가에 따른 조정</u>은 수익은 안정적이나 물가가 상승할 것으로 예상되는 경우에 이를 환원율에 반영하는 것으로, 물가 상승 시 환원율도 상승 조정하되 수익 역시 물가가 반영된 명목 수익(nominal income)으로 추정하여야 한다.

2 수익분석법

<u>수익분석법</u>이란 일반기업 경영에 의하여 산출된 총수익을 분석하여 대상물건이 일정한 기간에 산출할 것으로 기대되는 순수익에 대상물건을 계속하여 임대하는 데 필요한 경비를 더하여 대상물건의 임대료를 산정하는 감정평가방법을 말한다.

> 수익임료 = (기업의 총수익 − 경영·자본·노동 귀속수익) + 필요제경비

수익분석법은 해당 물건의 수익이 기업 수익의 대부분을 구성하고, 경영 주체가 기업 수익에 미치는 영향이 적은 경우(공영주차장) 등 대상물건에 귀속되는 순수익을 적정하게 구할 수 있는 경우에 <u>장점</u>이 있다. 그러나 수익분석법은 주거용 부동산과 같은 비기업용 부동산에는

적용이 곤란하며, 일반적으로 기업 수익은 부동산 외에 경영, 자본, 노동 등 다양한 생산요소가 결합되어 창출되므로 기업 수익을 부동산에 배분하는 과정에 어려움이 있다는 <u>단점</u>이 있다.

(1) 순수익

순수익<u>(수익순임료)</u>은 대상물건의 총수익에서 그 수익을 발생시키는 데 드는 매출원가, 판매비 및 일반관리비 등 경비를 공제하여 산정한 금액을 말한다.

순수익을 발생시키는 부동산의 사용·수익 상태는 반드시 최유효이용일 필요는 없으며, 임대차계약 내용 및 조건을 기준할 수 있다. 또한 순수익은 감가상각비가 반영되지 않은 상각후 수익으로, 감가상각비는 필요제경비에서 별도로 반영하고 있음에 유의하여야 한다.

(2) 필요제경비(상기 동일)

◆ **임대료 감정평가 3방식의 비교**

분류	적산법	임대사례비교법	수익분석법
장점	원본과 수익의 관계가 명확하여 논리성과 실증성	비교 가능한 임대사례를 수집할 수 있는 경우 객관성과 설득력	기업 수익이 대부분 부동산에 의해 발생하는 경우 논리성
단점	부동산 가격 상승 시 원본과 수익이 괴리될 경우	비도시 지역 등 임대시장이 활성화되지 않은 경우	• 기업 활동에 활용되지 않는 경우 • 기업 활동의 부동산 기여가 낮은 경우
유의사항	• 기초가격과 시장가치의 차이점 • 기대이율과 환원율의 차이점	• 실질임대료와 지불임대료의 차이점 • 임대사례 선정 시 계약의 유사성	• 매출액의 수익순임료 배분 • 수익순임료와 순수익의 차이점

기타 감정평가방법

서설 preface, summary

- 전통적인 3방식 6방법은 일반적으로 사용되고 있는 주요한 감정평가방법이나, 경제사회 발전과 의뢰인의 다양한 요구를 충족시키기 위해 다른 감정평가방법의 도입과 활용도 필요하다.

목차 index

1 전통적 감정평가방법의 한계

2 비교방식

(1) 회귀분석법 | 이론 18.1(통계적 평가방법과 감정평가 3방식)

① 개념
② 활용
③ 절차
④ 한계

(2) 자동가치산정모형

① 개념
② 활용
③ 감정평가와의 차이점
④ 유의사항

3 수익방식

(1) 불확실성 고려방법

① 동적 DCF | 이론 18.4, 34.1(동적 DCF)
② 실물옵션평가방법 | 이론 23.3(실물옵션)
③ 의사결정나무모형

(2) 비시장재화 평가방법 | 이론 15.2(비시장재화의 감정평가)

　　① 조건부가치측정법

　　② 여행비용법

　　③ 보상가격평가법

주요 내용 contents

1 전통적 감정평가방법의 한계

<u>전통적 거래사례비교법</u>에서는 거래사례의 선정에 따라 비준가액의 정확성이나 신뢰성이 결정된다. 그러나 거래사례의 선정이 잘못된 경우 사정보정, 시점수정, 가치형성요인 비교 등의 후속 절차에도 불구하고 비준가액의 정확성을 확보하기 어려운 '불추종의 오류'가 발생할 수 있다는 한계가 있다. 이에 회귀분석법은 수많은 거래사례를 통계적으로 분석하여 산정하므로, 거래사례 선정 과정에서 발생할 수 있는 오류 가능성을 줄일 수 있다.

<u>전통적 수익환원법</u>에서는 임대료, 공실률, 영업경비 등 미래 현금흐름을 단일값으로 예상하나, 이는 미래 현금흐름의 변동 가능성을 반영하지 못하는 한계가 있다. 전통적 수익환원법에서는 할인율에 위험할증률을 가산하여 기대수익(미래 현금흐름)과 실현수익(현재가치)의 차이를 보정하고 있으나, 할인율은 기대수익의 감소 가능성만을 반영하고 있을 뿐 증가 가능성을 반영하지 못하므로 변동성을 제대로 반영한다고 보기 어렵다. 이에 동적 할인현금흐름분석법은 미래 현금흐름을 단일값이 아닌 확률적 추정에 의한 범위값으로 추정하여 변동성의 양면성을 반영하며, 실물옵션법·의사결정나무모형은 예측이 불가능한 변동성(불확실성)을 확률적 가정을 통해 반영하고 있다.

2 비교방식

(1) 회귀분석법(regression model)

　　① 회귀분석법의 개념

　　　회귀분석법이란 독립변수와 종속변수 사이의 인과관계에 기초하여 선형적 관계식으로 종속변수를 예측하는 방법을 말하며, 특성가격함수모형·헤도닉모형(hedonic price model)이라고도 한다.

$$Y = a + (b_1 \times X_1) + (b_2 \times X_2) + (b_3 \times X_3) \cdots + (b_n \times X_n) + e$$

　　　독립변수가 1개인 경우 단순회귀분석(simple regression), 2개 이상인 경우 다중회귀분석(multiple regression)이라고 한다. 부동산의 특성은 독립변수 X가 되며, 부동산의 가치는 종속변수(Y)가 된다. a는 상수항, e는 오차항, 그리고 b_1, b_2, b_3 ··· b_n은 회귀계수이다. 회귀계수는 독립변수가 종속변수에 미치는 영향의 정도를 나타내며, 긍정적인 영향은 양의 회귀계수, 부정적인 영향은 음의 회귀계수로 나타난다. 회귀분석법은 부동산의 개별 특성이 시장가치에 미치는 기여도를 정확하게 파악할 수 있다는 장점이 있다.

② 회귀분석법의 활용

회귀분석법은 국토교통부가 개별공시지가·개별주택가격 산정을 위해 활용하는 비준표에 적용되고 있다. 회귀분석법에 의한 비준표는 감정평가사가 조사·평가한 표준지공시지가를 활용하여 분석하며, 20가지 이상의 다양한 부동산 특성을 독립변수로 하여 종속변수인 공시가격을 산정하고 있다.

> **참고   토지가격비준표에 활용되고 있는 토지특성**
>
> - 지목, 면적, 용도지역, 용도지구, 기타 공법상 제한사항
> - 이용상황, 고저, 형상, 방위, 도로접면, 간선도로와의 거리, 주위환경
> - 농지(임야) 여부, 비옥도, 경지정리, 경작여건
> - 개발사업방식, 사업단계
> - 묘지소재 여부, 유해시설 접근성

③ 회귀분석법의 절차

회귀분석법은 사례표본의 설정, 특성변수의 설정, 부동산특성의 코드화, 다중회귀통계치의 분석, 평가모형의 검증 및 적용의 절차로 수행된다.

사례표본의 설정은 대상물건을 기준으로 적절한 공간적 범위와 시간적 범위를 확정하여 거래사례를 수집하는 것을 말한다. 특성변수의 선정은 대상물건의 가격형성요인을 고려하여 독립변수를 선정하는 절차로, 독립변수가 상관관계에 유의하여 독립적인 특성변수를 선정하여야 한다. 부동산특성의 코드화는 특성변수의 내용을 컴퓨터 분석이 용이하도록 정량화하는 절차로, 양적 자료는 이산형(층수·수량) 자료 또는 연속형(면적·가격) 자료로, 질적 자료는 범주형(용도지역·이용상황) 자료 등으로 변환한다. 다중회귀통계치의 분석은 컴퓨터 분석에 의한 여러 통계치를 검증하여, 도출된 회귀방정식을 활용할 수 있는지 판단하는 절차이다. 평가모형의 검증은 통계적으로 검증된 회귀방정식을 사례표본 외 거래사례에 적용하여 시장가치를 정확하게 추계할 수 있는지 검증하는 절차이다.

◆ **회귀분석 통계치의 검증수단**

분류	목적	정의	검증기준
결정계수 검증	모형의 설명력	사례표본에 대한 회귀방정식의 설명력 검증	R^2가 1에 가까울수록
t검증	모형의 적정성	회귀계수의 통계적 유의성에 대한 검증	P-value가 5% 이내
다공선성 검증	모형의 적정성	독립변수 상호 간 독립성에 대한 검증	VIF가 10보다 작을수록
표준오차 검증	모형의 정확성	회귀방정식의 추정치와 거래사례의 차이 비교	표준편차가 5% 이내

- R^2(R sqaured) : 결정계수
- P-value(Probability value) : 유의확률
- VIF(Variance Inflation Factor) : 분산팽창요인

④ **회귀분석법의 한계**

회귀분석법은 다량의 거래사례 확보가 전제되어야 하므로 거래사례가 희소한 지역 또는 물건에는 적용이 곤란하며, 특정 거래사례에 의해 분석결과가 왜곡될 수 있으므로 이상거래 제거(box-plot method), 표준오차 검증, 잔차비율 검증 등 거래사례 검증에 유의하여야 한다.

(2) 자동가치산정모형

① **자동가치산정모형의 개념**

<u>자동가치산정모형</u>(AVM, Automated Valuation Model)이란 실거래자료, 부동산 가격공시자료 등을 활용하여 토지 등 부동산의 가치를 자동으로 추정하는 컴퓨터 프로그램을 말한다. 국토교통부는 2022년 11월 「감정평가 실무기준」을 개정하여 감정평가 서비스 고도화를 위해 프롭테크(proptech)의 기술적·통계적 처리기법을 활용할 수 있도록 하였다.

② **자동가치산정모형의 활용**

자동가치산정모형이 활용되고 있는 분야로 토지·주택가격비준표에 의한 개별공시지가·개별주택가격의 산정 업무가 있다. 자동가치산정모형은 거래량이 많고 개별성이 낮은 아파트 등 집합부동산에 우선적으로 활용될 수 있으며, 향후 기술적 완성도에 따라 표준지·보상·도시정비 감정평가와 같이 대상물건의 지역적 분포가 제한적이면서 균형성 유지가 필수적인 감정평가에서 보조적 수단으로 활용될 수 있다.

③ **자동가치산정모형과 감정평가의 차이점**

자동가치산정모형은 대량·양질의 데이터 축적이 전제되어야 하므로, 대상물건의 지역적·개별적 특성에 따라 데이터의 양이 부족한 비도시지역이나 개별성에 의해 특성 데이터가 구축되지 않은 상업용 부동산 등의 가치 산정에는 한계가 있다. 또한 자동가치산정모형은 감정평가와 달리 데이터의 정확성·진실성에 대한 보증 또는 산출된 결과물에 대한 책임을 제공하기 어려우므로, 자동가치산정모형에 의한 추정가치는 감정평가액으로 볼 수 없으며 감정평가의 보조적 수단에 해당한다.

④ **자동가치산정모형 활용 시 유의사항**

자동가치산정모형의 무분별한 활용은 잘못된 가격정보로 부동산 시장질서를 교란할 수 있다. 따라서 자동가치산정모형을 활용하는 경우, 자동가치산정모형의 알고리즘, 사용되는 데이터의 종류·범위·적합성, 산출된 결과물의 적정 여부를 검토하여야 한다.

감정평가 실무기준

5. 자동가치산정모형 사용 윤리

5.1 정의

"자동가치산정모형"이란 실거래자료, 부동산 가격공시자료 등을 활용하여 토지등 부동산의 가치를 자동으로 추정하는 컴퓨터 프로그램을 말한다.

5.2 감정평가와의 관계

① 감정평가법인등은 감정평가의 효율성 제고를 목적으로 자동가치산정모형을 활용할 수 있으나 감정평가의 보조적 수단으로 활용하여야 한다.

② 자동가치산정모형에 의한 추정가치는 감정평가액으로 볼 수 없다.

5.3 활용 시 유의사항

감정평가법인등은 자동가치산정모형을 활용할 경우 다음 각 호의 사항을 이해하고 검토하여야 한다.

1. 자동가치산정모형의 알고리즘
2. 자동가치산정모형에 사용되는 데이터의 종류 및 범위, 적합성
3. 자동가치산정모형을 통해 산출된 결과물의 적정 여부

---

3 수익방식

(1) 불확실성 고려방법

① **동적 할인현금흐름분석법**

동적 할인현금흐름분석법은 미래환경의 변동성을 변수로 감안한 감정평가방법을 말한다. 동적 할인현금흐름분석법은 미래 현금흐름의 변동성 및 불확실성을 반영할 수 있으므로, 도시정비사업, 도시개발사업 등 대규모 부동산 개발·투자사업의 의사결정 및 감정평가에 활용할 수 있다는 장점이 있다.

동적 할인현금흐름분석법의 적용절차는 할인현금흐름분석법의 일반적인 절차와 동일하나, 수익을 확률변수로 인식하여 몬테카를로 시뮬레이션 등 통계적 방법을 활용하여 범위값으로 추정한다. 할인율의 결정은 수익 추정 시 위험(변동성)이 고려된 점을 반영하여 위험이 반영되지 않은 무위험률을 적용하며, 수익가액 역시 점 추정치가 아닌 구간 추정치로 도출된다.

동적 할인현금흐름분석법의 단점으로 통계적 추정을 위해서 대상물건의 과거 수익·비용에 대한 시계열 자료의 구축이 전제되어야 한다는 점을 들 수 있다.

② **실물옵션평가방법**

실물옵션평가방법이란 부동산 개발·투자 과정에서 발생할 수 있는 실물옵션이 반영된 할인현금흐름분석법을 말한다. 실물옵션평가방법은 부동산 의사결정에 수반되는 불확실성을 반영하여 구체성·현실성이 있으며, 실물옵션의 가치를 직접 도출하여 사업위험 관리에도 기여할 수 있다는 장점이 있다.

옵션이란 미리 정해진 일정 기간 이후 미리 약정된 가격으로 특정 기초자산을 사거나 팔 수 있는 권리를 말한다. 옵션은 미래에 행사할 수 있는 권리이므로, 정해진 기간 내에 기초자산의 가격변화가 유리하게 변동되면 권리를 행사하고 불리하게 변동되면 권리를 포기할 수 있다. 실물옵션은 부동산·SOC 등 실물자산에 대한 의사결정단계를 옵션의 형태로 응용한 것으로, 개발·투자사업의 연기, 확장, 포기옵션 등으로 분류할 수 있다. 실물옵션은 개발·투자환경의 변화에 따라 선택권을 부여하여, 위험을 줄이고 수익을 높일 수 있다.

실물옵션평가방법의 적용절차는 전통적 할인현금흐름분석법 적용, 실물옵션이 설정된 할인현금흐름분석법 적용, 실물옵션가치 산정의 순서로 이루어진다. 옵션을 설정하는 방법에는 블랙–숄즈모형(Black-Scholes)과 이항모형(binominal option)이 사용되는데, 실물옵션에서는 주로 단계별 가격변동에 적합한 이항모형을 사용하고 있다.

③ 의사결정나무모형

<u>의사결정나무모형</u>(Decision Tree Model)은 부동산 개발·투자과정에서 발생할 수 있는 사건의 조합에 의한 결과를 나무와 같은 형태로 구조화하여 평가하는 방법을 말한다. 의사결정나무모형은 단일 현금흐름 예측이 고려하지 못하는 의사결정 단계를 현금흐름분석에 반영할 수 있으며, 현금흐름의 불확실성과 상황의 연속적인 상호관련성을 고려하여 개발·투자 의사결정을 지원하기 위한 도구로 활용될 수 있다는 <u>장점</u>이 있다.

<u>의사결정나무모형의 적용절차</u>는 의사결정나무의 구성, 상황마디별 현금흐름 및 할인율의 추정, 가치결론의 도출의 순서로 이루어진다. 의사결정나무의 <u>구성</u>은 기회교점 -의사결정교점-종료교점으로 이루어지며, 의사결정교점에 연결된 상황마디는 각 의사결정에 따른 대안을 나타내어 의사결정의 불확실성을 반영한다.

의사결정나무모형의 <u>단점</u>으로 미래에 발생 가능한 모든 상황을 열거하고 그에 따른 개별 현금흐름과 위험조정할인율을 산정해야 하는 어려움을 들 수 있다.

(2) 비시장재화 평가방법

<u>비시장재화</u>란 시장에서 거래가 이루어지지 않는 재화를 말하며, 자연환경·문화유적·공공시설 등이 있다. 재화는 효용을 가진 물건이나, 배제성 또는 경합성이 없는 경우 시장에서 거래가 이루어지지 않으므로 객관적인 교환가격의 관찰이 어려워 전통적 감정평가방법의 적용에 어려움이 있다. 비시장재화의 감정평가는 공공투자의 타당성 분석, 공공서비스의 적정가격 산정, 환경 관련 분쟁의 해결 등 정책적 수요에 대응하여, 전통적 감정평가방법을 비롯해 새로운 평가기법을 적극적으로 활용하여야 할 것이다.

① 조건부가치측정법

<u>조건부가치측정법</u>(Contingent Valuation Method)이란 가상의 상황을 설정하고 설문조사 등을 통해 지불의사를 확인하여 가치를 평가하는 방법을 말하며, 가상가치평가법이라고도 한다. 조건부가치측정법은 자연환경, 문화유적 등 공공재 가치의 감정평가에 활용할 수 있다는 <u>장점</u>이 있다.

조건부가치측정법의 <u>적용절차</u>는 표본의 선정, 가상 시나리오 및 설문의 설계, 자료의 분석 및 해석의 순서로 이루어진다. 표본의 선정 시 대상특성 및 평가목적을 고려하여야 하며, 설문은 개방형질문법·양분선택법·경매게임법 등을 통해 대상자의 지불의사금액을 조사한다.

조건부가치측정법의 <u>한계</u>로 조사방법에 따라 질문내용이나 전달방식의 차이가 발생해 일관된 결과를 도출하기 어렵다는 점, 설문조사 내용의 가상성으로 인해 응답자 간 편의(bias)가 발생할 수 있다는 점을 들 수 있다.

② **여행비용법**

여행비용법(Travel Cost Method)이란 관광객이 지출한 교통·숙박·입장료 등 여행비용에 기초하여 비시장재화의 장소적 가치를 평가하는 방법을 말한다. 여행비용법은 자연환경, 관광단지 등 공공재 가치의 감정평가에 활용할 수 있다는 장점이 있으나, 여행비용 외 시간에 대한 고려가 미흡하고 다른 지역과의 대체·경쟁성이 반영되어 있지 않다는 단점이 있다.

③ **보상가격평가법**

보상가격평가법이란 자연자원 훼손 시 피해자에게 지불되는 보상금을 기준으로 비시장재화의 가치를 평가하는 방법을 말한다. 보상가격평가법은 자연환경 등 공공재 가치의 감정평가에 활용할 수 있다는 장점이 있으나, 피해사례의 수집에 어려움이 있으며 보상금의 특성상 피해의 범위와 정도에 따라 원본 가치와 괴리될 수 있다는 한계가 있다.

박문각 감정평가사

부록

의의노트

제1절 부동산의 개념

1 부동산의 개념

(1) 물리적 개념

- "부동산"이란 「민법」 제99조에 따라 토지 및 정착물을 말한다.
- "정착물"이란 토지 등에 부착되어 지속적으로 사용함이 사회·경제적으로 타당하다고 인정되는 물건을 말한다.
- "건축물"이란 토지에 정착하는 공작물 중 지붕과 기둥 또는 벽이 있는 것과 이에 딸린 시설물을 말한다.
- "동산"이란 「민법」 제99조에 따라 부동산이 아닌 재화를 말한다.
- "준부동산"이란 등기·등록 등을 통해 소유권을 공시하는 동산을 말하며, 자동차, 건설기계, 선박, 항공기, 입목 등이 있다(유사어 : 의제부동산, 유사부동산).

(2) 권리적 개념

- "소유권"이란 물건을 사용, 수익, 처분할 수 있는 권리를 말한다.
- "제한물권"이란 물건을 제한적으로 사용, 수익, 처분할 수 있는 권리를 말하며, 용익물권(지상권·지역권·전세권)과 담보물권(유치권·저당권·질권)으로 구성된다.
- "용익물권"이란 물건을 사용, 수익할 수 있는 권리를 말하며, 지상권, 지역권, 전세권이 있다.
- "담보물권"이란 물건을 채권의 담보로 사용할 수 있는 권리를 말하며, 유치권, 저당권, 질권이 있다.
- "점유권"이란 물건을 사실상 지배함으로써 성립하는 권리를 말한다.
- "향유권"이란 특정 토지 및 정착물을 이용한 조망권·일조권 등을 말한다.
- "공중권"이란 건물의 옥상 이상의 공간을 이용할 수 있는 권리를 말한다.
- "한계심도"란 통상적인 이용이 예상되지 않으며 지하시설물설치로 인하여 일반적인 토지이용에 지장이 없는 것으로 판단되는 깊이를 말한다.

(3) 경제적 개념

- "생산물"이란 토지·노동·자본 등의 생산요소를 투입하여 산출한 재화나 용역을 말한다.
- "생산요소"란 노동, 자본, 토지 등 재화나 용역의 생산에 사용되는 자산을 말한다.
- "자본"이란 재화나 용역의 생산에 사용되는 자산을 말한다.
- "자산"이란 자본의 구체적인 존재형태로 가치가 있는 유·무형의 물건을 말한다.

(4) 사회적 개념

- "토지공개념"이란 토지의 소유와 처분은 공공의 이익을 위하여 적절히 제한할 수 있다는 것을 말한다.

2 부동산의 분류

(1) 용도별 분류

- "종별"이란 토지를 용도적 관점에서 분류한 것으로서, 지역의 용도를 분류하는 지역종별과 대상 토지의 용도를 분류하는 토지종별로 나눌 수 있다.
- "택지"란 건축물의 건축이 가능한 토지를 말한다.
- "용재림"이란 벌기가 길고 용재의 생산을 주된 목적으로 하는 임야를 말한다.
- "신탄림"이란 땔감이나 목탄의 원재료가 되는 목재의 생산을 주된 목적으로 하는 임야를 말한다.
- "이행지"란 지역종별 내에서 토지종별의 변화가 진행되고 있는 토지를 말한다.
- "후보지"란 지역종별의 변화가 진행되고 있는 토지를 말한다.
- "주거나지"란 주변의 토지이용상황이 주택지대로서 건축물이 없거나 일시적으로 다른 용도로 이용되고 있는 토지의 용도를 말한다.
- "주거기타"란 주변의 토지이용상황이 주택지대로서 주택 외의 목적으로 이용되고 있는 토지의 용도를 말한다.

(2) 유형별 분류

- "유형"이란 부동산을 이용형태 및 권리관계의 관점에서 분류한 것으로서, 이용형태에 따라 토지, 건물, 복합부동산, 구분소유부동산으로 분류하며, 권리관계에 따라 나지, 건부지, 갱지, 저지 등으로 구분할 수 있다.
- "나지"란 토지 위의 정착물이 없는 토지를 말한다.
- "건부지"란 토지 위에 건축물이 있는 토지를 말한다.
- "갱지"란 토지 위의 정착물이 없는 나지 중에서 공법상 제한만 받는 토지를 말한다.

- "저지"란 토지 위의 정착물이 없는 나지 중에서 공법 및 사법상 제한을 받는 토지를 말한다.
- "복합부동산"이란 토지와 건물이 결합되어 구성된 부동산을 말한다. (감정평가 실무기준 610.3.2.1)
- "구분소유 부동산"이란 「집합건물의 소유 및 관리에 관한 법률」에 따라 구분소유권의 대상이 되는 건물부분과 그 대지사용권을 말한다. (감정평가 실무기준 610.3.1.1)

(3) 법상 분류

- "필지"란 토지의 법률적 등록단위로서 「공간정보의 구축 및 관리 등에 관한 법률」에 근거한다.
- "획지"란 인위적, 자연적, 행정적 조건에 따라 다른 토지와 구별되어 이용하는 것이 합리적인 일단의 토지를 말한다.
- "용도지역"이란 토지의 이용 및 건축물의 용도, 건폐율, 용적률, 높이 등을 제한함으로써 토지를 경제적·효율적으로 이용하고 공공복리의 증진을 도모하기 위하여 도시·군관리계획으로 결정하는 지역으로 「국토의 계획 및 이용에 관한 법률」에 근거한다.
- "지목"이란 토지의 주된 용도에 따라 종류를 구분하여 지적공부에 등록한 것으로 「공간정보의 구축 및 관리 등에 관한 법률」에 근거한다.
- "다세대주택"이란 바닥면적 합계가 660㎡ 이하인 4층 이하의 공동주택을 말한다.
- "구분점포"란 판매시설 및 운수시설로서 여러 개의 부분으로 이용상 구분된 건물을 말한다. (「집합건물의 소유 및 관리에 관한 법률」 제1조의2)
- 〈리모델링〉이란 기존 건축물에 대한 증축, 개축, 대수선을 통하여 건축물의 기능을 향상시키고 수명을 연장시키는 것을 말한다.

(4) 기타 분류

- "수익형 부동산"이란 임대를 통해 임대수익을 창출할 수 있는 부동산을 말한다.

■3 부동산의 특성

(1) 물리적 특성

- "고정성"이란 토지의 위치를 인위적으로 이동시킬 수 없다는 지리적 위치의 절대성을 말한다.
- "부증성"이란 토지는 추가적인 생산요소를 투입하더라도 물리적인 양을 증가시킬 수 없다는 것을 말한다.
- "영속성"이란 토지는 사용이나 시간에 의해 마모되거나 소멸되지 않는다는 것을 말한다.
- "개별성"이란 토지는 물리적으로 동일하지 않다는 것을 말한다.

(2) 인문적 특성

- "용도·이용의 다양성"이란 토지는 여러 가지 용도 간 경쟁이나 전환을 통해 다양한 용도로 이용될 수 있다는 것을 말한다.
- "병합·분할의 가능성"이란 토지는 이용활동에 따라 여러 필지로 분할하거나 하나의 필지로 병합될 수 있다는 것을 말한다.
- "사회·경제·행정적 위치의 가변성"이란 토지는 사회적, 경제적, 행정적 위치에 따라 가치가 변할 수 있다는 것을 말한다.

(3) 경제적 특성

- "완전경쟁시장"이란 다수의 거래자들이 동질의 상품을 거래하며, 거래자들이 상품의 가격·품질 등에 대한 완전한 정보를 가지고 시장진출입이 자유로운 시장을 말한다.
- "효율적 시장"이란 모든 정보가 시장가격에 즉각적으로 반영되는 시장을 말한다.
- "시장실패"란 경제문제를 해결하기 위한 수단인 시장경제가 합리적 자원 배분에 실패하는 것을 말한다.

제2절 부동산 시장론

1 부동산 시장의 개념

(1) 부동산 시장의 구조

- "부동산 시장"이란 부동산의 교환 및 가격 결정이 이루어지고 부동산 자산의 이용형태 및 배분이 결정되는 공간을 말한다.
- "공간시장"이란 공간이용을 목적으로 부동산 권리를 교환하여 임대료가 결정되는 부동산 시장을 말한다.
- "자산시장"이란 현금흐름을 목적으로 부동산 권리를 교환하는 부동산 시장을 말한다.
- "자본시장"이란 장기자금의 수요와 공급을 통해 수익률이 결정되는 경제공간을 말한다.
- "주식"이란 주식회사에서 주주의 출자에 대하여 교부하는 증권을 말한다.
- "채권"이란 정부, 지방자치단체, 공공기관, 주식회사 등이 자금을 조달하기 위하여 일정한 기간 동안 정기적으로 약정된 이자를 지급하고, 만기일에 원금을 상환할 것을 약정하여 발행한 차용증서를 말한다.
- "부동산 증권화"란 부동산의 권리를 자본시장에서 유통시키기 위하여 유가증권을 발행하는 것을 말한다.
- "부동산투자회사(REITs, Real Estate Investment Trusts)"란 주주들에게 자금을 조달하여 부동산 및 관련 증권에 투자하고, 발생한 수익을 주주들에게 배당하는 것을 목적으로 설립된 회사를 말하며, 「부동산투자회사법」에 근거한다.
- "주택저당채권(MBS, Mortgage Backed Securities)"이란 주택에 설정된 저당권에 기초하여 발행된 채권을 말한다.
- "화폐시장"이란 단기자금의 수요와 공급을 통해 이자율과 통화량이 결정되는 경제공간을 말한다.
- "이자율"이란 일정 기간 동안 자금을 사용한 대가로 지급하는 이자와 원금의 비율을 말한다.
- "기준금리"란 한국은행이 금융기관과 거래를 할 때 기준이 되는 금리로서, 정책적 성격을 갖는다.
- "시장금리"란 금융기관이 가계 및 기업과 거래를 할 때 적용되는 금리를 말한다.
- "콜(Call)"이란 금융기관 사이에서 거래되는 30일 이내의 단기자금을 말한다.
- "양도성예금증서(CD, Certificate of Deposit)"란 은행의 정기예금에 양도성을 부여한 것을 말한다. 양도성예금증서는 최소예치금과 만기일이 명시되어 있어 보통예금보다 높은 수익률을 나타낸다.
- "환매조건부채권(RP, Repurchase Agreement)"이란 금융기관이 일정 기간 이후 확

정금리"를 가산하여 재구매하는 조건으로 발행하는 채권을 말한다.

- "정기예금"이란 금융기관에 일정 금액을 일정 기간 동안 예치하는 것을 말한다.
- "정기적금"이란 금융기관에 일정 금액을 일정 기간 동안 불입하는 것을 말한다.

(2) 부동산 시장의 효율성

- "효율적 시장"이란 모든 정보가 시장가격에 즉각적으로 반영되는 시장을 말한다.
- "약성 효율적 시장"이란 과거 정보가 시장가격에 반영되는 시장을 말한다.
- "준강성 효율적 시장"이란 공표된 정보가 시장가격에 반영되는 시장을 말한다.
- "강성 효율적 시장"이란 공표된 정보 및 비공표된 정보가 시장가격에 반영되는 시장을 말한다.
- "완전경쟁시장"이란 다수의 거래자들이 참여하고 동질의 상품이 거래되며, 거래자들이 상품의 가격·품질 등에 대한 완전한 정보를 가지고 시장에 자유로이 들어가거나 나갈 수 있는 시장을 말한다.
- "할당 효율적 시장"이란 정보비용과 초과이윤이 동일하여 누구도 초과이윤을 얻을 수 없는 시장을 말한다.
- "정보 비대칭"이란 시장의 거래당사자가 보유한 정보에 격차가 존재하는 것을 말한다.
- "정부 개입"이란 시장이 자원배분의 효율성을 달성하지 못할 때 정부가 직·간접적으로 시장의 수요와 공급을 조절하는 것을 말한다.
- "주택가격 동향"이란 한국부동산원이 전국 주택의 매매, 전세, 월세가격의 변동과 시장동향을 조사·분석하여 발표하는 것을 말하며, 「주택법」에 근거한다.
- "부동산 가격 공시제도"란 국토교통부장관 및 시·군·구청장이 매년 부동산의 적정가격을 공시하는 것을 말하며, 「부동산 가격공시에 관한 법률」에 근거한다.
- "실거래가 신고제도"란 부동산의 매매계약을 체결한 경우 실제 거래가격을 계약체결일로부터 30일 이내에 대상 부동산의 소재지를 관할하는 시·군·구청장에게 신고해야 하는 의무를 말하며, 「부동산 거래신고 등에 관한 법률」에 근거한다.
- "공공데이터"란 공공기관이 보유·관리하는 행정정보 등을 공개하여 국민의 공공데이터에 대한 이용과 활용을 촉진하는 것을 말하며, 「공공데이터의 제공 및 이용 활성화에 관한 법률」에 근거한다.

2 부동산 시장분석

(1) 시장분석의 단계

- "시장분석"이란 수요와 공급의 상호관계가 대상물건의 가치에 어떠한 영향을 미치는가를 조사·분석하는 것을 말한다.
- "생산성분석"이란 부동산의 물리적, 법적, 입지적 특성을 조사·분석하여 대상 부동산

의 시장성 있는 잠재적 용도를 확인하는 것을 말한다.

- "시장획정"이란 부동산을 위치, 용도, 유형에 따라 별도의 세분시장으로 구분하는 것을 말한다.
- "수요분석"이란 부동산의 수요에 영향을 주는 요인을 조사·분석하여 대상 부동산의 잠재적 가능 수요자를 확인하는 것을 말한다.
- "공급분석"이란 시장에 공급된 기존 부동산의 재고량과 공급이 예정된 신규 부동산의 공급량을 조사하는 것을 말한다.
- "균형분석"이란 현재와 미래의 수요·공급 상호작용을 분석하여 한계수요의 존재 여부 및 수급 균형의 도달시점을 분석하는 것을 말한다.
- "포착률"이란 대상 부동산이 전체 시장에서 차지할 것으로 예상되는 점유율을 말한다.
- "흡수율"이란 대상 부동산이 일정 기간 동안 매매·임대되는 비율을 말한다.
- "흡수기간"이란 대상 부동산이 완전히 매매·임대될 때까지 소요된 기간을 말한다.

(2) 시장분석의 종류

- "입지분석"이란 입지주체가 추구하는 목적에 적합한 입지조건을 구비한 토지를 탐색하는 것을 말한다.
- "부지분석"이란 특정 부지의 법적, 물리적, 경제적 조건을 분석하여 입지목적과의 적합성을 분석하는 것을 말한다.
- "투자분석"이란 다양한 용도의 이용대안에 대한 수익과 위험을 분석하는 것을 말한다.
- "타당성 분석"이란 특정 용도의 이용대안에 대한 물리적, 법적, 경제적 편익과 비용을 분석하는 것을 말한다.
- "회수기간법"이란 투자안의 현금유출이 전액 회수되는 기간을 계산하고 이를 투자자의 목표 회수기간과 비교하여 타당성을 판단하는 방법을 말한다.
- "내부수익률법"이란 투자안의 현금유입과 현금유출의 현재가치가 동일해지는 내부수익률을 계산하고 이를 투자자의 목표수익률과 비교하여 타당성을 판단하는 방법을 말한다.
- "순현재가치법"이란 투자안의 현금유입과 현금유출을 일정한 수익률로 할인한 현재가치의 크기를 기준으로 타당성을 판단하는 방법을 말한다.
- "수익성지수법"이란 현금유입의 현재가치와 현금유출의 현재가치의 비율을 기준으로 타당성을 판단하는 방법을 말한다.
- "시장성분석"이란 대상 부동산이 현재나 미래의 시장상황에서 매매되거나 임대될 수 있는 능력을 분석하는 것을 말한다.
- "경제기반분석법"이란 지역의 산업, 고용, 인구 변화를 기준으로 부동산 수요를 분석하는 것을 말한다.
- "기반산업"이란 다른 지역에 재화나 서비스를 수출하는 산업을 말한다.

- "기반고용인구"란 기반산업에 종사하는 총고용인구 중에서 수출부문에 기여하는 고용 인구를 말한다.
- "갭분석"이란 특정 부동산에 대한 유효수요면적과 실제공급면적 간의 차이를 분석하 는 것을 말한다.

(3) 감정평가의 시장분석

- "지역분석"이란 대상 부동산이 속하는 지역의 범위를 획정하고 지역요인을 분석하여 표준적 이용과 가격수준을 판정하는 것을 말한다.
- "인근지역"이란 대상 부동산이 속한 지역으로서 부동산의 이용이 동질적이고 가치형 성요인 중 지역요인을 공유하는 지역을 말한다. (「감정평가에 관한 규칙」 제2조 제13호)
- "유사지역"이란 대상 부동산이 속하지 아니하는 지역으로서 인근지역과 유사한 특성 을 갖는 지역을 말한다. (「감정평가에 관한 규칙」 제2조 제14호)
- "동일수급권"이란 대상 부동산과 대체·경쟁 관계가 성립하고 가치 형성에 서로 영향 을 미치는 관계에 있는 다른 부동산이 존재하는 권역을 말하며, 인근지역과 유사지역 을 포함한다. (「감정평가에 관한 규칙」 제2조 제15호)
- "표준적 이용"이란 인근지역 내 개별부동산의 일반적이고 평균적인 사용방법을 말한다.
- "가격수준"이란 인근지역 내 개별부동산의 일반적인 거래가격의 범위를 말한다.
- "개별분석"이란 대상 부동산의 개별요인을 분석하여 최유효이용을 판정하고 가격을 구체화하는 것을 말한다.
- "최유효이용"이란 객관적으로 보아 양식과 통상의 이용능력을 가진 사람이 부동산을 합법적이고 합리적이며 최고·최선의 방법으로 이용하는 것을 말한다. (감정평가 실무기 준 100.2.8)

3 부동산 경기변동

- "경기"란 자본주의 경제에서 시장의 상황을 말한다.
- "경기변동"이란 경제활동의 수준이 상승 또는 하락을 나타내는 것을 말한다.
- "부동산 경기변동"이란 부동산시장의 가격 및 거래량이 변동하여 시장의 확장국면과 수축국면 이 반복되어 나타나는 것을 말한다.
- "가속도·승수이론"이란 투자가 저축을 추월함으로써 경기변동이 일어난다고 보는 이론이다.
- "화폐적 경기변동이론"이란 통화공급의 증가로 인하여 경기변동이 일어난다고 보는 이론이다.
- "거품경기변동이론"이란 경제주체들의 주관적인 시장심리에 의해 경기변동이 일어난다고 보는 이론이다.
- "정치적 경기변동이론"이란 집권당의 통화정책에 따라 경기변동이 일어난다고 보는 이론이다.

제3절 부동산 가격형성원리

1 부동산 가격형성원리

(1) 부동산 가격형성요인

- "가치형성요인(가격형성요인)"이란 대상물건의 경제적 가치에 영향을 미치는 일반요인, 지역요인 및 개별요인 등을 말한다. (「감정평가에 관한 규칙」 제2조 제4호)
- "일반요인"이란 대상물건이 속한 전체 사회에서 대상물건의 이용과 가격수준 형성에 전반적으로 영향을 미치는 요인을 말한다. (감정평가 실무기준 400.1.⑦)
- "지역요인"이란 대상물건이 속한 지역의 가격수준 형성에 영향을 미치는 자연적·사회적·경제적·행정적 요인을 말한다. (감정평가 실무기준 400.1.⑦)
- "개별요인"이란 대상물건의 구체적 가치에 영향을 미치는 고유한 개별적 요인을 말한다. (감정평가 실무기준 400.1.⑦)
- "기후"란 인간의 활동에 영향을 미치는 기온, 강수 등의 자연조건을 말하며, 지역에 따라 온대, 냉대, 열대, 한대로 분류한다.
- "접근성"이란 특정 지역으로의 접근비용을 말한다.
- "출생률"이란 특정 지역의 인구에 대한 1년간의 출생 비율을 말한다.
- "핵가족"이란 부부와 미혼 자녀로 구성된 가족을 말한다.
- "경제위기"알 특정 요인의 변화에 따라 생산, 소비 등 경제활동이 위축되는 것을 말한다.
- "보유세율"이란 부동산의 소유에 따른 세금으로 재산세, 종합부동산세 등을 말한다. (「지방세법」, 「종합부동산세법」)
- "양도소득세"란 자산을 매도, 교환, 현물출자 등의 방법으로 유상 이전할 때 발생하는 소득에 대한 세금을 말한다. (「소득세법」)
- "부동산 거래규제"란 정부가 일정한 조건 하에 부동산 거래활동을 규제하는 것으로서, 직접규제와 간접규제로 분류할 수 있다.
- "토지거래허가제"란 토지의 투기적인 거래가 성행하거나 지가가 급격히 상승하는 지역 등을 대상으로 구역을 지정하여, 토지 거래에 있어 사전에 시장·군수·구청장의 허가를 받도록 하는 것을 말한다. (「부동산 거래신고 등에 관한 법률」)
- "가격결정요인"이란 부동산의 수요와 공급에 영향을 미쳐 부동산가격을 결정하는 요인을 말한다.

(2) 부동산 가격발생요인

- "가격발생요인"이란 가격형성요인의 영향을 받아 부동산의 수요·공급에 영향을 미치는 효용, 유효수요 및 상대적 희소성 등을 말한다.

- "효용"이란 인간의 욕구나 필요를 만족시킬 수 있는 재화의 능력으로서, 부동산은 용도에 따라 쾌적성(주거용), 수익성(상업용), 생산성(공업용) 등을 말한다.
- "유효수요"는 재화에 대한 구매력이 전제된 수요를 말한다.
- "상대적 희소성"이란 인간의 욕구에 비해 수나 양이 부족한 상태를 말한다.
- "수요곡선(공급곡선)"이란 단위당 가격과 수요량(공급량)의 관계를 나타낸 것을 말한다.
- "가격 개별화"란 지역분석에 의해 판정된 인근지역 가격수준의 범위 내에서 대상 부동산의 개별적 가격을 추계하는 것을 말한다.

2 부동산 가격 제원칙

(1) 가격 제원칙

- "부동산가격제원칙(부동산평가원리)"이란 부동산의 가치가 시장에서 어떻게 형성되는가에 대하여 일정한 법칙을 도출한 것을 말한다.
- "최유효이용의 원칙"이란 부동산 가격은 최유효이용을 전제로 형성된다는 원칙을 말한다.
- "적합의 원칙"이란 부동산 가격은 주위환경에 적합한 이용상황일 때 최대로 형성된다는 원칙을 말한다.
- "외부성의 원칙"이란 부동산 가격은 외부 요인에 의한 영향을 받아 형성된다는 원칙을 말한다.
- "대체·경쟁의 원칙"이란 재화의 가격은 대체·경쟁관계에 있는 유사한 재화의 영향을 받아 형성된다는 원칙을 말한다.
- "수익 체증·체감의 원칙"이란 재화의 가격은 단위투자당 수익이 일정 수준을 넘어 체감하는 지점에서 형성된다는 원칙을 말한다.
- "기여의 원칙"이란 재화의 가격은 각 구성요소의 공헌도에 의해 형성된다는 원칙을 말한다.
- "수요·공급의 원칙"이란 재화의 가격은 수요와 공급의 상호작용에 의해 결정된다는 원칙을 말한다.
- "기회비용의 원칙"이란 재화의 가격은 특정 투자대안의 선택으로 포기하게 되는 기회비용에 의해 형성된다는 원칙을 말한다.
- "수익 배분의 원칙"이란 재화의 가격은 전체 수익의 생산요소별 배분에 의해 형성된다는 원칙을 말한다.
- "균형의 원칙"은 재화의 가격이 내부 구성요소들의 균형에 의해 최대화된다는 원칙을 말한다.
- "예측·변동의 원칙"이란 재화의 가격은 변화에 대한 예측을 반영하여 결정된다는 원칙을 말한다.

(2) 최유효이용의 원칙

- "최유효이용의 원칙"이란 부동산 가격은 최유효이용을 전제로 형성된다는 원칙을 말한다.
- "최유효이용"이란 객관적으로 보아 양식과 통상의 이용능력을 가진 사람이 부동산을 합법적이고 합리적이며 최고·최선의 방법으로 이용하는 것을 말한다. (감정평가 실무기준 100.2.8)
- "물리적 타당성"이란 부동산의 이용이 토양의 하중이나 지지력, 지형, 지세 등에 적합하여야 한다는 것을 말한다.
- "법률적 타당성"이란 부동산의 이용이 용도지역·지구제뿐만 아니라 개발 관련 법령에 적합하여야 한다는 것을 말한다.
- "경제적 타당성"이란 부동산 이용으로 인한 수익이나 가치가 개발에 소요되는 비용보다 커야 한다는 것을 말한다.
- "최고의 수익성"이란 부동산의 이용이 물리적, 법적, 경제적 타당성을 충족하는 잠재적 용도 중에서 최고의 수익을 창출하는 용도여야 한다는 것을 말한다.
- "나지 상정 최유효이용"이란 현재 개량물이 있더라도 없는 것으로 간주한 상태에서 토지의 최유효이용 용도를 말한다.
- "개량물 하의 최유효이용"이란 현재의 개량물을 기준으로 토지와 개량물이 결합된 상태에서 최유효이용 용도를 말한다.
- "건부감가"란 건부지 상태의 토지가치가 나지 상태의 토지가치에 미달하는 것을 말한다.
- "건부증가"란 특수한 상황에서 건부지 상태의 토지가치가 나지 상태의 토지가치보다 높아지는 것을 말한다.
- "단독이용"이란 인근지역의 표준적 이용과 다른 용도로 이용하는 것을 말한다.
- "중도적 이용"이란 장래의 최유효이용을 대비하여 대기과정의 용도로 이용하는 것을 말한다.
- "비적법적 이용"이란 과거에 적법한 용도였으나 현재에는 적법하지 않은 용도로 이용하는 것을 말한다.
- "복합적 이용"이란 하나의 부동산을 여러 가지 용도로 이용하는 것으로, 주상복합시설, 복합쇼핑센터 등을 말한다.
- "특수목적이용"이란 특정 용도로 국한되어 이용하는 것으로, 공공청사, 종교시설 등을 말한다.
- "투기적 이용"이란 운영수익이 아닌 자본수익을 목적으로 이용하는 것을 말한다.
- "광평수 토지"란 토지면적이 인근지역의 표준적 획지 규모를 상회하는 토지를 말한다.

제4절 감정평가의 기초

1 감정평가의 개념

(1) 감정평가의 개념

- "감정평가"란 토지등의 경제적 가치를 판정하여 그 결과를 가액으로 표시하는 것을 말한다. (「감정평가 및 감정평가사에 관한 법률」 제2조 제2호)
- "토지등"이란 토지 및 그 정착물, 동산, 그 밖에 대통령령으로 정하는 재산과 이들에 관한 소유권 외의 권리를 말한다. (「감정평가 및 감정평가사에 관한 법률」 제2조 제1호)
- "토지등"이란 ① 토지 및 그 정착물, ② 동산, ③ 저작권·산업재산권·어업권·광업권 그 밖에 물권에 준하는 권리, ④ 「공장 및 광업재단 저당법」에 따른 공장재단과 광업재단, ⑤ 「입목에 관한 법률」에 따른 입목, ⑥ 자동차·건설기계·선박·항공기 등 관련 법령에 따라 등기하거나 등록하는 재산, ⑦ 유가증권과 이들에 관한 소유권 외의 권리를 말한다.
- "토지"란 소유권의 대상이 되는 땅으로서 지하·공중 등 정당한 이익이 있는 범위에서 그 상하를 포함한다. (감정평가 실무기준 610.1.1)
- "건물"이란 토지에 정착하는 공작물 중 지붕과 기둥 또는 벽이 있는 것과 이에 부수되는 시설물, 지하 또는 고가의 공작물에 설치하는 사무소, 공연장, 점포, 차고, 창고, 그 밖에 「건축법 시행령」으로 정하는 것을 말한다. (감정평가 실무기준 610.2.1)
- "실거래가격"이란 거래당사자가 대상물건에 대해 매매계약의 체결을 통해 결정한 실제 매매가격을 말한다.

(2) 감정평가의 업무

- "감정평가업"이란 타인의 의뢰에 따라 일정한 보수를 받고 토지등의 감정평가를 업으로 행하는 것을 말한다. (「감정평가 및 감정평가사에 관한 법률」 제2조 제3호)
- "감정평가법인등"이란 사무소를 개설한 감정평가사와 인가를 받은 감정평가법인을 말한다. (「감정평가 및 감정평가사에 관한 법률」 제2조 제4호)
- "표준지평가"란 「부동산 가격공시에 관한 법률」 등에 따라 표준지 등 부동산의 적정가격을 공시하기 위한 감정평가를 말한다.
- "표준지공시지가"란 토지이용상황이나 주변 환경, 그 밖의 자연적·사회적 조건이 일반적으로 유사하다고 인정되는 토지 중에서 선정한 표준지에 대한 공시기준일의 단위면적당 적정가격을 말한다. (「부동산 가격공시에 관한 법률」 제3조)
- "개별공시지가"란 개별토지와 유사한 표준지공시지가를 기준으로 토지가격 비준표를 활용하여 산정한 단위면적당 적정가격을 말한다. (「부동산 가격공시에 관한 법률」 제10조)

- "표준주택가격"이란 용도지역, 건물구조 등이 일반적으로 유사하다고 인정되는 일단의 단독주택 중에서 선정한 표준주택에 대한 공시기준일의 적정가격을 말한다. (「부동산 가격공시에 관한 법률」 제16조)
- "비주거용 부동산"이란 주택을 제외한 건축물이나 건축물과 그 토지의 전부 또는 일부를 말하며, 비주거용 집합부동산과 일반부동산으로 분류할 수 있다. (「부동산 가격공시에 관한 법률」 제2조)
- "보상평가"란 「공익사업을 위한 토지 등의 취득 및 보상에 관한 법률」 등에 따라 공익사업을 목적으로 취득하는 토지에 대한 손실보상을 위한 감정평가를 말한다. (감정평가 실무기준 810.1.)
- "개발이익"이란 ① 재개발사업의 계획 또는 시행의 공고, ② 사업의 시행에 따른 토지이용계획의 설정 또는 변경, ③ 사업의 착수 또는 준공까지 그 시행에 따른 가치의 증감분을 말한다. (감정평가 실무기준 810.5.5.)
- "도시정비평가"란 「도시 및 주거환경정비법」에 따른 정비사업과 관련된 감정평가를 말한다. (감정평가 실무기준 730.1.)
- "주택재개발사업"이란 정비기반시설이 열악하고 노후·불량건축물이 밀집한 지역에서 주거환경을 개선하기 위한 사업을 말한다. (「도시 및 주거환경정비법」 제2조)
- "주택재건축사업"이란 정비기반시설은 양호하나 노후·불량건축물에 해당하는 공동주택이 밀집한 지역에서 주거환경을 개선하기 위하여 시행하는 사업을 말한다. (「도시 및 주거환경정비법」 제2조)
- "종전자산평가"란 「도시 및 주거환경정비법」에 따라 분양대상자별 종전의 토지 또는 건축물에 대한 감정평가를 말한다. (감정평가 실무기준 730.1.②)
- "종후자산평가"란 「도시 및 주거환경정비법」에 따라 분양대상자별 분양예정인 대지 또는 건축물의 추산액에 대한 감정평가를 말한다. (감정평가 실무기준 730.1.②)
- "매도청구"란 주택재건축조합이 ① 주택재건축조합 설립에 동의하지 않은 자 또는 ② 사업시행구역 내 토지 또는 건축물만을 소유한 자를 상대로 사업시행구역 내 토지 또는 건축물의 소유권을 시가로 매도하도록 청구하는 것을 말한다. (「도시 및 주거환경정비법」 제64조)
- "택지비 감정평가"란 공공택지 외에서 공급하는 공동주택의 상한 분양가를 산정하기 위해 사업주체의 신청과 시·군·구청장의 의뢰에 따라 토지를 감정평가하는 것을 말한다.
- "담보평가"란 담보를 제공받고 대출 등을 하는 금융기관 등이 대출을 하거나 채무자가 대출을 받기 위하여 의뢰하는 담보물건에 대한 감정평가를 말한다. (감정평가 실무기준 710.①)
- "경매평가"란 경매사건의 관할 법원이 경매의 대상이 되는 물건의 경매에서 최저매각가격을 결정하기 위해 의뢰하는 감정평가를 말한다. (감정평가 실무기준 720.①)

- "재무보고평가"란 「주식회사의 외부감사에 관한 법률」에 따른 재무보고를 목적으로 하는 공정가치의 추정을 위한 감정평가를 말한다. (감정평가 실무기준 740.1.)
- "공동주택 분양가상한제"란 「주택법」에 따라 사업주체가 일반인들에게 공급하는 공동주택 중 공공택지 또는 특정 지역에서 공급하는 주택에 대하여 동법에서 규정한 분양가격 이하로 공급하도록 규정한 제도를 말한다.
- "권리금"이란 임대차 목적물인 상가건물에서 영업을 하는 자 또는 영업을 하려는 자가 영업시설·비품, 거래처, 신용, 영업상의 노하우, 상가건물의 위치에 따른 영업상의 이점 등 유·무형의 재산적 가치의 양도 또는 이용대가로서 임대인, 임차인에게 보증금과 차임 이외에 지급하는 금전 등의 대가를 말한다.

(3) 감정평가의 분류

- "공적 감정평가"란 국가·지방자치단체 등 공적 기관에 의한 감정평가를 말한다.
- "복수 감정평가"란 둘 이상의 감정평가법인등이 동일한 대상물건을 감정평가하는 것을 말한다.
- "회계에 관한 감정"이란 기업 등의 재무정보에 대해 진위, 적부 등을 판정하는 것을 말한다.

2 감정평가의 원칙·절차

(1) 시장가치 기준원칙

- "기준가치"란 감정평가의 기준이 되는 가치를 말한다. (「감정평가에 관한 규칙」 제2조 제3호)
- "시장가치"란 감정평가의 대상이 되는 토지등이 통상적인 시장에서 충분한 기간 동안 거래를 위하여 공개된 후 그 대상물건의 내용에 정통한 당사자 사이에 신중하고 자발적인 거래가 있을 경우 성립될 가능성이 가장 높다고 인정되는 대상물건의 가액을 말한다. (「감정평가에 관한 규칙」 제2조 제1호)
- "시장가치 기준원칙"이란 감정평가액은 시장가치를 기준으로 결정해야 한다는 원칙을 말한다. (「감정평가에 관한 규칙」 제5조 제1항)
- "적정가격"이란 토지, 주택 및 비주거용 부동산에 대하여 통상적인 시장에서 정상적인 거래가 이루어지는 경우 성립될 가능성이 가장 높다고 인정되는 가격을 말한다. (「부동산 가격공시에 관한 법률」 제2조 제5호)
- "적정가격"이란 공시지가를 기준으로 지가변동률과 토지의 위치, 형상, 환경, 이용상황 등을 고려하여 평가한 가격을 말한다. (「공익사업을 위한 토지 등의 취득 및 보상에 관한 법률」 제70조 제1항)
- "정상가격"이란 통상적인 시장에서 충분한 기간 거래된 후 그 대상물건의 내용에 정통한 거래당사자 간에 통상 성립한다고 인정되는 적정가격을 말한다. (개정 전 「감정평가에 관한 규칙」 제4조)

- "공정가치"란 합리적인 판단력과 거래의사가 있는 독립된 당사자 사이의 거래에서 자산이 교환되거나 부채가 결제될 수 있는 금액을 말한다. (감정평가 실무기준 740.3.②)
- "투자가치"란 개인적인 투자나 운영목적을 가진 소유자 또는 예정 소유자에 대한 자산의 가치를 말한다.
- "담보가치"란 금융기관 등의 담보물에 대해 안정적인 채권회수를 전제한 가치를 말한다.
- "결합가치"란 두 가지 이상의 권리가 결합되어 발생하는 가치를 말한다.
- "특정가격"이란 시장성을 갖는 부동산이지만 법령 또는 사회적 요청 등에 따라 정상가격의 전제가 되는 제 조건을 만족하지 않는 경우의 가격을 말한다.
- "한정가격"이란 부동산의 합병이나 분할 등 한정된 시장에서 특정 거래당사자 사이에서만 경제적 합리성이 인정되는 가격을 말한다.
- "계속기업가치"는 기업의 경영활동이 현재와 미래에 지속된다는 전제하에 성립하는 가치를 말한다.
- "회계상 가치"란 재무제표 요소의 화폐금액을 결정하는 측정기준을 말한다.
- "가격다원론"이란 감정평가의 용도와 목적에 따라 감정평가결과가 상이할 수 있다는 것을 말한다.
- "최고가격(highest price)"이란 공개경쟁시장에서 성립할 수 있는 가격 중 가장 높은 가격을 의미한다.
- "통계적 추정"이란 표본으로부터 계산한 통계량을 활용하여 모집단의 특성을 규명하는 것을 말한다.
- "대푯값"이란 모집단에서 추출한 표본의 최빈값, 중위값, 평균값 등을 말한다.
- "신뢰구간"이란 표본의 대푯값으로 추정한 모집단의 대푯값을 범위로 표시한 것을 말한다.

(2) 현황기준 원칙

- "현황"이란 기준시점에서 대상물건의 이용상황 및 공법상 제한 상태를 말한다.
- "현황기준 원칙"이란 감정평가는 기준시점에서 대상물건의 이용상황 및 공법상 제한을 받는 상태를 기준으로 하여야 한다는 것을 말한다. (「감정평가에 관한 규칙」 제6조 제1항)
- "일시적인 이용"이란 관련 법령에 따라 국가나 지방자치단체의 계획이나 명령 등으로 부동산을 본래의 용도로 이용하는 것이 일시적으로 금지되거나 제한되어 다른 용도로 이용하고 있거나 부동산의 주위 환경 등으로 보아 현재의 이용이 임시적인 것으로 인정되는 이용을 말한다. (감정평가 실무기준 100-2-9)
- "조건부 감정평가"란 기준시점의 가치형성요인 등을 실제와 다르게 가정하거나 특수한 경우로 한정하는 조건을 붙여 감정평가하는 것을 말한다. (「감정평가에 관한 규칙」 제6조 제2항)

(3) 개별물건기준 원칙

- "개별물건기준 원칙"이란 감정평가는 대상물건마다 개별로 하여야 한다는 것을 말한다. (「감정평가에 관한 규칙」 제7조 제1항)
- "개별 감정평가"란 대상물건마다 개별로 감정평가하는 것을 말한다. (「감정평가에 관한 규칙」 제7조 제1항)
- "일괄 감정평가"란 개별물건기준 원칙의 예외로서 둘 이상의 대상물건이 일체로 거래되거나 대상물건 상호 간에 용도상 불가분의 관계가 있는 경우에 일괄하여 감정평가하는 것을 말한다. (「감정평가에 관한 규칙」 제7조 제2항)
- "구분 감정평가"란 개별물건기준 원칙의 예외로서 하나의 대상물건이라도 가치를 달리하는 부분을 구분하여 감정평가하는 것을 말한다. (「감정평가에 관한 규칙」 제7조 제3항)
- "부분 감정평가"란 개별물건기준 원칙의 예외로서 특수한 목적이나 합리적인 이유가 있는 경우 일체로 이용되고 있는 대상물건의 일부분에 대하여 감정평가하는 것을 말한다. (「감정평가에 관한 규칙」 제7조 제4항)
- "공제법"이란 토지·건물의 일괄평가액에서 건물(토지)가액을 차감하여 토지(건물)가액을 결정하는 방법을 말한다.
- "비율법"이란 토지·건물에 대한 가격을 각각 산정한 후 그 비율에 따라 토지가액과 건물가액으로 배분하는 방법을 말한다.
- "일단지"란 지적공부상 2필지 이상의 토지가 일단을 이루어 같은 용도로 이용되는 것이 사회·경제·행정적 측면에서 합리적이고 가치형성 측면에서 타당하다고 인정되는 등 용도상 불가분의 관계에 있는 토지를 말한다.

(4) 감정평가의 절차

- "기본적 사항의 확정"이란 감정평가의 기본적 사항 등을 의뢰인과 협의하여 결정하는 절차를 말한다. (감정평가 실무기준 400.1.②)
- "기본적 사항"이란 감정평가업무 수임 시 의뢰인과 협의하여 결정해야 하는 사항을 말한다.
- "기준시점"이란 대상물건의 감정평가액을 결정하는 기준이 되는 날짜를 말한다. (「감정평가에 관한 규칙」 제2조 제2호)
- "처리계획의 수립"이란 대상물건의 확인에서 감정평가액의 결정 및 표시에 이르기까지 일련의 작업과정에 대한 계획을 수립하는 절차를 말한다. (감정평가 실무기준 400.1.③)
- "대상물건의 확인"이란 사전조사 및 실지조사 절차를 말한다. (감정평가 실무기준 400.1.④)
- "자료수집 및 정리"란 대상물건의 물적사항·권리관계·이용상황에 대한 분석 및 감정평가액 산정으로 위해 필요한 확인자료·요인자료·사례자료 등을 수집하고 정리하는 절차를 말한다. (감정평가 실무기준 400.1.⑥)

- "자료검토 및 가치형성요인의 분석"이란 자료의 신뢰성·충실성 등을 검증하고 일반 요인, 지역요인, 개별요인을 분석하는 절차를 말한다. (감정평가 실무기준 400.1.⑦)
- "감정평가방법의 선정 및 적용"이란 대상물건의 특성이나 감정평가 목적 등에 따라 적절한 하나 이상의 감정평가방법을 선정하고, 그 방법에 따라 가치형성요인 분석 결과 등을 토대로 시산가액을 산정하는 절차를 말한다. (감정평가 실무기준 400.1.⑧)
- "감정평가액의 결정 및 표시"란 감정평가방법의 적용을 통하여 산정된 시산가액을 합리적으로 조정하여 대상물건이 갖는 구체적인 가치를 최종적으로 결정하고 감정평가서에 그 가액을 표시하는 절차를 말한다. (감정평가 실무기준 400.1.⑨)
- "시산가액"이란 대상물건의 감정평가액을 결정하기 위하여 각각의 감정평가방법을 적용하여 산정한 가액을 말한다. (감정평가 실무기준 100.2.7)
- "시산가액 조정"이란 감정평가방법의 적용을 통하여 산정된 시산가액을 합리적으로 조정하여 최종 감정평가액을 결정하는 것을 말한다.
- "자동가치산정모형"이란 실거래자료, 부동산 가격공시자료 등을 활용하여 토지등 부동산의 가치를 자동으로 추정하는 컴퓨터 프로그램을 말한다. (감정평가 실무기준 200.5.1)
- "비용성"이란 부동산을 공급하기 위해 어느 정도의 비용이 투입되어야 하는가를 말한다.
- "시장성"이란 부동산이 어느 정도의 가액으로 시장에서 거래될 수 있는가 하는 것을 말한다.
- "수익성"이란 부동산으로부터 어느 정도의 수익이나 효용을 얻을 수 있는가를 말한다.

3 감정평가의 제도·윤리

(1) 감정평가의 제도

- "감정평가 심사"란 감정평가서를 의뢰인에게 발급하기 전에 감정평가의 적정성을 같은 법인 소속의 다른 감정평가사가 심사하고 서명과 날인을 하는 것을 말한다. (「감정평가 및 감정평가사에 관한 법률」 제7조 제1항)
- "감정평가 검토"란 발급된 감정평가서의 적정성을 별도의 감정평가법인등에서 검토하는 것을 말한다. (「감정평가 및 감정평가사에 관한 법률」 제7조 제3항)
- "감정평가 타당성조사"란 감정평가서가 발급된 후 해당 감정평가가 감정평가 관계법령에서 정하는 절차와 방법 등에 따라 타당하게 이루어졌는지를 직권으로 또는 관계기관 등의 요청에 따라 조사하는 것을 말한다. (「감정평가 및 감정평가사에 관한 법률」 제8조)
- "감정평가 표본조사"란 감정평가 제도를 개선하기 위해 발급된 감정평가서에 대한 표본조사를 실시하는 것을 말한다. (「감정평가 및 감정평가사에 관한 법률」 제8조 제4항)
- "컨설팅"이란 토지 등의 이용 및 개발 등에 대한 조언이나 정보를 제공하는 것을 말한다. (「감정평가 및 감정평가사에 관한 법률」 제10조 제7호)
- "탁상자문"이란 감정평가 활동 사전단계에서 금융기관의 원활한 대출 업무를 돕기 위해 실지조사 없이 진행되는 개략적인 시가 추정행위를 말한다.

(2) 감정평가의 윤리

- "직업윤리"란 직업활동을 수행할 때 준수하여야 할 관계 법령에 의한 제 규정과 자율적으로 준수해야 할 행위규범을 말한다.
- "감정평가윤리"란 감정평가업무를 수행할 때 준수하여야 할 관계 법령에 의한 제 규정과 자율적으로 준수해야 할 행위규범을 말한다.
- "공인"이란 공적인 일에 종사하는 사람을 말한다.
- "전문직"이란 고도의 전문적 교육을 통하여 일정한 자격이나 면허를 취득함으로써 독점적으로 전문지식이나 기술을 사용할 수 있는 사회적으로 공인되는 직업을 말한다.
- "품위유지"란 감정평가업무를 수행할 때 사회에서 요구하는 신뢰에 부응하여 도덕적 수준과 교양을 갖추며, 전문자격사로서 합당한 언행과 품위를 유지하여야 한다는 것을 말한다. (「감정평가 및 감정평가사에 관한 법률」 제25조 제1항)
- "신의성실"이란 감정평가업무를 수행할 때 의뢰인과의 신뢰관계가 유지되도록 성실한 자세로 업무에 임하여야 하며, 고의나 중대한 과실로 부당한 감정평가를 해서는 안 된다는 것을 말한다. (「감정평가 및 감정평가사에 관한 법률」 제25조 제1항)
- "청렴"이란 감정평가업무를 수행할 때 수수료와 실비 외에 어떠한 항목으로도 업무와 관련된 대가를 받아서는 안 된다는 것을 말한다. (「감정평가 및 감정평가사에 관한 법률」 제25조 제4항)
- "보수기준 준수"는 감정평가업무를 수행할 때 수수료 요율 및 실비에 관한 기준을 준수하여야 한다는 것을 말한다. (「감정평가 및 감정평가사에 관한 법률」 제25조 제4항)
- "의뢰인에 대한 설명"이란 감정평가업무를 수임하기 전에 기본적 사항에 대한 의뢰인의 의견을 충분히 듣고 감정평가의 절차 및 수수료에 대한 사항을 설명하여야 하며, 감정평가업무 수행에 있어서 의뢰인이 제시한 사항과 다른 내용이 발견된 경우에도 이를 설명해야 한다는 것을 말한다.
- "불공정한 감정평가 회피"란 대상물건이 담당 감정평가사 또는 친족의 소유이거나 그 밖에 불공정한 감정평가를 할 우려가 있는 경우 또는 이해관계 등의 이유로 자신이 감정평가하는 것이 타당하지 않은 경우에는 감정평가업무를 수임해서는 안 된다는 것을 말한다. (「감정평가 및 감정평가사에 관한 법률」 제25조 제2항)
- "비밀준수 등 타인의 권리보호"란 감정평가업무를 수행하면서 알게 된 의뢰인과 제3자의 정보를 보호하고 비밀을 엄수함으로써 타인의 권리를 보호해야 한다는 것을 말한다. (「감정평가 및 감정평가사에 관한 법률」 제26조)

(3) 기타 사항

- "토지소유자 추천제"란 공익사업의 시행으로 인해 토지 등에 대한 보상액을 산정하려는 경우, 사업시행자가 선정한 감정평가법인등 외에 해당 토지를 관할하는 시·도지사와 토지소유자가 추천한 감정평가법인등을 선정하는 제도를 말한다. (「공익사업을 위한 토지 등의 취득 및 보상에 관한 법률」 제68조)

제5절 **감정평가 3방식**

1 원가방식

- "원가방식"이란 원가법, 적산법 등 비용성의 원리에 기초한 감정평가방식을 말한다. (감정평가 실무기준 400.3.1.1)

(1) 원가법

- "원가법"이란 대상물건의 재조달원가에 감가수정을 하여 대상물건의 가액을 산정하는 감정평가방법을 말한다. (「감정평가에 관한 규칙」 제2조 제5호)
- "원가법"이란 토지·건물의 가치를 공시지가기준법과 원가법에 의해 각각 산정하여 합산하거나, 이를 층별·위치별 효용비율로 배분하여 대상물건의 가액을 산정하는 감정평가방법을 말한다.
- "적산가액"이란 원가법에 따라 산정된 가액을 말한다. (감정평가 실무기준 400.3.2.1.1.②)
- "조성원가법"이란 택지 조성시점을 기준으로 소지의 취득가액을 구한 다음에 조성공사비, 부대비용 및 개발업자 이윤을 가산한 후 이를 유효택지면적으로 나누어 대상토지의 가액을 산정하는 감정평가방법을 말한다.
- "분양개발법"이란 대상 토지를 개발했을 경우 예상되는 분양가격의 현재가치에서 개발비용의 현재가치를 공제하여 대상토지의 가액을 산정하는 감정평가방법을 말한다.
- "재조달원가"란 대상물건을 기준시점에 재생산하거나 재취득하는 데 필요한 적정원가의 총액을 말한다. (감정평가 실무기준 400.3.2.1.2.①)
- "재생산원가"란 대상물건과 물리적·기능적으로 유사한 물건을 생산하는 데 필요한 적정원가의 총액을 말한다.
- "재취득원가"란 대상물건과 동일한 물건을 기준시점 현재 시장에서 취득하는 데 필요한 적정원가의 총액을 말한다.
- "복제원가"란 대상물건과 구조, 형식 등이 동일한 복제품에 대한 재생산원가를 말한다.
- "대체원가"란 대상물건과 기능적 효용이 유사한 물건에 대한 재생산원가를 말한다.
- "부대비용"이란 표준적인 건설비 외에 대상 물건을 사용 가능한 상태로 만들기 위해 추가적으로 소요되는 비용을 말한다.
- "감가수정"이란 재조달원가를 감액하여야 할 요인이 있는 경우 그에 해당하는 금액을 공제하여 기준시점에서 대상물건의 가액을 적정화하는 작업을 말한다. (「감정평가에 관한 규칙」 제2조 제12호)
- "물리적 감가"란 대상물건의 물리적 상태 변화에 따른 감가요인을 말한다. (감정평가 실무기준 400.3.1.2.3.①)

- "기능적 감가"란 대상물건의 기능적 효용 변화에 따른 감가요인을 말한다. (감정평가 실무기준 400.3.1.2.3.①)
- "경제적 감가"란 대상물건의 경제적 상태, 주위환경, 시장상황 등 대상물건의 가치에 영향을 미치는 경제적 요소들의 변화에 따른 감가요인을 말한다. (감정평가 실무기준 400.3.1.2.3.①)

(2) 적산법

- "적산법"이란 대상물건의 기초가액에 기대이율을 곱하여 산정된 기대수익에 대상물건을 계속하여 임대하는 데에 필요한 경비를 더하여 대상물건의 임대료를 산정하는 감정평가방법을 말한다. (「감정평가에 관한 규칙」 제2조 제6호)
- "적산임료"란 적산법에 따라 산정한 임대료를 말한다. (감정평가 실무기준 400.3.2.2.1.②)
- "기초가액"이란 적산법으로 감정평가하는 데 기초가 되는 대상물건의 가치를 말한다. (감정평가 실무기준 400.3.2.2.2.①)
- "기대이율"이란 기초가액에 대하여 기대되는 임대수익의 비율을 말한다. (감정평가 실무기준 400.3.2.2.3.①)
- "필요제경비"란 임차인이 사용·수익할 수 있도록 임대인이 대상물건을 적절하게 유지·관리하는 데에 필요한 비용을 말한다. (감정평가 실무기준 400.3.2.2.4.①)
- "개발법"이란 대상 토지를 개발했을 경우 예상되는 총 매매(분양)가격의 현재가치에서 개발비용의 현재가치를 공제하여 토지가치를 구하는 감정평가방법을 말한다.
- "토지잔여법"이란 복합부동산의 순수익에서 건물에 귀속되는 순수익을 공제한 후 도출된 토지에 귀속되는 순수익을 토지환원율로 환원하여 토지의 가액을 구하는 감정평가방법을 말한다.

2 비교방식

- "비교방식"이란 거래사례비교법, 임대사례비교법 등 시장성의 원리에 기초한 감정평가방식 및 공시지가기준법을 말한다. (감정평가 실무기준 400.3.1.2)

(1) 거래사례비교법

- "거래사례비교법"이란 대상물건과 가치형성요인이 같거나 비슷한 물건의 거래사례와 비교하여 대상물건의 현황에 맞게 사정보정, 시점수정, 가치형성요인 비교 등의 과정을 거쳐 대상물건의 가액을 산정하는 감정평가방법을 말한다. (「감정평가에 관한 규칙」 제2조 제7호)
- "비준가액"이란 거래사례비교법에 따라 산정된 가액을 말한다. (감정평가 실무기준 400.3.3.1.1.②)

- "적정한 실거래가"란 「부동산 거래신고 등에 관한 법률」에 따라 신고된 실제 거래가격으로서 거래 시점이 도시지역은 3년 이내, 그 밖의 지역은 5년 이내인 거래가격 중에서 감정평가법인등이 인근지역의 지가수준 등을 고려하여 감정평가의 기준으로 적용하기에 적정하다고 판단하는 거래가격을 말한다. (「감정평가에 관한 규칙」 제2조 제12의2호)
- "사정보정"이란 거래사례에 특수한 사정이나 개별적 동기가 반영되어 있거나 거래 당사자가 시장에 정통하지 않은 등 수집된 거래사례의 가격이 적절하지 못한 경우 그러한 사정이 없었을 경우의 적절한 가격수준으로 정상화하는 것을 말한다. (감정평가 실무기준 400.3.3.1.3)
- "지역요인 비교"란 사례 토지가 있는 지역의 표준적인 획지의 최유효이용과 대상토지가 있는 지역의 표준적인 획지의 최유효이용을 판정·비교하여 격차율을 산정하는 것을 말한다. (감정평가 실무기준 610.1.5.2.4.1)
- "개별요인의 비교"란 사례 토지의 최유효이용과 대상토지의 최유효이용을 판정·비교하여 격차율을 산정하는 것을 말한다. (감정평가 실무기준 610.1.5.2.4.2)

(2) 임대사례비교법

- "임대사례비교법"이란 대상물건과 가치형성요인이 같거나 비슷한 물건의 임대사례와 비교하여 대상물건의 현황에 맞게 사정보정, 시점수정, 가치형성요인 비교 등의 과정을 거쳐 대상물건의 임대료를 산정하는 감정평가방법을 말한다. (「감정평가에 관한 규칙」 제2조 제8호)
- "비준임료"란 임대사례비교법에 따라 산정된 임대료를 말한다. (감정평가 실무기준 400.3.3.2.1.②)

(3) 공시지가기준법

- "공시지가기준법"이란 대상토지와 가치형성요인이 같거나 유사한 표준지의 공시지가를 기준으로 대상토지의 현황에 맞게 시점수정, 지역요인 및 개별요인 비교, 그 밖의 요인의 보정을 거쳐 대상토지의 가액을 산정하는 감정평가방법을 말한다. (「감정평가에 관한 규칙」 제2조 제9호)
- "그 밖의 요인 보정"이란 시점수정, 지역요인 및 개별요인의 비교 외에 대상토지의 가치에 영향을 미치는 사항을 보정하는 것을 말한다. (「감정평가에 관한 규칙」 제14조 제2항, 감정평가 실무기준 610.1.5.2.5.①)

3 수익방식

- "수익방식"이란 수익환원법, 수익분석법 등 수익성의 원리에 기초한 감정평가방식을 말한다.
(감정평가 실무기준 400.3.1.3)

(1) 수익환원법

- "수익환원법"이란 대상물건이 장래 산출할 것으로 기대되는 순수익이나 미래의 현금 흐름을 환원하거나 할인하여 대상물건의 가액을 산정하는 감정평가방법을 말한다. (「감정평가에 관한 규칙」 제2조 제10호)
- "수익가액"이란 수익환원법에 따라 산정된 가액을 말한다. (감정평가 실무기준 400.3.4.1.1.②)
- "직접환원법"이란 단일기간의 순수익을 적절한 환원율로 환원하여 대상물건의 가액을 산정하는 방법을 말한다. (감정평가 실무기준 400.3.4.1.2.①)
- "할인현금흐름분석법"이란 대상물건의 보유기간에 발생하는 복수기간의 순수익과 보유기간 말의 복귀가액에 적절한 할인율을 적용하여 현재가치로 할인한 후 더하여 대상물건의 가액을 산정하는 방법을 말한다. (감정평가 실무기준 400.3.4.1.2.②)
- "운영경비"란 부동산의 유지 또는 가능총수익의 창출을 위하여 정기적으로 지출되는 경비를 말한다.
- "환원율"이란 순수익을 기준시점의 경제적 가치로 환산하기 위하여 적용하는 이율을 말한다.
- "할인율"이란 미래의 현금흐름을 현재가치로 환산하기 위하여 적용하는 이율을 말한다.
- "최종환원율"이란 보유기간 말 순수익을 경제적 가치로 환산하기 위하여 적용하는 이율을 말한다.
- "재매도가치"란 대상물건의 보유기간 말 대상물건의 매도를 통해 얻을 수 있는 가치를 말한다.
- "복귀가액"이란 대상물건의 보유기간 말 재매도가치에서 매도비용 등을 차감한 순매도액을 말한다.
- "투자결합법"이란 대상 부동산에 대한 투자자본과 구성비율을 결합하여 자본환원율을 구하는 방법을 말한다.

(2) 수익분석법

- "수익분석법"이란 일반기업 경영에 의하여 산출된 총수익을 분석하여 대상물건이 일정한 기간에 산출할 것으로 기대되는 순수익에 대상물건을 계속하여 임대하는 데에 필요한 경비를 더하여 대상물건의 임대료를 산정하는 감정평가방법을 말한다. (「감정평가에 관한 규칙」 제2조 제11호)
- "수익임료"란 수익분석법에 따라 산정된 임대료를 말한다. (감정평가 실무기준 400.3.4.2.1.②)

4 기타평가방법

- "통계적 평가방법"이란 통계적 추정에 의해 부동산가격을 평가하는 방법을 말한다.
- "특성가격함수모형"이란 가치가 재화의 특성에 의해 결정된다는 가정하에 특성변수와 종속변수(가격)와의 관계를 분석하는 다중회귀분석모형을 말한다.
- "동적 할인현금흐름분석법"이란 미래 환경의 변동성을 감안한 할인현금흐름분석법을 말한다.
- "실물옵션"이란 부동산과 같은 실물자산의 개발, 투자 의사결정과 관련된 선택권을 말한다.
- "실물옵션평가법"이란 부동산과 같은 실물자산의 개발, 투자 의사결정과 관련된 선택권의 가치에 대한 평가방법을 말한다.
- "조건부가치측정법"이란 가상의 시장을 설정하고 잠재 소비자들의 지불용의액을 설문하여 비시장재화 등의 경제적 가치를 평가하는 방법을 말한다.
- "여행비용법"이란 여행 거리와 비용에 따른 지역별 이용자 수에 기초하여 비시장재화 등의 경제적 가치를 평가하는 방법을 말한다.
- "보상가격평가법"이란 자연자원 등이 훼손된 경우 이를 원래의 효용 수준으로 회복하기 위해 보상받아야 할 보상지불용의액에 기초하여 비시장재화 등의 경제적 가치를 평가하는 방법을 말한다.

감정평가 관계법령

 감정평가 및 감정평가사에 관한 법률(약칭 : 감정평가법)

[시행 2023.8.10.] [법률 제19403호, 2023.5.9, 일부개정]

제1장 총칙

제1조(목적)

이 법은 감정평가 및 감정평가사에 관한 제도를 확립하여 공정한 감정평가를 도모함으로써 국민의 재산권을 보호하고 국가경제 발전에 기여함을 목적으로 한다.

제2조(정의)

이 법에서 사용하는 용어의 뜻은 다음과 같다.

1. "토지등"이란 토지 및 그 정착물, 동산, 그 밖에 대통령령으로 정하는 재산과 이들에 관한 소유권 외의 권리를 말한다.
2. "감정평가"란 토지등의 경제적 가치를 판정하여 그 결과를 가액(價額)으로 표시하는 것을 말한다.
3. "감정평가업"이란 타인의 의뢰에 따라 일정한 보수를 받고 토지등의 감정평가를 업(業)으로 행하는 것을 말한다.
4. "감정평가법인등"이란 제21조에 따라 사무소를 개설한 감정평가사와 제29조에 따라 인가를 받은 감정평가법인을 말한다.

제2장 감정평가[일부 생략]

제3조(기준)

① 감정평가법인등이 토지를 감정평가하는 경우에는 그 토지와 이용가치가 비슷하다고 인정되는 「부동산 가격공시에 관한 법률」에 따른 표준지공시지가를 기준으로 하여야 한다. 다만, 적정한 실거래가가 있는 경우에는 이를 기준으로 할 수 있다.

② 제1항에도 불구하고 감정평가법인등이 「주식회사 등의 외부감사에 관한 법률」에 따른 재무제표 작성 등 기업의 재무제표 작성에 필요한 감정평가와 담보권의 설정·경매 등 대통령령으로 정하는 감정평가를 할 때에는 해당 토지의 임대료, 조성비용 등을 고려하여 감정평가를 할 수 있다.

③ 감정평가의 공정성과 합리성을 보장하기 위하여 감정평가법인등(소속 감정평가사를 포함한다. 이하 이 조에서 같다)이 준수하여야 할 원칙과 기준은 국토교통부령으로 정한다.

④ 국토교통부장관은 감정평가법인등이 감정평가를 할 때 필요한 세부적인 기준(이하 "실무기준"이라 한다)의 제정 등에 관한 업무를 수행하기 위하여 대통령령으로 정하는 바에 따라 전문성을 갖춘 민간법인 또는 단체(이하 "기준제정기관"이라 한다)를 지정할 수 있다.

⑤ 국토교통부장관은 필요하다고 인정되는 경우 제40조에 따른 감정평가관리·징계위원회의 심의를 거쳐 기준제정기관에 실무기준의 내용을 변경하도록 요구할 수 있다. 이 경우 기준제정기관은 정당한 사유가 없으면 이에 따라야 한다.

⑥ 국가는 기준제정기관의 설립 및 운영에 필요한 비용의 일부 또는 전부를 지원할 수 있다.

제4조(직무)

① 감정평가사는 타인의 의뢰를 받아 토지등을 감정평가하는 것을 그 직무로 한다.

② 감정평가사는 공공성을 지닌 가치평가 전문직으로서 공정하고 객관적으로 그 직무를 수행한다.

제5조(감정평가의 의뢰)

① 국가, 지방자치단체, 「공공기관의 운영에 관한 법률」에 따른 공공기관 또는 그 밖에 대통령령으로 정하는 공공단체(이하 "국가등"이라 한다)가 토지등의 관리·매입·매각·경매·재평가 등을 위하여 토지등을 감정평가하려는 경우에는 감정평가법인등에 의뢰하여야 한다.

② 금융기관·보험회사·신탁회사 또는 그 밖에 대통령령으로 정하는 기관이 대출, 자산의 매입·매각·관리 또는 「주식회사 등의 외부감사에 관한 법률」에 따른 재무제표 작성을 포함한 기업의 재무제표 작성 등과 관련하여 토지등의 감정평가를 하려는 경우에는 감정평가법인등에 의뢰하여야 한다.

③ 제1항 또는 제2항에 따라 감정평가를 의뢰하려는 자는 제33조에 따른 한국감정평가사협회에 요청하여 추천받은 감정평가법인등에 감정평가를 의뢰할 수 있다.

④ 제1항 및 제2항에 따른 의뢰의 절차와 방법 및 제3항에 따른 추천의 기준 등에 필요한 사항은 대통령령으로 정한다.

제6조(감정평가서)

① 감정평가법인등은 감정평가를 의뢰받은 때에는 지체 없이 감정평가를 실시한 후 국토교통부령으로 정하는 바에 따라 감정평가 의뢰인에게 감정평가서(「전자문서 및 전자거래기본법」 제2조에 따른 전자문서로 된 감정평가서를 포함한다)를 발급하여야 한다.

② 감정평가서에는 감정평가법인등의 사무소 또는 법인의 명칭을 적고, 감정평가를 한 감정평가사가 그 자격을 표시한 후 서명과 날인을 하여야 한다. 이 경우 감정평가법인의 경우에는 그 대표사원 또는 대표이사도 서명이나 날인을 하여야 한다.

③ 감정평가법인등은 감정평가서의 원본과 그 관련 서류를 국토교통부령으로 정하는 기간 이상 보존하여야 하며, 해산하거나 폐업하는 경우에도 대통령령으로 정하는 바에 따라 보존하여야 한다. 이 경우 감정평가법인등은 감정평가서의 원본과 그 관련 서류를 이동식 저장장치 등 전자적 기록매체에 수록하여 보존할 수 있다.

제7조(감정평가서의 심사 등)

① 감정평가법인은 제6조에 따라 감정평가서를 의뢰인에게 발급하기 전에 감정평가를 한 소속 감정평가사가 작성한 감정평가서의 적정성을 같은 법인 소속의 다른 감정평가사에게 심사하게 하고, 그 적정성을 심사한 감정평가사로 하여금 감정평가서에 그 심사사실을 표시하고 서명과 날인을 하게 하여야 한다.

② 제1항에 따라 감정평가서의 적정성을 심사하는 감정평가사는 감정평가서가 제3조에 따른 원칙과 기준을 준수하여 작성되었는지 여부를 신의와 성실로써 공정하게 심사하여야 한다.

③ 감정평가 의뢰인 및 관계 기관 등 대통령령으로 정하는 자는 발급된 감정평가서의 적정성에 대한 검토를 대통령령으로 정하는 기준을 충족하는 감정평가법인등(해당 감정평가서를 발급한 감정평가법인등은 제외한다)에게 의뢰할 수 있다.

④ 제1항에 따른 심사대상·절차·기준 및 제3항에 따른 검토절차·기준 등에 관하여 필요한 사항은 대통령령으로 정한다.

제8조(감정평가 타당성조사 등)

① 국토교통부장관은 제6조에 따라 감정평가서가 발급된 후 해당 감정평가가 이 법 또는 다른 법률에서 정하는 절차와 방법 등에 따라 타당하게 이루어졌는지를 직권으로 또는 관계 기관 등의 요청에 따라 조사할 수 있다.

② 제1항에 따른 타당성조사를 할 경우에는 해당 감정평가법인등 및 대통령령으로 정하는 이해관계인에게 의견진술기회를 주어야 한다.

③ 제1항 및 제2항에 따른 타당성조사의 절차 등에 필요한 사항은 대통령령으로 정한다.

④ 국토교통부장관은 감정평가 제도를 개선하기 위하여 대통령령으로 정하는 바에 따라 제6조 제1항에 따라 발급된 감정평가서에 대한 표본조사를 실시할 수 있다.

제3장 감정평가사

제1절 업무와 자격[일부 생략]

제10조(감정평가법인등의 업무)

감정평가법인등은 다음 각 호의 업무를 행한다.

1. 「부동산 가격공시에 관한 법률」에 따라 감정평가법인등이 수행하는 업무
2. 「부동산 가격공시에 관한 법률」 제8조 제2호에 따른 목적을 위한 토지등의 감정평가
3. 「자산재평가법」에 따른 토지등의 감정평가
4. 법원에 계속 중인 소송 또는 경매를 위한 토지등의 감정평가
5. 금융기관·보험회사·신탁회사 등 타인의 의뢰에 따른 토지등의 감정평가
6. 감정평가와 관련된 상담 및 자문
7. 토지등의 이용 및 개발 등에 대한 조언이나 정보 등의 제공

8. 다른 법령에 따라 감정평가법인등이 할 수 있는 토지등의 감정평가
9. 제1호부터 제8호까지의 업무에 부수되는 업무

제2절 시험 [생략]

제3절 등록 [생략]

제4절 권리와 의무 [일부 생략]

제25조(성실의무 등)

① 감정평가법인등(감정평가법인 또는 감정평가사사무소의 소속 감정평가사를 포함한다. 이하 이 조에서 같다)은 제10조에 따른 업무를 하는 경우 품위를 유지하여야 하고, 신의와 성실로써 공정하게 하여야 하며, 고의 또는 중대한 과실로 업무를 잘못하여서는 아니 된다.

② 감정평가법인등은 자기 또는 친족 소유, 그 밖에 불공정하게 제10조에 따른 업무를 수행할 우려가 있다고 인정되는 토지등에 대해서는 그 업무를 수행하여서는 아니 된다.

③ 감정평가법인등은 토지등의 매매업을 직접 하여서는 아니 된다.

④ 감정평가법인등이나 그 사무직원은 제23조에 따른 수수료와 실비 외에는 어떠한 명목으로도 그 업무와 관련된 대가를 받아서는 아니 되며, 감정평가 수주의 대가로 금품 또는 재산상의 이익을 제공하거나 제공하기로 약속하여서는 아니 된다.

⑤ 감정평가사, 감정평가사가 아닌 사원 또는 이사 및 사무직원은 둘 이상의 감정평가법인(같은 법인의 주·분사무소를 포함한다) 또는 감정평가사사무소에 소속될 수 없으며, 소속된 감정평가법인 이외의 다른 감정평가법인의 주식을 소유할 수 없다.

⑥ 감정평가법인등이나 사무직원은 제28조의2에서 정하는 유도 또는 요구에 따라서는 아니 된다.

제26조(비밀엄수)

감정평가법인등(감정평가법인 또는 감정평가사사무소의 소속 감정평가사를 포함한다. 이하 이 조에서 같다)이나 그 사무직원 또는 감정평가법인등이었거나 그 사무직원이었던 사람은 업무상 알게 된 비밀을 누설하여서는 아니 된다. 다만, 다른 법령에 특별한 규정이 있는 경우에는 그러하지 아니하다.

제27조(명의대여 등의 금지)

① 감정평가사 또는 감정평가법인등은 다른 사람에게 자기의 성명 또는 상호를 사용하여 제10조에 따른 업무를 수행하게 하거나 자격증·등록증 또는 인가증을 양도·대여하거나 이를 부당하게 행사하여서는 아니 된다.

② 누구든지 제1항의 행위를 알선해서는 아니 된다.

제28조(손해배상책임)
① 감정평가법인등이 감정평가를 하면서 고의 또는 과실로 감정평가 당시의 적정가격과 현저한 차이가 있게 감정평가를 하거나 감정평가 서류에 거짓을 기록함으로써 감정평가 의뢰인이나 선의의 제3자에게 손해를 발생하게 하였을 때에는 감정평가법인등은 그 손해를 배상할 책임이 있다.
② 감정평가법인등은 제1항에 따른 손해배상책임을 보장하기 위하여 대통령령으로 정하는 바에 따라 보험에 가입하거나 제33조에 따른 한국감정평가사협회가 운영하는 공제사업에 가입하는 등 필요한 조치를 하여야 한다.
③ 감정평가법인등은 제1항에 따라 감정평가 의뢰인이나 선의의 제3자에게 법원의 확정판결을 통한 손해배상이 결정된 경우에는 국토교통부령으로 정하는 바에 따라 그 사실을 국토교통부장관에게 알려야 한다.
④ 국토교통부장관은 감정평가 의뢰인이나 선의의 제3자를 보호하기 위하여 감정평가법인등이 갖추어야 하는 손해배상능력 등에 대한 기준을 국토교통부령으로 정할 수 있다.

제28조의2(감정평가 유도·요구 금지)
누구든지 감정평가법인등(감정평가법인 또는 감정평가사사무소의 소속 감정평가사를 포함한다)과 그 사무직원에게 토지등에 대하여 특정한 가액으로 감정평가를 유도 또는 요구하는 행위를 하여서는 아니 된다.

제5절 감정평가법인 [생략]

제4장 한국감정평가사협회 [생략]

제5장 징계 [생략]

제6장 과징금 [생략]

제7장 보칙 [생략]

제8장 벌칙 [생략]

제2절　부동산 가격공시에 관한 법률(약칭 : 부동산공시법)

[시행 2020.12.10.] [법률 제17459호, 2020.6.9, 타법개정]

제1장 총칙

제1조(목적)

이 법은 부동산의 적정가격(適正價格) 공시에 관한 기본적인 사항과 부동산 시장·동향의 조사·관리에 필요한 사항을 규정함으로써 부동산의 적정한 가격형성과 각종 조세·부담금 등의 형평성을 도모하고 국민경제의 발전에 이바지함을 목적으로 한다.

제2조(정의)

이 법에서 사용하는 용어의 뜻은 다음과 같다.

1. "주택"이란 「주택법」 제2조 제1호에 따른 주택을 말한다.
2. "공동주택"이란 「주택법」 제2조 제3호에 따른 공동주택을 말한다.
3. "단독주택"이란 공동주택을 제외한 주택을 말한다.
4. "비주거용 부동산"이란 주택을 제외한 건축물이나 건축물과 그 토지의 전부 또는 일부를 말하며 다음과 같이 구분한다.
   가. 비주거용 집합부동산 : 「집합건물의 소유 및 관리에 관한 법률」에 따라 구분소유되는 비주거용 부동산
   나. 비주거용 일반부동산 : 가목을 제외한 비주거용 부동산
5. "적정가격"이란 토지, 주택 및 비주거용 부동산에 대하여 통상적인 시장에서 정상적인 거래가 이루어지는 경우 성립될 가능성이 가장 높다고 인정되는 가격을 말한다.

제2장 지가의 공시

제3조(표준지공시지가의 조사·평가 및 공시 등)

① 국토교통부장관은 토지이용상황이나 주변 환경, 그 밖의 자연적·사회적 조건이 일반적으로 유사하다고 인정되는 일단의 토지 중에서 선정한 표준지에 대하여 매년 공시기준일 현재의 단위면적당 적정가격(이하 "표준지공시지가"라 한다)을 조사·평가하고, 제24조에 따른 중앙부동산가격공시위원회의 심의를 거쳐 이를 공시하여야 한다.

② 국토교통부장관은 표준지공시지가를 공시하기 위하여 표준지의 가격을 조사·평가할 때에는 대통령령으로 정하는 바에 따라 해당 토지 소유자의 의견을 들어야 한다.

③ 제1항에 따른 표준지의 선정, 공시기준일, 공시의 시기, 조사·평가 기준 및 공시절차 등에 필요한 사항은 대통령령으로 정한다.

④ 국토교통부장관이 제1항에 따라 표준지공시지가를 조사·평가하는 경우에는 인근 유사토지의 거래가격·임대료 및 해당 토지와 유사한 이용가치를 지닌다고 인정되는 토지의 조성에 필요한 비용추정액, 인근지역 및 다른 지역과의 형평성·특수성, 표준지공시지가 변동의 예측 가능성 등 제반사항을 종합적으로 참작하여야 한다.

⑤ 국토교통부장관이 제1항에 따라 표준지공시지가를 조사·평가할 때에는 업무실적, 신인도(信認度) 등을 고려하여 둘 이상의 「감정평가 및 감정평가사에 관한 법률」에 따른 감정평가법인등(이하 "감정평가법인등"이라 한다)에게 이를 의뢰하여야 한다. 다만, 지가 변동이 작은 경우 등 대통령령으로 정하는 기준에 해당하는 표준지에 대해서는 하나의 감정평가법인등에 의뢰할 수 있다.

⑥ 국토교통부장관은 제5항에 따라 표준지공시지가 조사·평가를 의뢰받은 감정평가업자가 공정하고 객관적으로 해당 업무를 수행할 수 있도록 하여야 한다.

⑦ 제5항에 따른 감정평가법인등의 선정기준 및 업무범위는 대통령령으로 정한다.

⑧ 국토교통부장관은 제10조에 따른 개별공시지가의 산정을 위하여 필요하다고 인정하는 경우에는 표준지와 산정대상 개별 토지의 가격형성요인에 관한 표준적인 비교표(이하 "토지가격비준표"라 한다)를 작성하여 시장·군수 또는 구청장에게 제공하여야 한다.

제4조(표준지공시지가의 조사협조)

국토교통부장관은 표준지의 선정 또는 표준지공시지가의 조사·평가를 위하여 필요한 경우에는 관계 행정기관에 해당 토지의 인·허가 내용, 개별법에 따른 등록사항 등 대통령령으로 정하는 관련 자료의 열람 또는 제출을 요구할 수 있다. 이 경우 관계 행정기관은 정당한 사유가 없으면 그 요구를 따라야 한다.

제5조(표준지공시지가의 공시사항)

제3조에 따른 공시에는 다음 각 호의 사항이 포함되어야 한다.

1. 표준지의 지번
2. 표준지의 단위면적당 가격
3. 표준지의 면적 및 형상
4. 표준지 및 주변토지의 이용상황
5. 그 밖에 대통령령으로 정하는 사항

제6조(표준지공시지가의 열람 등)

국토교통부장관은 제3조에 따라 표준지공시지가를 공시한 때에는 그 내용을 특별시장·광역시장 또는 도지사를 거쳐 시장·군수 또는 구청장(지방자치단체인 구의 구청장에 한정한다. 이하 같다)에게 송부하여 일반인이 열람할 수 있게 하고, 대통령령으로 정하는 바에 따라 이를 도서·도표 등으로 작성하여 관계 행정기관 등에 공급하여야 한다.

제7조(표준지공시지가에 대한 이의신청)

① 표준지공시지가에 이의가 있는 자는 그 공시일부터 30일 이내에 서면(전자문서를 포함한다. 이하 같다)으로 국토교통부장관에게 이의를 신청할 수 있다.

② 국토교통부장관은 제1항에 따른 이의신청 기간이 만료된 날부터 30일 이내에 이의신청을 심사하여 그 결과를 신청인에게 서면으로 통지하여야 한다. 이 경우 국토교통부장관은 이의신청의 내용이 타당하다고 인정될 때에는 제3조에 따라 해당 표준지공시지가를 조정하여 다시 공시하여야 한다.

③ 제1항 및 제2항에서 규정한 것 외에 이의신청 및 처리절차 등에 필요한 사항은 대통령령으로 정한다.

제8조(표준지공시지가의 적용)

제1호 각 목의 자가 제2호 각 목의 목적을 위하여 지가를 산정할 때에는 그 토지와 이용가치가 비슷하다고 인정되는 하나 또는 둘 이상의 표준지의 공시지가를 기준으로 토지가격비준표를 사용하여 지가를 직접 산정하거나 감정평가법인등에 감정평가를 의뢰하여 산정할 수 있다. 다만, 필요하다고 인정할 때에는 산정된 지가를 제2호 각 목의 목적에 따라 가감(加減) 조정하여 적용할 수 있다.

1. 지가 산정의 주체
   가. 국가 또는 지방자치단체
   나. 「공공기관의 운영에 관한 법률」에 따른 공공기관
   다. 그 밖에 대통령령으로 정하는 공공단체
2. 지가 산정의 목적
   가. 공공용지의 매수 및 토지의 수용·사용에 대한 보상
   나. 국유지·공유지의 취득 또는 처분
   다. 그 밖에 대통령령으로 정하는 지가의 산정

제9조(표준지공시지가의 효력)

표준지공시지가는 토지시장에 지가정보를 제공하고 일반적인 토지거래의 지표가 되며, 국가·지방자치단체 등이 그 업무와 관련하여 지가를 산정하거나 감정평가법인등이 개별적으로 토지를 감정평가하는 경우에 기준이 된다.

제10조(개별공시지가의 결정·공시 등)

① 시장·군수 또는 구청장은 국세·지방세 등 각종 세금의 부과, 그 밖의 다른 법령에서 정하는 목적을 위한 지가산정에 사용되도록 하기 위하여 제25조에 따른 시·군·구부동산가격공시위원회의 심의를 거쳐 매년 공시지가의 공시기준일 현재 관할 구역 안의 개별토지의 단위면적당 가격(이하 "개별공시지가"라 한다)을 결정·공시하고, 이를 관계 행정기관 등에 제공하여야 한다.

② 제1항에도 불구하고 표준지로 선정된 토지, 조세 또는 부담금 등의 부과대상이 아닌 토지, 그 밖에 대통령령으로 정하는 토지에 대하여는 개별공시지가를 결정·공시하지 아니할 수 있다. 이 경우 표준지로 선정된 토지에 대하여는 해당 토지의 표준지공시지가를 개별공시지가로 본다.

③ 시장·군수 또는 구청장은 공시기준일 이후에 분할·합병 등이 발생한 토지에 대하여는 대통령령으로 정하는 날을 기준으로 하여 개별공시지가를 결정·공시하여야 한다.

④ 시장·군수 또는 구청장이 개별공시지가를 결정·공시하는 경우에는 해당 토지와 유사한 이용가치를 지닌다고 인정되는 하나 또는 둘 이상의 표준지의 공시지가를 기준으로 토지가격비준표를 사용하여 지가를 산정하되, 해당 토지의 가격과 표준지공시지가가 균형을 유지하도록 하여야 한다.

⑤ 시장·군수 또는 구청장은 개별공시지가를 결정·공시하기 위하여 개별토지의 가격을 산정할 때에는 그 타당성에 대하여 감정평가법인등의 검증을 받고 토지소유자, 그 밖의 이해관계인의 의견을 들어야 한다. 다만, 시장·군수 또는 구청장은 감정평가법인등의 검증이 필요 없다고 인정되는 때에는 지가의 변동상황 등 대통령령으로 정하는 사항을 고려하여 감정평가법인등의 검증을 생략할 수 있다.

⑥ 시장·군수 또는 구청장이 제5항에 따른 검증을 받으려는 때에는 해당 지역의 표준지의 공시지가를 조사·평가한 감정평가법인등 또는 대통령령으로 정하는 감정평가실적 등이 우수한 감정평가법인등에 의뢰하여야 한다.

⑦ 국토교통부장관은 지가공시 행정의 합리적인 발전을 도모하고 표준지공시지가와 개별공시지가와의 균형유지 등 적정한 지가형성을 위하여 필요하다고 인정하는 경우에는 개별공시지가의 결정·공시 등에 관하여 시장·군수 또는 구청장을 지도·감독할 수 있다.

⑧ 제1항부터 제7항까지에서 규정한 것 외에 개별공시지가의 산정, 검증 및 결정, 공시기준일, 공시의 시기, 조사·산정의 기준, 이해관계인의 의견청취, 감정평가법인등의 지정 및 공시절차 등에 필요한 사항은 대통령령으로 정한다.

제11조(개별공시지가에 대한 이의신청)

① 개별공시지가에 이의가 있는 자는 그 결정·공시일부터 30일 이내에 서면으로 시장·군수 또는 구청장에게 이의를 신청할 수 있다.

② 시장·군수 또는 구청장은 제1항에 따라 이의신청 기간이 만료된 날부터 30일 이내에 이의신청을 심사하여 그 결과를 신청인에게 서면으로 통지하여야 한다. 이 경우 시장·군수 또는 구청장은 이의신청의 내용이 타당하다고 인정될 때에는 제10조에 따라 해당 개별공시지가를 조정하여 다시 결정·공시하여야 한다.

③ 제1항 및 제2항에서 규정한 것 외에 이의신청 및 처리절차 등에 필요한 사항은 대통령령으로 정한다.

제12조(개별공시지가의 정정)
시장·군수 또는 구청장은 개별공시지가에 틀린 계산, 오기, 표준지 선정의 착오, 그 밖에 대통령령으로 정하는 명백한 오류가 있음을 발견한 때에는 지체 없이 이를 정정하여야 한다.

제13조(타인토지에의 출입 등)
① 관계 공무원 또는 부동산가격공시업무를 의뢰받은 자(이하 "관계공무원등"이라 한다)는 제3조 제4항에 따른 표준지가격의 조사·평가 또는 제10조 제4항에 따른 토지가격의 산정을 위하여 필요한 때에는 타인의 토지에 출입할 수 있다.

② 관계공무원등이 제1항에 따라 택지 또는 담장이나 울타리로 둘러싸인 타인의 토지에 출입하고자 할 때에는 시장·군수 또는 구청장의 허가(부동산가격공시업무를 의뢰 받은 자에 한정한다)를 받아 출입할 날의 3일 전에 그 점유자에게 일시와 장소를 통지하여야 한다. 다만, 점유자를 알 수 없거나 부득이한 사유가 있는 경우에는 그러하지 아니하다.

③ 일출 전·일몰 후에는 그 토지의 점유자의 승인 없이 택지 또는 담장이나 울타리로 둘러싸인 타인의 토지에 출입할 수 없다.

④ 제2항에 따라 출입을 하고자 하는 자는 그 권한을 표시하는 증표와 허가증을 지니고 이를 관계인에게 내보여야 한다.

⑤ 제4항에 따른 증표와 허가증에 필요한 사항은 국토교통부령으로 정한다.

제14조(개별공시지가의 결정·공시비용의 보조)
제10조에 따른 개별공시지가의 결정·공시에 소요되는 비용은 대통령령으로 정하는 바에 따라 그 일부를 국고에서 보조할 수 있다.

제15조(부동산 가격정보 등의 조사)
① 국토교통부장관은 부동산의 적정가격 조사 등 부동산 정책의 수립 및 집행을 위하여 부동산 시장동향, 수익률 등의 가격정보 및 관련 통계 등을 조사·관리하고, 이를 관계 행정기관 등에 제공할 수 있다.

② 제1항에 따른 부동산 가격정보 등의 조사의 대상, 절차 등에 필요한 사항은 대통령령으로 정한다.

③ 제1항에 따른 조사를 위하여 관계 행정기관에 국세, 지방세, 토지, 건물 등 관련 자료의 열람 또는 제출을 요구하거나 타인의 토지 등에 출입하는 경우에는 제4조 및 제13조를 각각 준용한다.

제3장 주택가격의 공시

제16조(표준주택가격의 조사·산정 및 공시 등)
① 국토교통부장관은 용도지역, 건물구조 등이 일반적으로 유사하다고 인정되는 일단의 단독주택 중에서 선정한 표준주택에 대하여 매년 공시기준일 현재의 적정가격(이하 "표준주택가격"

이라 한다)을 조사·산정하고, 제24조에 따른 중앙부동산가격공시위원회의 심의를 거쳐 이를 공시하여야 한다.

② 제1항에 따른 공시에는 다음 각 호의 사항이 포함되어야 한다.
   1. 표준주택의 지번
   2. 표준주택가격
   3. 표준주택의 대지면적 및 형상
   4. 표준주택의 용도, 연면적, 구조 및 사용승인일(임시사용승인일을 포함한다)
   5. 그 밖에 대통령령으로 정하는 사항

③ 제1항에 따른 표준주택의 선정, 공시기준일, 공시의 시기, 조사·산정 기준 및 공시절차 등에 필요한 사항은 대통령령으로 정한다.

④ 국토교통부장관은 제1항에 따라 표준주택가격을 조사·산정하고자 할 때에는 「한국부동산원법」에 따른 한국부동산원(이하 "부동산원"이라 한다)에 의뢰한다.

⑤ 국토교통부장관이 제1항에 따라 표준주택가격을 조사·산정하는 경우에는 인근 유사 단독주택의 거래가격·임대료 및 해당 단독주택과 유사한 이용가치를 지닌다고 인정되는 단독주택의 건설에 필요한 비용추정액, 인근지역 및 다른 지역과의 형평성·특수성, 표준주택가격 변동의 예측 가능성 등 제반사항을 종합적으로 참작하여야 한다.

⑥ 국토교통부장관은 제17조에 따른 개별주택가격의 산정을 위하여 필요하다고 인정하는 경우에는 표준주택과 산정대상 개별주택의 가격형성요인에 관한 표준적인 비교표(이하 "주택가격비준표"라 한다)를 작성하여 시장·군수 또는 구청장에게 제공하여야 한다.

⑦ 제3조 제2항·제4조·제6조·제7조 및 제13조는 제1항에 따른 표준주택가격의 공시에 준용한다. 이 경우 제7조 제2항 후단 중 "제3조"는 "제16조"로 본다.

제17조(개별주택가격의 결정·공시 등)

① 시장·군수 또는 구청장은 제25조에 따른 시·군·구부동산가격공시위원회의 심의를 거쳐 매년 표준주택가격의 공시기준일 현재 관할 구역 안의 개별주택의 가격(이하 "개별주택가격"이라 한다)을 결정·공시하고, 이를 관계 행정기관 등에 제공하여야 한다.

② 제1항에도 불구하고 표준주택으로 선정된 단독주택, 그 밖에 대통령령으로 정하는 단독주택에 대하여는 개별주택가격을 결정·공시하지 아니할 수 있다. 이 경우 표준주택으로 선정된 주택에 대하여는 해당 주택의 표준주택가격을 개별주택가격으로 본다.

③ 제1항에 따른 개별주택가격의 공시에는 다음 각 호의 사항이 포함되어야 한다.
   1. 개별주택의 지번
   2. 개별주택가격
   3. 그 밖에 대통령령으로 정하는 사항

④ 시장·군수 또는 구청장은 공시기준일 이후에 토지의 분할·합병이나 건축물의 신축 등이 발생한 경우에는 대통령령으로 정하는 날을 기준으로 하여 개별주택가격을 결정·공시하여야 한다.

⑤ 시장·군수 또는 구청장이 개별주택가격을 결정·공시하는 경우에는 해당 주택과 유사한 이용가치를 지닌다고 인정되는 표준주택가격을 기준으로 주택가격비준표를 사용하여 가격을 산정하되, 해당 주택의 가격과 표준주택가격이 균형을 유지하도록 하여야 한다.

⑥ 시장·군수 또는 구청장은 개별주택가격을 결정·공시하기 위하여 개별주택의 가격을 산정할 때에는 표준주택가격과의 균형 등 그 타당성에 대하여 대통령령으로 정하는 바에 따라 부동산원의 검증을 받고 토지소유자, 그 밖의 이해관계인의 의견을 들어야 한다. 다만, 시장·군수 또는 구청장은 부동산원의 검증이 필요 없다고 인정되는 때에는 주택가격의 변동상황 등 대통령령으로 정하는 사항을 고려하여 부동산원의 검증을 생략할 수 있다.

⑦ 국토교통부장관은 공시행정의 합리적인 발전을 도모하고 표준주택가격과 개별주택가격과의 균형유지 등 적정한 가격형성을 위하여 필요하다고 인정하는 경우에는 개별주택가격의 결정·공시 등에 관하여 시장·군수 또는 구청장을 지도·감독할 수 있다.

⑧ 개별주택가격에 대한 이의신청 및 개별주택가격의 정정에 대하여는 제11조 및 제12조를 각각 준용한다. 이 경우 제11조 제2항 후단 중 "제10조"는 "제17조"로 본다.

⑨ 제1항부터 제8항까지에서 규정한 것 외에 개별주택가격의 산정, 검증 및 결정, 공시기준일, 공시의 시기, 조사·산정의 기준, 이해관계인의 의견청취 및 공시절차 등에 필요한 사항은 대통령령으로 정한다.

제18조(공동주택가격의 조사·산정 및 공시 등)

① 국토교통부장관은 공동주택에 대하여 매년 공시기준일 현재의 적정가격(이하 "공동주택가격"이라 한다)을 조사·산정하여 제24조에 따른 중앙부동산가격공시위원회의 심의를 거쳐 공시하고, 이를 관계 행정기관 등에 제공하여야 한다. 다만, 대통령령으로 정하는 바에 따라 국세청장이 국토교통부장관과 협의하여 공동주택가격을 별도로 결정·고시하는 경우는 제외한다.

② 국토교통부장관은 공동주택가격을 공시하기 위하여 그 가격을 산정할 때에는 대통령령으로 정하는 바에 따라 공동주택소유자와 그 밖의 이해관계인의 의견을 들어야 한다.

③ 제1항에 따른 공동주택의 조사대상의 선정, 공시기준일, 공시의 시기, 공시사항, 조사·산정기준 및 공시절차 등에 필요한 사항은 대통령령으로 정한다.

④ 국토교통부장관은 공시기준일 이후에 토지의 분할·합병이나 건축물의 신축 등이 발생한 경우에는 대통령령으로 정하는 날을 기준으로 하여 공동주택가격을 결정·공시하여야 한다.

⑤ 국토교통부장관이 제1항에 따라 공동주택가격을 조사·산정하는 경우에는 인근 유사 공동주택의 거래가격·임대료 및 해당 공동주택과 유사한 이용가치를 지닌다고 인정되는 공동주택의 건설에 필요한 비용추정액, 인근지역 및 다른 지역과의 형평성·특수성, 공동주택가격 변동의 예측 가능성 등 제반사항을 종합적으로 참작하여야 한다.

⑥ 국토교통부장관이 제1항에 따라 공동주택가격을 조사·산정하고자 할 때에는 부동산원에 의뢰한다.

⑦ 국토교통부장관은 제1항 또는 제4항에 따라 공시한 가격에 틀린 계산, 오기, 그 밖에 대통령령으로 정하는 명백한 오류가 있음을 발견한 때에는 지체 없이 이를 정정하여야 한다.

⑧ 공동주택가격의 공시에 대하여는 제4조・제6조・제7조 및 제13조를 각각 준용한다. 이 경우 제7조 제2항 후단 중 "제3조"는 "제18조"로 본다.

제19조(주택가격 공시의 효력)

① 표준주택가격은 국가・지방자치단체 등이 그 업무와 관련하여 개별주택가격을 산정하는 경우에 그 기준이 된다.

② 개별주택가격 및 공동주택가격은 주택시장의 가격정보를 제공하고, 국가・지방자치단체 등이 과세 등의 업무와 관련하여 주택의 가격을 산정하는 경우에 그 기준으로 활용될 수 있다.

제4장 비주거용 부동산가격의 공시

제20조(비주거용 표준부동산가격의 조사・산정 및 공시 등)

① 국토교통부장관은 용도지역, 이용상황, 건물구조 등이 일반적으로 유사하다고 인정되는 일단의 비주거용 일반부동산 중에서 선정한 비주거용 표준부동산에 대하여 매년 공시기준일 현재의 적정가격(이하 "비주거용 표준부동산가격"이라 한다)을 조사・산정하고, 제24조에 따른 중앙부동산가격공시위원회의 심의를 거쳐 이를 공시할 수 있다.

② 제1항에 따른 비주거용 표준부동산가격의 공시에는 다음 각 호의 사항이 포함되어야 한다.

1. 비주거용 표준부동산의 지번
2. 비주거용 표준부동산가격
3. 비주거용 표준부동산의 대지면적 및 형상
4. 비주거용 표준부동산의 용도, 연면적, 구조 및 사용승인일(임시사용승인일을 포함한다)
5. 그 밖에 대통령령으로 정하는 사항

③ 제1항에 따른 비주거용 표준부동산의 선정, 공시기준일, 공시의 시기, 조사・산정 기준 및 공시절차 등에 필요한 사항은 대통령령으로 정한다.

④ 국토교통부장관은 제1항에 따라 비주거용 표준부동산가격을 조사・산정하려는 경우 감정평가법인등 또는 대통령령으로 정하는 부동산 가격의 조사・산정에 관한 전문성이 있는 자에게 의뢰한다.

⑤ 국토교통부장관이 비주거용 표준부동산가격을 조사・산정하는 경우에는 인근 유사 비주거용 일반부동산의 거래가격・임대료 및 해당 비주거용 일반부동산과 유사한 이용가치를 지닌다고 인정되는 비주거용 일반부동산의 건설에 필요한 비용추정액 등을 종합적으로 참작하여야 한다.

⑥ 국토교통부장관은 제21조에 따른 비주거용 개별부동산가격의 산정을 위하여 필요하다고 인정하는 경우에는 비주거용 표준부동산과 산정대상 비주거용 개별부동산의 가격형성요인에 관한 표준적인 비교표(이하 "비주거용 부동산가격비준표"라 한다)를 작성하여 시장・군수 또는 구청장에게 제공하여야 한다.

⑦ 비주거용 표준부동산가격의 공시에 대하여는 제3조 제2항·제4조·제6조·제7조 및 제13조를 각각 준용한다. 이 경우 제7조 제2항 후단 중 "제3조"는 "제20조"로 본다.

제21조(비주거용 개별부동산가격의 결정·공시 등)

① 시장·군수 또는 구청장은 제25조에 따른 시·군·구부동산가격공시위원회의 심의를 거쳐 매년 비주거용 표준부동산가격의 공시기준일 현재 관할 구역 안의 비주거용 개별부동산의 가격(이하 "비주거용 개별부동산가격"이라 한다)을 결정·공시할 수 있다. 다만, 대통령령으로 정하는 바에 따라 행정안전부장관 또는 국세청장이 국토교통부장관과 협의하여 비주거용 개별부동산의 가격을 별도로 결정·고시하는 경우는 제외한다.

② 제1항에도 불구하고 비주거용 표준부동산으로 선정된 비주거용 일반부동산 등 대통령령으로 정하는 비주거용 일반부동산에 대하여는 비주거용 개별부동산가격을 결정·공시하지 아니할 수 있다. 이 경우 비주거용 표준부동산으로 선정된 비주거용 일반부동산에 대하여는 해당 비주거용 표준부동산가격을 비주거용 개별부동산가격으로 본다.

③ 제1항에 따른 비주거용 개별부동산가격의 공시에는 다음 각 호의 사항이 포함되어야 한다.
　1. 비주거용 부동산의 지번
　2. 비주거용 부동산가격
　3. 그 밖에 대통령령으로 정하는 사항

④ 시장·군수 또는 구청장은 공시기준일 이후에 토지의 분할·합병이나 건축물의 신축 등이 발생한 경우에는 대통령령으로 정하는 날을 기준으로 하여 비주거용 개별부동산가격을 결정·공시하여야 한다.

⑤ 시장·군수 또는 구청장이 비주거용 개별부동산가격을 결정·공시하는 경우에는 해당 비주거용 일반부동산과 유사한 이용가치를 지닌다고 인정되는 비주거용 표준부동산가격을 기준으로 비주거용 부동산가격비준표를 사용하여 가격을 산정하되, 해당 비주거용 일반부동산의 가격과 비주거용 표준부동산가격이 균형을 유지하도록 하여야 한다.

⑥ 시장·군수 또는 구청장은 비주거용 개별부동산가격을 결정·공시하기 위하여 비주거용 일반부동산의 가격을 산정할 때에는 비주거용 표준부동산가격과의 균형 등 그 타당성에 대하여 제20조에 따른 비주거용 표준부동산가격의 조사·산정을 의뢰 받은 자 등 대통령령으로 정하는 자의 검증을 받고 비주거용 일반부동산의 소유자와 그 밖의 이해관계인의 의견을 들어야 한다. 다만, 시장·군수 또는 구청장은 비주거용 개별부동산가격에 대한 검증이 필요 없다고 인정하는 때에는 비주거용 부동산가격의 변동상황 등 대통령령으로 정하는 사항을 고려하여 검증을 생략할 수 있다.

⑦ 국토교통부장관은 공시행정의 합리적인 발전을 도모하고 비주거용 표준부동산가격과 비주거용 개별부동산가격과의 균형유지 등 적정한 가격형성을 위하여 필요하다고 인정하는 경우에는 비주거용 개별부동산가격의 결정·공시 등에 관하여 시장·군수 또는 구청장을 지도·감독할 수 있다.

⑧ 비주거용 개별부동산가격에 대한 이의신청 및 정정에 대하여는 제11조 및 제12를 각각 준용한다. 이 경우 제11조 제2항 후단 중 "제10조"는 "제21조"로 본다.

⑨ 제1항부터 제8항까지에서 규정한 것 외에 비주거용 개별부동산가격의 산정, 검증 및 결정, 공시기준일, 공시의 시기, 조사·산정의 기준, 이해관계인의 의견청취 및 공시절차 등에 필요한 사항은 대통령령으로 정한다.

제22조(비주거용 집합부동산가격의 조사·산정 및 공시 등)

① 국토교통부장관은 비주거용 집합부동산에 대하여 매년 공시기준일 현재의 적정가격(이하 "비주거용 집합부동산가격"이라 한다)을 조사·산정하여 제24조에 따른 중앙부동산가격공시위원회의 심의를 거쳐 공시할 수 있다. 이 경우 시장·군수 또는 구청장은 비주거용 집합부동산가격을 결정·공시한 경우에는 이를 관계 행정기관 등에 제공하여야 한다.

② 제1항에도 불구하고 대통령령으로 정하는 바에 따라 행정안전부장관 또는 국세청장이 국토교통부장관과 협의하여 비주거용 집합부동산의 가격을 별도로 결정·고시하는 경우에는 해당 비주거용 집합부동산의 비주거용 개별부동산가격을 결정·공시하지 아니한다.

③ 국토교통부장관은 비주거용 집합부동산가격을 공시하기 위하여 비주거용 집합부동산의 가격을 산정할 때에는 대통령령으로 정하는 바에 따라 비주거용 집합부동산의 소유자와 그 밖의 이해관계인의 의견을 들어야 한다.

④ 제1항에 따른 비주거용 집합부동산의 조사대상의 선정, 공시기준일, 공시의 시기, 공시사항, 조사·산정 기준 및 공시절차 등에 필요한 사항은 대통령령으로 정한다.

⑤ 국토교통부장관은 공시기준일 이후에 토지의 분할·합병이나 건축물의 신축 등이 발생한 경우에는 대통령령으로 정하는 날을 기준으로 하여 비주거용 집합부동산가격을 결정·공시하여야 한다.

⑥ 국토교통부장관이 제1항에 따라 비주거용 집합부동산가격을 조사·산정하는 경우에는 인근 유사 비주거용 집합부동산의 거래가격·임대료 및 해당 비주거용 집합부동산과 유사한 이용가치를 지닌다고 인정되는 비주거용 집합부동산의 건설에 필요한 비용추정액 등을 종합적으로 참작하여야 한다.

⑦ 국토교통부장관은 제1항에 따라 비주거용 집합부동산가격을 조사·산정할 때에는 부동산원 또는 대통령령으로 정하는 부동산 가격의 조사·산정에 관한 전문성이 있는 자에게 의뢰한다.

⑧ 국토교통부장관은 제1항 또는 제4항에 따라 공시한 가격에 틀린 계산, 오기, 그 밖에 대통령령으로 정하는 명백한 오류가 있음을 발견한 때에는 지체 없이 이를 정정하여야 한다.

⑨ 비주거용 집합부동산가격의 공시에 대해서는 제4조·제6조·제7조 및 제13조를 각각 준용한다. 이 경우 제7조 제2항 후단 중 "제3조"는 "제22조"로 본다.

제23조(비주거용 부동산가격공시의 효력)

① 제20조에 따른 비주거용 표준부동산가격은 국가·지방자치단체 등이 그 업무와 관련하여 비주거용 개별부동산가격을 산정하는 경우에 그 기준이 된다.

② 제21조 및 제22조에 따른 비주거용 개별부동산가격 및 비주거용 집합부동산가격은 비주거용 부동산시장에 가격정보를 제공하고, 국가·지방자치단체 등이 과세 등의 업무와 관련하여 비주거용 부동산의 가격을 산정하는 경우에 그 기준으로 활용될 수 있다.

제5장 부동산가격공시위원회 [생략]

제6장 보칙 [생략]

제3절 감정평가에 관한 규칙

[시행 2023.9.14.] [국토교통부령 제1253호, 2023.9.14, 일부개정]

제1조(목적)

이 규칙은 「감정평가 및 감정평가사에 관한 법률」 제3조 제3항에 따라 감정평가법인등이 감정평가를 할 때 준수해야 할 원칙과 기준을 규정함을 목적으로 한다.

제2조(정의)

이 규칙에서 사용하는 용어의 뜻은 다음 각 호와 같다.

1. "시장가치"란 감정평가의 대상이 되는 토지등(이하 "대상물건"이라 한다)이 통상적인 시장에서 충분한 기간 동안 거래를 위하여 공개된 후 그 대상물건의 내용에 정통한 당사자 사이에 신중하고 자발적인 거래가 있을 경우 성립될 가능성이 가장 높다고 인정되는 대상물건의 가액(價額)을 말한다.
2. "기준시점"이란 대상물건의 감정평가액을 결정하는 기준이 되는 날짜를 말한다.
3. "기준가치"란 감정평가의 기준이 되는 가치를 말한다.
4. "가치형성요인"이란 대상물건의 경제적 가치에 영향을 미치는 일반요인, 지역요인 및 개별요인 등을 말한다.
5. "원가법"이란 대상물건의 재조달원가에 감가수정(減價修正)을 하여 대상물건의 가액을 산정하는 감정평가방법을 말한다.
6. "적산법(積算法)"이란 대상물건의 기초가액에 기대이율을 곱하여 산정된 기대수익에 대상물건을 계속하여 임대하는 데에 필요한 경비를 더하여 대상물건의 임대료[(賃貸料), 사용료를 포함한다. 이하 같다]를 산정하는 감정평가방법을 말한다.
7. "거래사례비교법"이란 대상물건과 가치형성요인이 같거나 비슷한 물건의 거래사례와 비교하여 대상물건의 현황에 맞게 사정보정(事情補正), 시점수정, 가치형성요인 비교 등의 과정을 거쳐 대상물건의 가액을 산정하는 감정평가방법을 말한다.
8. "임대사례비교법"이란 대상물건과 가치형성요인이 같거나 비슷한 물건의 임대사례와 비교하여 대상물건의 현황에 맞게 사정보정, 시점수정, 가치형성요인 비교 등의 과정을 거쳐 대상물건의 임대료를 산정하는 감정평가방법을 말한다.
9. "공시지가기준법"이란 「감정평가 및 감정평가사에 관한 법률」(이하 "법"이라 한다) 제3조 제1항 본문에 따라 감정평가의 대상이 된 토지(이하 "대상토지"라 한다)와 가치형성요인이 같거나 비슷하여 유사한 이용가치를 지닌다고 인정되는 표준지(이하 "비교표준지"라 한다)의 공시지가를 기준으로 대상토지의 현황에 맞게 시점수정, 지역요인 및 개별요인 비교, 그 밖의 요인의 보정(補正)을 거쳐 대상토지의 가액을 산정하는 감정평가방법을 말한다.

10. "수익환원법(收益還元法)"이란 대상물건이 장래 산출할 것으로 기대되는 순수익이나 미래의 현금흐름을 환원하거나 할인하여 대상물건의 가액을 산정하는 감정평가방법을 말한다.

11. "수익분석법"이란 일반기업 경영에 의하여 산출된 총수익을 분석하여 대상물건이 일정한 기간에 산출할 것으로 기대되는 순수익에 대상물건을 계속하여 임대하는 데에 필요한 경비를 더하여 대상물건의 임대료를 산정하는 감정평가방법을 말한다.

12. "감가수정"이란 대상물건에 대한 재조달원가를 감액하여야 할 요인이 있는 경우에 물리적 감가, 기능적 감가 또는 경제적 감가 등을 고려하여 그에 해당하는 금액을 재조달원가에서 공제하여 기준시점에 있어서의 대상물건의 가액을 적정화하는 작업을 말한다.

12의2. "적정한 실거래가"란 「부동산 거래신고 등에 관한 법률」에 따라 신고된 실제 거래가격(이하 "거래가격"이라 한다)으로서 거래 시점이 도시지역(「국토의 계획 및 이용에 관한 법률」 제36조 제1항 제1호에 따른 도시지역을 말한다)은 3년 이내, 그 밖의 지역은 5년 이내인 거래가격 중에서 감정평가법인등이 인근지역의 지가수준 등을 고려하여 감정평가의 기준으로 적용하기에 적정하다고 판단하는 거래가격을 말한다.

13. "인근지역"이란 감정평가의 대상이 된 부동산(이하 "대상부동산"이라 한다)이 속한 지역으로서 부동산의 이용이 동질적이고 가치형성요인 중 지역요인을 공유하는 지역을 말한다.

14. "유사지역"이란 대상부동산이 속하지 아니하는 지역으로서 인근지역과 유사한 특성을 갖는 지역을 말한다.

15. "동일수급권(同一需給圈)"이란 대상부동산과 대체·경쟁 관계가 성립하고 가치 형성에 서로 영향을 미치는 관계에 있는 다른 부동산이 존재하는 권역(圈域)을 말하며, 인근지역과 유사지역을 포함한다.

제3조(감정평가법인등의 의무)

감정평가법인등은 다음 각 호의 어느 하나에 해당하는 경우에는 감정평가를 해서는 안 된다.

1. 자신의 능력으로 업무수행이 불가능하거나 매우 곤란한 경우
2. 이해관계 등의 이유로 자기가 감정평가하는 것이 타당하지 않다고 인정되는 경우

제4조(적용범위)

감정평가법인등은 다른 법령에 특별한 규정이 있는 경우를 제외하고는 이 규칙으로 정하는 바에 따라 감정평가해야 한다.

제5조(시장가치기준 원칙)

① 대상물건에 대한 감정평가액은 시장가치를 기준으로 결정한다.

② 감정평가법인등은 제1항에도 불구하고 다음 각 호의 어느 하나에 해당하는 경우에는 대상물건의 감정평가액을 시장가치 외의 가치를 기준으로 결정할 수 있다.

  1. 법령에 다른 규정이 있는 경우
  2. 감정평가 의뢰인(이하 "의뢰인"이라 한다)이 요청하는 경우
  3. 감정평가의 목적이나 대상물건의 특성에 비추어 사회통념상 필요하다고 인정되는 경우

③ 감정평가법인등은 제2항에 따라 시장가치 외의 가치를 기준으로 감정평가할 때에는 다음 각 호의 사항을 검토해야 한다. 다만, 제2항 제1호의 경우에는 그렇지 않다.
 1. 해당 시장가치 외의 가치의 성격과 특징
 2. 시장가치 외의 가치를 기준으로 하는 감정평가의 합리성 및 적법성
④ 감정평가법인등은 시장가치 외의 가치를 기준으로 하는 감정평가의 합리성 및 적법성이 결여(缺如)되었다고 판단할 때에는 의뢰를 거부하거나 수임(受任)을 철회할 수 있다.

제6조(현황기준 원칙)

① 감정평가는 기준시점에서의 대상물건의 이용상황(불법적이거나 일시적인 이용은 제외한다) 및 공법상 제한을 받는 상태를 기준으로 한다.
② 감정평가법인등은 제1항에도 불구하고 다음 각 호의 어느 하나에 해당하는 경우에는 기준시점의 가치형성요인 등을 실제와 다르게 가정하거나 특수한 경우로 한정하는 조건(이하 "감정평가조건"이라 한다)을 붙여 감정평가할 수 있다.
 1. 법령에 다른 규정이 있는 경우
 2. 의뢰인이 요청하는 경우
 3. 감정평가의 목적이나 대상물건의 특성에 비추어 사회통념상 필요하다고 인정되는 경우
③ 감정평가법인등은 제2항에 따라 감정평가조건을 붙일 때에는 감정평가조건의 합리성, 적법성 및 실현가능성을 검토해야 한다. 다만, 제2항 제1호의 경우에는 그렇지 않다.
④ 감정평가법인등은 감정평가조건의 합리성, 적법성이 결여되거나 사실상 실현 불가능하다고 판단할 때에는 의뢰를 거부하거나 수임을 철회할 수 있다.

제7조(개별물건기준 원칙 등)

① 감정평가는 대상물건마다 개별로 하여야 한다.
② 둘 이상의 대상물건이 일체로 거래되거나 대상물건 상호 간에 용도상 불가분의 관계가 있는 경우에는 일괄하여 감정평가할 수 있다.
③ 하나의 대상물건이라도 가치를 달리하는 부분은 이를 구분하여 감정평가할 수 있다.
④ 일체로 이용되고 있는 대상물건의 일부분에 대하여 감정평가하여야 할 특수한 목적이나 합리적인 이유가 있는 경우에는 그 부분에 대하여 감정평가할 수 있다.

제8조(감정평가의 절차)

감정평가법인등은 다음 각 호의 순서에 따라 감정평가를 해야 한다. 다만, 합리적이고 능률적인 감정평가를 위하여 필요할 때에는 순서를 조정할 수 있다.
1. 기본적 사항의 확정
2. 처리계획 수립
3. 대상물건 확인
4. 자료수집 및 정리

5. 자료검토 및 가치형성요인의 분석

6. 감정평가방법의 선정 및 적용

7. 감정평가액의 결정 및 표시

제9조(기본적 사항의 확정)

① 감정평가법인등은 감정평가를 의뢰받았을 때에는 의뢰인과 협의하여 다음 각 호의 사항을 확정해야 한다.

  1. 의뢰인

  2. 대상물건

  3. 감정평가 목적

  4. 기준시점

  5. 감정평가조건

  6. 기준가치

  7. 관련 전문가에 대한 자문 또는 용역(이하 "자문등"이라 한다)에 관한 사항

  8. 수수료 및 실비에 관한 사항

② 기준시점은 대상물건의 가격조사를 완료한 날짜로 한다. 다만, 기준시점을 미리 정하였을 때에는 그 날짜에 가격조사가 가능한 경우에만 기준시점으로 할 수 있다.

③ 감정평가법인등은 필요한 경우 관련 전문가에 대한 자문등을 거쳐 감정평가할 수 있다.

제10조(대상물건의 확인)

① 감정평가법인등이 감정평가를 할 때에는 실지조사를 하여 대상물건을 확인해야 한다.

② 감정평가법인등은 제1항에도 불구하고 다음 각 호의 어느 하나에 해당하는 경우로서 실지조사를 하지 않고도 객관적이고 신뢰할 수 있는 자료를 충분히 확보할 수 있는 경우에는 실지조사를 하지 않을 수 있다.

  1. 천재지변, 전시·사변, 법령에 따른 제한 및 물리적인 접근 곤란 등으로 실지조사가 불가능하거나 매우 곤란한 경우

  2. 유가증권 등 대상물건의 특성상 실지조사가 불가능하거나 불필요한 경우

제11조(감정평가방식)

감정평가법인등은 다음 각 호의 감정평가방식에 따라 감정평가를 한다.

1. 원가방식: 원가법 및 적산법 등 비용성의 원리에 기초한 감정평가방식

2. 비교방식: 거래사례비교법, 임대사례비교법 등 시장성의 원리에 기초한 감정평가방식 및 공시지가기준법

3. 수익방식: 수익환원법 및 수익분석법 등 수익성의 원리에 기초한 감정평가방식

제12조(감정평가방법의 적용 및 시산가액 조정)

① 감정평가법인등은 제14조부터 제26조까지의 규정에서 대상물건별로 정한 감정평가방법(이하 "주된 방법"이라 한다)을 적용하여 감정평가해야 한다. 다만, 주된 방법을 적용하는 것이 곤란하거나 부적절한 경우에는 다른 감정평가방법을 적용할 수 있다.

② 감정평가법인등은 대상물건의 감정평가액을 결정하기 위하여 제1항에 따라 어느 하나의 감정평가방법을 적용하여 산정(算定)한 가액[이하 "시산가액(試算價額)"이라 한다]을 제11조 각 호의 감정평가방식 중 다른 감정평가방식에 속하는 하나 이상의 감정평가방법(이 경우 공시지가기준법과 그 밖의 비교방식에 속한 감정평가방법은 서로 다른 감정평가방식에 속한 것으로 본다)으로 산출한 시산가액과 비교하여 합리성을 검토해야 한다. 다만, 대상물건의 특성 등으로 인하여 다른 감정평가방법을 적용하는 것이 곤란하거나 불필요한 경우에는 그렇지 않다.

③ 감정평가법인등은 제2항에 따른 검토 결과 제1항에 따라 산출한 시산가액의 합리성이 없다고 판단되는 경우에는 주된 방법 및 다른 감정평가방법으로 산출한 시산가액을 조정하여 감정평가액을 결정할 수 있다.

제13조(감정평가서 작성)

① 감정평가법인등은 법 제6조에 따른 감정평가서(「전자문서 및 전자거래기본법」에 따른 전자문서로 된 감정평가서를 포함한다. 이하 같다)를 의뢰인과 이해관계자가 이해할 수 있도록 명확하고 일관성 있게 작성해야 한다.

② 감정평가서에는 다음 각 호의 사항이 포함돼야 한다.

1. 감정평가법인등의 명칭
2. 의뢰인의 성명 또는 명칭
3. 대상물건(소재지, 종류, 수량, 그 밖에 필요한 사항)
4. 대상물건 목록의 표시근거
5. 감정평가 목적
6. 기준시점, 조사기간 및 감정평가서 작성일
7. 실지조사를 하지 않은 경우에는 그 이유
8. 시장가치 외의 가치를 기준으로 감정평가한 경우에는 제5조 제3항 각 호의 사항. 다만, 같은 조 제2항 제1호의 경우에는 해당 법령을 적는 것으로 갈음할 수 있다.
9. 감정평가조건을 붙인 경우에는 그 이유 및 제6조 제3항의 검토사항. 다만, 같은 조 제2항 제1호의 경우에는 해당 법령을 적는 것으로 갈음할 수 있다.
10. 감정평가액
11. 감정평가액의 산출근거 및 결정 의견
12. 전문가의 자문등을 거쳐 감정평가한 경우 그 자문등의 내용
13. 그 밖에 이 규칙이나 다른 법령에 따른 기재사항

③ 제2항 제11호의 내용에는 다음 각 호의 사항을 포함해야 한다. 다만, 부득이한 경우에는 그 이유를 적고 일부를 포함하지 아니할 수 있다.

  1. 적용한 감정평가방법 및 시산가액 조정 등 감정평가액 결정 과정(제12조 제1항 단서 또는 제2항 단서에 해당하는 경우 그 이유를 포함한다)

  1의2. 거래사례비교법으로 감정평가한 경우 비교 거래사례의 선정 내용, 사정보정한 경우 그 내용 및 가치형성요인을 비교한 경우 그 내용

  2. 공시지가기준법으로 토지를 감정평가한 경우 비교표준지의 선정 내용, 비교표준지와 대상 토지를 비교한 내용 및 제14조 제2항 제5호에 따라 그 밖의 요인을 보정한 경우 그 내용

  3. 재조달원가 산정 및 감가수정 등의 내용

  4. 적산법이나 수익환원법으로 감정평가한 경우 기대이율 또는 환원율(할인율)의 산출근거

  5. 제7조 제2항부터 제4항까지의 규정에 따라 일괄감정평가, 구분감정평가 또는 부분감정평가를 한 경우 그 이유

  6. 감정평가액 결정에 참고한 자료가 있는 경우 그 자료의 명칭, 출처와 내용

  7. 대상물건 중 일부를 감정평가에서 제외한 경우 그 이유

④ 감정평가법인등은 법 제6조에 따라 감정평가서를 발급하는 경우 그 표지에 감정평가서라는 제목을 명확하게 적어야 한다.

⑤ 감정평가법인등은 감정평가서를 작성하는 경우 법 제33조 제1항에 따른 한국감정평가사협회가 정하는 감정평가서 표준 서식을 사용할 수 있다.

제13조의2(전자문서로 된 감정평가서의 발급 등)

① 감정평가법인등이 법 제6조 제1항에 따라 전자문서로 된 감정평가서를 발급하는 경우 같은 조 제2항에 따른 감정평가사의 서명과 날인은 「전자서명법」에 따른 전자서명의 방법으로 해야 한다.

② 감정평가법인등은 전자문서로 된 감정평가서의 위조·변조·훼손 등을 방지하기 위하여 감정평가 정보에 대한 접근 권한자 지정, 방화벽의 설치·운영 등의 조치를 해야 한다.

③ 감정평가법인등은 의뢰인이나 이해관계자가 전자문서로 된 감정평가서의 진본성(眞本性)에 대한 확인을 요청한 경우에는 이를 확인해 줘야 한다.

④ 제2항 및 제3항에 따른 전자문서로 된 감정평가서의 위조·변조·훼손 등의 방지조치와 진본성 확인에 필요한 세부사항은 국토교통부장관이 정하여 고시한다.

제14조(토지의 감정평가)

① 감정평가법인등은 법 제3조 제1항 본문에 따라 토지를 감정평가할 때에는 공시지가기준법을 적용해야 한다.

② 감정평가법인등은 공시지가기준법에 따라 토지를 감정평가할 때에 다음 각 호의 순서에 따라야 한다.

  1. 비교표준지 선정: 인근지역에 있는 표준지 중에서 대상토지와 용도지역·이용상황·주변

환경 등이 같거나 비슷한 표준지를 선정할 것. 다만, 인근지역에 적절한 표준지가 없는 경우에는 인근지역과 유사한 지역적 특성을 갖는 동일수급권 안의 유사지역에 있는 표준지를 선정할 수 있다.

2. 시점수정: 「부동산 거래신고 등에 관한 법률」 제19조에 따라 국토교통부장관이 조사·발표하는 비교표준지가 있는 시·군·구의 같은 용도지역 지가변동률을 적용할 것. 다만, 다음 각 목의 경우에는 그러하지 아니하다.

　　가. 같은 용도지역의 지가변동률을 적용하는 것이 불가능하거나 적절하지 아니하다고 판단되는 경우에는 공법상 제한이 같거나 비슷한 용도지역의 지가변동률, 이용상황별 지가변동률 또는 해당 시·군·구의 평균지가변동률을 적용할 것

　　나. 지가변동률을 적용하는 것이 불가능하거나 적절하지 아니한 경우에는 「한국은행법」 제86조에 따라 한국은행이 조사·발표하는 생산자물가지수에 따라 산정된 생산자물가상승률을 적용할 것

3. 지역요인 비교

4. 개별요인 비교

5. 그 밖의 요인 보정: 대상토지의 인근지역 또는 동일수급권내 유사지역의 가치형성요인이 유사한 정상적인 거래사례 또는 평가사례 등을 고려할 것

③ 감정평가법인등은 법 제3조 제1항 단서에 따라 적정한 실거래가를 기준으로 토지를 감정평가할 때에는 거래사례비교법을 적용해야 한다.

④ 감정평가법인등은 법 제3조 제2항에 따라 토지를 감정평가할 때에는 제1항부터 제3항까지의 규정을 적용하되, 해당 토지의 임대료, 조성비용 등을 고려하여 감정평가할 수 있다.

제15조(건물의 감정평가)

① 감정평가법인등은 건물을 감정평가할 때에 원가법을 적용해야 한다.

② 삭제 〈2016.8.31.〉

제16조(토지와 건물의 일괄감정평가)

감정평가법인등은 「집합건물의 소유 및 관리에 관한 법률」에 따른 구분소유권의 대상이 되는 건물부분과 그 대지사용권을 일괄하여 감정평가하는 경우 등 제7조 제2항에 따라 토지와 건물을 일괄하여 감정평가할 때에는 거래사례비교법을 적용해야 한다. 이 경우 감정평가액은 합리적인 기준에 따라 토지가액과 건물가액으로 구분하여 표시할 수 있다.

제17조(산림의 감정평가)

① 감정평가법인등은 산림을 감정평가할 때에 산지와 입목(立木)을 구분하여 감정평가해야 한다. 이 경우 입목은 거래사례비교법을 적용하되, 소경목림(小徑木林: 지름이 작은 나무·숲)인 경우에는 원가법을 적용할 수 있다.

② 감정평가법인등은 제7조 제2항에 따라 산지와 입목을 일괄하여 감정평가할 때에 거래사례비교법을 적용해야 한다.

제18조(과수원의 감정평가)

감정평가법인등은 과수원을 감정평가할 때에 거래사례비교법을 적용해야 한다.

제19조(공장재단 및 광업재단의 감정평가)

① 감정평가법인등은 공장재단을 감정평가할 때에 공장재단을 구성하는 개별 물건의 감정평가 액을 합산하여 감정평가해야 한다. 다만, 계속적인 수익이 예상되는 경우 등 제7조 제2항에 따라 일괄하여 감정평가하는 경우에는 수익환원법을 적용할 수 있다.

② 감정평가법인등은 광업재단을 감정평가할 때에 수익환원법을 적용해야 한다.

제20조(자동차 등의 감정평가)

① 감정평가법인등은 자동차를 감정평가할 때에 거래사례비교법을 적용해야 한다.

② 감정평가법인등은 건설기계를 감정평가할 때에 원가법을 적용해야 한다.

③ 감정평가법인등은 선박을 감정평가할 때에 선체·기관·의장(艤裝)별로 구분하여 감정평가 하되, 각각 원가법을 적용해야 한다.

④ 감정평가법인등은 항공기를 감정평가할 때에 원가법을 적용해야 한다.

⑤ 감정평가법인등은 제1항부터 제4항까지에도 불구하고 본래 용도의 효용가치가 없는 물건은 해체처분가액으로 감정평가할 수 있다.

제21조(동산의 감정평가)

① 감정평가법인등은 동산을 감정평가할 때에는 거래사례비교법을 적용해야 한다. 다만, 본래 용도의 효용가치가 없는 물건은 해체처분가액으로 감정평가할 수 있다.

② 제1항 본문에도 불구하고 기계·기구류를 감정평가할 때에는 원가법을 적용해야 한다.

제22조(임대료의 감정평가)

감정평가법인등은 임대료를 감정평가할 때에 임대사례비교법을 적용해야 한다.

제23조(무형자산의 감정평가)

① 감정평가법인등은 광업권을 감정평가할 때에 제19조 제2항에 따른 광업재단의 감정평가액에 서 해당 광산의 현존시설 가액을 빼고 감정평가해야 한다. 이 경우 광산의 현존시설 가액은 적정 생산규모와 가행조건(稼行條件) 등을 고려하여 산정하되 과잉유휴시설을 포함하여 산정 하지 않는다.

② 감정평가법인등은 어업권을 감정평가할 때에 어장 전체를 수익환원법에 따라 감정평가한 가 액에서 해당 어장의 현존시설 가액을 빼고 감정평가해야 한다. 이 경우 어장의 현존시설 가 액은 적정 생산규모와 어업권 존속기간 등을 고려하여 산정하되 과잉유휴시설을 포함하여 산정하지 않는다.

③ 감정평가법인등은 영업권, 특허권, 실용신안권, 디자인권, 상표권, 저작권, 전용측선이용권 (專用側線利用權), 그 밖의 무형자산을 감정평가할 때에 수익환원법을 적용해야 한다.

제24조(유가증권 등의 감정평가)

① 감정평가법인등은 주식을 감정평가할 때에 다음 각 호의 구분에 따라야 한다.

1. 상장주식[「자본시장과 금융투자업에 관한 법률」 제373조의2에 따라 허가를 받은 거래소(이하 "거래소"라 한다)에서 거래가 이루어지는 등 시세가 형성된 주식으로 한정한다]: 거래사례비교법을 적용할 것

2. 비상장주식(상장주식으로서 거래소에서 거래가 이루어지지 아니하는 등 형성된 시세가 없는 주식을 포함한다): 해당 회사의 자산·부채 및 자본 항목을 평가하여 수정재무상태표를 작성한 후 기업체의 유·무형의 자산가치(이하 "기업가치"라 한다)에서 부채의 가치를 빼고 산정한 자기자본의 가치를 발행주식 수로 나눌 것

② 감정평가법인등은 채권을 감정평가할 때에 다음 각 호의 구분에 따라야 한다.

1. 상장채권(거래소에서 거래가 이루어지는 등 시세가 형성된 채권을 말한다): 거래사례비교법을 적용할 것

2. 비상장채권(거래소에서 거래가 이루어지지 아니하는 등 형성된 시세가 없는 채권을 말한다): 수익환원법을 적용할 것

③ 감정평가법인등은 기업가치를 감정평가할 때에 수익환원법을 적용해야 한다.

제25조(소음 등으로 인한 대상물건의 가치하락분에 대한 감정평가)

감정평가법인등은 소음·진동·일조침해 또는 환경오염 등(이하 "소음등"이라 한다)으로 대상물건에 직접적 또는 간접적인 피해가 발생하여 대상물건의 가치가 하락한 경우 그 가치하락분을 감정평가할 때에 소음등이 발생하기 전의 대상물건의 가액 및 원상회복비용 등을 고려해야 한다.

제26조(그 밖의 물건의 감정평가)

감정평가법인등은 제14조부터 제25조까지에서 규정되지 아니한 대상물건을 감정평가할 때에 이와 비슷한 물건이나 권리 등의 경우에 준하여 감정평가해야 한다.

제27조(조언·정보 등의 제공)

감정평가법인등이 법 제10조 제7호에 따른 토지등의 이용 및 개발 등에 대한 조언이나 정보 등의 제공에 관한 업무를 수행할 때에 이와 관련한 모든 분석은 합리적이어야 하며 객관적인 자료에 근거해야 한다.

제28조(그 밖의 감정평가 기준)

이 규칙에서 규정하는 사항 외에 감정평가법인등이 감정평가를 할 때 지켜야 할 세부적인 기준은 국토교통부장관이 정하여 고시한다.

제4절 감정평가 실무기준

[시행 2023.9.13.] [국토교통부고시 제2023-522호, 2023.9.13, 일부개정]

100 총칙

1. 목적

이 기준은 「감정평가 및 감정평가사에 관한 법률」 제3조 제3항 및 「감정평가에 관한 규칙」 제28조에 따라 감정평가의 구체적인 기준을 정함으로써 감정평가업자(소속 감정평가사를 포함한다. 이하 같다)가 감정평가를 수행할 때 이 기준을 준수하도록 권장하여 감정평가의 공정성과 신뢰성을 제고하는 것을 목적으로 한다.

2. 정의

이 기준에서 사용하는 용어의 뜻은 다음 각 호와 같다.

1. "토지등"이란 다음 각 목의 재산과 이들에 관한 소유권 외의 권리를 말한다.

   가. 토지 및 그 정착물

   나. 동산

   다. 저작권·산업재산권·어업권·광업권 그 밖에 물권에 준하는 권리

   라. 「공장 및 광업재단 저당법」에 따른 공장재단과 광업재단

   마. 「입목에 관한 법률」에 따른 입목

   바. 자동차·건설기계·선박·항공기 등 관련 법령에 따라 등기하거나 등록하는 재산

   사. 유가증권

2. "감정평가"란 토지등의 경제적 가치를 판정하여 그 결과를 가액(價額)으로 표시하는 것을 말한다.

3. "시장가치"란 감정평가의 대상이 되는 「감정평가 및 감정평가사에 관한 법률」 제2조 제1호에 따른 토지등(이하 "대상물건"이라 한다)이 통상적인 시장에서 충분한 기간 동안 거래를 위하여 공개된 후, 그 대상물건의 내용에 정통한 당사자 사이에 신중하고 자발적인 거래가 있을 경우 성립될 가능성이 가장 높다고 인정되는 대상물건의 가액을 말한다.

4. "감정평가업자"란 감정평가사사무소 개설신고를 한 감정평가사와 설립인가를 받은 감정평가법인을 말한다.

5. "기준시점"이란 대상물건의 감정평가액을 결정하는 기준이 되는 날짜를 말한다.

6. "기준가치"란 감정평가의 기준이 되는 가치를 말한다.

7. "시산가액"이란 대상물건의 감정평가액을 결정하기 위하여 각각의 감정평가방법을 적용하여 산정한 가액을 말한다.

8. "최유효이용"이란 객관적으로 보아 양식과 통상의 이용능력을 가진 사람이 부동산을 합법적이고 합리적이며 최고·최선의 방법으로 이용하는 것을 말한다.

9. "일시적인 이용"이란 관련 법령에 따라 국가나 지방자치단체의 계획이나 명령 등으로 부동산을 본래의 용도로 이용하는 것이 일시적으로 금지되거나 제한되어 다른 용도로 이용하고 있거나 부동산의 주위 환경 등으로 보아 현재의 이용이 임시적인 것으로 인정되는 이용을 말한다.

10. "가치형성요인"이란 대상물건의 경제적 가치에 영향을 미치는 일반요인, 지역요인, 개별요인 등을 말한다.

11. "인근지역"이란 감정평가의 대상이 된 부동산(이하 "대상부동산"이라 한다)이 속한 지역으로서 부동산의 이용이 동질적이고 가치형성요인 중 지역요인을 공유하는 지역을 말한다.

12. "유사지역"이란 대상부동산이 속하지 아니하는 지역으로서 인근지역과 유사한 특성을 갖는 지역을 말한다.

13. "동일수급권(同一需給圈)"이란 일반적으로 대상 부동산과 대체·경쟁관계가 성립하고 가치형성에 서로 영향을 미치는 관계에 있는 다른 부동산이 존재하는 권역을 말하며, 인근지역과 유사지역을 포함한다.

14. "제시 외 건물 등이 있는 토지"란 감정평가를 의뢰하는 자(이하 "의뢰인"이라 한다)가 의뢰하지 않은 건물·구축물 등 지상 정착물이 있는 토지를 말한다.

15. "감정평가관계법규"란 「감정평가 및 감정평가사에 관한 법률」(이하 "법"이라 한다), 같은 법 시행령 및 시행규칙, 「감정평가에 관한 규칙」(이하 "규칙"이라 한다) 및 감정평가에 관한 사항을 규정하고 있는 다른 법령 등을 말한다.

200 감정평가업자의 윤리

1. 개요
감정평가업자는 감정평가제도의 공공성과 사회성을 충분히 이해하고, 전문인으로서 부여된 책임과 역할을 인식하여 행동을 스스로 규율하여야 한다.

2. 윤리규정의 준수
감정평가업자는 감정평가관계법규 및 이 기준에서 정하는 윤리규정을 준수하여야 한다.

3. 기본윤리
3.1 품위유지
감정평가업자는 감정평가 업무를 수행할 때 전문인으로서 사회에서 요구하는 신뢰에 부응하여 품위 있게 행동하여야 한다.

3.2 신의성실
3.2.1 부당한 감정평가의 금지
감정평가업자는 신의를 좇아 성실히 업무를 수행하여야 하고, 고의나 중대한 과실로 부당한 감정평가를 해서는 아니 된다.

3.2.2 자기계발
감정평가업자는 전문인으로서 사회적 요구에 부응하고 감정평가에 관한 전문지식과 윤리성을 함양하기 위해 지속적으로 노력하여야 한다.

3.2.3 자격증 등의 부당한 사용의 금지
감정평가업자는 자격증·등록증이나 인가증을 타인에게 양도·대여하거나 이를 부당하게 행사해서는 아니 된다.

3.3 청렴
① 감정평가업자는 법 제23조에 따른 수수료와 실비 외에는 어떠한 명목으로도 그 업무와 관련된 대가를 받아서는 아니 된다.
② 감정평가업자는 감정평가 의뢰의 대가로 금품·향응, 보수의 부당한 할인, 그 밖의 이익을 제공하거나 제공하기로 약속하여서는 아니 된다.

3.4 보수기준 준수
감정평가업자는 법 제23조 제2항에 따른 수수료의 요율 및 실비에 관한 기준을 준수하여야 한다.

4. 업무윤리
4.1 의뢰인에 대한 설명 등
① 감정평가업자는 감정평가 의뢰를 수임하기 전에 감정평가 목적·감정평가조건·기준시점 및 대상물건 등에 대하여 의뢰인의 의견을 충분히 듣고 의뢰인에게 다음 각 호의 사항을 설명하여야 한다.
  1. 대상물건에 대한 감정평가 업무수행의 개요
  2. 감정평가 수수료와 실비, 그 밖에 의뢰인에게 부담이 될 내용
② 감정평가업자는 대상물건에 대한 조사 과정에서 의뢰인이 제시한 사항과 다른 내용이 발견된 경우에는 의뢰인에게 이를 설명하고 적절한 조치를 취하여야 한다.
③ 감정평가업자가 감정평가서를 발급할 때나 발급이 이루어진 후 의뢰인의 요청이 있는 경우에는 다음 각 호의 사항을 의뢰인에게 설명하여야 한다.
  1. 감정평가액의 산출 과정 및 산출 근거
  2. 감정평가 수수료와 실비, 그 밖에 발생한 비용의 산출 근거
  3. 감정평가 결과에 대한 이의제기 절차 및 방법
  4. 그 밖에 의뢰인이 감정평가 결과에 관해 질의하는 사항

4.2 불공정한 감정평가 회피
① 감정평가업자는 객관적으로 보아 불공정한 감정평가를 할 우려가 있다고 인정되는 대상물건에 대해서는 감정평가를 해서는 아니 된다.

② 불공정한 감정평가의 내용에는 다음 각 호의 사항이 포함된다.
  1. 대상물건이 담당 감정평가사 또는 친족의 소유이거나 그 밖에 불공정한 감정평가를 할 우려가 있는 경우
  2. 이해관계 등의 이유로 자기가 감정평가하는 것이 타당하지 아니하다고 인정되는 경우

4.3 비밀준수 등 타인의 권리 보호

감정평가업자는 감정평가 업무를 수행하면서 알게 된 비밀을 정당한 이유 없이 누설하여서는 아니 된다.

5. 자동가치산정모형 사용 윤리

5.1 정의

"자동가치산정모형"이란 실거래자료, 부동산 가격공시자료 등을 활용하여 토지등 부동산의 가치를 자동으로 추정하는 컴퓨터 프로그램을 말한다.

5.2 감정평가와의 관계

① 감정평가법인등은 감정평가의 효율성 제고를 목적으로 자동가치산정모형을 활용할 수 있으나 감정평가의 보조적 수단으로 활용하여야 한다.
② 자동가치산정모형에 의한 추정가치는 감정평가액으로 볼 수 없다.

5.3 활용 시 유의사항

감정평가법인등은 자동가치산정모형을 활용할 경우 다음 각 호의 사항을 이해하고 검토하여야 한다.
1. 자동가치산정모형의 알고리즘
2. 자동가치산정모형에 사용되는 데이터의 종류 및 범위, 적합성
3. 자동가치산정모형을 통해 산출된 결과물의 적정 여부

300 감정평가 의뢰와 수임

1. 감정평가 수임계약의 성립

① 감정평가업자는 의뢰인으로부터 업무 수행에 관한 구체적 사항과 보수에 관한 사항 등이 기재된 감정평가 의뢰서(전자문서를 포함한다. 이하 "의뢰서"라 한다)를 제출받아야 한다.
② 감정평가업자는 감정평가 수임계약의 기본적인 사항의 일부나 전부가 누락된 경우에는 의뢰인에게 이를 보정할 것을 요구하여야 한다.
③ 제1항에도 불구하고 감정평가업자와 의뢰인이 수임계약서나 업무협약서 등(이하 "계약서"라 한다)을 작성하는 경우에는 그 계약서를 의뢰서로 본다. 이 경우 계약서의 작성에 관해서는 제2항을 준용한다.

2. 수임제한 이유

감정평가업자는 다음 각 호의 어느 하나에 해당하는 경우에는 그 업무를 수임해서는 아니 된다. 이 경우 수임할 수 없는 이유를 의뢰인에게 지체 없이 알려야 한다.

1. [200-4.2-②]에 해당하는 경우
2. 감정평가의 적정성을 검증하기 위한 목적의 감정평가(쟁송, 토지수용위원회의 재결 등을 위한 감정평가)로서 당초 감정평가를 수행한 감정평가업자가 다시 의뢰받은 경우
3. 감정평가 의뢰의 내용이 감정평가관계법규나 이 기준에 위배되는 경우
4. 위법·부당한 목적으로 감정평가를 의뢰하는 것이 명백한 경우
5. 대상물건에 대한 조사가 불가능하거나 극히 곤란한 경우
6. 의뢰받은 감정평가 수행에 필요한 인력과 전문성을 보유하지 못한 경우

3. 감정평가 수임계약의 기본적 사항

① 감정평가 수임계약에는 업무 범위를 확정하고 분쟁을 예방하기 위하여 다음 각 호의 사항을 포함하여야 한다.

1. 의뢰인
2. 대상물건
3. 감정평가 목적
4. 기준시점
5. 감정평가조건
6. 기준가치
7. 관련 전문가에 대한 자문 또는 용역(이하 "자문등"이라 한다)에 관한 사항
8. 감정평가 수수료 및 실비의 청구와 지급에 관한 사항

② 법 제33조에 따른 한국감정평가사협회는 제1항에 따른 표준적인 의뢰서 서식을 정하여 감정평가업자 및 의뢰인에게 사용을 권고할 수 있다.

4. 기준시점

① 기준시점은 대상물건의 가격조사를 완료한 날짜로 한다.
② 제1항에도 불구하고 기준시점을 미리 정하였을 때에는 그 날짜에 가격조사가 가능한 경우에만 그 날짜를 기준시점으로 할 수 있다.
③ 제2항에 따라 기준시점을 정한 경우에는 감정평가서에 그 이유를 기재하여야 한다.

5. 감정평가조건

5.1 감정평가조건의 부가

감정평가업자는 기준시점의 가치형성요인 등을 실제와 다르게 가정하거나 특수한 경우로 한정하는 조건(이하 "감정평가조건"이라 한다)을 붙여 감정평가할 수 있다.

5.2 감정평가조건의 부가요건 및 검토사항

① 감정평가조건은 다음 각 호의 어느 하나에 해당하는 경우에 한정하여 붙일 수 있다.

   1. 감정평가관계법규에 감정평가조건의 부가에 관한 규정이 있는 경우
   2. 의뢰인이 감정평가조건의 부가를 요청하는 경우
   3. 감정평가의 목적이나 대상물건의 특성에 비추어 사회통념상 당연히 감정평가조건의 부가가 필요하다고 인정되는 경우

② 제1항에 따라 감정평가조건을 붙일 때에는 감정평가조건의 합리성, 적법성 및 실현가능성을 검토하여야 한다. 다만, 제1항 제1호의 경우에는 그러하지 아니하다.

5.3 감정평가조건의 표시

감정평가조건이 부가된 감정평가를 할 때에는 다음 각 호의 사항을 감정평가서에 적어야 한다. 다만, [300-5.2-①-1]의 경우에는 해당 법령을 적는 것으로 갈음할 수 있다.

1. 감정평가조건의 내용
2. 감정평가조건을 부가한 이유
3. 감정평가조건의 합리성, 적법성 및 실현가능성의 검토사항
4. 해당 감정평가가 감정평가조건을 전제로 할 때에만 성립될 수 있다는 사실

6. 관련 전문가의 활용

① 감정평가를 수행할 때 필요한 경우에는 관련 전문가의 자문등을 거쳐 감정평가할 수 있다.

② 감정평가업자가 관련 전문가에게 자문등을 하려는 경우에는 필요성, 비용 및 기간 등에 관해 의뢰인에게 설명하고 동의를 얻어야 한다.

③ 감정평가업자는 자문등의 결과가 감정평가절차, 감정평가방법 등과 일관성이 있고 합리적인지를 충실히 검토하여야 한다. 이 경우 자문등의 결과가 적절하지 않다고 판단될 경우에는 해당 자문등의 결과를 감정평가에 고려하지 않거나, 수정하여 적용할 수 있다.

④ 제3항에 따라 자문등의 결과를 감정평가에 고려하지 않거나 수정하여 적용한 경우에는 그 이유를 감정평가서에 적어야 한다.

7. 감정평가 수임계약의 철회 등

① 감정평가업자는 감정평가 수임계약이 성립하였으나 감정평가서가 발송되기 전에 수임제한 이유에 해당하는 것을 알게 된 경우에는 수임계약을 철회하여야 한다.

② 감정평가업자는 의뢰서에 기재된 대상물건의 내용과 대상물건에 대한 실지조사 결과가 상호 동일성이 인정되지 아니한 경우에는 의뢰인에게 감정평가 수임계약의 기본적 사항을 보정할 것을 요구하고, 의뢰인이 보정하지 아니한 경우에는 수임계약을 철회할 수 있다.

③ 감정평가업자는 감정평가조건의 합리성, 적법성이 결여(缺如)되거나 실현이 사실상 불가능하다고 판단할 때에는 의뢰를 거부하거나 수임(受任)을 철회할 수 있다.

400 감정평가의 절차와 방법

1. 감정평가의 절차

① 감정평가업자는 다음 각 호의 순서에 따라 감정평가하여야 한다. 다만, 합리적이고 능률적인 감정평가를 위하여 필요할 때에는 순서를 조정할 수 있다.

1. 기본적 사항의 확정
2. 처리계획의 수립
3. 대상물건의 확인
4. 자료수집 및 정리
5. 자료검토 및 가치형성요인의 분석
6. 감정평가방법의 선정 및 적용
7. 감정평가액의 결정 및 표시

② "기본적 사항의 확정"이란 [300-3-①]의 각 호의 사항 등을 의뢰인과 협의하여 결정하는 절차를 말한다.

③ "처리계획의 수립"이란 대상물건의 확인에서 감정평가액의 결정 및 표시에 이르기까지 일련의 작업과정에 대한 계획을 수립하는 절차를 말한다.

④ "대상물건의 확인"이란 다음 각 호의 절차를 말하며, 대상물건을 감정평가할 때에는 실지조사를 하기 전에 사전조사를 통해 필요한 사항을 조사한다.

1. 사전조사 : 실지조사 전에 감정평가 관련 구비서류의 완비 여부 등을 확인하고, 대상물건의 공부 등을 통해 토지등의 물리적 조건, 권리상태, 위치, 면적 및 공법상의 제한내용과 그 제한정도 등을 조사하는 절차
2. 실지조사 : 대상물건이 있는 곳에서 대상물건의 현황 등을 직접 확인하는 절차

⑤ 감정평가업자가 감정평가를 할 때에는 대상물건의 확인을 위하여 실지조사를 하여야 한다. 다만, 다음 각 호의 어느 하나에 해당하는 경우로서 실지조사를 하지 아니하고도 객관적이고 신뢰할 수 있는 자료를 충분히 확보할 수 있는 경우에는 실지조사를 하지 아니할 수 있다.

1. 천재지변, 전시·사변, 법령에 따른 제한 및 물리적인 접근 곤란 등으로 실지조사가 불가능하거나 매우 곤란한 경우
2. 유가증권 등 대상물건의 특성상 실지조사가 불가능하거나 불필요한 경우

⑥ "자료수집 및 정리"란 대상물건의 물적사항·권리관계·이용상황에 대한 분석 및 감정평가액 산정을 위해 필요한 확인자료·요인자료·사례자료 등을 수집하고 정리하는 절차를 말한다.

⑦ "자료검토 및 가치형성요인의 분석"이란 자료의 신뢰성·충실성 등을 검증하고 다음 각 호의 가치형성요인을 분석하는 절차를 말한다.

1. 일반요인 : 대상물건이 속한 전체 사회에서 대상물건의 이용과 가격수준 형성에 전반적으로 영향을 미치는 일반적인 요인
2. 지역요인 : 대상물건이 속한 지역의 가격수준 형성에 영향을 미치는 자연적·사회적·경제적·행정적 요인

   3. 개별요인 : 대상물건의 구체적 가치에 영향을 미치는 대상물건의 고유한 개별적 요인

⑧ "감정평가방법의 선정 및 적용"이란 대상물건의 특성이나 감정평가 목적 등에 따라 적절한 하나 이상의 감정평가방법을 선정하고, 그 방법에 따라 가치형성요인 분석 결과 등을 토대로 시산가액을 산정하는 절차를 말한다.

⑨ "감정평가액의 결정 및 표시"란 감정평가방법의 적용을 통하여 산정된 시산가액을 합리적으로 조정하여 대상물건이 갖는 구체적인 가치를 최종적으로 결정하고 감정평가서에 그 가액을 표시하는 절차를 말한다.

2. 감정평가의 원칙

2.1 시장가치기준 원칙

① 대상물건에 대한 감정평가액은 시장가치를 기준으로 결정한다.

② 제1항에도 불구하고 다음 각 호의 어느 하나에 해당하는 경우에는 대상물건의 감정평가액을 시장가치 외의 가치를 기준으로 결정할 수 있다.

   1. 감정평가관계법규에 기준가치를 시장가치 외의 가치로 하는 것에 관한 규정이 있는 경우

   2. 의뢰인이 기준가치를 시장가치 외의 가치로 할 것을 요청한 경우

   3. 감정평가의 목적이나 대상물건의 특성에 비추어 사회통념상 기준가치를 시장가치 외의 가치로 하는 것이 필요하다고 인정되는 경우

③ 제2항에 따라 감정평가할 때에는 다음 각 호의 사항을 검토하여야 한다. 다만, 제2항 제1호의 경우에는 그러하지 아니하다.

   1. 해당 시장가치 외의 가치의 성격과 특징

   2. 시장가치 외의 가치를 기준으로 하는 감정평가의 합리성 및 적법성

④ 감정평가업자는 시장가치 외의 가치를 기준으로 하는 감정평가의 합리성 및 적법성이 결여되었다고 판단될 때에는 의뢰를 거부하거나 수임을 철회할 수 있다.

2.2 현황기준 원칙

① 감정평가는 기준시점에서의 대상물건의 이용상황(불법적이거나 일시적인 이용을 제외한다) 및 공법상 제한 상태를 기준으로 한다.

② 제1항에도 불구하고 [300-5]에 따른 감정평가조건을 붙여 감정평가할 수 있다.

③ 대상물건의 이용상황이 불법적이거나 일시적인 경우에는 다음 각 호의 방법에 따라 감정평가한다.

   1. 대상물건이 일시적인 이용 등 최유효이용에 미달되는 경우에는 최유효이용을 기준으로 감정평가하되, 최유효이용으로 전환하기 위해 수반되는 비용을 고려한다.

   2. 대상물건이 불법적인 이용인 경우에는 합법적인 이용을 기준으로 감정평가하되, 합법적인 이용으로 전환하기 위해 수반되는 비용을 고려한다.

2.3 개별물건기준 원칙

감정평가는 대상물건마다 개별로 한다. 다만, 다음 각 호의 경우에는 그에 따른다.

1. 둘 이상의 대상물건이 일체로 거래되거나 대상물건 상호간에 용도상 불가분의 관계가 있는 경우에는 둘 이상의 대상물건에 대하여 하나의 감정평가액을 산정하는 일괄감정평가를 할 수 있다.
2. 하나의 대상물건이라도 가치를 달리하는 부분이 있는 경우에는 각각의 감정평가액을 별도로 산정하는 구분감정평가를 할 수 있다.
3. 일체로 이용되고 있는 대상물건의 일부분에 대하여 감정평가하여야 할 특수한 목적이나 합리적인 이유가 있는 경우에는 부분감정평가를 할 수 있다.

3. 감정평가방식

3.1 감정평가의 3방식

감정평가는 다음 각 호의 감정평가 3방식에 따른다.

1. 원가방식 : 원가법, 적산법 등 비용성의 원리에 기초한 감정평가방식
2. 비교방식 : 거래사례비교법, 임대사례비교법 등 시장성의 원리에 기초한 감정평가방식 및 법 제3조 제1항 본문에 따른 공시지가기준법
3. 수익방식 : 수익환원법, 수익분석법 등 수익성의 원리에 기초한 감정평가방식

3.2 원가방식의 주요 감정평가방법

3.2.1 원가법

3.2.1.1 정의

① 원가법이란 대상물건의 재조달원가에 감가수정(減價修正)을 하여 대상물건의 가액을 산정하는 감정평가방법을 말한다.
② 적산가액이란 원가법에 따라 산정된 가액을 말한다.

3.2.1.2 재조달원가

① 재조달원가란 대상물건을 기준시점에 재생산하거나 재취득하는 데 필요한 적정원가의 총액을 말한다.
② 재조달원가는 대상물건을 일반적인 방법으로 생산하거나 취득하는 데 드는 비용으로 하되, 제세공과금 등과 같은 일반적인 부대비용을 포함한다.

3.2.1.3 감가수정

① 감가수정은 대상물건에 대한 재조달원가를 감액하여야 할 요인이 있는 경우에 다음 각 호의 가치 하락요인 등(이하 "감가요인"이라 한다)을 고려하여 그에 해당하는 금액을 재조달원가에서 공제하여 기준시점에 대상물건의 가액을 적정화하는 작업을 말한다.
   1. 물리적 감가요인: 대상물건의 물리적 상태 변화에 따른 감가요인
   2. 기능적 감가요인: 대상물건의 기능적 효용 변화에 따른 감가요인

   3. 경제적 감가요인: 인근지역의 경제적 상태, 주위환경, 시장상황 등 대상물건의 가치에 영향을 미치는 경제적 요소들의 변화에 따른 감가요인

② 감가수정을 할 때에는 경제적 내용연수를 기준으로 한 정액법, 정률법 또는 상환기금법 중에서 대상물건에 가장 적합한 방법을 적용하여야 한다.

③ 제2항에 따른 감가수정이 적절하지 아니한 경우에는 물리적·기능적·경제적 감가요인을 고려하여 관찰감가 등으로 조정하거나 다른 방법에 따라 감가수정할 수 있다.

3.2.2 적산법

3.2.2.1 정의

① 적산법(積算法)이란 대상물건의 기초가액에 기대이율을 곱하여 산정된 기대수익에 대상물건을 계속하여 임대하는 데 필요한 경비를 더하여 대상물건의 임대료[(賃貸料), 사용료를 포함한다. 이하 같다]를 산정하는 감정평가방법을 말한다.

② 적산임료란 적산법에 따라 산정한 임대료를 말한다.

3.2.2.2 기초가액

① 기초가액이란 적산법으로 감정평가하는 데 기초가 되는 대상물건의 가치를 말한다.

② 기초가액은 비교방식이나 원가방식으로 감정평가한다. 이 경우 사용 조건·방법·범위 등을 고려할 수 있다.

3.2.2.3 기대이율

① 기대이율이란 기초가액에 대하여 기대되는 임대수익의 비율을 말한다.

② 기대이율은 시장추출법, 요소구성법, 투자결합법, CAPM을 활용한 방법, 그 밖의 대체·경쟁 자산의 수익률 등을 고려한 방법 등으로 산정한다.

③ 기초가액을 시장가치로 감정평가한 경우에는 해당 지역 및 대상물건의 특성을 반영하는 이율로 정하되, 한국감정평가사협회에서 발표한 '기대이율 적용기준율표', 「국유재산법 시행령」·「공유재산 및 물품관리법 시행령」에 따른 국·공유재산의 사용료율(대부료율) 등을 참고하여 실현가능한 율로 정할 수 있다.

3.2.2.4 필요제경비

① 필요제경비란 임차인이 사용·수익할 수 있도록 임대인이 대상물건을 적절하게 유지·관리하는 데에 필요한 비용을 말한다.

② 필요제경비에는 감가상각비, 유지관리비, 조세공과금, 손해보험료, 대손준비금, 공실손실 상당액, 정상운영자금이자 등이 포함된다.

3.3 비교방식의 주요 감정평가방법

3.3.1 거래사례비교법

3.3.1.1 정의

① 거래사례비교법이란 대상물건과 가치형성요인이 같거나 비슷한 물건의 거래사례와 비교하여 대상물건의 현황에 맞게 사정보정(事情補正), 시점수정, 가치형성요인 비교 등의 과정을 거쳐 대상물건의 가액을 산정하는 감정평가방법을 말한다.

② 비준가액이란 거래사례비교법에 따라 산정된 가액을 말한다.

3.3.1.2 거래사례의 수집 및 선택

거래사례비교법으로 감정평가할 때에는 거래사례를 수집하여 적정성 여부를 검토한 후 다음 각 호의 요건을 모두 갖춘 하나 또는 둘 이상의 적절한 사례를 선택하여야 한다.

1. 거래사정이 정상이라고 인정되는 사례나 정상적인 것으로 보정이 가능한 사례
2. 기준시점으로 시점수정이 가능한 사례
3. 대상물건과 위치적 유사성이나 물적 유사성이 있어 지역요인·개별요인 등 가치형성요인의 비교가 가능한 사례

3.3.1.3 사정보정

거래사례에 특수한 사정이나 개별적 동기가 반영되어 있거나 거래 당사자가 시장에 정통하지 않은 등 수집된 거래사례의 가격이 적절하지 못한 경우에는 사정보정을 통해 그러한 사정이 없었을 경우의 적절한 가격수준으로 정상화하여야 한다.

3.3.1.4 시점수정

① 거래사례의 거래시점과 대상물건의 기준시점이 불일치하여 가격수준의 변동이 있을 경우에는 거래사례의 가격을 기준시점의 가격수준으로 시점수정하여야 한다.

② 시점수정은 사례물건의 가격 변동률로 한다. 다만, 사례물건의 가격 변동률을 구할 수 없거나 사례물건의 가격 변동률로 시점수정하는 것이 적절하지 않은 경우에는 지가변동률·건축비지수·임대료지수·생산자물가지수·주택가격동향지수 등을 고려하여 가격 변동률을 구할 수 있다.

3.3.1.5 가치형성요인의 비교

거래사례와 대상물건 간에 종별·유형별 특성에 따라 지역요인이나 개별요인 등 가치형성요인에 차이가 있는 경우에는 이를 각각 비교하여 대상물건의 가치를 개별화·구체화하여야 한다.

3.3.2 임대사례비교법

3.3.2.1 정의

① 임대사례비교법이란 대상물건과 가치형성요인이 같거나 비슷한 물건의 임대사례와 비교하여 대상물건의 현황에 맞게 사정보정, 시점수정, 가치형성요인 비교 등의 과정을 거쳐 대상물건의 임대료를 산정하는 감정평가방법을 말한다.

② 비준임료란 임대사례비교법에 따라 산정된 임대료를 말한다.

3.3.2.2 임대사례의 수집 및 선택

임대사례비교법으로 감정평가할 때에는 임대사례를 수집하여 적정성 여부를 검토한 후 다음 각 호의 요건을 모두 갖춘 하나 또는 둘 이상의 적절한 임대사례를 선택하여야 한다.
1. 임대차 등의 계약내용이 같거나 비슷한 사례
2. 임대차 사정이 정상이라고 인정되는 사례나 정상적인 것으로 보정이 가능한 사례
3. 기준시점으로 시점수정이 가능한 사례
4. 대상물건과 위치적 유사성이나 물적 유사성이 있어 지역요인·개별요인 등 가치형성요인의 비교가 가능한 사례

3.3.2.3 사정보정

임대사례에 특수한 사정이나 개별적 동기가 반영되어 있거나 임대차 당사자가 시장에 정통하지 않은 등 수집된 임대사례의 임대료가 적절하지 못한 경우에는 사정보정을 통해 그러한 사정이 없었을 경우의 적절한 임대료 수준으로 정상화하여야 한다.

3.3.2.4 시점수정

① 임대사례의 임대시점과 대상물건의 기준시점이 불일치하여 임대료 수준의 변동이 있을 경우에는 임대사례의 임대료를 기준시점의 임대료 수준으로 시점수정하여야 한다.
② 시점수정은 사례물건의 임대료 변동률로 한다. 다만, 사례물건의 임대료 변동률을 구할 수 없거나 사례물건의 임대료 변동률로 시점수정하는 것이 적절하지 않은 경우에는 사례물건의 가격 변동률·임대료지수·생산자물가지수 등을 고려하여 임대료 변동률을 구할 수 있다.

3.3.2.5 가치형성요인의 비교

임대사례와 대상물건 간에 종별·유형별 특성에 따라 지역요인이나 개별요인 등 임대료의 형성에 영향을 미치는 여러 요인에 차이가 있는 경우에는 이를 각각 비교하여 대상물건의 임대료를 개별화·구체화하여야 한다.

3.3.3 공시지가기준법

공시지가기준법이란 법 제3조 제1항 본문에 따라 감정평가의 대상이 된 토지(이하 "대상토지"라 한다)와 가치형성요인이 같거나 비슷하여 유사한 이용가치를 지닌다고 인정되는 표준지(이하 "비교표준지"라 한다)의 공시지가를 기준으로 대상토지의 현황에 맞게 시점수정, 지역요인 및 개별요인 비교, 그 밖의 요인의 보정(補正)을 거쳐 대상토지의 가액을 산정하는 감정평가 방법을 말한다.

3.4 수익방식의 주요 감정평가방법

3.4.1 수익환원법

3.4.1.1 정의

① 수익환원법이란 대상물건이 장래 산출할 것으로 기대되는 순수익이나 미래의 현금흐름을 환원하거나 할인하여 대상물건의 가액을 산정하는 감정평가방법을 말한다.

② 수익가액이란 수익환원법에 따라 산정된 가액을 말한다.

3.4.1.2 환원방법

① 직접환원법은 단일기간의 순수익을 적절한 환원율로 환원하여 대상물건의 가액을 산정하는 방법을 말한다.

② 할인현금흐름분석법은 대상물건의 보유기간에 발생하는 복수기간의 순수익(이하 "현금흐름"이라 한다)과 보유기간 말의 복귀가액에 적절한 할인율을 적용하여 현재가치로 할인한 후 더하여 대상물건의 가액을 산정하는 방법을 말한다.

③ 수익환원법으로 감정평가할 때에는 직접환원법이나 할인현금흐름분석법 중에서 감정평가 목적이나 대상물건에 적절한 방법을 선택하여 적용한다. 다만, 부동산의 증권화와 관련한 감정평가 등 매기의 순수익을 예상해야 하는 경우에는 할인현금흐름분석법을 원칙으로 하고 직접환원법으로 합리성을 검토한다.

3.4.1.3 순수익 등의 산정

① 순수익이란 대상물건에 귀속하는 적절한 수익으로서 유효총수익에서 운영경비를 공제하여 산정한다.

② 제1항의 유효총수익은 다음 각 호의 사항을 합산한 가능총수익에 공실손실상당액 및 대손충당금을 공제하여 산정한다.

  1. 보증금(전세금) 운용수익

  2. 연간 임대료

  3. 연간 관리비 수입

  4. 주차수입, 광고수입, 그 밖에 대상물건의 운용에 따른 주된 수입

③ 제1항의 운영경비는 다음 각 호의 사항을 더하여 산정한다.

  1. 용역인건비·직영인건비

  2. 수도광열비

  3. 수선유지비

  4. 세금·공과금

  5. 보험료

  6. 대체충당금

  7. 광고선전비 등 그 밖의 경비

④ 할인현금흐름분석법의 적용에 따른 복귀가액은 보유기간 경과 후 초년도의 순수익을 추정하여 최종환원율로 환원한 후 매도비용을 공제하여 산정한다.

3.4.1.4 환원율과 할인율의 산정

① 직접환원법에서 사용할 환원율은 시장추출법으로 구하는 것을 원칙으로 한다. 다만, 시장추출법의 적용이 적절하지 않은 때에는 요소구성법, 투자결합법, 유효총수익승수에 의한 결정방법, 시장에서 발표된 환원율 등을 고려하여 적절한 방법으로 구할 수 있다.

② 할인현금흐름분석법에서 사용할 할인율은 투자자조사법(지분할인율), 투자결합법(종합할인율), 시장에서 발표된 할인율 등을 고려하여 대상물건의 위험이 적절히 반영되도록 결정하되 추정된 현금흐름에 맞는 할인율을 적용한다.

③ 복귀가액 산정을 위한 최종환원율은 환원율에 장기위험프리미엄·성장률·소비자물가상승률 등을 고려하여 결정한다.

3.4.2 수익분석법

3.4.2.1 정의

① 수익분석법은 일반기업 경영에 의하여 산출된 총수익을 분석하여 대상물건이 일정한 기간에 산출할 것으로 기대되는 순수익에 대상물건을 계속하여 임대하는 데 필요한 경비를 더하여 대상물건의 임대료를 산정하는 감정평가방법을 말한다.

② 수익임료란 수익분석법에 따라 산정된 임대료를 말한다.

3.4.2.2 순수익과 필요제경비

① 순수익은 대상물건의 총수익에서 그 수익을 발생시키는 데 드는 경비(매출원가, 판매비 및 일반관리비, 정상운전자금이자, 그 밖에 생산요소귀속 수익 등을 포함한다)를 공제하여 산정한 금액을 말한다.

② 필요제경비에는 대상물건에 귀속될 감가상각비, 유지관리비, 조세공과금, 손해보험료, 대손준비금 등이 포함된다.

4. 감정평가방법의 적용 및 시산가액 조정

① 감정평가를 할 때에는 이 기준에서 대상물건별로 정한 감정평가방법(이하 "주된 방법"이라 한다)을 적용하여야 한다. 다만, 주된 방법을 적용하는 것이 곤란하거나 부적절한 경우에는 다른 감정평가방법을 적용할 수 있다.

② 제1항에 따라 어느 하나의 감정평가방법을 적용하여 산정한 시산가액은 감정평가 3방식 중 다른 감정평가방식에 속하는 하나 이상의 감정평가방법(이 경우 공시지가기준법과 그 밖의 비교방식에 속한 감정평가방법은 서로 다른 감정평가방식에 속한 것으로 본다)으로 산정한 시산가액과 비교하여 합리성을 검토하여야 한다. 다만, 대상물건의 특성 등으로 인하여 다른 감정평가방법을 적용하는 것이 곤란하거나 불필요한 경우에는 그러하지 아니하되 그 사유를 감정평가서에 기재하여야 한다.

③ 제2항에 따른 검토 결과 제1항에 따라 산정한 시산가액의 합리성이 없다고 판단되는 경우에는 주된 방법 및 다른 감정평가방법으로 산정한 시산가액을 조정하여 감정평가액을 결정할 수 있다.

④ 시산가액을 조정할 때에는 감정평가 목적, 대상물건의 특성, 수집한 자료의 신뢰성, 시장상황 등을 종합적으로 고려하여 각 시산가액에 적절한 가중치를 부여하여 감정평가액을 결정(주된 방법이 아닌 다른 감정평가방법으로 산정한 가액 등으로 감정평가액을 결정하는 경우를 포함한다)하여야 한다.

500 감정평가서

1. 감정평가서의 작성원칙

① 감정평가업자는 감정평가절차에 따라 감정평가를 수행한 후 그 내용을 감정평가서에 적어 의뢰인에게 발급하여야 한다.

② 감정평가서는 의뢰인과 이해관계자(이하 "의뢰인등"이라 한다)가 이해할 수 있도록 명확하고 일관되게 작성하여야 한다.

③ 감정평가서에는 의뢰인등이 감정평가 결과를 이해할 수 있도록 충분한 정보가 포함되어야 한다.

2. 감정평가서의 형식과 제목

① 감정평가서는 감정평가관계법규와 이 기준에서 정하는 바에 따라 작성하여야 하며, 감정평가서에는 "감정평가서"라는 제목 외에 다른 제목을 사용해서는 아니 된다.

② 감정평가업자는 감정평가가 아닌 업무(법 제10조 제6호에 따른 상담 및 자문, 같은 조 제7호에 따른 조언이나 정보 등의 제공을 포함한다)를 하는 경우에는 "감정평가서" 또는 감정평가로 잘못 인식될 수 있는 제목을 사용하여서는 아니 된다.

③ 감정평가서를 작성할 때에는 규칙 별지 제1호 서식에 따라 작성하되, 규칙 별지 제1호 서식에서 정한 사항 외에 필요한 사항이 있는 경우에는 이를 추가할 수 있다. 다만, 다음 각 호의 어느 하나에 해당하는 경우 감정평가서 표지는 규칙 별지 제2호 서식에 따라야 한다.

  1. [400-2.1-②-2]에 따라 시장가치 외의 가치를 기준으로 하는 경우

  2. [300-5.2-①-2]에 따라 감정평가조건을 붙인 경우

④ 제3항에도 불구하고 국토교통부장관이 별도로 정하는 표준서식 또는 의뢰인이 요구하는 서식을 사용할 수 있다. 이 경우에도 [500-3]의 기재사항을 적어야 한다.

⑤ 제4항의 경우에도 표지에는 "감정평가서"라는 제목을 명확하게 기재하여야 하며, 제3항 단서에 따라야 한다.

3. 감정평가서의 기재사항

① 감정평가서에는 다음 각 호의 사항이 포함되어야 한다.

1. 감정평가업자의 명칭
2. 의뢰인의 성명 또는 명칭
3. 제출처
4. 대상물건(소재지, 종류, 수량, 그 밖에 필요한 사항)
5. 대상물건 목록의 표시근거
6. 감정평가 목적
7. 기준시점, 조사기간 및 감정평가서 작성일
8. 실지조사를 하지 않은 경우에는 그 이유
9. 시장가치 외의 가치를 기준으로 감정평가한 경우에는 [400-2.1-③] 각 호의 사항. 다만, [400-2.1-②-1]의 경우에는 해당 법령을 적는 것으로 갈음할 수 있다.
10. 감정평가조건을 붙인 경우에는 [300-5.3] 각 호의 사항. 다만, [300-5.2-①-1]의 경우에는 해당 법령을 적는 것으로 갈음할 수 있다.
11. 감정평가액
12. 감정평가액의 산출근거 및 결정 의견
13. 전문가의 자문등을 거쳐 감정평가한 경우 그 자문등의 내용
14. 그 밖에 이 기준이나 감정평가관계법규에 따른 기재사항
15. 자동가치산정모형을 활용한 경우 해당 모형의 종류와 활용결과 등의 내용

② 제1항 제11호에 따라 감정평가액을 적을 때 대상물건이 둘 이상인 경우에는 대상물건 각각의 가치와 그 합을 함께 적는 것을 원칙으로 한다. 다만, 대상물건 각각의 가치를 따로 적는 것이 적절하지 아니한 경우에는 일괄하여 적을 수 있으며 그 이유를 명확히 적는다.

③ 제1항 제12호에 따라 감정평가액의 산출근거 및 결정 의견을 적을 때에는 다음 각 호의 사항을 포함하여야 한다. 다만, 부득이한 경우에는 그 이유를 적고 일부를 포함하지 아니할 수 있다.

1. 적용한 감정평가방법, 감가수정 및 시산가액 조정 등 감정평가액 결정 과정
2. 공시지가기준법으로 토지를 감정평가한 경우 비교표준지의 선정 내용, 비교표준지와 대상토지를 비교한 내용 및 [610-1.5.2.5]에 따라 그 밖의 요인을 보정한 경우 그 내용
3. 적산법이나 수익환원법의 경우 기대이율 또는 환원율(할인율)의 산출근거
4. 일괄감정평가, 구분감정평가 또는 부분감정평가를 실시한 경우 그 이유
5. 감정평가액 결정에 참고한 자료가 있는 경우 그 자료의 명칭, 출처와 내용
6. 대상물건 중 일부를 감정평가에서 제외한 경우 그 이유
7. 그 밖에 이 기준이나 감정평가관계법규에서 감정평가액을 결정할 때 적도록 정한 사항

4. 감정평가서의 서명과 날인

① 감정평가서에는 다음 각 호의 서명과 날인을 하여야 한다.

    1. 감정평가를 한 감정평가사의 서명과 날인

    2. 감정평가법인의 경우 대표사원 또는 대표이사의 서명이나 날인

② 감정평가법인은 감정평가서를 의뢰인에게 발급하기 전에 감정평가를 한 소속 감정평가사가 작성한 감정평가서의 적정성을 같은 법인 소속의 다른 감정평가사에게 심사하게 하여야 한다.

③ 제2항에 따라 적정성을 심사하는 감정평가사는 다음 각 호의 사항을 성실하고 책임감 있게 심사하여야 한다.

    1. 감정평가서의 위산·오기 여부

    2. 감정평가관계법규에서 정하는 바에 따라 대상물건이 적정하게 감정평가되었는지 여부

④ 감정평가서의 적정성을 심사하는 감정평가사는 작성된 감정평가서의 수정·보완이 필요하다고 판단하는 경우에는 해당 감정평가서를 작성한 감정평가사에게 수정·보완 의견을 제시하고, 해당 감정평가서의 수정·보완을 확인한 후 규칙 별지 제1호서식 감정평가표에 심사사실을 표시하고 서명과 날인을 하여야 한다.

5. 감정평가서의 발급 및 보존

① 감정평가업자는 감정평가서를 의뢰인에게 직접 발급하여야 한다. 다만, 의뢰인의 대리인이 감정평가서를 수령할 때에는 대리인의 신분을 확인하고 교부할 수 있다.

② 감정평가업자는 감정평가서 원본은 발급일로부터 5년 이상, 관련 서류는 2년 이상 보존하여야 한다.

600 물건별 감정평가

610 토지 및 그 정착물

1. 토지의 감정평가

1.1 정의

토지란 소유권의 대상이 되는 땅으로서 지하·공중 등 정당한 이익이 있는 범위에서 그 상하를 포함한다.

1.2 자료의 수집 및 정리

① 토지의 가액결정에 참고가 되는 자료(이하 "가격자료"라 한다)에는 거래사례, 조성사례, 임대사례, 수익자료, 시장자료 등이 있으며, 대상 토지의 특성에 맞는 적절한 자료를 수집하고 정리한다.

② 사례자료는 다음 각 호의 요건을 갖추어야 한다. 이 항은 토지가 아닌 다른 물건의 감정평가에 준용한다.

1. 인근지역에 존재하는 사례일 것. 다만, 인근지역에 적절한 사례가 없는 경우에는 동일 수급권 안의 유사지역에 존재하는 사례를 사용할 수 있다.
2. 정상적이거나 정상적인 것으로 보정할 수 있는 사례일 것
3. 시점수정이 가능한 사례일 것
4. 대상토지와 지역요인·개별요인 비교가 가능한 사례일 것
5. 토지 및 그 지상 건물이 일체로 거래된 경우에는 합리적으로 가액을 배분할 수 있을 것

1.3 가치형성요인의 분석

대상토지에 대한 감정평가를 하기 위해 토지 이용의 동질성을 기준으로 인근지역의 범위를 확정하고 일반요인·지역요인·개별요인 등 가치형성요인을 분석한다.

1.4 면적사정

① 토지의 면적사정은 토지대장상의 면적을 기준으로 하되, 다음 각 호의 경우에는 실제면적을 기준으로 할 수 있다.
1. 현장조사 결과 실제면적과 토지대장상 면적이 현저하게 차이가 나는 경우
2. 의뢰인이 실제면적을 제시하여 그 면적을 기준으로 감정평가할 것을 요청한 경우
② 제1항 제1호의 경우에는 의뢰인에게 그 사실을 알려야 하며, 의뢰인이 요청한 면적을 기준으로 감정평가할 수 있다.

1.5 토지의 감정평가방법

1.5.1 감정평가방법

① 법 제3조 제1항 본문에 따라 토지를 감정평가할 때에는 공시지가기준법을 적용하여야 한다.
② 법 제3조 제1항 단서에 따라 적정한 실거래가를 기준으로 감정평가할 때에는 거래사례비교법을 적용하여야 한다.
③ 법 제3조 제2항에 따라 다음 각 호의 어느 하나에 해당하는 경우에는 제1항 및 제2항을 적용하되, 해당 토지의 임대료, 조성비용 등을 고려하여 감정평가할 수 있다.
1. 「주식회사의 외부감사에 관한 법률」에 따른 재무제표 작성에 필요한 토지의 감정평가
2. 「자산재평가법」에 따른 토지의 감정평가
3. 법원에 계속 중인 소송(보상과 관련된 감정평가를 제외한다)이나 경매를 위한 토지의 감정평가
4. 담보권의 설정 등을 위한 금융기관·보험회사·신탁회사 등 타인의 의뢰에 따른 토지의 감정평가

1.5.2 공시지가기준법의 적용

1.5.2.1 비교표준지의 선정

① 비교표준지는 다음 각 호의 선정기준을 충족하는 표준지 중에서 대상토지의 감정평가에 가장 적절하다고 인정되는 표준지를 선정한다. 다만, 한 필지의 토지가 둘 이상의 용도로

이용되고 있거나 적절한 감정평가액의 산정을 위하여 필요하다고 인정되는 경우에는 둘 이상의 비교표준지를 선정할 수 있다.

1. 「국토의 계획 및 이용에 관한 법률」 상의 용도지역·지구·구역 등(이하 "용도지역등" 이라 한다) 공법상 제한사항이 같거나 비슷할 것
2. 이용상황이 같거나 비슷할 것
3. 주변환경 등이 같거나 비슷할 것
4. 인근지역에 위치하여 지리적으로 가능한 한 가까이 있을 것

② 제1항 각 호의 선정기준을 충족하는 표준지가 없는 경우에는 인근지역과 유사한 지역적 특성을 갖는 동일수급권 안의 유사지역에 위치하고 제1항 제1호부터 제3호까지를 충족하는 표준지 중 가장 적절하다고 인정되는 표준지를 비교표준지로 선정할 수 있다.

③ 도로·구거 등 특수용도의 토지에 관한 감정평가로서 선정기준에 적합한 표준지가 인근지역에 없는 경우에는 인근지역의 표준적인 이용상황의 표준지를 비교표준지로 선정할 수 있다.

1.5.2.2 적용공시지가의 선택

공시지가기준법으로 토지를 감정평가할 때 적용할 공시지가는 기준시점에 공시되어 있는 표준지공시지가 중에서 기준시점에 가장 가까운 시점의 것을 선택한다. 다만, 감정평가시점이 공시지가 공고일 이후이고 기준시점이 공시기준일과 공시지가 공고일 사이인 경우에는 기준시점 해당 연도의 공시지가를 기준으로 한다.

1.5.2.3 시점수정

1.5.2.3.1 지가변동률의 적용

① 시점수정은 「부동산 거래신고 등에 관한 법률」 제19조에 따라 국토교통부장관이 월별로 조사·발표한 지가변동률로서 비교표준지가 있는 시·군·구의 같은 용도지역의 지가변동률을 적용한다.

② 제1항에도 불구하고 다음 각 호의 경우에는 그 기준에 따른다.

1. 비교표준지와 같은 용도지역의 지가변동률이 조사·발표되지 아니한 경우에는 공법상 제한이 비슷한 용도지역의 지가변동률, 이용상황별 지가변동률(지가변동률의 조사·평가기준일이 1998년 1월 1일 이전인 경우에는 지목별 지가변동률을 말한다. 이하 같다)이나 해당 시·군·구의 평균지가변동률을 적용할 수 있다.
2. 비교표준지가 도시지역의 개발제한구역 안에 있는 경우 또는 도시지역 안에서 용도지역이 미지정된 경우에는 녹지지역의 지가변동률을 적용한다. 다만, 녹지지역의 지가변동률이 조사·발표되지 아니한 경우에는 비교표준지와 비슷한 이용상황의 지가변동률이나 해당 시·군·구의 평균지가변동률을 적용할 수 있다.
3. 표준지공시지가의 공시기준일이 1997년 1월 1일 이전인 경우로서 비교표준지가 도시지역 밖에 있는 경우, 도시지역의 개발제한구역 안에 있는 경우나 도시지역 안의 용도

지역이 미지정된 경우에는 이용상황별 지가변동률을 적용한다. 다만, 비교표준지와 같
은 이용상황의 지가변동률이 조사·발표되지 아니한 경우에는 비교표준지와 비슷한
이용상황의 지가변동률 또는 해당 시·군·구의 평균지가변동률을 적용할 수 있다.

③ 제2항에 따라 지가변동률을 적용하는 경우에는 감정평가서에 그 내용을 기재한다.

④ 감정평가를 할 때 조사·발표되지 아니한 월의 지가변동률 추정은 조사·발표된 월별 지
가변동률 중 기준시점에 가장 가까운 월의 지가변동률을 기준으로 하되, 월 단위로 구분하
지 아니하고 일괄 추정방식에 따른다. 다만, 지가변동 추이로 보아 조사·발표된 월별 지
가변동률 중 기준시점에 가장 가까운 월의 지가변동률로 추정하는 것이 적절하지 않다고
인정되는 경우에는 조사·발표된 최근 3개월의 지가변동률을 기준으로 추정하거나 조사
·발표되지 아니한 월의 지가변동 추이를 분석·검토한 후 지가변동률을 따로 추정할 수
있다.

⑤ 지가변동률의 산정은 기준시점 직전 월까지의 지가변동률 누계에 기준시점 해당 월의 경
과일수(해당 월의 첫날과 기준시점일을 포함한다. 이하 같다) 상당의 지가변동률을 곱하
는 방법으로 구하되, 백분율로서 소수점 이하 셋째 자리까지 표시하고 넷째 자리 이하는
반올림한다.

⑥ 해당 월의 경과일수 상당의 지가변동률 산정은 해당 월의 지가변동률이 조사·발표된 경
우에는 해당 월의 총일수를 기준으로 하고, 해당 월의 지가변동률이 조사·발표되지 아니
하여 지가변동률을 추정하는 경우에는 추정의 기준이 되는 월의 총일수를 기준으로 한다.

1.5.2.3.2 생산자물가상승률의 적용

① 다음 각 호의 어느 하나에 해당하는 경우에는 지가변동률을 적용하는 대신 「한국은행법」
제86조에 따라 한국은행이 조사·발표하는 생산자물가지수에 따라 산정된 생산자물가상
승률을 적용하여 시점수정할 수 있다.

1. 조성비용 등을 기준으로 감정평가하는 경우
2. 그 밖에 특별한 이유가 있다고 인정되는 경우

② 제1항의 생산자물가상승률은 공시기준일과 기준시점의 각 직전 달의 생산자물가지수를
비교하여 산정한다. 다만, 기준시점이 그 달의 15일 이후이고, 감정평가시점 당시에 기준
시점이 속한 달의 생산자물가지수가 조사·발표된 경우에는 기준시점이 속한 달의 지수로
비교한다.

1.5.2.4 지역요인과 개별요인의 비교

1.5.2.4.1 지역요인의 비교

지역요인 비교는 비교표준지가 있는 지역의 표준적인 획지의 최유효이용과 대상토지가 있는
지역의 표준적인 획지의 최유효이용을 판정·비교하여 산정한 격차율을 적용하되, 비교표준
지가 있는 지역과 대상토지가 있는 지역 모두 기준시점을 기준으로 한다.

1.5.2.4.2 개별요인의 비교

개별요인 비교는 비교표준지의 최유효이용과 대상토지의 최유효이용을 판정·비교하여 산정한 격차율을 적용하되, 비교표준지의 개별요인은 공시기준일을 기준으로 하고 대상토지의 개별요인은 기준시점을 기준으로 한다.

1.5.2.5 그 밖의 요인 보정

① 시점수정, 지역요인 및 개별요인의 비교 외에 대상토지의 가치에 영향을 미치는 사항이 있는 경우에는 그 밖의 요인 보정을 할 수 있다.

② 그 밖의 요인을 보정하는 경우에는 대상토지의 인근지역 또는 동일수급권 안의 유사지역의 정상적인 거래사례나 평가사례 등을 참작할 수 있다.

③ 제2항의 거래사례 등은 다음 각 호의 선정기준을 모두 충족하는 사례 중에서 대상토지의 감정평가에 가장 적절하다고 인정되는 사례를 선정한다. 다만, 제1호, 제2호 및 제5호는 거래사례를 선정하는 경우에 적용하고, 제3호는 평가사례를 선정하는 경우에 적용한다.

1. 「부동산 거래신고 등에 관한 법률」에 따라 신고된 실제 거래가격일 것

2. 거래사정이 정상적이라고 인정되는 사례나 정상적인 것으로 보정이 가능한 사례일 것

3. 감정평가 목적, 감정평가조건 또는 기준가치 등이 해당 감정평가와 유사한 사례일 것

4. 기준시점으로부터 도시지역(「국토의 계획 및 이용에 관한 법률」 제36조 제1항 제1호에 따른 도시지역을 말한다)은 3년 이내, 그 밖의 지역은 5년 이내에 거래 또는 감정평가된 사례일 것. 다만, 특별한 사유가 있는 경우에는 그 기간을 초과할 수 있다.

5. 토지 및 그 지상건물이 일체로 거래된 경우에는 배분법의 적용이 합리적으로 가능한 사례일 것

6. [610-1.5.2.1]에 따른 비교표준지의 선정기준에 적합할 것

④ 제3항 제4호 단서의 경우에는 그 근거를 감정평가서에 기재하여야 한다.

⑤ 그 밖의 요인 보정을 한 경우에는 그 근거를 감정평가서(감정평가액의 산출근거 및 결정의견)에 구체적이고 명확하게 기재하여야 한다.

1.5.3 거래사례비교법의 적용

1.5.3.1 거래사례의 선정

① 거래사례는 다음 각 호의 선정기준을 모두 충족하는 거래가격 중에서 대상토지의 감정평가에 가장 적절하다고 인정되는 거래가격을 선정한다. 다만, 한 필지의 토지가 둘 이상의 용도로 이용되고 있거나 적절한 감정평가액의 산정을 위하여 필요하다고 인정되는 경우에는 둘 이상의 거래사례를 선정할 수 있다.

1. 「부동산 거래신고에 관한 법률」에 따라 신고된 실제 거래가격일 것

2. 거래사정이 정상적이라고 인정되는 사례나 정상적인 것으로 보정이 가능한 사례일 것

3. 기준시점으로부터 도시지역(「국토의 계획 및 이용에 관한 법률」 제36조 제1항 제1호에 따른 도시지역을 말한다)은 3년 이내, 그 밖의 지역은 5년 이내에 거래된 사례일 것

다만, 특별한 사유가 있는 경우에는 그 기간을 초과할 수 있다.
4. 토지 및 그 지상건물이 일체로 거래된 경우에는 배분법의 적용이 합리적으로 가능한 사례일 것
5. [610-1.5.2.1]에 따른 비교표준지의 선정기준에 적합할 것
② 제1항 제3호 단서의 경우에는 그 이유를 감정평가서에 기재하여야 한다.

1.5.3.2 사정보정

사정보정은 [400-3.3.1.3]을 준용한다.

1.5.3.3 시점수정

시점수정은 [610-1.5.2.3.1]을 준용한다.

1.5.3.4 가치형성요인 비교

1.5.3.4.1 지역요인 비교

지역요인 비교는 [610-1.5.2.4.1]을 준용한다.

1.5.3.4.2 개별요인 비교

개별요인 비교는 [610-1.5.2.4.2]를 준용한다.

1.5.4 토지단가의 결정

토지의 단위면적당 가액(이하 "토지단가"라 한다)은 산정된 제곱미터(m^2)당 가액이 100,000원 미만인 경우에는 유효숫자 둘째자리까지 표시하고, 100,000원 이상인 경우에는 유효숫자 셋째자리까지 표시하는 것을 원칙으로 하되 반올림한다. 다만, 의뢰인으로부터 다른 요청이 있는 경우 또는 가액의 구분이 필요한 경우에는 달리 적용할 수 있다.

[일부 생략]

2. 건물의 감정평가

2.1 정의

건물이란 토지에 정착하는 공작물 중 지붕과 기둥 또는 벽이 있는 것과 이에 부수되는 시설물, 지하 또는 고가(高架)의 공작물에 설치하는 사무소, 공연장, 점포, 차고, 창고, 그 밖에 「건축법 시행령」으로 정하는 것을 말한다.

2.2 자료의 수집 및 정리

건물의 가격자료에는 원가자료, 거래사례, 임대사례, 수익자료, 시장자료 등이 있으며, 대상 건물의 특성에 맞는 적절한 자료를 수집하고 정리한다.

2.3 면적사정

① 건물의 면적사정은 건축물대장상의 면적을 기준으로 하되, 다음 각 호의 경우에는 실제면적을 기준으로 할 수 있다.

   1. 현장조사 결과 실제면적과 건축물대장상 면적이 현저하게 차이가 나는 경우

   2. 의뢰인이 실제면적을 제시하여 그 면적을 기준으로 감정평가할 것을 요청한 경우

② 제1항 제1호의 경우에는 의뢰인에게 그 사실을 알려야 하며, 의뢰인이 요청한 면적을 기준으로 감정평가할 수 있다.

③ 제1항의 실제면적은 바닥면적으로 하되「건축법 시행령」제119조 제1항 제3호에 따라 건축물의 각 층 또는 그 일부로서 벽, 기둥, 그 밖에 이와 비슷한 구획의 중심선으로 둘러싸인 부분의 수평투영면적을 실측에 의하여 산정한다.

2.4 건물의 감정평가방법

① 건물을 감정평가할 때에는 원가법을 적용하여야 한다. 이 경우 [400-4]를 따른다.

② 원가법으로 감정평가할 때 건물의 재조달원가는 직접법이나 간접법으로 산정하되, 직접법으로 구하는 경우에는 대상건물의 건축비를 기준으로 하고, 간접법으로 구하는 경우에는 건물신축단가표와 비교하거나 비슷한 건물의 신축원가 사례를 조사한 후 사정보정 및 시점수정 등을 하여 대상 건물의 재조달원가를 산정할 수 있다.

③ 거래사례비교법으로 감정평가할 때에는 적절한 건물의 거래사례를 선정하여 사정보정, 시점수정, 개별요인비교를 하여 비준가액을 산정한다. 다만, 적절한 건물만의 거래사례가 없는 경우에는 토지와 건물을 일체로 한 거래사례를 선정하여 토지가액을 빼는 공제방식이나 토지와 건물의 가액구성비율을 적용하는 비율방식 등을 적용하여 건물가액을 배분할 수 있다.

④ 수익환원법으로 감정평가할 때에는 전체 순수익 중에서 공제방식이나 비율방식 등으로 건물귀속순수익을 산정한 후 이를 건물의 환원율로 환원하여 건물의 수익가액을 산정한다.

⑤ 건물의 일반적인 효용을 위한 전기설비, 냉·난방설비, 승강기설비, 소화전설비 등 부대설비는 건물에 포함하여 감정평가한다. 다만, 특수한 목적의 경우에는 구분하여 감정평가할 수 있다.

3. 토지와 건물의 일괄감정평가

3.1 구분소유 부동산의 감정평가

3.1.1 정의

구분소유 부동산이란「집합건물의 소유 및 관리에 관한 법률」에 따라 구분소유권의 대상이 되는 건물부분과 그 대지사용권(대지 지분소유권을 의미한다. 이하 같다)을 말한다.

3.1.2 자료의 수집 및 정리

구분소유 부동산의 가격자료에는 거래사례, 원가자료, 임대사례, 수익자료, 시장자료 등이 있으며, 대상 구분소유 부동산의 특성에 맞는 적절한 자료를 수집하고 정리한다.

3.1.3 구분소유 부동산의 감정평가방법

① 구분소유 부동산을 감정평가할 때에는 건물(전유부분과 공유부분)과 대지사용권을 일체로 한 거래사례비교법을 적용하여야 한다. 이 경우 [400-4]를 따른다.

② 구분소유 부동산을 감정평가할 때에는 층별·위치별 효용요인을 반영하여야 한다.

③ 감정평가액은 합리적인 배분기준에 따라 토지가액과 건물가액으로 구분하여 표시할 수 있다.

3.1.4 대지사용권을 수반하지 않은 구분건물의 감정평가

대지사용권을 수반하지 않은 구분건물의 감정평가는 건물만의 가액으로 감정평가한다. 다만, 추후 토지의 적정지분이 정리될 것을 전제로 가격이 형성되는 경우에는 대지사용권을 포함한 가액으로 감정평가할 수 있다.

3.2 복합부동산의 감정평가

3.2.1 정의

복합부동산이란 토지와 건물이 결합되어 구성된 부동산을 말한다.

3.2.2 자료의 수집 및 정리

토지 및 건물의 자료의 수집 및 정리는 [610-1.2], [610-2.2]을 준용한다.

3.2.3 복합부동산의 감정평가방법

① 복합부동산은 토지와 건물을 개별로 감정평가하는 것을 원칙으로 한다. 다만, 토지와 건물이 일체로 거래되는 경우에는 일괄하여 감정평가할 수 있다.

② 제1항 단서에 따라 토지와 건물을 일괄하여 감정평가할 때에는 거래사례비교법을 적용하여야 한다. 이 경우 [400-4]를 따른다.

③ 토지와 건물을 일괄하여 감정평가한 경우의 감정평가액은 합리적인 배분기준에 따라 토지가액과 건물가액으로 구분하여 표시할 수 있다.

700 목적별 감정평가

710 담보평가

① 담보평가란 담보를 제공받고 대출 등을 하는 은행·보험회사·신탁회사·일반기업체 등(이하 "금융기관등"이라 한다)이 대출을 하거나 채무자(담보를 제공하고 대출 등을 받아 채무상환의 의무를 지닌 자를 말한다)가 대출을 받기 위하여 의뢰하는 담보물건(채무자로부터 담보로 제공받는 물건을 말한다)에 대한 감정평가를 말한다.

② 감정평가업자가 담보평가를 수행할 때에는 감정평가관계법규에서 따로 정한 것을 제외하고는 [100 총칙]부터 [600 물건별 감정평가]까지의 규정을 적용한다.

③ 감정평가업자는 담보평가의 의뢰와 수임, 절차와 방법, 감정평가서 기재사항 등에 관한 세부사항을 금융기관등과의 협약을 통하여 따로 정할 수 있다. 다만, 이 경우에도 관계법규 및 이 기준에 어긋나서는 아니 된다.

720 경매평가

① 경매평가란 해당 집행법원(경매사건의 관할 법원을 말한다)이 경매의 대상이 되는 물건의 경매에서 최저매각가격(물건의 매각을 허가하는 최저가격을 말한다)을 결정하기 위해 의뢰하는 감정평가를 말한다.

② 감정평가업자가 경매평가를 수행할 때에는 감정평가관계법규에서 따로 정한 것을 제외하고는 [100 총칙]부터 [600 물건별 감정평가]까지의 규정을 적용한다.

730 도시정비평가

1. 적용 및 정의

① 「도시 및 주거환경정비법」(이하 "도정법"이라 한다)에 따른 정비사업과 관련된 감정평가(이하 "도시정비평가"라 한다)를 수행할 때에는 감정평가관계법규에서 따로 정한 것을 제외하고는 이 절에서 정하는 바에 따르고, 이 절에서 정하지 않은 사항은 [100 총칙]부터 [600 물건별 감정평가]까지의 규정을 준용한다.

② 이 절에서 사용하는 용어의 뜻은 다음 각 호와 같다.

1. "재개발사업등"이란 도정법 제2조 제2호 나목의 주택재개발사업 및 라목의 도시환경정비사업을 말한다.

2. "재건축사업"이란 도정법 제2조 제2호 다목의 주택재건축사업을 말한다.

3. "종전자산"이란 도정법 제48조 제1항 제4호에 규정된 종전의 토지나 건물을 말한다.

4. "종후자산"이란 도정법 제48조 제1항 제3호에 규정된 분양예정인 대지나 건물을 말한다.

5. "국·공유재산의 처분"이란 도정법 제66조 제4항부터 제6항까지에 따른 정비사업을 목적으로 우선매각하는 국·공유재산의 처분을 말한다.

6. "토지등의 수용등"이란 도정법 제38조에 따라 토지·물건이나 그 밖의 권리를 수용하거나 사용하는 것을 말한다.

2. 도시정비평가의 대상

도시정비평가의 대상은 사업시행자 등이 감정평가를 요청한 물건으로 한다.

3. 도시정비평가의 기준 및 방법

3.1 종전자산의 감정평가

① 종전자산의 감정평가는 사업시행인가고시가 있은 날의 현황을 기준으로 감정평가하되, 다음 각 호의 사항을 준수하여야 한다.

1. 종전자산의 감정평가는 조합원별 조합출자 자산의 상대적 가치비율 산정의 기준이 되므로 대상물건의 유형·위치·규모 등에 따라 감정평가액의 균형이 유지되도록 하여야 한다.

2. 해당 정비구역의 지정에 따른 공법상 제한을 받지 아니한 상태를 기준으로 감정평가한다.

    3. 해당 정비사업의 시행을 직접 목적으로 하여 용도지역이나 용도지구 등의 토지이용계획이 변경된 경우에는 변경되기 전의 용도지역이나 용도지구 등을 기준으로 감정평가한다.

② 비교표준지는 해당 정비구역 안에 있는 표준지 중에서 [610-1.5.2.1]의 비교표준지 선정기준에 적합한 표준지를 선정하는 것을 원칙으로 한다. 다만, 해당 정비구역 안에 적절한 표준지가 없거나 해당 정비구역 안 표준지를 선정하는 것이 적절하지 아니한 경우에는 해당 정비구역 밖의 표준지를 선정할 수 있다.

③ 적용 공시지가의 선택은 해당 정비구역의 사업시행인가고시일 이전 시점을 공시기준일로 하는 공시지가로서 사업시행인가고시일에 가장 가까운 시점에 공시된 공시지가를 기준으로 한다.

3.2 종후자산의 감정평가

① 종후자산의 감정평가는 분양신청기간 만료일이나 의뢰인이 제시하는 날을 기준으로 하며, 대상물건의 유형·위치·규모 등에 따라 감정평가액의 균형이 유지되도록 하여야 한다.

② 종후자산은 인근지역이나 동일수급권 안의 유사지역에 있는 유사물건의 분양사례·거래사례·평가선례 및 수요성, 총 사업비 원가 등을 고려하여 감정평가한다.

3.3 국·공유재산의 처분을 위한 감정평가

국·공유재산의 처분을 위한 감정평가는 사업시행인가고시가 있은 날의 현황을 기준으로 감정평가하되, 다음 각 호의 어느 하나에 해당하는 경우에는 그에 따를 수 있다.

1. 재개발사업등의 사업구역 안에 있는 국·공유지를 사업시행자에게 매각하는 경우로서 도로 등의 지목을 "대"로 변경하여 감정평가를 의뢰한 경우에는 "대"를 기준으로 그 국·공유지의 위치·형상·환경 등 토지의 객관적 가치형성에 영향을 미치는 개별적인 요인을 고려한 가액으로 감정평가한다.

2. 재건축사업구역 안에 있는 국·공유지는 공부상 지목에도 불구하고 "대"를 기준으로 그 국·공유지의 위치·형상·환경 등 토지의 객관적 가치형성에 영향을 미치는 개별적인 요인 등을 고려한 가액으로 감정평가한다.

3. 도정법 제66조 제6항 단서에 따라 사업시행인가고시가 있은 날부터 3년이 지난 후에 매매계약을 체결하기 위한 국·공유재산의 감정평가는 가격조사 완료일의 현황을 기준으로 감정평가한다.

3.4 매도청구에 따른 감정평가

재건축사업구역 안의 토지등에 대한 도정법 제39조의 매도청구에 따른 감정평가는 법원에서 제시하는 날을 기준으로 한다. 다만, 기준시점에 현실화·구체화되지 아니한 개발이익이나 조합원의 비용부담을 전제로 한 개발이익은 배제하여 감정평가한다.

3.5 토지등의 수용등에 따른 감정평가

도시정비사업구역 안 토지등의 수용등에 따른 감정평가는 「공익사업을 위한 토지등의 취득 및 보상에 관한 법률」 및 [800 보상평가]에 따라 감정평가한다.

740 재무보고평가

1. 적용 및 정의

① 「주식회사의 외부감사에 관한 법률」(이하 "외감법"이라 한다) 제13조 제3항의 회계처리기준에 따른 재무보고를 목적으로 하는 공정가치의 추정을 위한 감정평가(이하 "재무보고평가"라 한다)를 수행할 때에는 감정평가관계법규 및 한국채택국제회계기준(K-IFRS)에서 따로 정한 것을 제외하고는 이 절에서 정하는 바에 따르고, 이 절에서 정하지 않은 사항은 [100 총칙]부터 [600 물건별 감정평가]까지의 규정을 준용한다.

② 이 절은 국가·지방자치단체·공공기관의 자산과 시설에 대한 재평가 및 회계업무 등과 관련된 감정평가를 할 때에 준용한다.

2. 재무보고평가의 대상 및 확인사항

① 재무보고평가의 대상은 회사·국가·지방자치단체·공공기관의 재무제표에 계상되는 유형자산·무형자산·유가증권 등의 자산 및 관련 부채와 재평가를 위한 시설 등의 자산으로서 의뢰인이 감정평가를 요청한 물건으로 한다.

② 재무보고평가를 할 때에는 다음 각 호의 사항을 의뢰인과 협의하여 명확히 확인하여야 한다.

  1. 의뢰인의 재무제표상의 자산분류 기준과 감정평가서에 표시될 감정평가 목록 분류의 기준의 일치 여부

  2. 대상 자산에 대한 담보설정 등 소유권에 대한 제한사항의 내용

3. 기준가치

① 재무보고평가는 공정가치를 기준으로 감정평가한다.

② 제1항의 공정가치는 한국채택국제회계기준에 따라 자산 및 부채의 가치를 추정하기 위한 기본적 가치기준으로서 합리적인 판단력과 거래의사가 있는 독립된 당사자 사이의 거래에서 자산이 교환되거나 부채가 결제될 수 있는 금액을 말한다.

750 감정평가와 관련된 상담 및 자문 등

1. 적용

감정평가업자가 법 제10조 제6호에 따른 감정평가와 관련된 상담 및 자문(이하 "상담자문등"이라 한다)이나 법 제10조 제7호에 따른 토지등의 이용 및 개발 등에 대한 조언이나 정보 등의 제공(이하 "정보제공등"이라 한다) 등의 업무를 수행할 때에는 감정평가관계법규에서 따로

정한 것을 제외하고는 이 절에서 정하는 바에 따르고, 이 절에서 정하지 않은 사항은 [100 총칙]부터 [600 물건별 감정평가]까지의 규정을 준용한다.

2. 상담자문등

2.1 상담자문등의 수임

상담자문등을 수임하는 경우에는 다음 각 호의 사항을 의뢰인과 협의하여야 한다.

1. 상담자문등의 목적
2. 상담자문등의 업무범위 및 소요시간
3. 대상물건 및 자료수집의 범위
4. 상담자문등의 의뢰조건 및 시점
5. 상담자문등의 보고 형식
6. 상담자문등의 수수료 및 실비의 청구와 지급
7. 상담자문등의 책임범위

2.2 상담자문등의 보고

상담자문등의 보고서에는 다음 각 호의 사항이 포함되어야 한다.

1. 의뢰인에 관한 사항 및 이용제한
2. 상담자문등 업무의 목적, 부대조건, 자문 대상, 적용기준
3. 보고서 작성일
4. 보고서의 책임범위

3 정보제공등

3.1 정보제공등의 접수

감정평가업자가 정보제공등을 수임할 때에는 다음 각 호의 사항을 의뢰인과 협의하여 계약내용에 포함하여야 한다.

1. 정보제공등의 목적 및 범위
2. 수행기간
3. 정보제공등의 보수
4. 결과보고서의 양식 및 성과품
5. 준수사항 및 비밀보장
6. 정보제공등의 중지 및 변경
7. 계약의 해제 등
8. 계약일자
9. 계약당사자
10. 그 밖의 업무특약사항

3.2 정보제공등의 수행 및 보고

① 감정평가업자가 정보제공등을 수행하는 경우에는 다음 각 호의 사항을 고려하여야 한다.

    1. 정보제공등의 목적

    2. 정보제공등의 업무범위

    3. 대상물건 및 자료수집의 범위

    4. 정보제공등의 의뢰조건 및 시점

② 감정평가업자는 정보제공등의 수행 시 객관적인 자료에 근거하여 합리적으로 분석하여야 한다.

③ 감정평가업자는 정보제공등의 보고서를 작성하는 경우 다음 각 호의 사항을 준수하여야 한다.

    1. 조사 및 분석결과 객관적으로 입증된 사실에 대한 기술

    2. 인용자료의 출처

    3. 보고서의 목적에 맞지 않는 사실이나 자료 등의 기술 배제

    4. 일반인이 이해하기 쉬운 용어 사용

800 보상평가

810 취득하는 토지의 보상평가

1. 목적

이 절은 「공익사업을 위한 토지 등의 취득 및 보상에 관한 법률」(이하 "토지보상법"이라 한다) 등 법령에 따라 공익사업을 목적으로 취득하는 토지에 대한 손실보상을 위한 감정평가를 수행할 때 준수하여야 할 구체적 기준을 정함으로써 감정평가의 공정성과 신뢰성을 제고하는 것을 목적으로 한다.

2. 적용

토지보상법 등 법령에 따라 공익사업을 목적으로 취득하는 토지에 대한 손실보상을 위한 감정평가(이하 "토지 보상평가"라 한다)를 수행할 때에는 토지보상법 등 감정평가관계법규에서 따로 정한 것을 제외하고는 이 절에서 정하는 바에 따르고, 이 절에서 정하지 않은 사항은 [100 총칙]부터 [600 물건별 감정평가]까지의 규정을 적용한다.

3. 정의

이 절에서 사용하는 용어의 뜻은 다음 각 호와 같다.

1. 〈삭제〉

2. "건축물 등"이란 건축물·입목·공작물 그 밖에 토지에 정착한 물건을 말한다.

3. "무허가 건축물 등"이란 「건축법」 등 관련 법령에 의하여 허가를 받거나 신고를 하고 건축 또는 용도변경을 하여야 하는 건축물을 허가를 받지 아니하거나 신고를 하지 아니하고 건축 또는 용도변경한 건축물을 말한다.

4. "불법형질변경 토지"란 「국토의 계획 및 이용에 관한 법률」 등 관련 법령에 따라 허가를 받거나 신고를 하고 형질변경을 하여야 하는 토지를 허가를 받지 아니하거나 신고를 하지 아니하고 형질변경한 토지를 말한다.

5. "미지급용지"란 종전에 시행된 공익사업의 부지로서 보상금이 지급되지 아니한 토지를 말한다.

6. "사실상의 사도"란 「사도법」에 따른 사도 외의 도로로서 다음 각 목의 어느 하나에 해당하는 도로(「국토의 계획 및 이용에 관한 법률」에 따른 도시·군관리계획에 따라 도로로 결정된 이후부터 도로로 사용되고 있는 것은 제외한다)를 말한다.

　가. 도로개설 당시의 토지소유자가 자기토지의 편익을 위하여 스스로 설치한 도로

　나. 토지소유자가 그 의사에 따라 타인의 통행을 제한할 수 없는 도로

　다. 「건축법」 제45조에 따라 건축허가권자가 그 위치를 지정·공고한 도로

　라. 도로개설당시의 토지소유자가 대지 또는 공장용지 등을 조성하기 위하여 설치한 도로

4. 토지 보상평가의 대상

① 토지 보상평가의 대상은 공익사업의 시행으로 인하여 취득할 토지로서 사업시행자가 보상평가를 목적으로 제시한 것(이하 "대상토지"라 한다)으로 한다.

② 대상토지의 현실적인 이용상황 및 면적 등은 사업시행자가 제시한 내용에 따르되 다음 각 호의 어느 하나에 해당하는 경우에는 사업시행자에게 그 내용을 조회한 후 목록을 다시 제시받아 감정평가하는 것을 원칙으로 한다. 다만, 수정된 목록의 제시가 없을 때에는 당초 제시목록을 기준으로 감정평가하되, 감정평가서에 현실적인 이용상황을 기준으로 한 단위면적당 가액(이하 "단가"라 한다) 또는 면적을 따로 기재한다.

1. 실지조사 결과 제시목록상의 이용상황과 현실적인 이용상황이 다른 것으로 인정되는 경우

2. 한 필지의 토지가 둘 이상의 이용상황인 경우로서 이용상황별로 면적을 구분하지 아니하고 의뢰된 경우(다른 이용상황인 부분이 주된 이용상황과 가치가 비슷하거나 면적비율이 뚜렷하게 낮아 주된 이용상황의 가치를 기준으로 거래될 것으로 추정되는 경우는 제외한다)

3. 공부상 지목이 "대"(공장용지 등 비슷한 지목을 포함한다. 이하 같다)가 아닌 토지가 현실적인 이용상황에 따라 "대"로 의뢰된 경우로서 다음 각 목의 어느 하나에 해당하는 경우(형질변경허가 관계 서류 등 신빙성 있는 자료가 있거나 주위환경의 사정 등으로 보아 "대"로 인정될 수 있는 경우는 제외한다)

　가. 제시면적이 인근지역에 있는 "대"의 표준적인 획지면적을 현저하게 초과하거나 미달되는 경우

　나. 지상 건축물의 용도·규모 및 부속 건축물의 상황과 관련 법령에 따른 건폐율·용적률, 그 밖에 공법상 제한 등으로 보아 그 제시면적이 현저하게 과다하거나 과소한 것으로 인정되는 경우

5. 토지 보상평가의 기준 및 방법

5.1 객관적 기준 감정평가

토지 보상평가는 기준시점에서의 일반적인 이용방법에 따른 객관적 상황을 기준으로 감정평가하며, 토지소유자가 갖는 주관적 가치나 특별한 용도에 사용할 것을 전제로 한 것은 고려하지 아니한다.

5.2 현실적인 이용상황 기준 감정평가

토지 보상평가는 기준시점에서의 현실적인 이용상황을 기준으로 한다. 다만, 관련법령 및 이 기준에서 달리 규정하는 경우는 그러하지 아니하다.

5.3 개별 감정평가

① 토지 보상평가를 할 때에는 대상토지 및 소유권외의 권리마다 개별로 하는 것을 원칙으로 한다. 다만, 개별로 보상액을 산정할 수 없는 등 특별한 사정이 있는 경우에는 소유권외의 권리를 대상토지에 포함하여 감정평가할 수 있다.

② 제1항에도 불구하고 다음 각 호의 어느 하나에 해당하는 경우에는 그에 따른다.

   1. 두 필지 이상의 토지가 일단지를 이루고 있는 경우에는 일괄감정평가한다. 다만, 이용상황 또는 용도지역등을 달리하여 가치가 명확히 구분되거나 소유자 등이 달라 이를 필지별로 감정평가할 이유나 조건이 있는 경우에는 그러하지 아니하다.

   2. 한 필지의 토지가 둘 이상의 이용상황으로 이용되거나 용도지역등을 달리하는 경우에는 이용상황 또는 용도지역등 별로 구분감정평가한다. 다만, 다른 이용상황으로 이용되거나 용도지역등을 달리하는 부분이 주된 이용상황 또는 용도지역등과 가치가 비슷하거나 면적비율이 뚜렷하게 낮아 주된 이용상황 또는 용도지역등의 가치를 기준으로 거래될 것으로 추정되는 경우에는 주된 이용상황 또는 용도지역등의 가치를 기준으로 감정평가할 수 있다.

③ 제2항 제2호에서 사업시행자가 이용상황별로 면적을 구분하여 제시하지 아니한 경우에는 주된 이용상황을 기준으로 감정평가하고 다른 이용상황 및 단가를 감정평가서에 따로 기재한다.

④ 제2항에 따라 감정평가할 때에는 감정평가서에 그 이유를 기재하여야 한다.

5.4 건축물 등이 없는 상태 상정 감정평가

토지 보상평가는 건축물 등이 없는 상태를 상정하여 감정평가한다. 다만, 건축물 등이 토지와 함께 거래되는 사례나 관행이 있어 그 건축물 등과 토지를 일괄하여 감정평가하는 경우에는 그러하지 아니하다.

5.5 해당 공익사업으로 인한 가격의 변동 배제 감정평가

① 토지 보상평가는 다음 각 호의 사항으로 인한 가치의 증감분을 배제한 가액으로 감정평가한다.

   1. 해당 공익사업의 계획 또는 시행이 공고 또는 고시된 것에 따른 가치의 증감분

　　2. 해당 공익사업의 시행에 따른 절차로서 행한 토지이용계획의 설정·변경·해제 등에 따른 가치의 증감분

　　3. 그 밖에 해당 공익사업의 착수에서 준공까지 그 시행에 따른 가치의 증감분

② 제1항에서 해당 공익사업으로 인한 가치의 증감분을 배제할 때에는 [810-5.6.3]과 [810-5.6.4.1]을 따른다.

5.6 공시지가기준 감정평가

5.6.1 공시지가기준 감정평가방법

토지 보상평가는 표준지 공시지가를 기준으로 하되, 그 공시기준일부터 기준시점까지의 관련 법령에 따른 해당 토지의 이용계획, 해당 공익사업으로 인한 지가의 영향을 받지 아니하는 지역의 토지보상법 시행령으로 정하는 지가변동률, 생산자물가상승률(「한국은행법」 제86조에 따라 한국은행이 조사·발표하는 생산자물가지수에 따라 산정된 비율을 말한다. 이하 같다), 그 밖에 해당 토지의 위치·형상·환경·이용상황 등을 고려한 적정가격으로 감정평가한다.

5.6.2 비교표준지의 선정

① 비교표준지의 선정은 [610-1.5.2.1]에 따른다.

② 택지개발사업·산업단지개발사업 등 공익사업시행지구 안에 있는 토지를 감정평가할 때에는 그 공익사업시행지구 안에 있는 표준지공시지가를 선정한다.

③ 제2항에도 불구하고 특별한 이유가 있는 경우에는 해당 공익사업시행지구 안에 있는 표준지 공시지가의 일부를 선정대상에서 제외하거나, 해당 공익사업시행지구 밖에 있는 표준지 공시지가를 선정할 수 있다. 이 경우에는 그 이유를 감정평가서에 기재하여야 한다.

④ 비교표준지를 선정한 때에는 선정이유를 감정평가서에 기재한다.

5.6.3 적용공시지가의 선택

① 적용공시지가는 [610-1.5.2.2]에 따르되, 다음 각 호의 경우 그에 따른다.

　　1. 사업인정(다른 법률의 규정에 따라 사업인정으로 보는 경우를 포함한다. 이하 같다) 전의 협의에 의한 취득의 경우에는 해당 토지의 기준시점 당시에 공시된 공시지가 중에서 기준시점에 가장 가까운 시점의 것으로 한다.

　　2. 사업인정 후의 취득의 경우에는 사업인정고시일 전의 시점을 공시기준일로 하는 공시지가로서, 해당 토지에 대한 협의 또는 재결 당시 공시된 공시지가 중에서 해당 사업인정고시일에 가장 가까운 시점의 것으로 한다.

　　3. 제1호와 제2호에도 불구하고 해당 공익사업의 계획 또는 시행이 공고되거나 고시됨에 따라 취득하여야 할 토지의 가격이 변동되었다고 인정되는 경우에는 해당 공고일 또는 고시일 전의 시점을 공시기준일로 하는 공시지가로서 해당 토지의 기준시점 당시 공시된 공시지가 중에서 해당 공익사업의 공고일 또는 고시일에 가장 가까운 시점의 것으로 한다.

② 제1항 제3호에서 "취득하여야 할 토지의 가격이 변동되었다고 인정되는 경우"란 도로, 철도 또는 하천 관련 사업을 제외한 사업으로서 다음 각 호를 모두 충족하는 경우를 말한다.

1. 해당 공익사업의 면적이 20만 제곱미터 이상일 것
2. 해당 공익사업시행지구 안에 있는「부동산 가격공시에 관한 법률」제3조 제1항에 따른 표준지공시지가(해당 공익사업시행지구 안에 표준지가 없는 경우에는 비교표준지의 공시지가를 말하며, 이하 이 조에서 "표준지공시지가"라 한다)의 평균변동률과 평가대상 토지가 소재하는 시(행정시를 포함한다. 이하 이 조에서 같다)·군 또는 구(자치구가 아닌 구를 포함한다. 이하 이 조에서 같다) 전체의 표준지공시지가 평균변동률과의 차이가 3퍼센트포인트 이상일 것
3. 해당 공익사업시행지구 안에 있는 표준지공시지가의 평균변동률이 평가대상토지가 소재하는 시·군 또는 구 전체의 표준지공시지가 평균변동률보다 30퍼센트 이상 높거나 낮을 것

③ 제1항 제2호 및 제3호에 따른 평균변동률은 해당 표준지별 변동률의 합을 표준지의 수로 나누어 산정하며, 공익사업시행지구가 둘 이상의 시·군 또는 구에 걸쳐 있는 경우 평가대상토지가 소재하는 시·군 또는 구 전체의 표준지공시지가 평균변동률은 시·군 또는 구별로 평균변동률을 산정한 후 이를 해당 시·군 또는 구에 속한 공익사업시행지구 면적 비율로 가중평균(加重平均)하여 산정한다. 이 경우 평균변동률의 산정기간은 해당 공익사업의 계획 또는 시행이 공고되거나 고시된 당시 공시된 표준지공시지가 중 그 공고일 또는 고시일에 가장 가까운 시점에 공시된 표준지공시지가의 공시기준일부터 법 제70조 제3항 또는 제4항에 따른 표준지공시지가의 공시기준일까지의 기간으로 한다.

④ 사업인정의 고시가 있은 이후에 공익사업시행지구의 확장이나 변경 등으로 토지의 세목 등이 추가고시됨에 따라 그 추가고시된 토지를 감정평가하는 경우에는 그 토지의 세목 등이 추가고시된 날짜를 사업인정고시일로 본다. 다만, 공익사업시행지구의 확장이나 변경 등이 없이 지적 분할 등에 의해 토지의 세목 등이 변경고시된 경우에는 그러하지 아니하다.

5.6.4 시점수정

5.6.4.1 지가변동률의 적용

① 지가변동률의 적용에는 [610-1.5.2.3.1]을 준용한다.
② 제1항을 적용할 때 비교표준지가 소재하는 시·군·구의 지가가 해당 공익사업으로 인하여 변동된 경우에는 해당 공익사업과 관계없는 인근 시·군·구의 지가변동률을 적용한다. 다만, 비교표준지가 소재하는 시·군·구의 지가변동률이 인근 시·군·구의 지가변동률보다 작은 경우에는 그러하지 아니하다.
③ 제2항 본문에 따른 비교표준지가 소재하는 시·군·구의 지가가 해당 공익사업으로 인하여 변동된 경우는 도로, 철도 또는 하천 관련 사업을 제외한 사업으로서 다음 각 호의 요건을 모두 충족하는 경우로 한다.

1. 해당 공익사업의 면적이 20만 제곱미터 이상일 것

2. 비교표준지가 소재하는 시·군·구의 사업인정고시일부터 기준시점까지의 지가변동률이 3퍼센트 이상일 것. 다만, 해당 공익사업의 계획 또는 시행이 공고되거나 고시됨으로 인하여 비교표준지의 가격이 변동되었다고 인정되는 경우에는 그 계획 또는 시행이 공고되거나 고시된 날부터 기준시점까지의 지가변동률이 5퍼센트 이상인 경우로 한다.

3. 사업인정고시일부터 기준시점까지 비교표준지가 소재하는 시·군·구의 지가변동률이 비교표준지가 소재하는 시·도의 지가변동률보다 30퍼센트 이상 높거나 낮을 것

5.6.4.2 생산자물가상승률의 적용

생산자물가상승률의 적용은 [610-1.5.2.3.2]에 따른다.

5.6.5 지역요인과 개별요인의 비교

지역요인과 개별요인의 비교는 [610-1.5.2.4]에 따른다.

5.6.6 그 밖의 요인 보정

① 그 밖의 요인 보정은 [610-1.5.2.5]에 따른다.

② 그 밖의 요인 보정을 할 때에는 해당 공익사업의 시행에 따른 가격의 변동은 보정하여서는 아니 된다.

③ 그 밖의 요인을 보정하는 경우에는 대상토지의 인근지역 또는 동일수급권 안의 유사지역(이하 "인근지역등"이라 한다)의 정상적인 거래사례나 보상사례(이하 이 조에서 "거래사례등"이라 한다)를 참작할 수 있다. 다만, 이 경우에도 그 밖의 요인 보정에 대한 적정성을 검토하여야 한다.

④ 제3항의 거래사례 등(보상사례의 경우 해당 공익사업에 관한 것은 제외한다.)은 다음 각 호의 요건을 갖추어야 한다. 다만, 제4호는 해당 공익사업의 시행에 따른 가격의 변동이 반영되어 있지 아니하다고 인정되는 사례의 경우에는 적용하지 아니한다.

1. 용도지역등 공법상 제한사항이 같거나 비슷할 것

2. 실제 이용상황 등이 같거나 비슷할 것

3. 주위환경 등이 같거나 비슷할 것

4. [810-5.6.3]에 따른 적용공시지가의 선택기준에 적합할 것

⑤ 제4항의 "해당 공익사업의 시행에 따른 가격의 변동이 반영되어 있지 아니하다고 인정되는 사례의 경우"에는 그 사유를 감정평가서에 기재하여야 한다.

5.7 기준시점의 결정

토지 보상평가의 기준시점은 협의에 의한 경우에는 협의성립 당시를, 재결에 의한 경우에는 수용재결 당시를 기준으로 한다.

박문각 감정평가사

오성범 감정평가이론
2차 | 기본이론

제3판 인쇄 2026. 4. 15. | **제3판 발행** 2026. 4. 20. | **편저자** 오성범

발행인 박 용 | **발행처** (주)박문각출판 | **등록** 2015년 4월 29일 제2019-0000137호

주소 06654 서울시 서초구 효령로 283 서경 B/D 4층 | **팩스** (02)584-2927

전화 교재 문의 (02)6466-7202

이 책의 무단 전재 또는 복제 행위를 금합니다.

정가 30,000원
ISBN 979-11-7519-945-3